Eugen Drewermann
Wege und Umwege der Liebe

Eugen Drewermann

Wege und Umwege der Liebe

Christliche Moral und Psychotherapie

Patmos

Bibliographische Information der Deutschen Bibliothek
Die Deutsche Bibliothek verzeichnet diese Publikation in der Deutschen Nationalbibliographie; detaillierte bibliographische Daten sind im Internet über http://dnb.ddb.de abrufbar.

Printed in Germany
ISBN 3-491-50108-3
www.patmos.de

Inhalt

Einleitung

Frieden auf Erden ist einzig bei Menschen,
die Gottes Güte glauben können.

Es ist immer wieder dasselbe: Jemand neben uns verhält sich so, wie »man« sich nicht verhalten sollte: er verstößt gegen die Gesetze des Anstands, er verstößt gegen die Gebote der Moral, er verstößt gegen die Normen des Zusammenlebens, die ausnahmslos für alle gelten. Wir wissen, daß dies so ist, denn wir tragen das gesamte Bündel aus gesellschaftlichen Gesetzen, ethischen Geboten und normativen Satzungen in uns; wir haben sie (in Form des Überichs) verinnerlicht, und so liegt es nahe, ja, so scheint es unsere Pflicht, dem anderen ins Gewissen zu reden: Wir verweisen auf das Verbotene seines Tuns, wir weisen hin auf die absehbar negativen Folgen seines Betragens, und wenn alles das nichts nützt, scheint's uns erwiesen, daß der Betreffende bestraft werden muß. Es kann schließlich nicht jeder machen, was er will. Je größer die Normabweichung, desto schwerer das zu fordernde Strafmaß. Nur so läßt sich Recht und Ordnung erhalten.

Wir selber sind gut, wofern wir die Anweisungen des Staates (nebst den Weisungen Gottes) befolgen und auf ihre allgemeine Gültigkeit dringen. Dann stehen wir auf der sicheren Seite, dann sind wir selbst die Vertreter und Hüter des sittlich Richtigen, des Verantwortlichen, des Gebotenen.

Alles im Grunde ist, so betrachtet, ganz einfach: Es gibt Gut und Böse; es gibt die Zehn Gebote, die uns sagen, was gut und was böse ist; es gibt die Kirchen, die auslegen, wie die Worte vom Sinai konkret zu verstehen sind; und für all diejenigen, die mit den Vorstellungen der Moraltheologen ihrer Kirche nicht zurechtkommen, weil sie in anderer Weise an Gott zu glauben gelernt haben oder weil ihnen der Glaube an einen Gott überhaupt abhanden gekommen ist, bleibt immer noch das Bürgerliche Gesetzbuch.

Schaut man genau hin, macht es nicht einmal einen so großen Unterschied, wonach jemand sich richtet. Die bürgerlichen Gesetze gelten ausnahmslos für alle Bürger eines Staates, die Kirchengebote hingegen nur für die Kirchenmitglieder; die Kirchen mögen manches als »Sünde« verbieten, was in der bürgerlichen Gesellschaft erlaubt ist (wie in der römischen Kirche Ehescheidung, Homosexualität und außerehelicher

Geschlechtsverkehr) beziehungsweise was im Strafgesetzbuch des Staates zumindest nicht geahndet wird (wie Abtreibung in den ersten drei Monaten bei Einhaltung der entsprechenden »Beratungs«pflicht). Nicht statthaft aber wäre es, daß die moralischen Vorstellungen einer religiösen Gemeinschaft etwas gebieten würden, das dem staatlichen Gesetz widerspräche – etwa einen aktiven Widerstand gegen das Militär oder gegen den Bankzins oder gegen die Ausländergesetzgebung oder gegen die Massentierhaltung oder gegen die allgemeine Schulpflicht oder gegen was sonst. Insofern kann eine kirchengebundene Moral wohl zu einer strengeren Einhaltung oder auch zu einer gewissen Überhöhung der bürgerlichen Sittlichkeit anleiten, fundamental widersprechen indessen darf sie ihr nicht.

In der Bundesrepublik Deutschland zum Beispiel sind alle Bischöfe ebenso wie alle Universitätstheologen *Staatsbeamte;* ihr Gehalt empfangen sie vom Steuerzahler, mag dieser seiner religiösen Überzeugung nach sein, was immer er will. Der Staat hält die Kirchen aus, damit sie ihn aushalten. Thron und Altar gehören zusammen. Die irdische Macht repräsentiert und verwaltet die göttliche Macht. So wird die Einhaltung der Moral identisch mit der Anerkennung der bestehenden Machtverhältnisse in Staat und in Kirche. Eine Hand wäscht die andere. Beruhigt im Dasein sind Bürger wie Christ.

Selbst die Aufgeregten, selbst die Empörten unter den Moralisten dachten und denken kaum anders. Immer wieder gibt es Gewissensradikale, die an der bestehenden Ordnung etwas auszusetzen finden und die deshalb auf Veränderung dringen. Manche Propheten der Bibel zum Beispiel waren von dieser Art – Jeremia im Alten Testament, Johannes der Täufer im Neuen Testament. Was Gott gebietet, gilt solchen Leuten für sicher, doch genau so klar steht ihnen fest, daß das Verhalten der Allgemeinheit in erschreckendem Maße davon abweicht; die Katastrophe scheint deshalb sicher, wenn es so weitergeht. Also geht es nicht länger so weiter. Alles vielmehr muß von Grund auf sich ändern, um dem Menschen zu dienen, um Gott zu gehorchen.

Mit ungeheuerem Ernst verlangt ein derartiger prophetischer Protest nach religiös-moralischer Erneuerung, nach Rückbesinnung auf das ursprünglich Gemeinte, nach Reform des Bestehenden zugunsten seiner Überlebensfähigkeit. Es ist das Äußerste, was in moralischer Absicht überhaupt geschehen kann: In aller Strenge und in aller Klarheit mahnt man noch einmal die Gebote an; in aller Deutlichkeit stellt man der

Menge die Konsequenzen ihres Fehlverhaltens vor Augen; man appelliert an die Einsichtsfähigkeit der Vernunft, an den guten Willen, an das wohlverstandene Eigeninteresse der Leidvermeidung, wie im Himmel so auf Erden ... Mehr läßt sich nicht machen, um der menschlichen Schwachheit aufzuhelfen. Bleibt all das erfolglos, heißt die Devise wie bei einem unartigen Kind: »Wer nicht hören will, muß fühlen.« Oder: »Aus Schaden wird man klug.« Oder: »Wer nicht will, der hat schon.«

Jedoch, von einem bestimmten Punkte an muß das Gute offenbar vor dem »Mysterium des Bösen« kapitulieren. Das heißt, eine solche Kapitulation ist nicht statthaft! Wenn nicht mit Überzeugung und Überredung, so muß dem Guten mit anderen Mitteln zum Siege verholfen werden. Wer sich dem Guten verschließt, gehört selbst von den Guten ausgeschlossen; wer nichts gibt um das Gute, gehört vernichtet im Namen des Guten. Es geschieht ihm nur recht. So ist Gerechtigkeit: Sie verfügt über einen Menschen nur das, was er selber durch sein Verhalten sich zufügt.

Selbst die Bibel spricht in diesem Zusammenhang vom Jüngsten Gericht, bei dem Gott die »Böcke« von den »Schafen« sondern wird – die einen zur ewigen Hölle, die anderen zum ewigen Himmel (Mt 25,31-46). Bis dahin wird nach Auskunft der Geheimen Offenbarung (Apk 12) der Kampf des Erzengels Michael gegen den Teufel, der in der Sphäre Gottes bereits entschieden wurde, auf Erden ausgetragen; bis dahin also muß das Gute wehrhaft bleiben, muß es das Böse bekämpfen. Alle Verurteilungen folgen dieser Notwendigkeit, alle Hinrichtungen erfolgen unter dieser Voraussetzung, alle Kriege verfolgen dieses eine Ziel. So jedenfalls soll man glauben. So jedenfalls war es schon immer. Und anders kann es, ja, darf es bis zum Ende der Tage nicht sein. Es sei denn ...?

Notwendigkeit einer neuen Moralbegründung

Ja, es sei! Es *muß* anders sein. *Alles* muß anders sein. Ein moralisches, religiöses, juristisches oder politisches System kann menschlich nicht »in Ordnung« sein, das die Menschen in zwei Klassen teilt: hier die Guten, da die Bösen, hier die Zugehörigen, da die Ungehörigen, hier die Richtigen, da die Unberechtigten. Ein solches System, das die einen aufrichtet, indem es die anderen hinrichtet, trennt, statt zusammenzuführen, es ist buchstäblich einseitig, es urteilt parteiisch; und vor allem:

es hilft nicht weiter, es schreibt fest. Genauer: es bewertet nach festem Maßstab, was ein Mensch tut, es erwartet, daß er sein Verhalten an die Vorschriften des sittlich Allgemeinen angleicht; wer er selber ist: – seine Persönlichkeit, seine Biographie, die Situation, in der er sich befindet, spielen für die normative Ethik keine Rolle. Damit das Sittliche seine objektive Gültigkeit für alle bewahrt, darf es nicht durch subjektive Rücksichten aufgeweicht und individueller Beliebigkeit und Willkür überantwortet werden. *Oder* – es müßte die gesamte Moralphilosophie so umgebaut werden, daß sie vom Einzelnen ausginge (statt vom Allgemeinen her auf ihn zuzugehen), daß sie von »unten« her dächte (statt im Gefälle der Macht von oben nach unten verkündet zu werden), daß sie die konkrete Lage, in welcher der Einzelne sich befindet, zum Ausgangspunkt nähme (statt stets im voraus schon die »richtige« Lösung vorzugeben). Ein solcher Wechsel des Ausgangspunkts stellte geistig wie politisch einen Totalumsturz dar – eine vollkommene Veränderung der Sicht auf die menschliche Wirklichkeit. Doch es gibt dafür zwei gute Gründe: 1) Die konventionelle Betrachtungsweise wird bei allem Sprechen von »Gerechtigkeit« dem einzelnen Menschen nicht wirklich gerecht. Und 2) Die Furcht ist unbegründet alles geriete ins Wanken, gäbe man die bestehende Begründung der Moral im Rahmen einer abstrakten Ordnung auf und ersetzte sie durch eine konkrete Form des Verstehens; das Gegenteil ist der Fall. Freilich, man muß sich entscheiden; es geht um ein Entweder-Oder.

Zum Beispiel Ödön von Horváths Bühnenstück

Wie die überkommene Einstellung wirkt, hat der österreichische Dichter *Ödön von Horváth* (1901-1938) in seinem Theaterstück *Geschichten aus dem Wiener Wald* vor nun schon mehr als 70 Jahren in einer Weise beschrieben, in der sich bittere Trauer, tiefes Mitleid und scharfsinnige Polemik zu einer ewig gültigen Anklage, zu einer unüberhörbaren Forderung nach einer generellen Wandlung des moralischen Denkens vermischen. Im Mittelpunkt des Stückes steht Marianne, die liebenswürdige, unerfahrene Tochter eines Spielwarenhändlers, der, schon aus wirtschaftlichen Gründen, seine Tochter an den Metzgermeister Oskar verheiraten möchte. Marianne aber schaudert vor dessen bigotten Phrasen, vor dessen Machtansprüchen und vor der zugreifenden Habmachtseligkeit in allem, was er Liebe nennt – jeder Kuß von ihm ist wie ein Biß, ja, es kommt ihr manchmal vor, als wünsche er es geradewegs, daß sie »ein böser Mensch sein soll«. Der Vater selber, der von seiner verstorbenen »Frau Gemahlin«, von diesem, wie er sie nennt, bissigen »Mistvieh«, viel »auszustehen gehabt« hat, schwört auf die heuchlerische Sittlichkeit der guten alten Zeit und auf »Autorität«: – »Abstand wahren! Patriarchat, kein Matriarchat! Kopf hoch! Daumen runter!« (1. Teil, 2. Akt) Kein Wunder deshalb, daß Marianne, um beiden Männern zu entkommen, sich an den elegant wirkenden Stutzer Alfred wendet, der seinen Lebensunterhalt mit Rennwetten und zweifelhaften Geschäften bestreitet und der Geliebte von Valerie, einer nachbarlichen Trafikinhaberin, ist; nur allzu leicht läßt sich Marianne während eines Picknickausflugs von dem jungen Mann verführen; Valerie dieweilen hält sich an Erich, einem Studenten aus Norddeutschland, schadlos. Als der Vater Marianne verstößt, zieht sie in Alfreds abstellkammerartige Wohnung. Sie wird von ihm schwanger; er will sie zur Abtreibung zwingen; sie weigert sich. Als das Kind dann zur Welt kommt, gibt Alfred es in die Hand seiner Mutter in der Wachau; und um die immer enger sich an ihn bindende Marianne loszuwerden, bringt er sie als Sängerin bei einer Tanzgruppe auf dem Jahrmarkt unter.

In dieser Situation betritt Marianne den Stephansdom, um zu beichten. »Also rekapitulieren wir«, faßt der Beichtvater das Geständnis zusammen. »Du hast deinem armen alten Vater, der dich über alles liebt und der doch immer nur dein Bestes wollte, schmerzlichstes Leid zugefügt, Kummer und Sorgen, warst ungehorsam und undankbar – hast deinen braven Bräutigam verlassen und hast dich an ein verkommenes Subjekt geklammert, getrieben von deiner Fleischeslust – still! Das kennen wir schon! Und so lebst du mit jenem erbärmlichen Individuum ohne das heilige Sakrament der Ehe schon über das Jahr, und in diesem grauenhaften Zustand der Todsünde hast du dein Kind empfangen und geboren ... Und hast dieses Kind der Schande und der Sünde nicht einmal taufen lassen. – Sag selbst: kann denn bei all dem etwas Gutes herauskommen? Nie und nimmer! Doch nicht genug! Du bist nicht zurückgeschreckt und hast es sogar in deinem Mutterleib töten wollen ... daß du dein Kind im Zustand der Todsünde empfangen und geboren hast – bereust du das?« – »Nein. Das kann man doch nicht«, antwortet nach einer Pause des Nachdenkens Marianne. »Es ist doch immerhin mein Kind. – Nein, davor hab ich direkt Angst, daß ich es bereuen könnt. – Nein, ich bin sogar glücklich, daß ich es hab, sehr glücklich.« –

An diese Worte spinnt sich folgender Dialog:

»*Beichtvater.* Wenn du nicht bereuen kannst, was willst du dann von deinem Herrgott?

Marianne: Ich dachte, mein Herrgott wird mir vielleicht etwas sagen –

Beichtvater: Du kommst also nur dann zu Ihm, wenn es Dir schlecht geht?

Marianne: Wenn es mir gut geht, dann ist Er ja bei mir – aber nein, das kann er doch nicht von mir verlangen, daß ich das bereu – das wär ja wider jede Natur –

Beichtvater: So geh! Und komme erst mit dir ins reine, ehe du vor unseren Herrgott trittst.«

Während man im Hintergrund das Gemurmel einer Litanei hört, die von der Gemeinde gebetet wird, wendet Marianne in ihrer Not sich persönlich an ihren Gott: »Wenn es einen lieben Gott gibt – was hast du mit mir vor, lieber Gott? – Lieber Gott, ich bin im achten Bezirk geboren und hab die Bürgerschul besucht, ich bin kein schlechter Mensch – hörst du mich? – Was hast du mit mir vor, lieber Gott? –« (2. Teil, 7. Akt)

Alle Probleme, welche die bürgerlich-kirchliche Moral heraufbeschwört – statt sie zu lösen –, sind in dieser kleinen Szene enthalten, ist doch jedes Wort des »Beichtvaters«, dieser göttlichen Schiedsinstanz über die »Sünde« der Menschen, korrekt gesprochen im Sinne seiner beamteten Berufsausübung und völlig verkehrt gleichwohl im Angesicht des Menschen, mit dem er es zu tun hat. »Der arme alte Vater . . ., der doch immer nur dein Bestes wollte« – wie soll dieses »Beste« gefunden werden, wenn es einem Vater mehr um den Erhalt seiner »Puppenklinik« als um das Wohl seiner Tochter geht? Das Zwangssystem, das dieser Mann verkörpert, seine sexuelle Verklemmtheit, seine geheime Lüsternheit, lebt in dem Mann der Kirche vollinhaltlich wieder auf, wenn er die Suche nach Freiheit und Unabhängigkeit bei Marianne rein projektiv als »Fleischeslust« diffamiert und sich, ein Kenner offenbar in diesen Dingen, jedes Widerwort gegen sein feststehendes (Vor)Urteil streng verbittet. Der Wille zu persönlicher Freiheit gilt ihm von vornherein als identisch mit sexueller Libertinage. Seinen Worten nach hat Marianne sich »an ein verkommenes Subjekt geklammert«! »Geklammert« hat sie sich wirklich; aber während jenes Picknick-Ausflugs war sogar die Rede davon, daß sie Alfreds Seele »erhöht«; ja, sie wollte aus Alfred, der sich ihrer Liebe als nicht würdig empfand, »einen Menschen machen«. (1. Teil, 4. Akt) Sie wollte ihn von sich und seiner Halbwelt erlösen, ganz wie sie von ihm aus der Welt ihrer Enge erlöst werden wollte. Sie ahnt jedoch nicht, sie kann bei all dem nicht wissen, daß sie in diesem Gecken das Gegenbild – die Negativ-Imago – zu der Gestalt ihres ängstigenden, unterdrückenden, repressiven Vaters sucht, der seine Tochter so wenig kennt, wie jener Schlachtermeister, mit dem er sie verkuppelt hat.

Der wiederum, Oskar, gesteht seinem Gehilfen Havlitschek (»Die Weiber haben keine Seele, das ist nur äußerliches Fleisch!«): »Das Weib ist ein Rätsel, Havlitschek. Eine Sphinx. Ich hab mal der Mariann ihre Schrift zu verschiedenen Graphologen getragen – und der erste hat gesagt, also das ist die Schrift eines Vampirs, und der zweite hat gesagt, das ist eine gute Kameradin, und der dritte hat gesagt, das ist die ideale Hausfrau in persona. Ein Engel.« (2. Teil, 2. Akt) Für Oskar lebt in Marianne das Bild seiner vor rund einem Jahr verstorbenen Mutter weiter, und so steht er vor ihr wie Ödipus vor der Verderberin Thebens, ohne freilich ihr Rätsel lösen zu können. Niemand in diesem ganzen Melodram kennt sich selbst. Eben deshalb muß er scheitern.

Insbesondere durch die Bußmahnungen dieses »Beichtvaters« wird für Marianne der Weg zur Selbsterkenntnis nicht eröffnet, er wird verstellt durch ein Spalierwerk zusätzlicher kirchenrechtlicher Unterwerfungsregeln: Mit einem Mann zusammenleben darf eine Frau nur imstande des heiligen Sakraments der Ehe, ein Kind zur Welt bringen darf sie nur, wenn sie es baldmöglichst zur Taufe bringt, und abtreiben darf sie die ungeborene Leibesfrucht auf keinen Fall und unter keinem Umstand; – wenn sie »so etwas« tut, fällt sie nach dem römischen Kirchenrecht noch von 1983 der Tatstrafe der Exkommunikation anheim (CIC, Nr. 1398). Und vor allem: selbst Gott im Himmel wird, gebunden an die Verwaltungsordnung »seiner« Kirche, einem Menschen nur vergeben können, wenn dieser »bereut«, was er als »Frucht der Sünde« gar nicht zu bereuen vermag, – wenn er mit sich »ins reine« gekommen ist, ehe er »vor unseren Herrgott« tritt ... »Unser Herrgott«, wohlgemerkt, das ist der Gott der kirchlichen Gemeinschaft, das ist das Oberhaupt des Kollektivs der sittlich Einwandfreien; das ist der Gott, der eine Marianne auf ewig verdammen *muß*, wenn und solange sie mit sich *nicht* »ins reine« kommt. Doch eben: wie sie das zu tun vermöchte, ist nicht mehr eine Frage dieser stets schon Richtigen; das ist *ihre* Angelegenheit.

Denn darin besteht die zentrale Grundvoraussetzung aller bürgerlich-kirchlichen Moral: der Mensch hat in seinen Entschlüssen und Handlungen prinzipiell für *frei* zu gelten – als Herr seiner selbst, als verantwortlich für sich selbst, als imstande, das »Gute«, das er tun muß, auch wirklich zu tun. Wohl mag es Umstände und Zustände geben, die durch äußeren Zwang oder seelische Krankheit den Spielraum seiner Freiheit einengen, doch sind solche Fälle bloß als eine zu definierende Ausnahme zu betrachten, die keinerlei Rückschlüsse auf den »Normalfall« der uneingeschränkten Gültigkeit des Normativen zulassen. Also muß eine Frau wie Marianne sehen, wie es mit ihr weitergeht. Der Gott des Stephansdoms hüllt sich in »Stille« – kein einziges Wort an die Hilfesuchende. Dafür wird sich bald zeigen, wie es mit ihr weitergeht – wie auf einer abschüssigen Schlitterbahn nämlich, ohne Halten. Wenig später schon findet Marianne sich im Kabarett »Maxim« wieder, woselbst sie zur »Träumerei« von Schumann die »Jagd nach dem Glück« zu verkörpern hat, indem sie nackt auf einer goldenen Kugel posiert, der drei ebenfalls unbekleidete Mädchen nachstreben, »die sich gegenseitig niedertreten«. Mariannes Vater, der sich bei den schlüpfrigen Darbietungen hingebungsvoll animiert fühlt, gibt sich um so fassungsloser, als er zu seinem Entsetzen seine Tochter als ein derart »gemeines Schwein« antrifft. Ja, soll sie sich doch mitsamt ihrer Brut vor den Zug werfen! Ja, soll sie doch an ihren »Himmelsvater« denken, an »unseren lieben Herrgott da droben«, wenn sie schon an ihren Vater auf Erden nicht denkt! (3. Teil, 1. Akt) Als Marianne zudem noch einem der Lokalgäste die Brieftasche zu stehlen versucht, wandert sie ins Gefängnis. Ihr Kind, erfährt sie, ist tot – ermordet von Alfreds Mutter, muß man denken. Was anderes bleibt ihr, als zerbrochen und unglücklich zu ihrem Vater und zu ihrem Verlobten zurückzukriechen? Die Ordnung, der Anstand, die Sitte haben gesiegt. Und wirklich jetzt: Der Vater verzeiht ihr, Oskar erklärt sich trotz allem, jetzt, wo das Kind tot ist, zur Ehe mit Marianne bereit. Ein bürgerlich-kirchliches Happy-End bereitet sich vor. Die Welt hat wieder Tritt gefaßt. »Ich hab dir mal gesagt, Mariann, du wirst meiner Liebe nicht entgehn«, erklärt triumphierend Oskar. – »Ich kann nicht mehr! Jetzt kann ich nicht mehr«, das sind Mariannes letzte Worte, ehe der Metzgermeister sie wie unter einem himmlischen Streichorchester von Johann Strauß' »Geschichten aus dem Wiener Wald« in die Ehe abführt.

Und was sagt die Religion dazu? »Ich hab mal Gott gefragt, was er mit mir vorhat. – Er hat es mir aber nicht gesagt, sonst wär' ich nämlich nicht mehr da. – Er hat mir überhaupt nichts gesagt. – Er hat mich überraschen wollen. – Pfui!« Das ist alles, was Marianne von ihrer Tragödie verstanden hat. Ihr Kind – ist es wirklich, wie Oskar meint, von Gott ins Paradies heimgeholt worden? Mit welch frommen Worten man doch über ein veritables Verbrechen hinweggehen kann, um gemeinsam zum Traualtar zu schreiten! »Gott ist die Liebe, Mariann – und wen er liebt, den schlägt er ... Wenn es nämlich sein muß ... Ich hab dir mal gesagt, daß ich es dir nie wünsch, daß du das durchmachen sollst, was du mir angetan hast – und trotzdem hat dir Gott Menschen gelassen – die dich trotzdem lieben – und jetzt, nachdem sich alles so eingerenkt hat.« (3. Teil, 4. Akt) Oskar, der »richtige« Interpret, der Wissende um die Planungen Gottes, verlangt nicht nur die Unterwerfung Mariannes unter seine eigene sadistische Rechthaberei, er verlangt zudem, daß seine künftige Gefangene in all ihrem Unglück den Führungswillen Gottes zu erkennen lernt, der sie anscheinend bis zum »Ich kann nicht mehr« treiben *mußte,* um sie, die Willenlose, an die äußere Ordnung auszuliefern, pardon: zurückzugeben. Mariannes »richtiges« Leben beginnt überhaupt erst jetzt; was sie begangen hat, ist offenbar nur eine Jugendsünde; und der Wiener Walzer wartet schon, um sich unter dem Anschein von Glück, Grandezza und Grazie bis zum Vergessen im Kreise zu drehen. Eine Lebenslüge in allem, auf welcher indessen die gesamte gesellschaftliche Moral, die gesamte kirchliche Moraltheologie, die gesamte Ordnung des bürgerlichen Zusammenlebens basiert.

Man kann die Erschütterung, die *von Horváths* Bühnenstück auslöst, nicht anders aufnehmen, denn als eine Kette von nur allzu berechtigten Fragen an das Rechtsbewußtsein der bestehenden Ethik und als einen dringenden Appell um Hilfe. Menschen wie Marianne bedürften eines vorbehaltlosen Verstehens, statt des üblichen vorurteilsbeladenen Verurteilens; doch um ihnen zur Seite zu stehen, müßte man als erstes Abstand nehmen von den Identifikationen des eigenen Ichs mit den verinnerlichten Standards der Gesellschaft in Gestalt des Überichs, müßte man den Vertretern dieser Gesellschaft die Geselligkeit aufkündigen, müßte man sie selber ihrer vermeintlichen Sicherheit und Stärke entkleiden und ihnen das Betrügerische in den Brechungen ihres Charakters bewußtmachen. Mariannes Vater, diesen »Zauberkönig«, müßte man fragen, was ihn eigentlich dahin treibt, sein Geschäft, sein Renommee, seine bürgerliche Fassade weit mehr zu »lieben« als seine Tochter. Er sei »ein dämonischer Mensch«, erklärt ihm die nicht gerade tugendhafte Valerie. Er denke immer an sich, bemerkt sogar Marianne »scharf«, angesichts des in Selbstmitleid sich ertränkenden Narzißmus ihres Vaters. (3. Teil, 1. Akt) So aber ist es wirklich: Sowohl Mariannes Vater als auch ihr Verlobter Oskar sind vollkommen außerstande, einen anderen Menschen in seiner Wirklichkeit aufrichtig wahrzunehmen, ohne seine Scham als schändlich zu verachten und ohne seine Schönheit durch geheime Gier zu vergiften. Stets läßt ihr Überich, wie ein Helmvisier, ihnen nur eine einzige Perspektive auf sich selbst und auf die Menschen an ihrer Seite offen. Und so sind sie gekränkt bis zur Krankheit – im Überich, so sind sie beleidigt bis zu wirklichem Leiden – im Überich. Sie existieren nicht wirklich als Personen. Darin, in ihrer Selbstunterdrückung, liegt ihr Sadismus, ihre perverse Triebrepression, ihre Unfähigkeit zu einem eigenen Wort, zu einem eigenen Gedanken, zu einer eigenen Tat; Gesellschaft und Kirche aber sind ihnen mit dem, was für sie als »Moral« gilt, nur allzu gerne behilflich, ihre Selbstentfremdung als sittliche Pflicht, als Gottes Wille, als ihre »eigene Aufgabe« im Uneigentlichen darzustellen. Auch Oskar mitsamt seinem obszön daherredenden, ihn selber entlarvenden Schlachtergehilfen müßte man fragen, was eigentlich sie berechtigt, über ein Mädchen wie Marianne den Stab zu brechen, was im Ernst ihnen denn »Gott« ist außer einem Bündel feierlich deklamierter Redensarten, und wie ihnen eine Welt erscheinen muß, in der ein Kind wie Mariannes Leopold als Opfer auf dem Altare der Ordnung ermordet werden muß, um alles zum »Guten« »einzurenken«. Erst eine solche Infragestellung von allem könnte Marianne Mut machen, sich selber zu finden.

Plädoyer für einen anderen Umgang mit Menschen – die Betrachtungsweise der Psychologen

Sich selber finden! Helfen statt Strafen! Heilen statt Verstoßen! Retten statt Richten! Zum Programm erhoben wurde dieser Wandel im Umgang mit Menschen, wie es in unserer westlichen Kultur kaum anders sein könnte, zuerst durch die Bemühungen von Ärzten, die, als Neurologen und Psychiater, vor der Frage standen, wie sie den vielfältigen psychischen, psychoneurotischen und psychosomatischen Leiden und Erkrankungen ihrer Patientinnen und Patienten beikommen könnten. Fest stand von Anfang an, daß es nicht möglich ist, einem Menschen zu helfen, solange man sich darauf beschränkt, ihm seine unheilvolle Lebensweise mit moralischem Anspruch zum Vorwurf zu machen. Ein Alkoholiker, ein Drogenabhängiger, ein Anorexie-Kranker kann durchaus das Schädigende seines Suchtverhaltens begreifen, – er wird gleichwohl zu einer Änderung seines Tuns außerstande sein. Auch an seinen »freien Willen« läßt sich nicht appellieren, – er existiert nicht; im Falle der Magersucht verbraucht er sich sogar in einem Übermaß an Selbstdisziplin für den wahnhaften Beweis vollkommener Bedürfnisfreiheit und Autarkie. Wenn demnach von der Freiheit eines Menschen die Rede sein soll, dann nicht als von einer Naturgegebenheit, die dem Menschen als fertige Mitgift übereignet worden wäre, dann allenfalls als von dem Ergebnis einer mühevollen Arbeit an sich selbst: Nur in dem Maße ein Mensch zur Erkenntnis der Hintergründe seiner Haltungen, Motivationen und Übertragungen gelangt, vermag er dem Wiederholungszwang bestimmter Konstellationen seiner Kindheit zu entkommen. Nach einem berühmt gewordenen Ausspruch *Sigmund Freuds* verfolgt die Psychoanalyse die »Absicht..., das Ich zu stärken, es vom Über-Ich unabhängiger zu machen, sein Wahrnehmungsfeld zu erweitern und seine Organisation auszubauen, so daß es sich neue Stücke des Es aneignen kann. Wo Es war soll Ich werden. Es ist eine Kulturarbeit etwa wie die Trockenlegung der Zuydersee.«[1]

Genau mit dieser Einstellung stellt die Psychoanalyse indessen so etwas dar wie einen Kultursprung, verbunden mit enormen Konsequenzen. In psychoanalytischer Betrachtung erscheinen die Abweichungen von den Normen der bürgerlich-kirchlichen Moral als bloße Symptome, die auf ihre tieferen Ursachen hin untersucht werden müssen und die nicht selten, fast immer, von den Formen des gesellschaftlichen Systems mitverursacht sind. Es geht darum, auch und gerade das »Böse« im Menschen zu verstehen, bewußt zu machen und durchzuarbeiten, denn es besitzt Gründe zu seiner Entstehung, und solange diese Gründe weiterbestehen, läßt sich auf keine Änderung hoffen, solange besteht, schon aus lauter Hilflosigkeit, in der Tat gesellschaftlich nur die Alternative von Wegschließen und Wegschieben. Am Ende reinigt sich die bürgerliche Welt von ihren eigenen Opfern, indem sie ihre Sündenböcke in die Wüstenei des sozialen Exils treibt. Das Entscheidende an der ärztlichen Sichtweise der Psychoanalyse in der Behandlung menschlichen Fehlverhaltens besteht demgegenüber in dem entschlossenen Willen zu helfen; die Psychoanalyse betrachtet das »Böse«, das Menschen verüben, selber als Folge einer Fehlentwicklung in der Persönlichkeitsreifung, und so stellt sie sich die Aufgabe einer persönlichen Begleitung zur Nachreifung. Dabei weiß sie und erfährt sie tagtäglich neu, daß Menschen zur Wahrheit über sich selbst nur gelangen können, wenn sie sich nicht im vorhinein als verurteilt empfinden müssen. Selbsterkenntnis ist kein rein intellektueller Vorgang, der nach Art eines sokratischen Dialogs mit den Mitteln logischer Argumentation herbeigeführt werden könnte; Selbsterkenntnis setzt das unbedingte Vertrauen voraus, von dem anderen (Arzt, Therapeuten, Mitmenschen) *akzeptiert* und vorbehaltlos ernst genommen zu werden. Damit ein Gespräch, eine persönliche Begegnung einen anderen Menschen für sich selbst aufzuschließen vermag, müssen Zug um Zug die verinnerlichten Mechanismen der Selbstverurteilung und der Selbstablehnung auf die ursprünglichen Situationen in Kindertagen zurückgeführt und mit der Situation heute verglichen werden. Nicht selten tritt dabei zutage, daß Menschen sich große Vorwürfe an Stellen ihres Lebens machen, die eigentlich recht harmlos sind, nur um die Inhalte nicht wahrzunehmen, durch die sie sich selber und den Menschen an ihrer Seite wirklichen Schaden zugefügt haben und zufügen. So gut wie immer geht es darum, eine angstverbogene, antriebsgehemmte, fehlangepaßte, überkompensierte, in Ersatzformen des Eigentlichen erstarrte Lebensform mutiger, freier, selbständiger, ehrlicher und gradliniger wachsen zu lassen. So etwas kann nur gelingen durch aufrichtiges Interesse, emotionale Wärme und persönliche Wertschätzung auch gegenüber demjenigen, der objektiv einen Normenverstoß begangen hat. Die Frage lautet jetzt nicht, wie der Betreffende zu bestrafen sei, sondern wie er zu seinem Tun kam. Mag es auch »Gutes« und »Böses« in den Symptomklassifikationen der moralischen Bewertung geben, so hat doch beides seine Ursachen. Vielleicht ist ja ein Lügner nur ein Mensch, der Angst hat, ist ein Dieb nur ein Mensch, der Hunger hat, ist sogar ein Verbrecher nur ein Mensch auf der Suche nach einer Liebe, die er niemals kennengelernt hat. Wenn Angst, Hunger und Einsamkeit die wirklichen Probleme von Menschen darstellen, wie muß man dann auf sie antworten, wenn man ihnen helfen will? Hat man überhaupt ein Recht, einen anderen Menschen verloren zu geben? Und was für ein Recht sollte es sein, das dazu nötigt?

Über viele der psychoanalytischen Theoriebildungen kann man heutigentags gewiß diskutieren; manche haben sich im Abstand von 100 Jahren als kulturell zu begrenzt erwiesen wie etwa die Lehre vom »Ödipuskomplex«; andere werden soeben durch die Neurologie glänzend bestätigt wie die Überzeugung von der überragenden Bedeutung der ersten Lebensjahre für die ganze weitere Biographie. Grundlegend an der Psychoanalyse ist die therapeutische Einstellung selbst, sogar und gerade in den schuldig Gewordenen Verirrte, Verwirrte, Verlorene und Verlaufene zu sehen, die es nicht zu verfolgen, sondern zurückzuholen gilt. Niemand fügt anderen mutwillig Leiden zu, es sei denn er selbst hätte ein Gleiches erlitten, und so gilt es, den Teufelskreis aus Leid und Leidzufügung zu unterbrechen, statt ihn unter dem Titel einer strafenden Gerechtigkeit nur immer weiter sich drehen zu lassen.

Die Frage bleibt natürlich, wie diese menschliche Evidenz der Psychoanalyse (und der anderen aus ihr hervorgegangenen Therapierichtungen) sich in die Vorstellungen der bürgerlichen und kirchlichen Morallehren integrieren läßt. Die Antwort darauf lautet bis heute: gar nicht. Statt Staat und Kirche zu verändern, reduziert man die anthropologische Einsicht der Psychoanalyse in etwas Wesentliches am Menschen auf eine bloße Behandlungsmodalität im Rahmen von krankenkassengenehmigten Sitzungen und Aufenthalten in Landeskrankenhäusern und forensischen Kliniken. Das Äußerste an Humanität, was man von Staat und Kirche unter diesen Umständen erwarten kann, ist die Duldung der »Kranken« fernab von den »Gesunden«; mehr läßt sich scheinbar nicht machen; mehr kann vor allem die Psychoanalyse selbst oft nicht leisten. Auf diese Weise bleibt die Psychoanalyse so etwas wie ein Sanitätsdienst hinter den Frontlinien, damit beauftragt, Verwundete und Verletzte wieder »kriegsverwendungsfähig« zu machen; den Krieg selber soll und darf sie nicht beenden.

Herausforderung für das Christentum: das Anliegen Jesu

Die eigentliche Revolution beginnt in Gestalt des *Christentums,* das heißt, sie müßte damit begonnen haben. Immer wieder versuchen die verfaßten Religionen ihre Mitglieder von der Richtigkeit und Einzigartigkeit ihrer eigenen Lehren und Einrichtungen zu überzeugen, indem sie auf ihre besonderen Dogmen, Riten und Ämter verweisen, und natürlich bestehen unter den Konfessionen und Religionen alle möglichen Unterschiede dieser Art, so daß der ideologisch-ökonomisch und militärisch geführte Kampf um die Durchsetzung der jeweils für »einzig richtig« gehaltenen Glaubensweise bis heute nicht wirklich erloschen ist.

Doch man erniedrigt Gott zu einem Götzen, wenn man ihn zu einem Gefangenen im Vatikan, in Mekka oder an der Klagemauer in Jerusalem verfremdet. Jesus selber, soviel ist jedem christlichen Theologen geläufig, wollte keine neue Religion gründen, er wollte ganz im Gegenteil die glühendsten Visionen der Propheten seines Volkes endlich leben, und zwar nicht die moralisch-richterliche Seite der Verkündigung seines Lehrers Johannes des Täufers am Jordan zum Beispiel mit seinen apokalyptischen Gerichts- und Weltuntergangsdrohungen, sondern die Worte des Zweiten Jesaja aus dem 6. vorchristlichen Jahrhundert, aus der Zeit während und nach dem babylonischen Exil, aus der Phase der tiefsten Erniedrigung und »Gottesbestrafung« des jüdischen Volkes. Es sind diese Worte, mit denen das Lukas-Evangelium (4,18-19) Jesus selbst in seiner Heimatstadt Nazareth sich den Leuten programmatisch so vorstellen läßt: »die Heilsbotschaft Armen zu bringen hat er (sc. Gott, d.V.) mich gesandt, zu künden Kriegsgefangenen Freilassung und Blinden ein Aufblicken, zu entsenden Unterjochte in Freilassung (Jes 42,7), anzukünden ein Jahr des Herrn, ein willkommenes (Lev 25,10).« Eine Frömmigkeitshaltung, die in irgendeiner Weise sich maßgeblich auf diese Beauftragung Jesu beziehen will, kann nur, wie er es getan hat, versuchen, dem 100. Schaf, das sich verloren hat, nachzugehen und es auf den Schultern zurückzutragen (Lk 15,1-7). Wenn Gott selber nach Jesu fester Überzeugung so ist – so sein muß, angesichts der Verlorenheit der Menschen, wie dürfte man dann anders handeln, als entsprechend den Worten Jesu »nicht zu richten, damit Gott nicht richten muß« (Mt 7,1), als »nachzulassen denen, die sich uns verschuldet«, weil doch auch Gott einem jeden nachlassen muß, »was wir verschuldet« (Mt 6,12), wie Jesus es die Jünger in der Vaterunser-Bitte zu beten lehrte? Der wirkliche Unterschied zwischen der religiösen Haltung Jesu und allen anderen Religionsformen liegt nicht darin, daß der Mann aus Nazareth bestimmte unerhörte Glaubenssätze von Gott aufgestellt und neue, nie gekannte Zeremonien der Gottesverehrung inklusive einer Beamtenschaft zu deren Einhaltung und Durchführung eingesetzt hätte; der wirkliche Unterschied, der das eigentlich »Christliche« am Christentum ausmacht, ist die ganz und gar heilende, therapeutische Grundhaltung einer tiefen, umfassenden Menschlichkeit. Deren Radikalität wäre gewiß niemals zu gewinnen, ginge sie, anders als alle philosophische Ethik, nicht von dem Bild eines Gottes aus, der uns nach dem Urteil bloßer Gerechtigkeit allesamt verurteilen müßte und der doch uns zu retten kommt, nicht zu richten.

In gewissem Sinne besteht die Gefahr, in anderem Sinne die Größe *Pauli* darin, die prinzipiellen Einsichten ausformuliert zu haben, die in der Botschaft Jesu für das rabbinische Denken seiner Tage und für das gesetzliche Denken aller Tage enthalten sind, – eine Gefahr, wenn daraus wieder nur ein autoritär festgesetztes Dogma hervorgeht, wahre Größe, wenn es zu der wohl paradoxesten Einsicht über den Menschen führt, die in moralischer Absicht überhaupt nur denkbar ist. In krassem Unterschied zur gesamten abendländischen Ethik, wie sie in den Moral- und Rechtssystemen der bürgerlichen Welt ihren Niederschlag gefunden hat, ist es *Paulus* gelungen, für das Christentum die Auffassung wesentlich zu machen, daß ein Mensch zum Guten nicht fähig ist außerhalb der »Erlösung« durch »Glauben« und »Gnade«. Für das Christentum gilt der Mensch, ganz ähnlich wie in der Psychoanalyse, als wesentlich unfrei, solange er nicht der Erfahrung begegnet, trotz allem und in allem auf absolute Weise bejaht zu sein. Es ist der Punkt, an welchem das Christentum dem Standpunkt der Ethik mit ihrem Postulat von der Wahlfreiheit des Menschen zum Guten wie zum Bösen diametral widerspricht. *Martin Luther* wußte dies, als er im Jahre 1525, zusätzlich noch zu all dem kirchlichen, politischen und gesellschaftlichen Durcheinander seiner Zeit, ausgerechnet dem größten Vertreter des Humanismus, *Erasmus von Rotterdam* (1466-1536), mit einer eigenen Kampfschrift *Vom unfreien Willen* meinte entgegentreten zu müssen. Worum ging es? Einfach gesagt darum: Ein Mensch kann nicht gut sein, bloß wenn er will, aus eigener Kraft, er kann nur gut sein, wenn er einer Güte begegnet, die ihn unbedingt will und meint. Im 20. Jh. hat umgekehrt kein Geringerer als *Nicolai Hartmann* in seiner *Ethik* von 1926[2] den Widerspruch zwischen dem ethischen und dem christlichen Standpunkt in aller wünschenswerten Klarheit herausgestellt: »Man kann«, schrieb er, »den Widerstreit (sc. von Ethik und Religion, d.V.) ... als den von Schuld und Sünde charakterisieren, oder als den von Wahrung der Freiheit und Preisgabe der Freiheit, von Erlösungswillen und Erlösungsabwehr, von Verantwortungswillen und Verantwortungswiderwillen.« (820) Es gehe nicht an, meinte dieser Philosoph des postulatorischen Atheismus, wie das Christentum von einer »Aufhebung der Schuld« zu sprechen, denn das »wäre Verletzung der Freiheit, und damit der Person in ihrem sittlichen Grundkönnen«. (819)

Das Mißverständnis in der Diskussion zwischen Ethik und Moraltheologie ergibt sich im wesentlichen aus der Zweideutigkeit der christlichen Kirchen. In ihren Dogmen sprechen sie einmal von der »Erbsünde«, mithin von der »Erlösungsbedürftigkeit« des Menschen, dann wieder verkünden sie die Erlösung des Menschen durch die Gnade Gottes in Jesus Christus. Beide Aussagen könnten von größter Bedeutung sein, wenn sie als Methoden der Diagnostik und der Therapie menschlicher Not genutzt würden. Statt dessen soll die Erlösung durch die Sakramente der Kirche, besonders durch die Taufe, den Menschen vermittelt werden. Da, wie in *von Horváths* Theaterstück, alle neugeborenen Kinder sobald irgend möglich getauft werden müssen, bestehen die Kirchen heute tatsächlich fast ausnahmslos aus Menschen, die bereits als Babys rein rituell von der Macht des »Teufels« »erlöst« worden sind; durch den Vollzug der sakramentalen Formel sind sie von der »Gefangenschaft« des Bösen befreit; wesentlich dadurch sind sie – als »Erlöste«, das heißt jetzt als Mitglieder der Kirche! – befähigt zum Guten; und somit unterstehen sie nun doch, ja, im Grunde sogar noch strenger, den Gesetzen der bürgerlichen Ethik.

Nicht nur, daß man mit solch einer Auffassung die gesamte Aufregung des Anliegens Jesu an eine rein rituelle Veranstaltung delegiert, man erspart sich damit bewußt die eigentliche existentielle Aufgabe, die sich dem Christentum stellt: die Menschen aus einer buchstäblich gnadenlosen Welt zurückzuführen zu einer Asylstätte der Berechtigung und des Angenommenseins. Im Leben keines Kindes hat sich psychisch irgend etwas geändert, nur weil über es im Alter von zehn Tagen Wasser ausgegossen und eine spezielle Kirchenformel gesprochen wurde. Gerade der Lehre der Kirche nach bedeutet »getauft zu werden« nicht mehr und nicht weniger, als vom »Tod« zum »Leben« überzugehen. Wie aber begleitet man dann einen Menschen von einem Unleben in Angst, Schuldgefühl und Flucht zu einem Leben aus Vertrauen, Vergebung und Selbständigkeit? Wie »tauft« man wirklich?

Alle »Moraltheologie« kann im Grunde nichts anderes sein als eine Hilfestellung und Wegbeschreibung zu diesem Ziel. Nicht nur ihr Ausgangspunkt unterscheidet sich damit diametral von aller Moralphilosophie, auch ihr Ziel: die Erlösung des Menschen, kann nur in einer vollkommenen Umformung des Begriffs von »Gerechtigkeit« im Sinne der bürgerlichen Ethik bestehen. Die Frage ist jetzt nicht länger, wie man Gerechtigkeit zwischen Gut und Böse in Form von Lohn und Strafe walten läßt, sondern wie man der Erlösungsbedürftigkeit des Menschen »gerecht« wird. In der Einleitung zur Bergpredigt, die an alle gesprochen ist, »die übel dran« sind, die »mit mancherlei Krankheiten und Qualen behaftet sind: von Abergeistern Besessene, Mondsüchtige und Gelähmte« (Mt 4,24), sagt Jesus selber ausdrücklich: »Wenn eure Gerechtigkeit nicht besser ist als die der Schriftgelehrten und der Pharisäer, so werdet ihr nicht in das Himmelreich kommen.« (Mt 5,20) Wie also ist es möglich, diese »bessere«, das heißt diese fundamental vom Standpunkt der »Schriftgelehrten« und »Pharisäer« verschiedene »Gerechtigkeit« zu finden, die eines Reichs der Gnade würdig ist, indem sie den Leidenden aufhilft und verbindlich eine Welt beschreibt, in der nicht immer wieder die (sozial wie psychisch) Armen unter die Räder der Reichen kommen?

Konsequenzen für die christliche Moral

Auf den zentralen Fehler der gesamten kirchengebundenen Moraltheologie hat, vor dem Hintergrund ihres kompletten Unvermögens zur »Erlösung« der Menschen, vor rund 160 Jahren bereits der dänische Religionsphilosoph *Sören Kierkegaard* (1813-1855) in aller Deutlichkeit hingewiesen. Es geht entscheidend um den biblischen Begriff der Sünde. Faßt man ihn moralisch auf, bedeutet er nichts weiter als die ungehorsame beziehungsweise hochmütige Übertretung göttlicher Gebote; in ihrer schlimmsten Art ist diese Form der »Sünde« dann als Tat ein Verbrechen, als Haltung ein Laster; als das Gegenteil zur »Sünde« müßte, moralisch verstanden, demnach das verdienstvolle Tun beziehungsweise die Tugend gelten, und der Weg dahin könnte kein anderer sein als – sokratisch – die rechte Unterweisung zur Einsicht des Guten und die rechte Anleitung des freien Willens zum Tun des Erkannten. Recht verstanden, versetzt die »Erlösung« des Menschen durch Christus damit eigentlich nur die Moraltheologie in die Bequemlichkeit, fortan, nach Überwindung der »Ursünde« »Adams« (die ins ganz und gar Historisch-Phantastische gesetzt wird), wieder in Reih und Glied mit der philosophischen Ethik der bürgerlichen Gesellschaft mitmarschieren zu können und sich kraft göttlicher Beglaubigung an allen Stellen des reflexiven Zweifels in entschiedener Gewißheit »staatstragend« zu geben. Demgegenüber wies *Kierkegaard* in seiner Schrift *Die Krankheit zum Tode* aus dem Jahre 1849[3] darauf hin, daß »der Gegensatz zur Sünde nicht Tugend ist, sondern Glaube«. Glaube aber ist für den »Vater« der Existenzphilosophie nicht länger mehr ein rhapsodistisches Heruntersagen kirchlicher Lehrformeln zur Homogenisierung der Massenpsyche in den Händen kirchlich-staatlicher Herrschaftsausübung. »Glaube ist«, schreibt er, »daß das Selbst, indem es es selbst ist und es selbst sein will, durchsichtig in Gott gründet.« (II A, 1. Kapitel, S. 78)

In dieser Neudefinition der christlichen Grundbegriffe liegt zweierlei, das einer Umwälzung der »Theologie« im ganzen gleichkommt. Zum einen: Wer »Sünde« moralisch – als Gebotsübertretung – auffaßt, *kann* nur an den Willen zur Besserung appellieren und nach dem Arm der Justiz zur »gerechten« Bestrafung des Übertreters rufen. *Kierkegaard* aber übersetzte und ersetzte diesen ethisch mißverstandenen Begriff der Sünde mit Nicht-Selbst-Sein, mit *Verzweiflung.* Wenn ein Mensch *verzweifelt* ist, verbietet sich alles Reden mit dem erhobenen oder gar mit dem ausgestreckten Zeigefinger von selbst; ein Verzweifelter braucht nicht noch mehr Vorwürfe und Ausgrenzungen, – er braucht Hilfe. Die Diagnose ist hier identisch mit dem Postulat eines »therapeutischen« Vorgehens. Doch wohlgemerkt: was in der Psychoanalyse soeben noch als bloßer Krankheitsfall beschrieben werden konnte, als Abweichung vom »Normalen«, wird jetzt, bei der Interpretation der christlichen Lehre von der »Ursünde«, zu einer Grundbefindlichkeit des menschlichen Daseins. *Jeder* ist ein in *Kierkegaard*schem Sinne Verzweifelter, der seine Freiheit allein (zurück)gewinnt im Vertrauen auf Gott.

Dies ist die zweite zentrale Neubestimmung der theologischen Begrifflichkeit. Glaube, damit er rettend, heilend, erlösend wirken kann, darf nicht länger mehr als ein intellektuelles Fürwahrhalten bestimmter kirchendogmatischer Inhalte verstanden werden (die sich, genauso wie die tradierte Moraltheologie in die philosophische Ethik, in die idealistische Metaphysik »aufheben« ließen); Glaube als Rückgewinnung des »Selbst« beschreibt ein Gleichgewicht der Existenz zwischen den gegensätzlichen Komponenten, aus denen die Freiheit des Menschen zusammengesetzt ist; Glaube als Vertrauen ist das Ende der Verzweiflung. Was also muß geschehen, um einen Menschen von *Angst* zu *Vertrauen* zu führen, um ihn aus der *Verzweiflung* des Selbstverlustes im Feld der Gnadenlosigkeit zu sich selbst zurückzugeleiten?

An dieser Stelle ist es unumgänglich, die Lehre von der Sünde in ein Instrument des Verstehens und der Einfühlung zu verwandeln. Die gesamte kirchliche Sprache, der gesamte Umgangsstil muß sich ändern.

Die Moraltheologie selbst muß sich umformen zu einem Ort der Beschreibung und der Durcharbeitung menschlicher Not; sie kann und darf fortan nichts anderes sein als eine Art medizinischer Erforschung und Darstellung der Erkrankung des menschlichen Daseins an der Unendlichkeit der Angst der eigenen Freiheit, wenn diese ohne ein absolutes Gegenüber, das sie umfängt und trägt, sich selber ausgeliefert bleibt. Statt daß weiterhin »Freiheit« als das eherne Fundament der philosophischen Ethik erscheint, erweist sie sich existentiell vielmehr als eine unerträgliche Belastung, als der Fluch eines Daseins im Felde radikaler Ausgestoßenheit und Abgelehntheit. Die Frage wird damit umgekehrt nur um so dringlicher, wie denn der Glaube, verstanden als Vertrauen ins Absolute, daseinsbegründend und »gnade«vermittelnd zu wirken vermag. Womöglich besteht ja die Vorstellung selbst von einem Jüngsten Gericht gerade nicht in der Auslieferung von Verdammten an ihre höllischen Quälgeister, sondern umgekehrt darin, daß die Verdammten dieser Erde endlich aus ihren Höllenqualen befreit würden, indem sie der Macht einer ewigen Liebe gegenüberträten, die von Ewigkeit her möchte, daß sie sind, und der sie es glauben können, selbst sein zu dürfen.

Es gibt eine Reihe wichtiger und dringlicher Fragen des christlichen Daseinsverständnisses, die in den Aufsätzen des vorliegenden Buches *nicht* aufgegriffen werden, weil sie anderweitig in eigenen Monographien behandelt worden sind, wie die Frage nach Krieg und Frieden oder nach dem Schutz des Lebens auf dieser Erde. Eine Welt kann nicht im Ernst für »erlöst« gelten, in welcher Kriegsrüstung und Kriegsvorbereitung im Gefälle wechselseitiger Angst nach wie vor zur bürgerlichen Pflicht aller Staaten der Welt, der »christlichen« obenan, zählen und in der die Ausrottung von Pflanzen und Tieren weltweit zugunsten der globalen Ausdehnungsinteressen der kapitalistischen Wirtschaftsform scheinbar unbedenklich, jedenfalls mit unbeschreiblicher Grausamkeit Tag für Tag weiter vorangetrieben wird. In den beiden Bänden *Krieg ist Krankheit, keine Lösung*[4] und *Wozu Religion? Sinnfindung in Zeiten der Gier nach Macht und Geld*[5], sind diese Themen im Gespräch mit dem Ressortleiter Kulturelles Wort beim SWR II, Baden-Baden, *Jürgen Hoeren,* noch einmal ausführlich erörtert worden. Das vorliegende Buch enthält so etwas wie ein Streckennetz, an dem die wichtigsten Weichenstellungen einer »zweiten Ethik«, wie *Kierkegaard* sie nannte, einer therapeutischen Form von Moralauffassung in der christlichen Theologie, wie wir auch sagen können, deutlich gemacht werden sollen.

Überblick über die Themen dieses Buches

Von *Sünde und Neurose* handelt in dieser Absicht ein Artikel, der die Psychoanalyse *Freuds* und die Existenzphilosophie *Kierkegaards* vor dem Hintergrund der christlichen Sünden- und Erlösungslehre miteinander in ein verbindliches Gespräch zu bringen versucht. Das Thema Angst und Verzweiflung (Krankheit, Neurose) ist als ein religionspsychologisches Thema in fundamentaltheologischer Absicht zu verstehen, so wie es dementsprechend auch in *Glauben in Freiheit oder Tiefenpsychologie und Dogmatik*, 1. Bd.: *Dogma, Angst und Symbolismus*[6] und in dem Buch *Jesus von Nazareth - Befreiung zum Frieden* in dem Abschnitt: Die Urgeschichte des Menschen und der biblische Mythos vom »Sündenfall«)[7] abgehandelt worden ist; die knappe Darstellung des Modells, das dort skizziert wird, erlaubt es immerhin, ein Stück weit die Sprengmethode kennenzulernen, mit der die bürgerliche Gefangenschaft der kirchlichen Moraltheologie sich aufbrechen läßt.

Ein Dauerindiz für den Mißstand, ja, für die Unaufrichtigkeit des überkommenen Typs von kirchengebundener Morallehre wird am Umgang mit der Dimension des *Tragischen* im menschlichen Leben deutlich. Da die Welt als »erlöst« zu gelten hat, steht die kirchliche Moraltheologie in der Pflicht, das *Tragische und das Christliche* schlechterdings als Unvereinbarkeiten einander gegenüberzustellen. Ein tragisches Lebensgefühl kann demnach nur für »heidnisch« gelten. Notwendigerweise geht aus dieser erzwungenen Realitätsverleugnung eine eigentümliche Dialektik hervor: Einerseits muß eine solche Theologie die Menschen unter dem Druck göttlicher Gebote zu Handlungen und Verhaltensweisen zwingen, die sie beim besten Willen nicht einhalten können; andererseits muß dieselbe Moraltheologie ihnen Handlungen als Pflicht vorschreiben, die in Wirklichkeit einem schweren Verstoß gegen die Menschlichkeit gleichkommen. Ein vierzehnjähriges Mädchen zum Beispiel, das im Krieg vergewaltigt wurde, darf nach diesen Vorstellungen eine Abtreibung gar nicht erst erwägen, ein 18-jähriger Junge hingegen hat im Falle eines »gerechten Krieges« durchaus kein Recht, den Wehrdienst zu verweigern. Die Tragik einer solchen offiziösen Leugnung des Tragischen liegt darin, daß sie immer wieder ungeheuerliche Verbote erlassen und ständige Rechtfertigungen des Ungeheuerlichen in Kauf nehmen muß. Statt sich an die Seite der betroffenen Menschen zu stellen und den oft riskanten Rückweg zur Selbstfindung und Freiheit mit ihnen zu gehen, redet hier ein kirchliches »Lehramt« in erhabener Eindeutigkeit von einer Erlösung, die es nicht erarbeitet, sondern nur magisch besetzt und bloß deklamatorisch verwaltet, – ein Mißverständnis seiner selbst wie der Menschen, das anstelle der gesuchten Hilfe nur die ausgesuchtesten Verwirrungen und Gewissenszwänge bereithalten kann.

Im *privaten* Raum ist es vor allem das Institut der Ehe, in dem die staatliche und kirchliche Gesetzgebung ihren moralischen Anspruch am strengsten geltend macht, – der Staat, weil er an der Regelung stabiler Einkünfte interessiert ist, die Kirche, weil sie die Selbstreproduktion ihrer Macht in den Köpfen der Menschen durch das Generationenverhältnis, statt durch persönliche Erfahrung, zu sichern sucht. Doch schon die Ausblendung des Unbewußten in der menschlichen Seele, schon die Reduktion des Menschen auf Verstand und Willen, schon die Ignorierung all der psychodynamischen Konflikte im Gefühlshaushalt von Menschen setzt die kirchliche Moraltheologie außerstande, die Liebenden und Liebesuchenden in ihren Schwierigkeiten zu begreifen, geschweige denn, ihnen zu helfen. In dem Artikel *Von Übertragung und Wiederholungszwang oder: Liebe zwischen Glückseligkeit und Unglück* wird es genügen, nur einmal die einfachsten Gründe aufzuzeigen, aus denen heraus Menschen, die einander aufrichtig zugetan sind und für moralisch integre Charaktere gelten dürfen, miteinander nicht länger mehr leben können, – und es wird die Ungerechtigkeit deutlich, mit welcher das Lehramt insbesondere der katholischen Kirche das persönliche Unglück von – oft nach langem Ringen – Gescheiterten mit Redereien von Libertinismus, Sexismus und Hedonismus quittiert. »Fleischeslust« ist eben das einzige, was zur Erklärung menschlicher Not schon dem klerikalen Beichtvater bei *Ödön von Horváth* einfallen durfte. Die oft verzweifelte Suche nach einem Vater, den es nie gab, nach einer Mutter, die überbelastet oder überfordert war, als es drauf ankam, verlangt geradewegs nach einer religiösen Antwort. Auf das Scheitern der Liebe antwortet hilfreich einzig eine größere Liebe.

Es kann sein, daß Menschen charakterbedingt von einander wie hypnotisiert sind: endlich begegnen sie dem Menschen ihres Lebens, endlich finden sie in dem anderen jene Persönlichkeit, nach der sie immer schon gesucht hatten, weil in ihr alles das sich ergänzen und festigen könnte, was einem selbst so sehr fehlte. Der Artikel *Gegensätze ziehen sich an oder: Von der Gefahr, die Feigen bei den Disteln zu suchen* beschreibt die Hoffnungen und Enttäuschungen, die Chancen und Risiken solcher Beziehungen. Niemand von außen, wohlgemerkt, und nicht einmal die Betreffenden selbst können wissen, was aus ihnen wird. Es gibt keine Garantie für die Zukunft. Wie aber kann »moraltheologisch« von Schuld und Versagen die Rede sein, wo das Wagnis der Liebe zwei Menschen in der Bindungsenergie ihrer Persönlichkeit zueinander führt ohne Gewähr für Gelingen und Scheitern? Wie kann es recht sein, ja, wie konnte es jemals Recht werden, daß speziell die römische Kirche Menschen, die sich auf Grund der Unverträglichkeit ihrer Charaktere haben scheiden lassen (müssen), vom Empfang des Altarssakramentes, vom Abendmahl, ausschließt und sie zwingt, sich solange von der Einladung Jesu gerade an die Verlorenen an den *einen* Tisch des Messias getrennt zu fühlen, als der Ehepartner aus erster Ehe (noch) nicht gestorben ist? Kann wirklich der baldige Exitus des »Ex« eine »christliche« Hoffnung bilden, nur um mit den sonderlichen Gesetzen der Kirche Roms zurechtzukommen?

Längst wissen auch Theologen und Bischöfe, daß der moralische Zustand der römischen Kirche in diesen Fragen sich nicht mehr halten läßt. Vor rund einem Dutzend Jahren traten die Bischöfe Saier (Freiburg), Spital (Trier) und Lehmann (Mainz, inzwischen Kardinal und langjähriger Vorsitzender der deutschen Bischofskonferenz) gemeinsam an die Öffentlichkeit, um den seelsorglichen Engpaß im Umgang mit den Geschiedenen (das sind immerhin 30-40 Prozent aller Ehen!) ein Stück weit zu öffnen, – vergebens. Das unfehlbare Lehramt der vatikanischen Zentrale wußte und verfügte es anders. Seither ist schon die Diskussion über solche (und viele andere) Fragen unter Eid den Inhabern auf den Lehrstühlen der katholischen Theologie untersagt. Wie, fragt man sich, soll die Freiheit des Gewissens sich erzeugen lassen mit so viel Gewissenszwang, bei so viel Loyalitätsgehorsam selbst in den höchsten Kreisen anstelle von Wahrheitsliebe aus Menschenliebe? Wer sich in einer katholischen Ehe verheiratet, ist durch das Sakrament lebenslänglich gebunden, und er ist schuldig zu sprechen, wenn er sich aus anderen Gründen als denen, die vom Legalismus und Formalismus des Kirchenrechts definiert sind, scheiden läßt. Und diese

Schuld besteht auf immer; sie kann nur enden mit dem Lebensende des Lebenspartners. Solch eine Lehre soll göttlich, soll menschlich sein?

Doch angenommen selbst, ein wirklich schuldhaftes Verhalten (Lüge, Ehebruch, chronische Untreue) oder auch ein grob gewalttätiges asoziales Verhalten (bedingt durch Jähzorn, Sadismus, Alkoholismus u. a.) auf seiten eines Ehepartners hätte den Bestand einer Ehe in Frage gestellt; läßt sich dann ein Wandel zum Besseren auf der einen Seite, läßt sich die Bereitschaft und Fähigkeit zur Vergebung und zu einem Neuanfang auf der anderen Seite einfach diktieren und als Pflicht anmahnen? Kann man zum Beispiel einer Frau, die von ihrem Mann geschlagen oder vergewaltigt wurde, im Namen Gottes auf immer verbieten, in einer neuen Beziehung Trost und Glück zu suchen? Alles im wirklichen Leben ist komplizierter, aber auch kreativer, als es die vereinfachte Schwarz-Weiß-Malerei der römischen Moraltheologie wahrhaben möchte. *Schuld, die trennt oder: Vergeben kann nur der Reifende* lautet der Artikel, der sich mit dieser Thematik beschäftigt.

Doch wenn es schon um Verstöße gegen das Vertrauen geht, von dem jede partnerschaftliche Beziehung lebt, stellt sich um so mehr die Frage, wie Menschen zur Wahrheit über sich selbst beziehungsweise zur Wahrhaftigkeit der Lebensführung imstande sein sollen, wo sie von allen Seiten dem Anpassungsdruck der widersprüchlichsten Rollenerwartungen ausgesetzt sind und oft genug schon seit Kindertagen ihr Ich haben verbiegen und verlügen müssen. Verzweiflung, meinte *Kierkegaard*, bestehe darin, nicht sein zu wollen, was man ist, oder sein zu wollen, was man nicht ist. Wenn es so steht, ist jede seelische Erkrankung eine Form von Uneigentlichkeit, von Nicht-Identität, von Doppelbödigkeit – von »Lüge«. Wieder ist es sinnlos, diesen Zustand einfach wegverbieten zu wollen. In dem Essay *Ein Plädoyer für die Lüge oder: Vom Unvermögen zur Wahrheit* wird erst einmal ein Raum geöffnet, an dem die Brechungen und Uneinheitlichkeiten der Persönlichkeit wenigstens zugelassen werden. Daneben gibt es viele Situationen, in denen die Wahrheit und nichts als die Wahrheit zu sagen womöglich nicht zu verantworten ist. Wie läßt sich in solchen Fällen herausfinden, was eigentlich stimmt, und wo finden sich Menschen, die »stimmig« und stabil genug sind, die Wahrheit zu vertragen?

Besonders quälend muß die vereinfachende Betrachtung der tradierten Moraltheologie in denjenigen Situationen wirken, in denen der Wunsch nach dem Tod mächtiger wird als der Wille zum Leben. Als sündhafte Eigenmächtigkeit gilt es bis heute in der Moraltheologie, wenn Menschen selber entscheiden möchten, wann ihr Leben endet. Inzwischen haben die Niederlande ein vorsichtig formuliertes Euthanasiegesetz erlassen, das dem zweimal bei gesunder Entscheidungsfähigkeit geäußerten Wunsch eines unheilbar Kranken, sterben zu dürfen, in der Weise nachkommt, daß es Ärzten erlaubt, aktive Sterbehilfe zu leisten. Überall in Europa, Asien und Lateinamerika, wo die Kirche Roms mit ihren rund 1 Mrd. Mitgliedern mächtig genug ist, versucht sie mit Erfolg, ähnliche Gesetzesnovellierungen zu verhindern. Umsonst, daß vor etwa sechs Jahren der Tübinger Theologe *Hans Küng* und der dortige Dozent für Rhetorik, *Walter Jens,* sich zusammentaten, um in aussichtslosen Lagen dem Recht des Einzelnen auf seinen eigenen Tod das Wort zu reden. Der Aufsatz *Vom Problem des Selbstmords oder: Von einer letzten Gnade der Natur* bietet eine breite Basis, die überfällige, doch stets verweigerte Diskussion dieser Frage über das Ende des Lebens endlich zu beginnen.

Überhaupt verfolgten alle der hier neu verlegten Artikel einmal das Ziel, die kirchengebundene Moraltheologie in ein hilfreiches Mittel zur Erlösung von Menschen in Angst, Schuld und Verzweiflung umzugestalten. Damals, in der »Halbzeit« zwischen dem sogenannten 2. Vatikanischen Konzil Anfang der 60er Jahre mit seiner euphorischen Aufbruchstimmung und der heutigen beinahe abgeschlossenen Restaurationsphase aus (kirchen)politischem Machtausbau und geistiger Erstarrung, erschien es noch als sinnvoll, die verfaßte kirchliche Institution, gestützt auf die Botschaft der Bibel von der Erlösung (Mk 1,15) und in Anbetracht der dringlichen Not der Menschen, als Raum seelsorglicher Praxis ins Therapeutische, Befreiende, Heilende umzugestalten. Unter den gegebenen Umständen ist aus der Erinnerung der Kirche an die Mündigkeit der Gläubigen damals ein unbedingter Appell an die Menschen geworden, nicht länger ihr Leben im Wartesaal der Geschichte zu versitzen und weiter auf irgendeine Änderung der Kirche zu hoffen, die ihnen ein eigenes Leben erlauben müßte. Niemand kann damit rechnen, daß in 10, 50, 100 oder 500 Jahren irgend ein Kardinalskollegium auch seinerseits zu der Einsicht gelangt, man könne auf Angst nicht mit Dogmatismus antworten, auf Liebeszerstörung nicht mit Dirigismus, auf Verzweiflung nicht mit Paragraphenordnung; und selbst wenn dies so wäre, angenommen sogar, die Kirche von Rom »entschuldigte« sich, so wie heutigentags für die Verbrechen der Inquisition, der Religionskriege, der Hexenverbrennungen und der Zwangsmissionierung, eines fernen Tages auch für die Unterdrückung der Sexualität, für die systematische Neurotisierung ganzer Generationen, für die Strangulation des Lyrischsten in der Seele der Menschen: der Liebe, – was denn hätte ein Mann, eine Frau heute davon, angesichts der Entscheidung, die sie im Augenblick jetzt über sich selbst, über ihre Ehe, über ihr Leben zu treffen haben?

Seit Kindertagen war es mir am Heiligen Abend nicht ganz geheuer. Da sangen die Engel über den Fluren von Bethlehem in katholischer Übersetzung: »Ehre sei Gott in der Höhe und Friede auf Erden den Menschen, die guten Willens sind.« (Lk 2,14) Wußte ich denn, ob ich »guten Willens« war? Sollte die Verkündigung des Heils wirklich nichts anderes sein als die Versicherung, es liege letztlich an den Menschen selbst, was aus ihnen werde? Später las ich in der protestantischen Bibel die Wendung: »und Friede auf Erden bei den Menschen seines (sc. Gottes, d.V.) Wohlgefallens.« Diese Auffassung entspricht aufs Wort der Gnadenlehre *Luthers* und *Calvins;* was aber wird aus all den Menschen, die in ihrem Unheil dahinsiechen, – warum sind sie anscheinend nicht »Gottes Wohlgefallens«? Wollten die Engel wirklich die vollkommene Absolutheit der göttlichen Gnadenwahl (der Prädestination, der Vorherbestimmung zum Heil, und der Reprobation, der Vorherbestimmung zu ewiger Verdammnis) lehren? Wohl nicht. Es hat eine Weile gedauert, bis mir die Deutung kam, so hätten die Engel gesagt: »Ehre ist Gott in der Höhe, wenn Menschen finden zum Frieden, indem sie es lernen, an Gottes Güte zu glauben.«

Solchen Glauben jedenfalls, so gut es geht, zu fördern, ist das Ziel der nachstehenden Artikel: – sie wollen »Lebenshilfe« im besten Sinne sein. In ihrem Anliegen wie in ihrem Inhalt erscheinen sie mir, wie die Dinge derzeit stehen, aktueller denn je, und so danke ich dem Patmos-Verlag für diese auszugsweise Neuauflage jener drei Bände, die einmal hießen: *Psychoanalyse und Moraltheologie* und die auch damals schon hätten heißen können: »Wege der Erlösung« oder aber, wie sie jetzt heißen: *Wege und Umwege der Liebe* (Gottes und der Menschen).

24. Dezember 2004

I. Sünde und Neurose oder: Wie christliche Moral und Psychotherapie zusammengehen

Sünde als Krankheit zum Tode – als Verzweiflung vor Gott

Die wohl bekannteste und tiefsinnigste Definition der Sünde stammt vom Hl. *Thomas* aus der Summa theologica: Die Sünde sei eine Abkehr von Gott und eine Hinkehr zum Geschaffenen[1]. Aber wie kommt ein Mensch dazu, sich von dem Ursprung seines Seins abzukehren, was bedeutet es für einen Menschen, nur noch im Geschaffenen leben zu wollen? Man kann nicht sagen, daß diese Frage außerhalb der sog. Erbsündenlehre klar beantwortet würde. Eine sog. schwere Sünde bewirke einen Verlust der Rechtfertigungsgnade und einen Ausschluß vom Reich Gottes, heißt es. Aber wenn dies nicht rein forensisch gemeint sein soll, wie wird dann der Verlust der Rechtfertigung des Daseins in Gott erfahren und was bedeutet es, *ausgeschlossen* zu sein?

Es besteht eine gewisse Gefahr, die Sünde, den Abfall, ja sogar, die Feindschaft mit Gott, als etwas rein Moralisches zu verstehen, als ob der Gegenbegriff zur Sünde die Tugend bzw. das moralische Rechtverhalten wäre. In der Tat findet man etwa in *Mausbachs* »Katholische Moraltheologie« die Ansicht, daß zur Sünde überhaupt nicht die Vorstellung eines persönlichen Gottes gehöre, sondern nur die eines Guten im allgemeinen, die Idee eines ewigen Gesetzes[2]. Es wird dann fast unvermeidlich, das Verhältnis zu Gott, den Glauben, nach Art der *Kant*ischen Reduktion des Religiösen aufs Sittliche, in vorwiegend ethischen Bereichen anzusiedeln und den Begriff der Sünde immer kasuistischer zu denken. Es soll an dieser Stelle daher der Versuch unternommen werden, die Sünde als Abkehr von Gott personaler und existentieller zu beschreiben, indem gezeigt wird, wie, ursprünglicher zu allen moralischen Verfehlungen, das Dasein des Menschen selber sich verformt, wenn es zu Gott in ein Mißverhältnis gerät.

Zu diesem Zweck lassen sich Gedanken aufgreifen, die *S. Kierkegaard* in der Studie »Die Krankheit zum Tode«[3] vorgelegt hat, in der er den Verlust der Gnade, den Verlust der Rechtfertigung in Gott als Verzweiflung beschrieb bzw. umgekehrt darlegte, daß es vor Gott Sünde ist, verzweifelt zu sein. Die Gedanken *Kierkegaards* sind bis heute von größtem Interesse geblieben, weil seine Darlegung über die Verzweiflung unmittelbar, nur vom anderen Ende her, vorwegnimmt, was in der Psychoanalyse als Neurose beschrieben wird. Wir können also, indem wir von *Kierkegaard* sprechen, zugleich ein Modell erstellen, um Psychoanalyse und Theologie miteinander in Beziehung zu setzen und die Neurosenlehre der Psychoanalyse als ein theologisches Erkenntnisorgan der dogmatischen Sündenlehre zu instrumentalisieren. Dies ist nicht nur theoretisch, sondern vor allem praktisch von größtem Interesse.

Es ist über hundertfünfzig Jahre her, neunzig Jahre vor *S. Freud,* fünfzig Jahre vor *Dostojewski,* daß *S. Kierkegaard* – selber am Rande der Verzweiflung – in wenigen Wochen sich das eindringlichste Lehrstück über die Verzweiflung von der Seele schrieb, das bisher im Druck erschienen ist, betitelt: »Die Krankheit zum Tode«. Denn das ist ja Verzweiflung: am liebsten tot sein zu wollen und das Leben leid zu haben, aber nicht sterben zu können, lebendig tot zu sein und erstickt zu werden im Untotsein, um mit dem Dracula-Visionär *Bram Stoker*[4] zu sprechen, verstummen zu müssen im Unweinen, wie die berühmte Horrorautorin *Patricia Highsmith*[5] gemeint hat. Wenn dieses Unweinen, dieses Untotsein Verzweiflung ist, woher rührt sie dann und was ist ihr Wesen? Das soll zunächst untersucht werden.

Verzweiflung als Mißverhältnis zu sich selbst

Als die Stadt Korinth von Philipp von Mazedonien mit Belagerung überzogen wurde, waren alle Einwohner in hellem Aufruhr, und jeder suchte sein Möglichstes zu tun, die drohende Katastrophe abzuwenden: einer putzte seine Waffen, der andere trug Steine zusammen, ein dritter besserte die Mauer aus. Jeder bemühte sich, das drohende Unheil zu verhüten, fühlte er sich doch wie *verzweifelt* über die drohende Eroberung der Stadt und die hereinbrechende Zerstörung all dessen, was er sich aufgebaut hatte. Solches sah und hörte *Diogenes* aus Sinope; er schürzte in Eile seinen Mantel und rollte mit großem Eifer seine Tonne in den Gassen hin und her. Als man ihn fragte, warum er dies tue, antwortete er: Auch ich bin beschäftigt und rolle meine Tonne, damit ich nicht der einzige Müßige unter so vielen Fleißigen bin[6]. Es muß letztlich offen bleiben, was *Diogenes* mit diesem vieldeutigen Bild hat sagen wollen, es entspräche aber ganz und gar dem Hauptanliegen der jüngeren Kyniker, wie *Vorländer* sie schildert[7], die Hoffnung ebenso wie die Verzweiflung der Korinther in ihrem Kern infrage zu stellen und sie zu der Überlegung zu nötigen, worüber sie eigentlich verzweifeln.

Einem Menschen brennt sein Haus ab; und nun ist er verzweifelt. Aber ist das Abbrennen seines Hauses die Ursache oder nur der Anlaß seiner Verzweiflung? Das ist die eigentliche Frage.

Wenn ein Mensch alles verliert oder wenn ihm alles genommen wurde, woran sein Herz hing, wenn ihm nichts mehr bleibt, verzweifelt er. Aber was war er denn, bevor sein Haus abbrannte? – Da war ich glücklich, wird er selber sagen. – Also war dein Haus dein Glück? – Ja, sicher, wird er sagen. – Und jetzt, wo dein Haus zerstört ist, erscheint dir dein ganzes Leben wie zerstört? – Geradeso ist es. – Und alles, was wir an Bestätigungen suchen können, wird nur auf die eine Feststellung hinauslaufen: dieser Mann, diese Frau lebte nur in ihrem Hause; ihr Leben wurde bedeutet von ihrem Hause; ihr Haus war das einzig Absolute in ihrem Leben; denn es gibt scheinbar nichts, woher jetzt noch Tröstung kommen könnte.

Man mag natürlich statt eines Hauses alles mögliche andere sich als Beispiel nehmen, woran jemand äußerlich sein Leben setzen mag: Der eine sucht sein Zuhause in Beruf und Leistung, ein anderer in Geld, ein dritter in der Beliebtheit und Wertschätzung einer bestimmten Person oder einer ihm stets zustimmenden Schar von Stammfreunden oder Parteigenossen, wie auch immer: Wenn etwas von all diesen Gütern für jemanden eine absolute Bedeutung erlangt, muß er verzweifelt sein, wenn er es verliert.

Jemand, der nur diese Bestimmtheit durch das Äußere kennt, wird dabei bleiben müssen: Jener mußte verzweifeln, weil er dieses oder jenes verlor. Oft genug wird dann an dieser Stelle die Resignation das letzte Wort haben. *Oder* es kommt gerade auf Grund oft des Schmerzes, den die ausgebrochene Verzweiflung mit sich bringt, zu einem eigenartigen Gesinnungswechsel, zu einer Vertiefung und Verinnerlichung der Lebenseinstellung insgesamt, und jemand erkennt, daß irgend etwas zuvor schon in seinem Leben nicht gestimmt haben kann, wenn er jetzt derartig niedergeschlagen und mutlos ist.

Warum, so muß er sich jetzt fragen, hat er eigentlich nur durch die Zuneigung einer bestimmten Frau, einer bestimmten Gruppe, auf Grund bestimmter Anerkennungen etc. gemeint, leben zu können?

Doch offenbar deshalb, weil er sich selber eigentlich gar nicht gekannt, weil er eigentlich gar nicht selber gelebt hat, sondern von außen gelebt wurde, und weil er selbst in seinem Leben ganz und gar veräußerlicht war. Was aber ist dann von seinem vermeintlichen vorherigen Glück zu halten? So eigenartig kann die Verzweiflung wirken, daß jemand sein bisheriges Glück jetzt für die eigentliche Krankheit zu halten beginnt und in der Verzweiflung erfährt, daß er im Grunde immer schon verzweifelt war – ganz ähnlich wie man in der Psychotherapie bei Ausbruch einer Aktualneurose schließen muß, daß der Patient immer schon eine prämorbide Persönlichkeitsstruktur besaß. Ja, am Ende wird es der Betreffende sogar für sein eigentliches Glück halten, durch jenen Schicksalsschlag, durch jenes Unglück endlich aus seiner latenten Verzweiflung aufgerüttelt worden zu sein.

Vielleicht war es dies, was *Diogenes* den Bewohnern von Korinth sagen wollte: Ihr betrachtet es als eure Verzweiflung, möglicherweise durch das Heer der Makedonier euer Hab und Gut zu verlieren. Aber eure Hast und Unruhe gehen in die falsche Richtung. Ihr könntet gerade jetzt, gerade in eurer Hoffnungslosigkeit merken, daß eure Häuser und Höfe nicht euer Leben ausmachen, daß ihr mehr seid als Essen und Trinken. Ihr verzweifelt jetzt über die Gefahr, die eurem Besitz droht, aber eure wirkliche Gefahr ist, daß ihr auch jetzt noch nicht merkt, daß ihr in Wahrheit seit eh und je verzweifelt seid, daß ihr keine wirklichen Menschen seid und überhaupt nicht wirklich lebt, solange ihr meint: mein Haus, mein Hund, meine Frau, mein Kind, das ist mein Leben – um an *Rilkes* Stundenbuch[8] zu erinnern.

In diesem Sinne kann die Verzweiflung ein ungeheuerer Vorzug sein: nämlich endlich zu merken, daß man im Grunde immer schon verzweifelt war, und sich auf ein wirkliches eigentliches Leben zu besinnen. Kann jemand dies zugeben, dann ist er vorbereitet für die wichtigste These *Kierkegaards* zum Thema Verzweiflung: daß niemals jemand an etwas Äußerem verzweifelt, das er nicht selber ist, sondern immer an sich selber; anders ausgedrückt, daß die *Verzweiflung* im Grunde immer *ein Mißverhältnis zu sich selber ist.*

Man kann diese These nur akzeptieren, wenn man überhaupt anerkennt, daß es die Aufgabe des Menschen sei, ein Selbst zu werden; wem dies kein wesentliches Ziel ist, der wird ein Epikureer[9] bleiben müssen und in den Bahnen von Lust und Unlust, Besitz und Verlust, Haben und Nichthaben weiterleben müssen; er wird die Frage gar nicht zulassen dürfen, wer er denn selber sei, und sein Leben wird also da zu Ende sein müssen, wo ihm seine Frau an Krebs starb, sein Hof von den Russen 1945 besetzt wurde, der Gatte sich vor fünfzehn Jahren scheiden ließ oder ihm eine bestimmte Karriere versagt blieb. Aber um des eigenen Selbst willen hängt alles davon ab, zumindest anfanghaft Kierkegaard zuzustimmen: Wenn jemand an etwas Äußerem verzweifelte, zeige sich, daß er immer schon verzweifelt war; Verzweiflung, das sei ein Mißverhältnis zu sich selbst.

In seelsorglichen Gesprächen wird dieser Schritt oft Monate und Jahre in Anspruch nehmen und mitunter nie erfolgen, und wir selber werden für unser eigenes Leben kaum garantieren können, wie wir uns verhalten, wenn es ernst wird; aber es wäre doch schon viel gewonnen, wenn wir – mindestens probeweise – zugeben könnten, daß die Verzweiflung innerlich im Menschen wohnt und nicht äußerlich nach Schicksalslaune ihn überfällt. Denn nur dann lassen sich Wege der Heilung finden und erörtern, die im Inneren des Menschen ansetzen und überhaupt erst auch die Frage nach Gott sinnvoll und notwendig machen.

Die Angst als Ursprung der Verzweiflung

Verzweiflung ist ein Mißverhältnis zu sich selbst. Setzen wir dies einmal als gegeben. Dann ist die Frage erneut zu stellen: Woher kommt die Verzweiflung; oder jetzt präziser: Woher kommt das Mißverhältnis zu sich selbst und in welcher Gestalt tritt es auf? An dieser Stelle bedarf es für einen Augenblick eines gewissen Abstraktionsvermögens, um die folgende These *Kierkegaards* zu verstehen.

Kierkegaard meinte, der Mensch könne nur dann ein Selbst werden, wenn er imstande sei, sich selbst als ein geistiges Wesen in seiner Geschöpflichkeit zu akzeptieren.[10] Daß der Mensch Geist hat, bedeutet, daß er ein menschliches Wesen ist; aber er ist nicht Gott. Sein Geist ist gebunden an die Sinne, an den Körper, an die *Endlichkeit,* und so ist der Mensch ein Widerspruchswesen, das sich selbst in seinen Gegensätzen als Synthese setzen muß. Der Mensch hat, um ein Selbst zu werden, die Aufgabe, das Endliche und *das Unendliche* gleichermaßen zu setzen. Eben darin liegt seine Freiheit. Wäre er nur die Endlichkeit, so wäre er nach der Art eines Steines, einer Blume oder eines Vogels einfach mit sich identisch und durch sich selbst bestimmt, und er hätte überhaupt kein reflektiertes Verhältnis zu sich selbst. Wäre er unendlich, so wäre in ihm, wie in Gott, seine Freiheit ganz eins mit seinem Wesen und er gehorchte nur sich selbst. Die Freiheit des Menschen aber ergibt sich gerade daraus, daß er als ein unendliches Wesen sich ins Endliche setzen muß, daß er selbst zu der Begrenztheit seiner Existenz kraft des Unendlichen in der Reflektiertheit seines Geistes Stellung nimmt und sich darin im jeweiligen Augenblick als verantwortlich setzt.

Zugleich ergibt sich daraus noch ein anderes Gegensatzpaar: das der *Notwendigkeit und der Möglichkeit.* Die Freiheit des Menschen wäre nicht, verbliebe der Mensch in der puren *Notwendigkeit; sie* wäre die bloße *Phantasterei,* verbliebe sie in der puren Möglichkeit. Der Mensch hat vielmehr die Aufgabe, die Synthese der Notwendigkeit und der Möglichkeit zu setzen, indem er seine Freiheit weder an die Notwendigkeit opfert noch an die Möglichkeit verspielt; er muß seine Freiheit zur *Wirklichkeit* bestimmen.

So steht die Freiheit des Selbst in der Synthese von vier Gegensatzpaaren:

Endlichkeit/Zeitlichkeit
|
Freiheit
Notwendigkeit ——— Wirklichkeit ——— Möglichkeit
Augenblick
|
Unendlichkeit/Ewigkeit

Indem der Mensch diese Gegensätze in sich vereinigt, wird er seiner eigenen Wirklichkeit gerecht und realisiert er sich als Selbst. Darin aber liegt auch die Erklärung dafür, wieso ein Mensch in ein verzweifeltes Mißverhältnis zu sich selbst geraten kann. Es gibt innerlich eine Macht, die den Menschen daran hindert, er selbst zu sein und die Synthese seiner selbst zu setzen, und darin besteht das eigentliche Geheimnis und die eigentliche Gefährdung der Freiheit: daß sie nämlich *Angst* ist.

Man ist gewöhnt an den Gedanken, daß die Freiheit das eigentliche und höchste Gut des Menschen sei, und das ist auch wahr. Aber man übersieht leicht, daß sie zugleich die größte Bürde des Menschen ist und daß es einer außerordentlichen Anstrengung bedarf, seine eigene Freiheit zu wollen. Es liegt in der Tat eine ungeheuere Sehnsucht im Menschen, sich als Individuum aufzugeben und in der Unfreiheit der Masse zu verschwinden, eben weil keine Angst dem Menschen innerlicher und tiefer ist als die Angst der Freiheit vor sich selbst. *Dostojewskis* Großinquisitor[11] hat in gewisser Weise recht, wenn er die Freiheit als eine zu große Gabe ansieht, die man dem Menschen nehmen müsse, um ihn das gehorsame Glück der unmündigen Kinder, die Unschuld der Unfreien zu lehren. In allen Mythologien und Ideologien, in allem Rausch und in aller Ekstase sehnt sich der Mensch nach der Überwindung seines subjektiven Bewußtseins, nach der Einheit mit der Kollektivpsyche, nach dem Vergessen seines eigenen verantwortlichen, unableitbaren Selbstseins, verlangt er nach der Preisgabe seiner Freiheit in der Kollektivität der äußeren Festlegung und der vorweg entschiedenen Richtigkeit aller.

Der Mensch besitzt also die Fähigkeit zur Freiheit, aber er hat zugleich die größte Angst davor, frei zu sein; und so liegt nichts näher, als daß er die Freiheit abschafft. Wie er das kann, ist aus dem angezeigten Schema leicht zu ersehen: Er braucht, statt die Synthese seiner Gegensätze zu bilden, nur einen der Spannungspole seiner selbst zu fliehen und sich an den anderen mit der Energie seiner Angst anzuklammern. Er kann sich sagen, daß er keine Angst zu haben braucht, wenn er nur das tut, was *notwendig* ist, und das Notwendige wird ja nie falsch sein; oder wenn er alles offen in der *Möglichkeit* hält: Auch solange noch alles offen ist, wird es ja nie falsch sein können; oder er denkt: Ich bin so lange unangreifbar, als ich jedes Tun und Wollen von vornherein ins *Unendliche* setze und für ein nie erfüllbares Sehnen, für eine nie zu realisierende Utopie erkläre, solange ich mich wie zum Pyramidenbau verschleiße und so meinen guten Willen demonstriere; oder er erklärt sich aller Aufgaben und Pflichten ledig, er verschanzt sich ins *Endliche,* hält sich an die Fakten, wie sie sind, erklärt sie für allmächtig und gibt gleichermaßen seine Freiheit und sich selber auf. Er ist dann so, wie *Diogenes* seine Mitbürger sah: verzweifelt im Endlichen auf Grund des Fehlens jedes Gedankens an eine unendliche ewige Bestimmung und Würde des eigenen Lebens und bis ins Aussichtslose identifiziert mit Dingen, die er selbst nicht ist.

Jede dieser vier Formen, die Spannung des Daseins durch Vereinseitigung aufzulösen, führt zu einem Mißverhältnis zu sich selbst, zu der verzweifelten Abschaffung eines wirklichen Lebens. Der Gewinn, der vordergründig dabei herausspringt, besteht in der momentanen Reduktion der Angst. So wie in einer Neurose durch die Verdrängung bestimmter ängstigender Erlebnisse der *Krankheitsgewinn* erzielt wird, daß die aktuelle Angst im Erleben beseitigt wird, so besteht der Gewinn eines verzweifelten Daseins darin, bestimmte Lebensbereiche auszublenden, sie für unmöglich zu erklären und also weniger Angst zu erleben. Andererseits wird natürlich, wie in der Neurose, fortan das ganze Leben unvermerkt um so eher ganz und gar von Angst durchzogen. Und eben dies möchte ich jetzt an den vier soeben abgeleiteten möglichen Formen der Verzweiflung zeigen.

Die späte Wirkung der *Kierkegaard*schen Gedanken in der *Sinnbildlehre* von *J. H. Schultz*[12], in der *Daseinsanalyse* von *M. Boss*[13], *G. Condrau*[14], *L. Binswanger*[15], *V. E. V. Gebsattel*[16] u. a. erlaubt es heute, die aus der Psychoanalyse bekannten vier »Grundformen« neurotischer Angst, wie *Riemann* sein berühmtes kleines Buch betitelt hat[17], mit den vier Verzweiflungsformen *Kierkegaards* zu parallelisieren. Und zwar wie folgt:

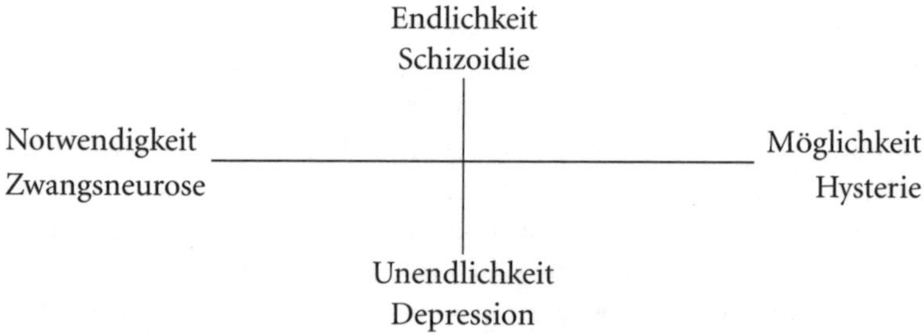

Die vier Neuroseformen als vier Formen der Fehlverarbeitung von Daseinsangst

Die Zwangsneurose

Von diesen vier Verzweiflungs- und Neuroseformen läßt sich zunächst die Verzweiflung der Notwendigkeit, die *Zwangsneurose* der Psychoanalyse, als erste herausgreifen, um zu zeigen, wie Psychoanalyse und Theologie in ihrem Verständnis menschlichen Leids zusammenkommen können. Und zwar empfiehlt es sich, zunächst gerade das Beispiel der Zwangsneurose zu wählen, weil hier historisch der Widerspruch von

Theologie und Psychoanalyse am härtesten (gewesen) ist, hat doch *S. Freud* gemeint, daß die gesamte Religion, jedenfalls die, die er kennen gelernt hat, eine durch und durch zwangsneurotische Veranstaltung sei.[18] An diesem Beispiel der Zwangsneurose ist es daher vielleicht am nötigsten, die Frage aufzugreifen, ob die Religion neurotisch ist bzw. macht, oder umgekehrt: ob das *Fehlen* der Religion den Menschen in die Krankheit zwingt, und entsprechend: ob die Heilung der Psyche gleichbedeutend sei mit einer Reifung in Gott.

Charakterisierung

Kierkegaard hat die *Verzweiflung der Notwendigkeit* als »Fehlen der Möglichkeit« beschrieben[19], in dem Sinne, daß dem Menschen aller Möglichkeitsspielraum genommen wird. Das Selbst des so Verzweifelten erstickt gewissermaßen in dem Zwang, immer nur das Notwendige atmen zu müssen und keinen Raum zu eigener Entfaltung zu besitzen. Indessen sind es nicht die Notwendigkeiten der Wirklichkeit an sich, die das Selbst ersticken, sondern es ist das Subjekt selbst, das die Wirklichkeit auf die Notwendigkeit reduziert. Ein solcher Mensch flüchtet in den Zwang, in das Alibi des notwendigen Erfordernisses.

Wenn man das Gestaltbild dieser Seelenerkrankung, dieser verzweifelten Existenzweise etwas verbreitert, so muß man bedenken, was es bedeutet, nur das Notwendige gelten lassen zu können. In der Welt der blanken Notwendigkeit gibt es kein Wünschen, kein Dürfen und kein Mögen. *Usque ad nauseam* hört man in Gesprächen den Zwangsneurotiker fragen, was er denn tun soll, was er denn machen muß; und er würde alles tun, er wird nur nie darin einwilligen, sich einmal auf etwas einzulassen, für das es keinen anderen Grund gibt, als daß er selbst Lust dazu hätte. Jeden Wunsch, den er spürt, verwandelt er, oft bis zur Kuriosität, in einen Zwang, in ein objektives Erfordernis. Er verhält sich so, als ob ein Kind zu seiner Mutter sagen würde: »Ich brauche jetzt Kohlenhydrate aus ernährungsphysiologischen Gründen«, statt: »Ich möchte gern ein Bonbon«. Die Folge ist natürlich, daß der Zwangsneurotiker zu nichts kommt; denn die Kohlenhydrate kann man auch in einer anderen Form zu sich nehmen, die dem Zahnschmelz besser bekommt, als in Form eines Bonbons.

Aber die Ablehnung der Möglichkeit am Grunde des Daseins bezieht sich nicht nur auf die Verdrängung der Wünsche, sondern führt, umgekehrt gewendet, zu einem endlosen Kampf gegen sich selbst im Namen vorgeblicher Pflichten. Unentwegt klammert sich der Zwangsneurotiker an den Buchstaben des Gesetzes, und wenn es für irgend jemanden gilt, daß der Buchstabe tötet[20], dann für ihn; alles muß bei ihm exakt und festgelegt sein. Man bestellt ihn zum Gespräch auf 17.00 Uhr, er aber geistert schon um 20 Minuten vor 17.00 Uhr um das Haus und steht auf der Matte so pünktlich, daß die Sonne ihren Gang danach bemessen könnte. Sein Anzug muß absolut sauber und korrekt sein; er setzt sich gerade hin, und schon sieht man ihn vermutete Flusen mit den Fingerspitzen vom Kleid entfernen oder hört ihn die Besorgnis äußern, er habe vielleicht noch etwas Straßenstaub hereingetragen. Denn alles, was nicht dem Anstand, der Vorschrift entspricht, was auch nur den Hauch des Unkorrekten trägt, ist für ihn wie die eine Ausnahme, die einfach, weil sie möglich ist, das schönste Weltgesetz vernichtet.

Die Abwehr des Möglichen, die Verleugnung dessen, was man einfach mögen kann, führt zu dem, was sich als das Aber-Denken des Zwangsneurotikers[21] bezeichnen läßt. Ein Zwangsneurotiker kann gerade eben noch gesagt haben, was für ihn wünschenswert ist und gut, er wird sich im nächsten Augenblick ins Wort fallen und erklären, daß er *aber* das gerade doch nicht könne, weil er zu alt sei, andere Verpflichtungen habe, etc. Besonders schwer ist, daß man im Beratergespräch immer wieder *Verneinungen als Bejahungen* hören muß: Ein Zwangsneurotiker wird oft gerade an der Stelle, wo er sich oder andere eigentlich loben und zugeben müßte, daß da etwas ist, das er mögen könnte, sich und andere tadeln oder wieder alles Erreichte mit einem Aber-Einwand zunichte machen.

Man versteht *diese Schutzstarre*[22] *gegen alles Mögliche* aber erst, wenn man die Flucht in die Notwendigkeit bis in den Kern der ganzen Existenz vortreibt. Die schlimmste Wahrheit unseres Lebens besteht für jemanden, der die Möglichkeit aus *Angst verleugnet, in der puren Tatsache, daß wir selbst mit unserem Dasein* in uns selbst durchaus *nicht notwendig* sind. Es gab vor 40 Jahren eine Zeit, da wir nicht waren, und es gibt in 40 Jahren wieder eine Zeit, wo wir nicht sind. Und wenn es uns nicht gäbe, so käme ohne weiteres niemand darauf, daß es uns geben müßte. Daß wir, in der Sprache der Metaphysik, ganz und gar kontingente Wesen sind, die durchaus nicht sein müßten, – das ist die Tatsache, die den Zwangsneurotiker, den Verzweifelten der Notwendigkeit, am tiefsten bedroht. Unter Aufbietung aller Kräfte versucht er, seinem Dasein etwas Dauerhaftes abzuringen, und da er selbst vergänglich *ist, muß* er etwas *machen,* das unvergänglich ist: Er muß davon träumen, etwas Absolutes zu erschaffen bzw., noch präziser, sich selber als etwas Absolutes zu erschaffen.

J. P. Sartre hat in den »Wörtern« einmal dieses Erlebnis der Kontingenz mit dem verzweifelten Willen zum Absolutsein unnachahmlich klar geschildert. Als Kind wohnte er einem abendlichen Empfang bei; in den Hallen standen die Honoratioren, die Champagner-Gläser in den Händen, unter den schweren Kristall-Lüstern – nur er selber war ausgeschlossen, ihn brauchte niemand, ihn vermißte niemand, er fehlte niemandem, er war schlechthin überflüssig. In jenem Moment, schreibt *Sartre,* beschloß ich, den anderen notwendig zu werden wie Wasser und Brot.[23] Dies ist der eigentliche zentrale Wille am Grund einer so verzweifelten Existenz: Sie empfindet sich als zutiefst unberechtigt und überflüssig, und so muß sie, da sie nicht notwendig *ist,* sich notwendig *machen;* nur dann wäre sie existenzberechtigt; nur dann *dürfte* es sie geben. Auch der Wunsch, zu sein, kann nur akzeptiert werden als Notwendigkeit, zu sein. Und um diese zu erwerben, unternimmt der Zwangsneurotiker alles. Was immer er tut, muß in sich absolut sein, es darf keinerlei Fehler aufweisen, es muß hundertprozentig sein.

Die einzigen Maßstäbe sind daher für ihn sehr gut oder ungenügend – als ob er mit sich umgehen müßte wie mit einem Automaten, der nur ganze Geldstücke zuläßt: für einen solchen Automaten ist es egal, ob man 50 oder 90 Cent einwirft, er kann nur den ganzen Euro gelten lassen; alles nicht Hundertprozentige zählt für ihn gleich Null. Aber was ist unter Menschen hundertprozentig? Was ließe sich nicht verbessern?

Man stelle sich vor, jemand schreibt eine Seminararbeit oder gar eine größere Abhandlung mit eben diesem Anspruch: es muß perfekt und absolut in Ordnung sein, und ein Kollege schreibt über ein ähnliches Thema. So entsteht natürlich sofort die Gefahr, daß der andere etwas entdeckt, auf das man selber nicht gekommen ist, und schon ist alles Eigene entwertet und nichtig, schon stürzt die Illusion eines absoluten Werkes ein. Was bleibt dann? Man kann versuchen, ja, man muß versuchen, sich gegen den anderen zu verteidigen, ihn fertig zu machen und ins Unrecht zu setzen. Der Zwangsneurotiker, der Verzweifelte der Notwendigkeit, kann den anderen stets nur als Konkurrenten wahrnehmen; seine einzige Frage ist: Bin ich überlegen oder unterlegen. Hört er von irgendeiner Leistung in der Umgebung seines eigenen Arbeitsfeldes, so fühlt er sich sofort bedroht und muß einen Vergleich mit sich selbst ziehen und Gründe suchen, die den anderen herabsetzen. Er wird selig sein, wenn er dem anderen einen Fehler, ein Detail nachweisen kann, das nicht stimmt. Denn der Fehler des anderen ist das, was ihm sein Recht gibt, in der Illusion seiner Absolutheit fortzufahren.

Wenn man sich dieses Schema tödlicher Konkurrenz in einem biblischen Bild verdeutlichen will, so muß man sich die Szene von Gen 4,1-16 vor Augen stellen, wo die Menschen als Vertriebene, als prinzipiell Ungerechtfertigte sich ihre Annahme, ihre Akzeptation oder Akzeptierbarkeit zu erwerben suchen; und es ist dieses mörderische Gefühl Kains, das den Zwangsneurotiker kennzeichnet: daß er machen kann, was er will, daß er das Allerbeste darbringen kann, was er besitzt, und es wird doch nie gut genug sein, nie ausreichend genug sein, weil es neben ihm einen anderen gibt, der besser abschneidet als er und durch dessen bloße Gegenwart er sich wie vernichtet fühlen muß[24]. Menschen, die im Prinzip ungerechtfertigt sind, müssen einander in tödlicher Konkurrenz eliminieren. 1 + 1 ist 1 – das ist unser »furchtbares Geheimnis«, sagt *J. P. Sartre* in den »Eingeschlossenen«.[25]

Der Wesenszug eines solchen Verzweifelten der Notwendigkeit ist ein derartig grenzenloser *Sadismus*, eine ewige untergründige Aggressivität, die den anderen gerade in dem, was an ihm gut ist, zerstören muß. Aus der Erniedrigung des anderen empfängt ein solcher Mensch ja allein seine Daseinsberechtigung. Und so geht es zu wie in Scheich Saadis Rosengarten: »Die deine Feinde sind, / sein werden oder waren, / mästen sich am Gram, / den sie von dir erfahren!«[26]

Genese

Natürlich ist zu fragen, woher denn nun solch eine Einstellung kommt und wie sie geheilt werden kann. Die Psychoanalyse hat seit *S. Freuds* Analyse des sog. »Rattenmannes«[27] viel unternommen, um die empirischen Faktoren der Genese einer Zwangsneurose zu ergründen.[28] Es handelt sich immer um das Gefühl und die Erfahrung, im Grunde nicht berechtigt und überflüssig zu sein bzw. nur auf Grund von Leistung sich eine Daseinsberechtigung verdienen zu können. »Wenn es dich schon gibt«, so kann man die zwangsneurotischen Mikrotraumen der Erziehung in der Kindheit zusammenfassen, »dann mußt du fleißig, gehorsam, tüchtig, ordentlich, ganz und gar anspruchslos, korrekt, ein Muster und ein Stolz deiner Eltern sein; und fange bloß nicht an, eigene Wünsche und Bedürfnisse zu haben! Dafür haben wir, deine Eltern, keine Zeit, kein Geld, kein Herz. Du darfst nur sein, wenn du tust, was du tun mußt, und du mußt, was die Großen dir sagen.« – Reden dieser Art sind die beste peristatische Bedingung einer Zwangsneurose.

Aber jenseits der biographischen Fakten ist deutlich, daß es eines ist, was Erwachsene so zu einem Kind sagen, und ein anderes, was man sich selber so sagt. Die Neurose ist perfekt, wenn die Erfahrungen aus dem Drill der eigenen Eltern verewigt werden; die *Verzweiflung der Notwendigkeit,* umgekehrt gesagt, ist gegeben, wenn das gesamte Lebensgefühl, das ganze Denken, die ganze Einstellung der Existenz von diesem einen Axiom beherrscht wird: Ich muß, um berechtigt zu sein, mir eine Daseinsberechtigung erarbeiten; wenn es mich geben soll, so muß ich machen, daß ich für irgendwas Notwendiges für alle Zeit notwendig bin. Anderenfalls versinke ich im Pfuhl des Nichts, der Kontingenz, im Brei der Überflüssigkeit und der Vergänglichkeit.

Heilung aus dem Glauben an ein vorgängiges Daseindürfen

Es ist nun das Dritte und Entscheidende, was es von *Kierkegaard* zu lernen gilt, daß es, vor Gott betrachtet, eine *Sünde,* ja *die Sünde* schlechthin ist, verzweifelt zu sein. Wir können diesen wichtigen Gedanken am besten verstehen, wenn wir, in unserem Beispiel bleibend, uns fragen, was ein solcher Verzweifelter der Notwendigkeit lernen muß, um gesund zu werden. Seine Krankheit, seine Verzweiflung, das sehen wir, ist das Gefühl, nur sein zu *dürfen* auf Grund eines selbst erlangten *Seinmüssens.* Seine ganze Heilung besteht umgekehrt darin, daß er einmal denken, fühlen könnte, es dürfte ihn auch geben als nicht-notwendig. Es müßte also etwas geben, das am Grund seiner Existenz sein ganz und gar kontingentes Dasein rechtfertigen würde, und zwar vorweg, ohne erst etwas machen zu müssen; es müßte etwas geben, das sein zugegebenermaßen nicht-notwendiges Dasein vorweg zu allem eigenen Tun will und akzeptiert. Der Verzweifelte der Notwendigkeit müßte m. a. W. auf einen vorgängig bejahenden Willen treffen, der rechtfertigt und möchte, daß es so etwas wie ihn gibt. Ein anderer Mensch kann ihm das nicht sagen. Denn erst wenn er selbst an diese vorgängige Bejahung seiner selbst glauben kann, vermag er sich selbst in seiner Kontingenz, in seiner Nichtigkeit zu akzeptieren; dann auch erst wird er den anderen jenseits seiner permanenten Konkurrenzangst gelten lassen können und ihm zutrauen, daß der andere ihn gelten läßt.

Wir stehen hier bei einer Weisheit, die in der Bibel die jahwistische Urgeschichte am klarsten ausspricht, daß Menschen, die Gott aus den Augen verloren haben, einander in der Liebe erniedrigen (Gen 3,16) und sich in der Entfremdung und Verbannung ihres Lebens gegenseitig vernichten müssen.[29] Umgekehrt gilt, daß man erst zu sich selbst und anderen findet, wenn man mit Gott im Einklang ist. Die Erlösung der Zwangsneurose, der Verzweiflung der Notwendigkeit, kommt in Worten und Bildern zum Ausdruck, die Jesus oft im Evangelium gebraucht: etwa in Mk 4: Von selber wächst die Saat – also nicht durch dein Tun; oder in Mt 6: Alles Sorgen und Mühen um Selbstvergrößerung und Außenprofil kann doch nichts nützen; alles läuft auf die Frage hinaus, ob wir vor Gott und in Gott gut genug sind. Oder im Gleichnis der unterschiedlichen Talente[30]: daß es kein Grund ist zum Verzweifeln, wenn man nur *ein* Talent hat und ein anderer fünf; sieht man nicht Gott, so ist das zum Verzweifeln; in Gott aber ist es möglich, die eigenen Grenzen zu bejahen: Mehr braucht es nicht, und es darf uns als gerade diese Menschen geben. Das ist die Glaubensantwort auf die Frage der Notwendigkeitsverzweiflung: Es muß dich nicht, aber es *darf* dich geben, weil Gott schon möchte, daß du bist.

Insofern läßt sich das Gesagte in den beiden Definitionen *Kierkegaards* zusammenfassen, die Theologie und Psychoanalyse am tiefsten miteinander verbinden[31]: *Verzweiflung* ist ein Mißverhältnis zu sich selbst auf Grund eines Mißverhältnisses zu Gott, und Glauben ist ein rechtes Verhältnis zu sich selbst auf Grund eines rechten Verhältnisses zu Gott. Freilich, diese theologische Definition existentiell zu vollziehen, bedeutet oft für lange Zeit im Leben eines Menschen, den Anfang der Bergpredigt zu bestätigen: »Selig sind die Weinenden« (Lk 6).

So sind es vornehmlich vier Dinge, die wir bisher haben lernen können:

1. Verzweifelt ist ein Mensch nicht über etwas Äußeres, sondern stets über sich selbst, und gerät er in Verzweiflung über etwas Äußeres, so zeigt dies nur, daß er immer schon verzweifelt war.
2. Der Formen der Verzweiflung sind nicht endlos viele, sondern nur vier. Diese vier Formen sind als deckungsgleich mit den vier Grundformen der Neurose zu betrachten, wobei die Psycho-

analyse die empirischen Faktoren der Neuroseentstehung untersucht, die Existenzanalyse aber die kategoriellen Ängste des neurotischen Erlebens als Erscheinungsweisen der vier grundlegenden Ängste versteht, in welche die Freiheit des Menschen sich selbst gestellt sieht.

3. Am Beispiel der Zwangsneurose haben wir gesehen, wie ein Dasein an sich selbst verfällt, wenn es einen der Spannungspole des Daseins zur Vermeidung der Angst des Daseins absolut setzt (Charakterisierung der Zwangsneurose).
4. Die Überwindung von Verzweiflung und Neurose setzt einen Akt des Vertrauens zum Ursprung des Daseins insgesamt voraus. Gemessen an der Möglichkeit des Glaubens, erscheint die Verzweiflung und die Neurose als *Sünde;* die Verzweiflung aber als Sünde erkennen heißt, die Gnade akzeptieren, sein zu dürfen.

Auf dem Gesagten aufbauend, ist es nun nicht schwer, die drei verbleibenden Verzweiflungs- und Neuroseformen zu erörtern. Das logische Schema der Ableitung ist bereits gegeben, und so ist es erlaubt, unmittelbar vom Begriff in die anschaubare Wirklichkeit hinüberzugehen.

Die Hysterie

Am einfachsten stellt sich dieser Übergang jetzt am zweiten Beispiel, am Fall der Verzweiflung der Möglichkeit[32], der *Hysterie,* dar. Sie ist das genaue Gegenteil der Zwangsneurose, denn ihr Sinn und ihr ganzes Bestreben liegt gerade darin, den entgegengesetzten Pol der Existenz durch Vereinseitigung absolut zu setzen: Nicht die Notwendigkeit, wie in der Zwangsneurose, sondern die Möglichkeit wird in der Hysterie als Zufluchtsort gegenüber dem Schwebezustand der Angst in der Synthese der Gegensätze des Daseins gesucht. In allen Einzelheiten gibt sich die Hysterie als das spiegelbildliche Pendant der Zwangsneurose zu erkennen.

Charakterisierung

Man bestellt eine Hysterikerin auf 17.00 Uhr nachmittags; sie erscheint um 17.20 Uhr, dafür aber angetan mit einem Kleid in den ausgesuchtesten Mustern und Farben, einen Blumenstrauß im Arm, der einem zum Präsent verehrt wird, mit einer hinreißenden Schilderung über die Schönheit eines Spazierganges in den Flußwiesen und des Pfeifens der Pirole daselbst – kurz, man müßte als »Faschist« gelten, wenn man gegenüber soviel Lebenslust und Offenheit noch über die lächerlichen 20 Minuten Verspätung indigniert sein wollte. Und doch sollte man den Mut haben, sich den Verdacht eines Unmenschen zuzuziehen, indem man, auf die Uhr schauend, dabei bleibt, daß die Sitzung um 17.45 Uhr zu Ende sein muß. Denn eben: daß überhaupt etwas sein muß, ist jener Pol der Existenz, vor dem der Hysteriker in seinem ganzen Gehabe flieht. Er möchte jeden Zwang, jede Pflicht, jede Notwendigkeit vermeiden; er glaubt, seine latente Angst erst dann abschütteln zu können, wenn er sich ständig versichern kann, daß noch nichts entschieden und noch alles *möglich* ist; er braucht die Hintertüren der Nichtbestimmtheit, um in der Sphäre des Möglichen sich seiner Freiheit zu versichern. Freilich gerät der Hysteriker in seiner Flucht vor der Notwendigkeit auf der Stelle in eine ganz und gar phantastische und wirklichkeitsfremde Welt hinein. Ja, bei Lichte besehen, läuft die Haltung des Hysterikers in der Tat darauf hinaus, in der Ausschaltung des Notwendigen zugleich die Härte der Wirklichkeit mit ihren einengenden Bedingungen und Verpflichtungen zu vermeiden.

Das Verfahren zur Ausblendung der Wirklichkeit, zur Herstellung des Phantastischen ist das *Spiel*[33], das *Theater,* die Umwandlung des Lebens in ein großes Bühnenstück. Während der Zwangsneurotiker in seiner Flucht vor der Möglichkeit nur den »Ernst des Lebens« kennt, lebt der Hysteriker sozusagen nur in der »Heiterkeit der Kunst« – wenn nicht sein komisches Theater für ihn selbst stets zu einer bitteren Tragödie mißraten müßte. Indem es der Hysteriker nämlich vermeidet, sich in irgendeiner Weise festzulegen bzw. festlegen zu lassen, kommt er nie dazu, für die Aufführung seines Lebens ein eigenes Drehbuch zu verfassen. In dem Bestreben, sich alle Möglichkeiten offen zu lassen, ist er stets darauf angewiesen, die anderen zu fragen, welches Drehbuch er in welcher Rolle spielen soll. Als geborener Schauspieler aus Angst, legt er sein Leben lang den ganzen Ehrgeiz darin, sich und den anderen zu beweisen, daß er ebenso Jago wie Othello, ebenso Shylock wie Antonio[34] sein kann; und der eigentliche Sinn seiner Anstrengung geht geradewegs darauf, buchstäblich *alles* sein zu können.

Gerade deshalb aber handelt der Hysteriker, der Verzweifelte der Möglichkeit, in der Imagination seiner unbeschränkten Freiheit in

Wahrheit völlig unfrei und von außen festgelegt. Das Drehbuch, das er sich von anderen vorschreiben läßt, ist niemals sein eigenes, es gilt niemals ihm selbst. Ihm selber geht es so, wie wenn er, gleich einem König Midas, alles, was er anfaßt, in Gold verwandeln müßte, selber aber dabei verhungern würde.[35] »Ich weiß«, sagte ein Hysteriker mir einmal, »wenn ich in eine Gruppe komme, stets sogleich, was die anderen wollen, und kann mich sofort darauf einstellen; aber was will ich eigentlich selber? Das weiß ich gar nicht.«

Eben darin zeigt sich die Angst des Hysterikers vor der eigenen Festlegung und Entscheidung, daß er niemals aus dem Spiel mit freien Möglichkeiten in die Verbindlichkeit des Seins hineinzutreten wagt. Er flieht in die Welt des Alles-Scheinens, um niemals selber wirklich zu sein; er versteckt seine eigene Person stets hinter einer Unendlichkeit von Masken. Statt durch sich selbst zu leben, existiert er daher nur durch die Bestätigung und den Applaus der Menge. Buchstäblich alles, was der Hysteriker unternimmt, ist auf Beifall und Gefälligkeit berechnet.

Man hat daher zu Recht nicht nur von dem *Ausagieren* und dem *Bewegungssturm*[36] des Hysterikers, von seiner zentrifugalen Fluchttendenz[37] gesprochen, sondern zugleich von seiner *sexuellen Haltung.*[38] Tatsächlich besteht der Auftritt des Hysterikers in einer ständigen Kokettterie; er möchte auffallen, gesehen werden, bewundernde Blicke auf sich lenken und die Attraktivität und Liebenswürdigkeit seines äußeren Eindrucks genießen; er ist gewissermaßen in ständiger Verführungsbereitschaft. Und dennoch würde ihn mißverstehen, wer dieses Spiel der Liebeswerbung für ein echtes Angebot halten wollte. Der Mann, der das Pech hat, eine Hysterikerin beim Wort oder, besser, beim Anschein zu nehmen, wird bald bitter enttäuscht erleben müssen, daß sie auf das heftigste sein Anerbieten fast empört zurückweist, um ihre volle Gunst scheinbar sogleich einem würdigeren und verdienstvolleren Caballero zu Füßen zu legen. Der ständig um Liebe buhlende Hysteriker bleibt daher gerade im Bereich der Liebe stets frustriert; denn Liebe, das wäre ja das Maximum an Bindung, das wäre die höchste Intensität dessen, wovor der Hysteriker am weitesten flieht.

Genese

Woher die hysterische Fehlhaltung psychogenetisch stammt, läßt sich von der Psychoanalyse her mit einem Wort erklären. Für die Psychoanalyse entstammt die Hysterie dem *Ödipuskomplex*[39], also einer Zeit, in der das Mädchen auf unglückliche Weise in seinen Vater bzw. der Junge in seine Mutter verliebt war. Indem der Hysteriker niemals wirklich von seinen Eltern loskommt, verlangt er von seinem späteren Partner, daß dieser ihm im wortwörtlichen Sinne Vater bzw. Mutter ersetzt. Der eigene Mann muß daher in dieselben Dimensionen einrücken, die der Vater früher für die vierjährige Tochter besaß; er muß somit nicht nur ein Mann, er muß förmlich ein Riese oder Halbgott sein, ein Herakles, ein Supermann, ein großer Zampano, der morgens für die kleine Tochter die Sonne aufgehen und am Abend wieder untergehen läßt; und umgekehrt muß die Frau eines Hysterikers die Statur und das Format der Großen Göttin besitzen: Sie muß die Verkörperung allen Liebreizes und aller Schönheit, eine Hera, eine Aphrodite sein. Es bedarf nicht vieler Phantasie, um sich vorzustellen, daß derartige Erwartungen angesichts der Wirklichkeit nur in alsbaldigen herben Enttäuschungen enden können: Der eigene Mann entpuppt sich längst vor der Brautnacht als Schwächling, die Verlobte als unvollkommen an Schönheit, und so entwickelt sich der Hysteriker notgedrungen zum Don Juan, zu einem Nomaden der Liebe auf der Suche nach dem Idealbild des Männlichen bzw. des Weiblichen, ewig umhergetrieben, ewig sich verlierend, ewig unglücklich, aber ewig bereit, im erstbesten anderen für eine Stunde die Seligkeit der Welt zu wähnen.

Heilung durch den Glauben in der Freiheit von Menschenvergötterung

Was diese kurze Skizzierung mit Theologie zu tun hat, versteht man wohl am besten, wenn man wiederum von einer Bibelstelle ausgeht, in der das hysterische Syndrom eine zentrale Rolle spielt. In Joh 4, in dem Gespräch Jesu mit der Frau am Jakobsbrunnen, geht es eine ganze Zeit lang darum, was einen Menschen glücklich macht und wonach er sich wirklich sehnt; die Frau scheint eine Weile lang die Meinung zu vertreten, sie könne vollkommen zufrieden sein, wenn ihr jemand die Anstrengungen des äußeren Lebens nehmen könnte; und gerade in dem Moment, wo sie diese Erwartung wirklich ausspricht, fordert Jesus sie auf, ihren Mann zu holen.[40] Die Frau muß gestehen, daß sie keinen Mann hat, und Jesus, der diese Mitteilung mit Nachdruck unterstreicht, hebt hervor, daß sie bereits fünf Männer gehabt hat, aber ganz richtig sagt: »Ich habe keinen Mann.« »Du kannst«, will Jesus ihr offenbar sagen, »solange die Liebe, nach der du dich am meisten sehnst, nicht wirklich finden, als du von anderen Unmögliches verlangst; du wirst ewig auf der Suche bleiben müssen, solange du im anderen einen Ersatz für etwas Absolutes, ein Substitut für Gott suchst.« Umgekehrt: »Du wirst erst dann zum Menschen finden, wenn du einen absoluten Halt von Gott her in dir selbst gefunden hast; erst wenn du dich in Gott gefunden hast, kannst du den anderen als Menschen neben dir leben lassen, ohne ihn mit absoluten Erwartungen zu überfordern und dich selbst an deinen eigenen Enttäuschungen zu verschleißen.« Der Mensch wird also so lange ein hysterisch Verzweifelter sein, als er in einem anderen Menschen den Halt und die Geborgenheit sucht, die er nur in Gott finden kann.

Bereits die Erwartungen, die ein Kind auf seine Eltern richtet, laufen auf ein Mißverständnis hinaus, wenn man in ihnen mehr als die erste Erscheinungsform einer absoluten Sehnsucht erkennen will. Im Gegensatz zu der Psychoanalyse *S. Freuds* besteht ein wichtiges Verdienst *C. G. Jungs* ohne Zweifel darin, daß er in »Vater« und »Mutter« nicht nur Gestalten, imagines, der individuellen Erinnerungseindrücke aus den Tagen der Kindheit sah, sondern archetypische Bilder, deren Komposition längst vor der individuellen Psychogenese aus dem Gedächtnis der menschlichen Art den Einzelnen mit seinen Eltern verbindet.[41] So wie ein Webervogel das Gestaltbild seines komplizierten Nestbaus nicht in der Zeit in sich aufnimmt, wo er im Nest seiner Eltern sitzt, sondern es längst in sich trägt, ehe er aus dem Ei schlüpft, wie eine Mönchsgrasmücke die Sternbilder am Himmel und die Koordinaten ihres Flugs nach Süden nicht von den Elterntieren lernt, sondern fertig und abrufbereit in sich trägt[42], so besitzt auch der Mensch Vorbilder der Sehnsucht nach absoluter Geborgenheit und bedingungsloser Akzeptation, die er nur anfangsweise auf Vater und Mutter überträgt, um sie schon bald davon zu lösen. Gewiß versucht ein jeder, nach der Loslösung von den Eltern noch einmal in seiner Braut, in seinem Geliebten das Vorbild von Vater und Mutter zu erneuern. Aber es zeigt sich, daß die Liebe zum anderen nur das Versprechen einer Geborgenheit enthält, das sie selbst nicht halten kann und an dem sie zu Grunde gehen müßte, wollte man es von ihr selber einfordern. Recht hat daher das christliche Eheverständnis, wenn es erklärt, daß erst wenn zwei Menschen von Gott her zu sich selbst gefunden haben, sie eine Gemeinschaft miteinander eingehen können, die sich auf Dauer stellen läßt und währt, bis daß der Tod sie scheidet. Nur in Gott ist Liebe unter Menschen möglich; ohne Gott geht sie an ihren eigenen neurotischen Überhöhungen zu Grunde. Denn nur wenn *Gott schon ist, kann der andere aufhören,* Gott sein zu müssen.

Vergleich von Zwangsneurose und Hysterie

Somit kann man denn auf der polaren Achse von Notwendigkeit und Möglichkeit die beiden Neuroseformen der Zwangsneurose und der Hysterie als zwei Formen notwendiger Verzweiflung eines Daseins ohne Gott einander gegenüberstellen. Der Zwangsneurotiker lebt in einem Feld prinzipieller Gnadenlosigkeit und versucht, seiner Angst Herr zu werden, indem er selbst von sich per Leistung und Perfektheit verlangt, wie Gott zu sein. Der Hysteriker hingegen versucht, der Haltlosigkeit seiner Existenz zu entrinnen, indem er in den anderen hineinflieht und ihn zum Gott erklärt. Beide Neuroseformen haben darin ihren Sinn, daß sie Gott zu ersetzen suchen in einem wahnhaften Wie-Gott-sein-Wollen.[43] Und man versteht erst die Prägnanz dieser alten biblischen Bestimmung des Bösen im Menschen, wenn man die konkreten Verformungen der menschlichen Psyche vor Augen hat, die das verzweifelte Wie-Gott-sein-Wollen in Gestalt der Neurose annimmt. Umgekehrt versteht man, daß zur Heilung einer Neurose Schritte der Einsicht getan werden müssen, die nicht anders denn als Glauben und Vertrauen bezeichnet werden können. Der Zwangsneurotiker müßte lernen, daß es genügen kann, ein Mensch zu sein, weil Gott schon ist; der Hysteriker muß lernen, daß er Halt in sich genug vor Gott besitzen kann, um den anderen nicht vergöttlichen zu müssen. Beide, der Zwangsneurotiker wie der Hysteriker, können in einem tieferen Vertrauen besonders voneinander lernen: Der Zwangsneurotiker kann lernen, daß zur Pflicht das Spiel, der Hysteriker, daß zum Spiel die Pflicht gehört. Denn sowenig der Zwangsneurotiker seinen *Wert* erst *machen muß,* wenn er ihn in einem absoluten Gegenüber bereits verwirklicht sieht, sowenig braucht der Hysteriker seine *Person* im Spiel der Liebe *aufzulösen,* wenn er sich von vornherein in einer absoluten Beziehung gefestigt weiß. Beide können im Lernen voneinander die Einseitigkeiten eines verzweifelten Gottähnlichkeitsstrebens aufgeben und zur Synthese der Wirklichkeit zurückfinden, in welcher man weder selbst auf dem Wege der Leistung sich zu einer fiktiven Absolutheit hocharbeiten muß noch die anderen auf dem Wege des Beifalls das eigene Dasein mit Berechtigung versehen müssen. Die Berechtigung des eigenen Daseins ruht vielmehr vor Gott in sich selbst. Man muß sie weder machen noch erbuhlen. Man hat sie in Gott – und das läßt den Menschen leben.

Auch auf dem anderen polaren Achsensystem von Unendlichkeit und Endlichkeit läßt sich der Zusammenhang eines verzweifelten Gottähnlichkeitsstrebens mit bekannten Formen der Neurosenlehre deutlich machen. Auf Grund theoretischer Überlegungen hat sich gezeigt, daß die menschliche Freiheit in einer Synthese aus Endlichkeit und Unendlichkeit besteht. Wird nun einer dieser beiden Pole aus Angst absolut gesetzt, so entstehen zwei weitere Formen der Verzweiflung, zwei weitere krankhafte Verzerrungen des Daseins.

Die Depression

Es kann, um mit der ersten Variante zu beginnen, ein Mensch in dem Sinne verzweifelt sein, daß er es mit allen Kräften vermeidet, das Endliche, Begrenzte, Zeitliche zu akzeptieren, und es läßt sich leicht nachweisen, daß diese *Verzweiflung der Unendlichkeit* (*S. Kierkegaard*)[44] identisch ist mit der Neuroseform der Depression.[45] Bereits das Hauptmerkmal des Depressiven demonstriert überdeutlich diese Identität: das schier unendliche und uferlose Schuld- und Verantwortungsgefühl des Depressiven, gepaart mit einer unbegrenzten Bereitschaft, für andere da zu sein und sich einzusetzen.

Charakterisierung

Ein Depressiver ist meist schon an der Art seines Auftretens zu erkennen. Er wird, meist freudestrahlend, versichern, daß er eigentlich den Arzt oder den Seelsorger nur ganz kurz in Anspruch nehmen möchte, daß er überaus dankbar dafür ist, daß man trotz all der knappen Zeit so freundlich ist, ihm eine Gelegenheit zum Gespräch zu geben, daß er im Grunde auch schon allein mit allem fertig wird und vor allem bestimmt nicht lästig sein will. Natürlich ist man gut beraten, wenn man sich bei solchen Ausführungen tief nach hinten in den Sessel lehnt und damit rechnet, daß ganz im Gegenteil noch allerhand auf einen zukommen wird. Denn tatsächlich verweist die Versicherung des Depressiven, er wolle *auf keinen Fall lästig* werden, nur auf den mit unendlicher Angst besetzten Wunsch, endlich einmal die unerträgliche Last seines Daseins irgendwo niederlegen zu können. Noch sind von einem Gespräch keine 20 Minuten vergangen, da wird ein wirklich Depressiver mit aller Wahrscheinlichkeit auf die Uhr blicken und versichern, daß es jetzt genug sei; man habe ihm bereits so sehr geholfen; was er denn für solch wertvolle Unterstützung schuldig sei, kurz: es wird sich diese ungeheuere Angst, als lästig empfunden zu werden, wie ein roter Faden durch das ganze Gespräch ziehen. Vertieft man diesen ersten Eindruck, so wird man hinter der Sorge, lästig sein zu können, ein ständiges Schuldgefühl bemerken, überhaupt auf der Welt zu sein. Buchstäblich fühlt der Depressive – anders als der Zwangsneurotiker – sich nicht erst durch ein fehlerhaftes Tun, sondern bereits durch den bloßen Umstand seines Daseins schuldig. Daß er da ist, daß es so etwas wie ihn gibt, bedeutet ja, daß er in gewissem Sinne lästig werden *muß:* Er braucht Kleidung, und das kostet Geld; er braucht Nahrung, und das kostet Geld; er braucht einen anderen Menschen, und das kostet Zeit. Es ist nicht möglich, zu leben, ohne irgendwie lästig zu sein. So verdichtet sich für den Depressiven der Eindruck, daß es am besten wäre, gar nicht auf der Welt zu sein, denn nur dann hätte man die Gewähr, niemandem beschwerlich zu sein. Wenn man aber schon lebt, so muß der ganze Lebensinhalt darin gesucht werden, die Schuld des eigenen Daseins wieder gutzumachen. Es steht dem Depressiven fest, daß er eigentlich gar nicht leben dürfte, sondern als etwas durch und durch Minderwertiges, Beschwerliches, Ekliges, Lästiges abgeschafft gehört; um trotzdem noch am Leben zu bleiben, gibt es nur das Mittel der Ziege im Stall, die man längst schon geschlachtet hätte, wenn sie nicht so viel Milch geben würde: Man muß sich *die Todesschuld des Daseins durch Übernützlichkeit abverdienen.*[46]

In dieser Übernützlichkeit nun erreicht ein Depressiver Fabelhaftes. Er, der selber niemals irgendeinen Wunsch äußern darf, um nicht als lästig zu erscheinen, erweist sich als ein Meister darin, anderen ihren Wunsch, womöglich noch ehe sie ihn selber bemerken, an den Augen abzulesen. Aus der Angst, selber da zu sein, macht der Depressive in einer unendlichen Anstrengung das Leben des anderen zu seinem eigenen; er identifiziert sich vollständig mit jedem fremden Schmerz, mit jeder fremden Not,[47] und so muß ihm die Welt noch mehr in der Form erscheinen, daß er bei so viel Not eigentlich gar nicht existieren dürfte, es sei denn, daß er alles, was er hat und ist, für andere einsetzt. Die ganze Welt kommt ihm vor wie eine kannibalistische, vampirhafte Orgie von

Fressen und Gefressenwerden;[48] er aber ist dazu bestimmt, sich von den Ansprüchen aller mit Haut und Haaren verschlingen zu lassen. Ja, er drängt sich förmlich danach, aufgeopfert und durch Nützlichkeit verbraucht zu werden, da er nur durch die Menge der Aufgaben beweisen kann, daß es so etwas wie ihn auf Erden geben darf. Nur als Arzt, als Mutter, als Sozialarbeiter, als ständig karitativ Tätiger erfährt er eine kurze Erlaubnis zum Leben, wenngleich gerade dieses Lebenskonzept wie kein anderes dazu beiträgt, das Leben zunehmend unerträglich zu machen.

Wie sehr der Depressive ein Verzweifelter der Unendlichkeit, ein Angstflüchtiger der Endlichkeit ist, erkennt man spätestens an den Stellen, wo es vernünftigerweise die höchste Zeit wäre, bestimmte Grenzen zu ziehen und etwa eine neue Aufgabe, einen zusätzlichen Termin, den Wunsch eines anderen mit einem klaren Nein zu beantworten. Nichts ist dem Depressiven – außer dem Äußern eigener Wünsche – so schwer wie das Aussprechen einer Absage, eines Neins.[49] Er hätte ja nur ein Recht, sich zu verweigern, wenn er in sich überhaupt ein Recht besäße, selbst da zu sein; da er dies aber nicht hat, da er vielmehr erst durch die Nützlichkeit am anderen das Damoklesschwert seiner Verurteilung noch einen Augenblick aufhalten kann, stürzt er wortwörtlich bei einem Nein, dessen er sich getraut, in Todesangst. Wenn er nicht sofort gehorcht hat, fürchtet er buchstäblich, von den anderen vernichtet zu werden. Daher muß auch der Depressive in gewissem Sinne wie Gott selber sein: Er muß, wie Gott, allverantwortlich, allwissend, allgegenwärtig und allmächtig sein. Was irgend auf der Welt sich an Furchtbarem ereignet, erscheint ihm, bei Lichte besehen, als *seine* Schuld. Wo immer irgend jemand schimpft und flucht, und sei es drei Stockwerke über ihm, ist es sicherlich er, der gemeint ist. Ganz wie es *Rilke* in dem Gedicht »Ernste Stunde« geschildert hat[50], gilt für den Depressiven:

»Wer jetzt weint irgendwo in der Welt,
ohne Grund weint in der Welt,
weint über mich.
Wer jetzt lacht irgendwo in der Nacht,
ohne Grund lacht in der Nacht,
lacht mich aus.
Wer jetzt geht irgendwo in der Welt,
ohne Grund geht in der Welt,
geht zu mir.

Wer jetzt stirbt irgendwo in der Welt,
ohne Grund stirbt in der Welt:
sieht mich an.«

In gerade dieser Weise muß der Depressive sich im Mittelpunkt der Forderungen aller Welt empfinden; und da es selbst ihm nicht möglich ist, »allen alles« zu sein[51] und allen alles recht zu machen, ist er trotz seiner gewaltigen Bemühungen nach wie vor grenzenlos schuldig, wie wenn all seine Anstrengungen in ihm nur die Gewißheit seiner Unzulänglichkeit bestärken würden. In psychotischen Formen der Depression kann es zu einem ausgeprägten All-Schuldwahn[52] kommen mit den Vorstellungen, einen Krieg ausgelöst zu haben, den Weltuntergang bereitet zu haben o. ä.

Wenn davon die Rede ist, daß der Depressive nur leben kann, solange er sich als nützlich erweist, so bedeutet das natürlich nicht, daß die Handlungsweisen des Depressiven objektiv wirklich immer nützlich wären. In Wahrheit stiften sie vielmehr nicht selten eher Schaden als Nutzen. Indem nämlich der Depressive, um selbst zu leben, nur in anderen lebt, engt er im Extrem mit seiner Fürsorge und Bemühtheit den anderen vollständig ein und raubt ihm jeden Platz einer eigenen Entfaltung. Es ist klar, daß eine depressive Mutter, die etwa ihrem Kinde jeden Wunsch vorweg erfüllt und zu jedem Nein unfähig ist, das Kind völlig unselbständig, abhängig und zu eigenem Handeln unfähig macht; mit all ihrem guten Willen macht sie am Ende objektiv wirklich alles falsch, und keine Erkenntnis ist natürlich für die Lebensbilanz eines Depressiven furchtbarer als die Entdeckung, gerade durch das Übermaß seines Einsatzes am anderen schuldig geworden zu sein.

Genese

Auch bei der Depression sind die psychogenetischen Faktoren ihrer Entstehung aus der Psychoanalyse wohlbekannt.[53] Die Depression bildet sich mit Vorliebe unter Lebensumständen aus, in denen jemand als Kind wirklich bereits durch sein Dasein für seine Familienangehörigen eine schwere Belastung war: Die Geburt fiel z. B. in die Zeit der großen Evakuierungen Ende 1944 in Ostpreußen oder in die Nachkriegsjahre mit Hunger und Arbeitslosigkeit, oder in eine Zeit, da die Eltern gerade dabei waren, ein Geschäft zu eröffnen. Vor allem die Nervosität und jähzornige Explosivität des dominanten Elternteiles oder dessen traurig-schweigende Niedergeschlagenheit bei den geringsten Fehlern führt zu einem äußerst aggressiven, sadistischen Überich,[54] demgegenüber das Ich des Depressiven sich in völlig aussichtsloser Position befindet. Die ständige moralische Vergewaltigung, die beim Zwangsneurotiker stets noch eine gewisse Zone des Protestes, des Gegenwillens, freiläßt, walzt beim Depressiven jeden Widerstand nieder. Der Zwangsneurotiker fühlt sich zwar angeklagt und Vorwürfen ausgesetzt, er sieht sich auch gezwungen, diesen Vorwürfen nach außen hin nachzukommen, – innerlich aber ist er von seinem Recht nach wie vor überzeugt, er kann es lediglich wegen der Übermacht der anderen nicht durchsetzen. Der Depressive hingegen hält sich wirklich für schuldig, sieht alle anderen – außer sich selber – im Recht und ist im Grunde völlig davon überzeugt, nichts anderes als seine Hinrichtung zu verdienen.

So bleibt ihm als einziges nur die totale Anpassungsbereitschaft an die Forderungen der anderen. Diese geht oft so weit, daß sie schon eine äußere Ähnlichkeit zu der Scheinlustigkeit und Fröhlichkeit des hysterischen Gehabes gewinnt. Der Unterschied ist dennoch nicht zu übersehen: Während der Depressive sich nur anpaßt, um am Leben gelassen zu werden, und die Identifikation mit den Forderungen der anderen als Tarnmittel benutzt, um nicht gesehen zu werden, legt es der Hysteriker ja gerade darauf an, gesehen und für seine Auffälligkeit beklatscht zu werden. Es kann sein, daß auch ein Depressiver in schweren Formen der Resignation alles unternimmt, um aufzufallen; aber er tut es dann als einen letzten Hilferuf und meist in einer so negativen Form, daß sie, statt der erwarteten Hilfe, auf eine masochistische Selbstbestrafung hinausläuft.

Insbesondere sind es psychoanalytisch die oralen Gehemmtheiten,[55] die den Depressiven kennzeichnen, also die latente Angst bei allem, was mit eigenen Wünschen und Forderungen zu tun hat. Die Schuldgefühle des Depressiven bei allem, was er sich an Überflüssigem gönnt, zwingen ihn zu einer Anspruchslosigkeit, in welcher die Autarkie[56] eines Perpetuum mobile als Ideal gelten muß.

Religiös kann ein Depressiver mit seiner starken Sehnsucht nach Unendlichkeit oft gar nicht leben ohne Gott.[57] Das heißt jedoch nicht, daß seine Religiosität unbedenklich wäre. Viele Forderungen des Christentums nach totaler Hingabe und Nächstenliebe scheinen nämlich in einer bestimmten Auslegung geradezu den Zweck zu haben, Menschen depressiv zu machen, indem sie einseitig das Sichverströmen heilig sprechen und die Aufgabe der Selbstverwirklichung förmlich mit unchristlichem Egoismus gleichsetzen. Zudem sind manche Formen des Religiösen offensichtlich nicht davor gefeit, aus dem Verhältnis zu Gott ein Verfahren der Weltflucht und der leeren Sehnsucht nach einer ganz anderen Welt zu machen.

Heilung durch den Glauben, als endliches Wesen berechtigt zu sein

Diese Einschränkungen können jedoch die Haupttatsache nicht verdunkeln, daß wirklich die Religion allein den Depressiven von seinen furchtbaren, alles menschliche Maß übersteigenden Schuldgefühlen heilen kann. Die fundamentale Angst des Depressiven, schon durch sein bloßes Dasein schuldig zu sein, kann erst verschwinden, wenn der Depressive am Grund seines Daseins eine Macht anzunehmen und zu erfahren lernt, die gerade ihn in seiner Endlichkeit meint und will.[58] Gerade der Depressive braucht mit seinem äußerst feinen Gespür für die Wertlosigkeit und Nichtigkeit von allem Nicht-Ewigen und Vergänglichen den Glauben an eine Macht, die gerade das Endliche und Zeitliche in seiner Begrenztheit mit Wert und Größe umkleidet. Zwar nicht in sich, aber vor Gott hat das Leben eine unveräußerliche Würde; dieser Gedanke allein kann den Depressiven davon befreien, durch die angstvolle Ableugnung aller Endlichkeit wie Gott sein zu müssen.

Es gibt in der Bibel keine Geschichte, die das depressive Erleben tiefer ausdrücken würde als die sog. Sündenfallerzählung des Jahwisten, die davon erzählt, wie die Menschen durch einen verbotenen oralen Akt mit ihrem ganzen Dasein in Schuld geraten und schließlich sich selbst nur noch als nichtig und todeswürdig erscheinen können.[59] Völlig zu Recht hat das Christentum an diese Erzählung daher die Lehre von der Schuldverfallenheit des ganzen menschlichen Daseins geknüpft, ein Dogma, das die depressive Welteinstellung außerordentlich gut wiedergibt.

Demgegenüber zeigt eine Stelle im Neuen Testament in vorbildlicher Weise, wie ein Depressiver Erlösung finden kann. Es handelt sich um die Geschichte von Lk 7/Mk 14, die von einer Frau erzählt, deren Namen man nicht kennt, deren Beruf aber im ganzen Dorf bekannt ist: Eine Sünderin ist sie, und offenbar genügt das, um genug von ihr zu wissen. Diese Frau, als sie von Jesus hört, will zu ihm gehen und ihn salben; alle

Zärtlichkeit, deren sie fähig ist, will sie ihm schenken, denn sie weiß und hat gehört: Er wird auch sie verstehen. So bereitet sie Nardenöl zu und begibt sich in das Haus *des* Pharisäers, bei dem Jesus zu Gast ist. Aber kaum hat sie die Schwelle übertreten, da entgleitet ihr alles. Sie hat nicht mit der Menge der Leute gerechnet, nicht mit den Blicken, die sie verurteilen, nicht mit dem Getuschel, das sofort anhebt. »Von hinten« sagt Lukas, trat sie heran und fällt Jesus zu Füßen. Statt sein Haupt zu salben, gießt sie das ganze Gefäß ihm über die Füße und bricht in Tränen aus. Wie um den Schaden wieder gutzumachen, löst sie ihre Haare auf und trocknet seine Füße; aber ihr ganzes verzweifeltes Betragen setzt sie nur noch mehr in den Augen aller ins Unrecht: Man löst sich nicht in Männergesellschaft die Haare auf; man kommt überhaupt nicht als eine Unanständige zu einem Gastmahl; in allem, was sie tut, zeigt sie nur wieder überdeutlich, wie und was sie ist: eine Dirne halt, zudringlich, würdelos, maßlos, ein haltloses Subjekt. Einzig Jesus selbst sieht die Frau anders; einzig er versteht, was sie will, worin sie Recht hat und was sie ins Unglück und in die Sünde treibt. Auf verzweifelte Weise sucht die Frau nach Liebe, und sie ist tief und wahr darin; nur tut sie sich selbst Unrecht damit, daß sie meint, erst wenn sie sich vor dem anderen in den Staub wirft, werde sie etwas von ihm an Zuwendung erhalten können; solange sie sich um der Liebe willen selbst entwürdigt, wird man nur weiter mit den Fingern auf sie zeigen und sie weiter schamlos ausnutzen. Daß sie im Angesicht aller anderen sich erheben kann, daß sie ihre eigene Würde besitzen und behaupten kann, daß sie endlich denken darf, von Gott her in sich selbst berechtigt zu sein, das eigentlich scheint der Kern des rätselhaften Jesus-Wortes zu sein, es sei ihr viel vergeben worden, weil sie viel geliebt habe. Gerade diese sich wie ein Nardengefäß Verströmende, gerade diese sich zu Füßen Werfende, gerade diese Weinende und Aufgelöste darf von sich denken, vor Gott besser dazustehen als alle anderen.

Eben darin besteht die entscheidende Erfahrung, die einen Depressiven aus dem Irrgarten seiner Resignation und Niederlage herausführen kann: daß er sich selber von Gott her ein Recht zum Leben zuspricht und aufhört, sich bereits durch den bloßen Tatbestand seines Daseins als ein Schuldiger zu empfinden, und daß er anfängt, sich wieder vor Gott eine eigene Wahrheit und Berechtigung im Leben zuzutrauen.

Die Schizoidie

Als eine letzte Neurose- und Verzweiflungsform gilt es, das klassische Gegenbild der Depression in Gestalt der Schizoidie zu besprechen. Mit Schizoidie ist eine Lebenseinstellung gemeint, die, ganz im Gegensatz zur Depression, gerade nicht in den anderen hinein, sondern von ihm weg flieht. Als ihr Hauptkennzeichen darf man die außerordentliche Gefühlskälte und Verhaltenheit, die übergroße affektive Distanziertheit zu Menschen und Sachen sowie die scheinbare Unverbundenheit[60] der jeweiligen Äußerungen oder Gesprächsmitteilungen betrachten.

Charakterisierung

Bereits prima vista fällt der Schizoide dadurch auf, daß er die schmerzhaftesten und folgenschwersten Erlebnisse seines Lebens wie beiläufige Fakten ohne jede innere Beteiligung erwähnen kann, so daß man ständig rätseln muß, was eine bestimmte Begebenheit wirklich für ihn bedeutet. Auch bei einem Depressiven kommt es vor, daß er gerade etwas besonders Trauriges mit lachendem Gesicht erzählt; aber ganz im Gegensatz zum Schizoiden empfindet der Depressive sehr deutlich den Schmerz und überspielt ihn nur aus der geschilderten Angst, lästig zu werden. Der Schizoide hingegen empfindet subjektiv wirklich nichts; für ihn macht es emotional keinen ersichtlichen Unterschied, ob er vom Tod seiner Mutter oder vom Frühlingswetter draußen spricht. Ein Depressiver kann, in schweren Stadien seiner Krankheit, darüber klagen, daß er sich innerlich wie tot, wie versteinert vorkommt und schon gar keiner Gefühlsregung, nicht einmal mehr des Schmerzes, fähig ist; der Schizoide aber lebt ständig in einer wie versteinerten Welt. Alles, was er sagt, wirkt daher wie unpersönlich nebeneinander gesetzt, beliebig und irgendwie sinnlos. Tatsächlich ist denn dies auch die häufigste und oft genug einzige Klage des Schizoiden, daß ihm alles kalt, fremd, unpersönlich, grau und sinnlos erscheine, daß die ganze Welt ihm keinen Spaß bereite, daß ihm alles egal sei, daß er sich für nichts ereifern könne, daß er überhaupt nicht wisse, was das alles solle und wozu er da sei. Während der Depressive unter der übergroßen Nähe der anderen leidet, lebt der Schizoide in einer Landschaft, die dem *Kafka*schen »Schloß« ähnlich sieht:[61] winterhaft verschneit in einer unbekannten und fremden Gegend der Welt, herbeigerufen durch eine unklare Beauftragung, inmitten eines absurden Durcheinanders von Menschen, die eine fremde Sprache reden, und von Dingen, die sich jeder Ordnung widersetzen. Selbst seinem eigenen Körper, seinen eigenen Möbeln, seinem eigenen Zimmer gegenüber ist der Schizoide ein »Fremder«. »Ich sehe«, so kann er das entsprechende Empfinden schildern, »meine Hand beim Schreiben auf dem Tisch liegen oder über das Papier gleiten, ich sehe, wie sie Buchstaben bildet und Sätze schreibt, ich sehe die Pfütze des Lichts, die von der Tischlampe her auf sie herunterfällt, – aber ich muß mich in den Arm kneifen, um zu merken, daß ich das selber bin.«

Dem Schizoiden isolieren sich die einzelnen Wahrnehmungen, das Zusammengehörige verwandelt sich für ihn in ein Nebeneinander, Details werden riesenhaft groß, andere Teile entschwimmen ganz. Am quälendsten stellt sich dem Schizoiden wohl die Beliebigkeit von allem dar, obwohl er gerade in ihr seine Sicherheit, ja sogar ein Stück Erträglichkeit des Daseins sucht. Es martert und schützt ihn zugleich, wenn er prinzipiell allem gegenüber sagen kann, daß es ihn nichts angehe, denn es entlastet ihn im Augenblick und kerkert ihn doch aufs ganze ein.

Vor allem die Leere und Hohlheit aller Dinge wird dem Schizoiden zu einem drückenden Problem, das er als Langeweile, hohle Unattraktivität und als innere Gleichgültigkeit erlebt. Ähnlich dem Hysteriker, mit dem er manches gemein hat, kann auch der Schizoide mancherlei Rollen übernehmen und Virtuosität im Ausfüllen ganz verschiedener Verhaltensweisen an den Tag legen; aber genauso wie der Hysteriker, bleibt er innerlich unbefriedigt und vermag, im Gegensatz zum hysterischen Erleben, auch den Applaus der anderen nur in einer höhnischen oder abwertenden Nonchalance hinzunehmen; denn während der Hysteriker mit seinem Rollenspiel die Menge sucht, ist der Schizoide im Grunde mit den Rollen, die er übernimmt, auf der Flucht vor den anderen und vervielfacht sich eigentlich nur, um die Möglichkeit zu verringern, wirklich irgendwo getroffen werden zu können. Ähnlich einem James Bond, ist er stets in eine Welt fremder Feindseligkeit versetzt, in der er nur überleben kann, wenn er in ständigem Mißtrauen, sogar gegenüber seinen »Freunden«, auf der Hut ist. Mit geflissentlichem Scharm kann er es dahin bringen, sog. Kellnerberufe auszuüben, in denen es genügt, mit einer gewissen Distanz den anderen zu Gefallen zu sein – vorausgesetzt, daß sie nicht auf innere Beteiligung und wirkliches Engagement erpicht sind. Die gefühlskalte Rationalität kann dem Schizoiden dabei naturgemäß von großem Vorteil sein. *A. Camus*[62] hat in seinem Erstlingsroman

»Der Fremde« wohl das treffendste Portrait einer derartigen schizoiden Persönlichkeit gezeichnet. Der Roman beginnt mit der absoluten Teilnahmslosigkeit des Helden bei der Beerdigung seiner Mutter und setzt sich in der Schilderung unpersönlicher Flirts und gänzlich oberflächlicher Kontaktaufnahmen fort; aus Gefälligkeit oder, besser, um Ärger zu vermeiden, wird der Held schließlich in einen Mord verwickelt, der sicher nicht geschehen wäre, wenn – buchstäblich – die Sonne nicht so heiß geschienen hätte. Er wird hingerichtet, und die Frage bleibt, ob zu Recht oder zu Unrecht. – Auch dieses Problem ist typisch für das schizoide Erleben, daß es – wieder ähnlich wie für den Hysteriker, der seine Schuldgefühle ständig bagatellisiert – im Grunde zu einem wirklichen Schuldgefühl außerstande ist und dennoch in seinem ganzen Dasein den anderen und sich selber letztlich alles schuldig bleibt, indem es nie zu einem wirklichen Leben kommt.

Genese

Die psychogenetischen Faktoren der Schizoidie sind nach psychoanalytischer Auffassung bereits in den ersten Lebenstagen und -wochen wirksam und bestehen entsprechend dem späteren Selbstgefühl des Schizoiden in schweren affektiven Mängeln.[63] Die Kindheit des Schizoiden ist emotional kalt und beziehungslos. In der Lieblosigkeit und persönlichen Unansprechbarkeit der unmittelbaren Kontaktpersonen wächst der Schizoide nach Art eines Hospitalisierten auf. Indem ihm die Menschen unendlich weit entfernt erscheinen, rücken auch die Gegenstände für ihn in eine grenzenlose Ferne. Um so lebhafter wird seine Gedanken- und Fantasietätigkeit. Die reale Unkenntnis der anderen Menschen eröffnet dabei einen idealen Freiraum zu allen möglichen Projektionen[64] und Einbildungen, mit denen der Schizoide seine Umgebung überziehen kann. Die objektive Beziehungslosigkeit erlaubt es seiner Vorstellung nicht selten, den anderen in die Rolle eines geheimen Lauschers, Mitwissers, Attentäters u. dgl. hineinzuhalluzinieren. In der psychotischen Aufgipfelung derartiger Projektionen geraten solche Phantasien zu echten paranoischen Verfolgungsideen und, in der Kette scheinbar rationaler Begründungen, um die ein intelligenter Schizoider nie verlegen ist, zum vollendeten Wahn. Der Schizoide sieht sich dann selbst oft als den geheimen Mittelpunkt einer chaotischen Welt, die er, äußerlich verfolgt, doch mithilfe von Strahlen oder unsichtbaren Medien lenkt und leitet.

Deutlich wiederholen solche Wahnideen dann zumeist die reale Situation der Kinderzeit mit ihrer kindlichen Ohnmacht in der Realität und den kindlichen Allmachtsansprüchen in der Phantasie.

Heilung im Glauben als Ende der Selbstmythologisierung

An dieser Stelle ergibt sich zugleich der Brückenschlag zu dem theologischen Hintergrund auch der Schizoidie. Auch der Schizoide unterliegt zutiefst dem verzweifelten Willen, wie Gott sein zu wollen. Nur bei Gott ist das reine Denken in sich schöpferisch; nur in Gott ist Denken und Realisieren ein und dasselbe. Der Schizoide aber, der die Realität weitgehend im Bewußtsein ausblendet, wird immer mehr dahingedrängt, sein Bewußtsein, sein Denken an die Stelle der Realität zu setzen; jedenfalls wird er zunehmend dazu verleitet, seine Umgebung von einem ganz und gar egozentrischen Standpunkt aus zu betrachten und sich dabei, wie das absolute Ich *Fichtes*[65], zum Herrn und Schöpfer aller Dinge aufzuschwingen. Das hindert nicht, sondern bedingt sogar, daß der Schizoide in all seiner Ichhaftigkeit eigentlich gar kein Ich hat[66], sondern immer mehr in einem Spiel inhaltsloser Rollen und Schablonen zerfließt oder sich in bloßen Phantasieorgien verströmt. Im Grunde glaubt der Schizoide rundum an nichts, was er nicht selbst ist; gerade deshalb bleibt er sich selbst und bleibt ihm alles andere vollkommen fremd; und er, der selbst sein eigener Gott sein muß und sein Leben wie zur Selbstanbetung völlig narzißtisch vertut, ist zugleich dem umlagernden Seienden vollständig ausgesetzt und wird davon in immer mehr dissoziierte Parzellen zersetzt.

In der Bibel gibt es eine Szene, die wohl am besten beschreibt, wie das Fehlen Gottes und die Erkrankung der Schizoidie innerlich zusammenhängen. Gleich am Anfang erzählt die Bibel, wie die Menschen, nachdem sie von Gott abgefallen sind, die Welt, die ihnen vormals ein Paradies war, als Vertriebene und Verbannte erleben müssen, wie die Tiere ihnen feindlich werden und wie die Erde sich widerspenstig ihrer Arbeit widersetzt (Gen 3)[67]. Tatsächlich muß in einem absoluten Sinne die Welt dem Menschen »fremd« vorkommen, wenn sie nicht von einem Gott, der auch den Menschen meint und selbst in sich als Person ist, für ihn erschaffen wurde; wirklich ist der Mensch solange radikal heimatlos auf dieser Erde, als ihm nicht hinter der grenzenlosen Gleichgültigkeit der Natur Gott zurückgegeben wird als sein Vater und Schöpfer. Erst auf dem Hintergrund einer absoluten Güte hinter und in allen Dingen kann der Mensch aufhören, in schizoider Angst der Welt gegenüber zu verharren.

Man kann diesen Tatbestand auch religionshistorisch ausdrücken. Solange die Menschen den Gott der Bibel nicht kannten, standen sie in der Welt der Mythen einer Welt von Göttern gegenüber, die, in sich selber uneins, die Herrschaft über den Menschen unter sich verteilten. In den Gestalten dieser Götter lebten sowohl die personifizierten Mächte der Natur wie die projizierten Mächte der menschlichen Psyche, und der Mensch war ihnen und sich selber hilflos ausgeliefert.[68]

Um die Welt der Mythen psychologisch zu verstehen, ist es in der Tat unerläßlich, die privaten Mythen des Schizophrenen zum Studium heranzuziehen. Ein Mensch, der Gott nicht kennt, steht allen Dingen letztlich wie ein Mensch der Urzeit fremd und angstvoll gegenüber, und alle Dinge und Menschen ringsum müssen ihn solange bedrohen und beherrschen, bis er sich selbst zu dem Bewußtsein seiner eigenen ewigen Bedeutung und Berufung erhebt. »Wovor fürchten Sie sich eigentlich?«, fragt in einer Kurzgeschichte von *A. Tschechow* jemand und erhält zur Antwort: »Vor allem. Ich bin von Natur ein nicht sehr tief veranlagter Mensch und interessiere mich wenig für solche Fragen wie das Jenseits oder das Schicksal der Menschheit und bewege mich überhaupt selten in höheren Sphären. Ich fürchte in erster Linie das Alltägliche.« Gerade so aber hängt es zusammen: Man muß das Alltägliche fürchten, eben auf Grund des völligen Fehlens einer höheren Perspektive des Lebens. Angst ist die letzte Grundbestimmung eines Lebens, das in der Schizoidie sich selber fremd ist und sich selbst nicht mehr versteht. »Ich sehe«, fährt *Tschechow* daher fort, »daß wir wenig wissen und daher jeden Tag irren, wir sind ungerecht, verzehren uns vor Sehnsucht nach einem anderen Leben, wir vergeuden all unsere Kräfte für dummes Zeug, das wir nicht brauchen und das uns nur hindert, richtig zu leben, und das fürchte ich, weil ich nicht begreife, wozu und für wen das alles nötig ist.«[69]

Vergleich von Depression und Schizoidie

Somit schließt sich der Kreis, indem der Schizoide zu seiner Heilung vom Depressiven lernen muß, und umgekehrt. Der Depressive kann ein Stück von der Distanz und scheinbaren Abgeklärtheit, der »Endlichkeit« des Schizoiden übernehmen, dieser aber von der Wärme und »Unendlichkeit« des Depressiven. Beide finden indes nur zueinander in der Gewißheit eines Gottes, der sie über das Endliche unendlich erhebt und zur Begrenzung in den Pflichten des Alltäglichen kraft des Unendlichen zurückführt. Erst im Glauben an Gott gelingt die Synthese der Existenz und wird es möglich, die aus Angst entwickelten und doch selbst wieder unendliche Angst erzeugenden Einseitigkeiten des Daseins zu vermeiden.

Neurosenlehre als theologische Phänomenologie der Sünde

So erscheinen die vier Neuroseformen der Psychoanalyse nicht länger als bloße Produkte gewisser frühkindlicher Schäden und die seelischen Erkrankungen nicht mehr als abseitige Zerrbilder des Menschlichen; es wird vielmehr deutlich, daß die seelischen Erkrankungen Konflikte widerspiegeln, die dem menschlichen Dasein, der menschlichen Freiheit insgesamt zukommen, ja sogar deren Grundlage bilden. Zugleich zeigt sich, daß diese Grundkonflikte des menschlichen Daseins um die eine zentrale Frage kreisen, wie der Mensch zu Gott steht. Auf diese innere Zentrierung kommt es hier vor allem an. Denn damit erweisen sich die Neuroseformen der Psychoanalyse als notwendige Daseinsvereinseitigungen eines Lebens ohne Gott. Die Kluft, die bis dahin Theologie und Psychotherapie voneinander trennte, läßt sich mithin überbrücken, indem die Neurosenlehre der Psychoanalyse selbst als eine theologische Phänomenologie der »Sünde« verstanden werden muß,[70] die zeigt, was es bedeutet, in radikaler Gnadenlosigkeit im Feld der Gottesferne an sich selber in Verzweiflung zu verkommen. Entgegen den moralisierenden Oberflächenbeschreibungen der »Sünde« führt die Psychoanalyse die Theologie in existentielle Zusammenhänge ein, an denen sie die heilende Kraft des Glaubens an Gott wiederfinden und zurückgewinnen kann. Denn wenn Jesus seine ersten Jünger aussandte, um »Kranke zu heilen, Tote aufzuwecken, Aussätzige zu heilen und Dämonen auszutreiben« (Mt 10), so kann dies doch nur sein, weil er offensichtlich in Krankheit, Tod, Aussatz und Dämonie selber Formen der Gottesferne und Verlorenheit des Menschen sah. Gerade so muß sich die Theologie im Sprechen von Sünde und Gnade selber wiedergewinnen, muß sie verstehen, daß der Glaube selber eins ist mit der Heilung des Menschen und das Unheil des menschlichen Lebens sich an der Frage nach der Stellung des Menschen zu Gott entscheidet.

Es bleibt noch nachzutragen, daß zur Erfüllung dieser Aufgabe auf der Basis der allgemeinen Neurosenlehre nunmehr die speziellen Formen neurotischer Symptomatik erörtert werden müßten. Dabei würde das vorgestellte Bild von vier gewissermaßen chemisch reinen Formen von Neurose der komplexeren Vorstellung bestimmter Mischstrukturen weichen müssen. Zwar kommen die genannten Neuroseformen oft genug »reinrassig« vor, aber meist treten sie gemischt auf, wobei besonders die Gegensatzpaare selbst mit Vorliebe Kreuzungen eingehen, so daß man von schizoid-depressiven oder zwangsneurotisch-hysterischen, aber auch depressiv-zwangsneurotischen oder schizoid-zwangsneurotischen Mischstrukturen sprechen muß. Besonders grell in ihrer Verzweiflung mutet die Kombination der Depression mit der Hysterie an, indem die Theatralik der Hysterie hier zum Verbergen oder Zur-Schau-Tragen latenter Traurigkeit genutzt wird; desgleichen ist die Kombination der Schizoidie mit der Hysterie selten, indem zur Hysterie bereits ein schizoider Vorbau gehört, der bei Ausprägung einer echten Hysterie überlagert bzw. einfach ausgeweitet wird, oder die Schizoidie so intensiv grundgelegt ist, daß starke Objektbeziehungen, wie sie zur Hysterie gehören, gar nicht erst zustande kommen. Völlig vernachlässigt werden mußte in dem vorliegenden Beitrag naturgemäß das Umkehrbild der Neurose insgesamt: die Perversion. Es ist aber wohl deutlich, daß die Methode der Integration von Theologie und Psychoanalyse durch diese Erweiterungen der Themenstellung in sich selbst nicht geändert zu werden brauchte.

II. Das Tragische und das Christliche oder: Vom unverschuldeten Scheitern

»Ihr führt ins Leben uns hinein,
Ihr laßt den Armen schuldig werden,
Dann überlaßt Ihr ihn der Pein,
Denn jede Schuld rächt sich auf Erden.«

Goethe, Wilhelm Meister – Lehrjahre

Wie erscheint das Tragische und worin besteht es?

Aus Zeiten, die für heidnisch gelten, stammt ein Lebensgefühl bzw. eine Welterfahrung, die zutiefst tragisch ist. Die Menschen innerhalb dieses Weltbildes treten als Figuren eines Spiels auf, das die unsterblichen Götter oder Gewalten, mächtiger als sie, nach unbegreiflichem Ratschluß auf dem Schauplatz der Erde zur Aufführung bringen, und niemand kann ihnen wehren, wenn er auch wollte.[1] Teile des Spieles enthüllen mitunter einen verborgenen Sinn: Vergangener Frevel der Väter findet seine unfehlbare Rache an späteren Geschlechtern[2], oder Fluch lastet auf Sippen und Stämmen wegen dunkler Überhebungen der Vorzeit. Eine Art von Gerechtigkeit scheint hier am Werk: Uralte Schuld zeugt sich fort und vernichtet sich selbst zugleich mit ihren unseligen Erben. Aber nicht nur, daß in spätgeborenen Zeiten persönlich Unschuldige wie zur ausgleichenden Sühne in den Bann eines fremden Vergehens eintreten müssen und selber trotz aller Gegenwehr sich neuerlich mit Schuld beladen – oft auch zieht sich schon am Anfang des Unheils schicksalhaft der Fallstrick der Schuld um einen einzelnen zusammen, und die Frage nach der Gerechtigkeit im Walten der Überirdischen muß vollends verstummen vor dem Eindruck der Willkür und der Unberechenbarkeit derartiger Fügung.

Drei Merkmale also prägen das Bild des tragischen Lebensgefühls:

a. der Charakter der Unabwendbarkeit: es gibt ein Schicksal, dem der Einzelne machtlos ausgeliefert ist und das sich bei allem Sträuben nur um so eher und furchtbarer erfüllt;

b. der Charakter der Verstrickung: der Einzelne ist Glied eines blutsmäßigen Zusammenhangs mit seinen Sippenangehörigen; er ist nur der Kristallisationskern eines kollektiven Verhängnisses; und

c. der Charakter des moralischen Scheiterns: der Einzelne muß mit seinem moralischen Vermögen an den Gesetzlichkeiten, die in seinem eigenen Wesen, in der Art seines Stammes sowie in der äußeren Natur in Erscheinung treten, notwendig zerbrechen: gegen das eigene Wollen muß er objektiv Schuld auf sich nehmen und an seiner Schuld zu Grunde gehen. Dies ist das Hauptthema des Tragischen.

Das Tragische besteht mithin in einem Konflikt zwischen dem individuellen Bewußtsein und den Zwängen des Allgemeinen: Das moralische Wollen des Einzelnen scheitert an den Notwendigkeiten des Schicksals, und das Böse, das er schließlich begehen muß, ist die Konsequenz eines Zusammenhanges, den er selbst zwar nicht verursacht hat, dem er aber doch unentrinnbar zugehört und verhaftet bleibt.

Man hat daher gemeint, die Entgegensetzung von Individuellem und Allgemeinem sei an sich selbst bereits die Ursache des Tragischen; indem das Individuum aus dem Allgemeinen heraustrete und seiner selbst bewußt werde, indem es seine partikularen Absichten und Interessen gegenüber dem Allgemeinen geltend mache, müsse es *notwendig schuldig* werden[3]. Diese vor allem von der Geistmetaphysik des Deutschen Idealismus verbreitete Vorstellung[4] vereinfacht jedoch den Sachverhalt und beschreibt das Problem nicht adäquat. Wenn das Individuum sich einfachhin vom Allgemeinen im Sinne des Sittlich-Verbindlichen und für alle Gültigen lossagen und sich auf seine eigenen Zielsetzungen zurückziehen würde, könnte es zwar objektiv schuldig werden, aber seine Schuld besäße nicht den Charakter des Tragischen. Selbst wenn man mit dem Deutschen Idealismus unterstellen wollte, daß der Akt der Reflexion notwendig jene Entgegensetzung des Individuellen und des Allgemeinen nach sich zöge – was nur unter bestimmten Voraussetzungen zutreffen wird[5] –, so ist doch dieser Konflikt nicht eigentlich tragisch zu nennen: Das Individuum, als reines Für-sich-Sein vorgestellt, leugnet ja den verbindlichen Bezug zum Allgemeinen; ihm ist der Konflikt der Schuld nicht selber innerlich. Es mag vor der Allgemeinheit als schuldig gelten, aber sein eigenes Bewußtsein, solange es in der Singularität und Partikularität verharrt, spricht es frei.

Der Fall des Tragischen hingegen beruht nicht auf einem Konflikt zwischen dem Individuellen und dem Allgemeinen an sich, sondern er basiert auf einer Spaltung des Allgemeinen im Individuum. Tragisch ist nicht, daß das Individuum etwas anderes will oder seiner selbst wegen wollen muß als das Allgemeine, tragisch ist, daß das Individuum den Forderungen des Allgemeinen entsprechen will, aber nicht kann, weil diese Forderungen selbst im Individuellen widersprüchlich werden. Das »Allgemeine« kann dabei in seinem Widerspruch zum Sittlichen verstanden werden als das Allgemeine der Natur (der Psyche, des Unbewußten), und als das Allgemeine der Sittlichkeit selbst, und so sind zwei Formen des Tragischen zu unterscheiden:

- *der Konflikt des Unbewußten mit dem Sittlichen – die Spaltung der Persönlichkeit* und
- *der Konflikt der Verantwortung jenseits des Verantwortbaren – die Spaltung der Sittlichkeit selbst.*

Im ersten Falle wird der Einzelne zum Katalysator eines Verhängnisses, das in ihm selber wirksam wird, im zweiten Falle entlädt sich an ihm eine Gegensätzlichkeit, die im Kollektiven bzw. in den Umständen begründet liegt und von außen an ihn herangetragen wird.

Das Tragische als neurotischer Prozeß – die Spaltung der Persönlichkeit

Der ersteren Form des Tragischen kann man sich leicht nähern, wenn man die Art betrachtet, in der das Tragische in den Überlieferungen der Alten *bewußt* wird, und die einzelnen Momente dieses Prozesses tiefenpsychologisch deutet.

In den Mythen der Alten wird das Tragische über den Einzelnen von einer Schicksalsmacht verhängt, die sich in den Göttern verkörpert, ihnen aber überlegen ist und letztlich unpersönlich bleibt,[6] – ein Es, kein Ich, ein Geschehen, kein Wille. Gleichwohl muß das Schicksal, so undurchschaubar auch immer, den Einzelnen nicht ahnungslos und gänzlich ohne Vorbereitung treffen. Irgendwo gibt es Seher oder Zeichendeuter, die von dem künftigen Schicksal genaue Kenntnis besitzen. Oft sind diese Seher blind,[7] und jedenfalls gewinnen sie ihr geheimes Wissen eher durch innere als durch äußere Wahrnehmungen. Denn wohl können bestimmte Tiere, die den Göttern nahe stehen, wohl können die Wege der Sterne, die Formationen der Wolken, das Antlitz des Mondes, ja schon die rauschenden Bäume[8] dem Verständigen wertvolle

Hinweise von außen her bieten, aber nur weil der Seher den verborgenen Kräften der Natur *innerlich* nahesteht, vermag er ihre Botschaften zu vernehmen. Zumeist bedarf er dazu nicht einmal der Vermittlung der äußeren Sinne, sondern in Traum und Trance[9] erspäht er das Wesen und das Werden des Kommenden.

All diese Mitteilungen: daß es ein Schicksal gebe, das sich eher den Tieren als dem menschlichen Bewußtsein, eher dem träumenden Gefühl als der wachen Vernunft mitteile, ein Schicksal, das selbst in Göttern (und Geistern) erscheine, aber jenseits derselben keine persönliche Gestalt besitze, – diese Nachrichten wird man am leichtesten dahin verstehen müssen, daß die Macht, welche das Geschick des Menschen unfehlbar gestaltet, in der Psyche des Menschen selbst, in seiner eigenen Natur, in seinem *Unterbewußten* zu Hause ist.

Unter dieser Voraussetzung, die in der Tiefenpsychologie bei der Interpretation der Mythen eingegangen wird, verlieren die genannten Merkwürdigkeiten sogleich den Anschein des Absonderlichen und schließen sich zu einer sinnvollen Einheit zusammen. Nur vom Unterbewußten der menschlichen Psyche ist es sinnvoll zu sagen, daß es eine unpersönliche Macht darstellt, die das Schicksal der menschlichen Person vorherbestimmt und am ehesten im Traum und in den Mächten der Natur auf geheimnisvolle, nämlich *symbolische* Weise anschaubar wird. Nur vom Unbewußten der Psyche her wird auch die Bindung des »Schicksals« an bestimmte Einflüsse der Vorzeit und insbesondere an gewisse Taten der Vorfahren verständlich; denn das Unbewußte wird nach tiefenpsychologischer Auffassung gerade durch das Verhalten der Eltern in der frühen Kindheit schicksalhaft geprägt, und zweifellos richtet sich das Verhalten der Eltern wiederum vorwiegend nach dem Verhalten *ihrer* Eltern. Darüber hinaus hat bereits *L. Szondi* beeindrukkende Beispiele vorgelegt, um seine These vom *familiären Unbewußten* zu untermauern,[10] das – im Unterschied zur sog. Symptomtradition, die rein psychisch bedingt ist – ein *biologisches,* erbliches Mittelstück zwischen dem persönlichen Unbewußten *S. Freuds* und dem kollektiven Unbewußten *C. G. Jungs* darstellt.

Identifiziert man demnach das unpersönliche Wirken des Schicksals in den Mythen der Antike mit dem Es, dem Unbewußten der menschlichen Psyche, so ergibt sich für das Verständnis des Tragischen eine wichtige Konsequenz: Das Tragische bestimmt sich dann in einer seiner Formen als Auslieferung des Ichs an das Unbewußte, und zwar so, daß das Ich die Forderungen des Moralischen, des allgemein Verbindlichen, kennt und mit aller Anspannung des Willens durchzusetzen sucht, aber an der Gewalt seines Unbewußten scheitert.[11] Beides bildet in dieser Form des Tragischen eine unglückselige Einheit: der moralische Kampf des Ichs und sein Zusammenbruch angesichts der Übermacht des Es. Das Moment des Kampfes unterscheidet das Tragische noch einmal deutlich von einer bloßen Vereinzelung des Willens; würde das Ich sich von vornherein unter dem Druck des Es, des Naturhaft-Allgemeinen, von der moralischen Bindung lösen, so käme es nicht zu der Dramatik, die zum Tragischen gehört. In einem tragischen Konflikt will das Ich gerade in dem Schutz und in der Sicherheit des Sittlich-Allgemeinen verbleiben, es macht seine Individualität gerade in der Ergebenheit zum Sittlichen geltend; es kämpft nicht gegen das Sittliche, sondern gegen sich selbst, gegen den Zwang des eigenen Unbewußten in seiner Psyche, aber es geht in und an diesem Kampf zu Grunde.

Das Tragische ergibt sich mithin aus einer Spaltung der Persönlichkeit zwischen den Anstrengungen des Ichs und der Macht des Es, und es konstituiert sich in dem Moment, da das Ich in einem lebensentscheidenden Punkte zu schwach ist, sich gegen den Ansturm des Unbewußten zu behaupten.[12]

In dieser Sicht versteht man zugleich, wieso das tragische Scheitern der Moralität die prompte Strafe der Götter, meist in Gestalt physischer Vernichtung oder lebenslangen Unglücks, nach sich zieht. Die strafenden Götter sind in tiefenpsychologischer Deutung Mächte des Überichs, und sie gehören dem Ich so wenig an wie die Kräfte des Es, ja im Grunde leiten sie sich aus dem Es her und verbleiben mit ihm in einer widersprüchlichen Einheit.[13] Teils stehen sie daher mit dem Es im Bunde, teils vertreten sie eine sittliche Ordnung, deren schicksalhafte Übertretung sie nach dem Fall alsbald rächen, indem sie das hilflose Ich mit unentrinnbaren Vorwürfen und Strafen überziehen: das Heer der Erinnerungen sucht das schuldig gewordene Opfer heim.

In summa: Das Tragische entsteht in tiefenpsychologischer Sicht dort, wo das Ich seinem eigenen Unbewußten ohnmächtig ausgeliefert ist und zwischen den Gesetzen des Es und des Überichs in schicksalhafter Schuld und in notwendiger Strafe zermahlen wird. Das eigentliche Problem der Tragödie ergibt sich demnach aus einer Schwäche des Ichs,[14] und diese läßt sich sowohl geistesgeschichtlich als auch strukturell interpretieren.

Geschichtlich gesehen mußte die Kunstform der Tragödie dort entstehen, wo das Ich sich bereits weit genug aus der Kollektivpsyche herausentwickelt hatte, um einen eigenen persönlichen Auftrag des Sittlich-Allgemeinen an sich gerichtet zu empfinden, wo es aber (noch) zu schwach war, demselben nachzukommen. Wenn nicht die Individualität selbst, sondern *die Schwäche* der Individualität das Tragische ausmacht, so wird in der Tragödie dem Ich das Unbewußte zum Schicksal auf Grund eines Mangels an Persönlichkeit; und umgekehrt ist es das Überich, die Welt der Götter, die, je nachdem, als verkörperte Triebmächte oder ichfremde moralische Instanzen das Ich gleichermaßen auf Grund seiner Ohnmacht in den Abgrund des Verderbens stürzen. *Strukturell* gesehen muß das Tragische in der individuellen Erfahrung überall dort zur Aufführung drängen, wo das Ich in seinem Bemühen um das sittlich Gute hilflos den Forderungen des Es und des Überichs preisgegeben ist.

In gewissem Sinne kann man einen solchen Zustand der Ichschwäche strukturell als Kennzeichen der *Neurose* betrachten[15] und muß dann sagen, daß jeder Neurose, als Icheinschränkung gedeutet, ein Moment des Tragischen innewohnt, sowie umgekehrt jeder Tragödie neurotische Züge beigemengt sind. Man muß freilich beachten, daß das Feld des Tragischen weit über den engen Begriff des eigentlich Krankhaften hinausgeht: Welch ein Mensch ist schon den Helden der Mythen gleich, daß er »mit Göttlichem und Menschlichem gekämpft – und übermocht hat« (Gen 32,29)? Wenn man also das Tragische von der Neurosenpsychologie her verstehen will, so muß man doch stets vor Augen haben, daß die zu behandelnden Konflikte im Grunde jedermanns Konflikte, also eher als neurotoid denn als neurotisch zu bezeichnen sind. Um gewissermaßen die Normalität, mindestens aber die Hauptbrennpunkte des Tragischen aufzuzeigen, läßt sich vor allem auf zwei psychische Mechanismen verweisen, die zwar für *jede* Art von Neurose konstitutiv sind, aber eben nicht nur dort ihre unheimliche, tragische Rolle spielen. Einmal ist da zu nennen

– *der Gegensatz von Hemmung und Haltung* und
– *der Prozeß der Überkompensation und der Dekompensation.*

Beide Konflikte sind gewiß nicht die einzigen Formen des Tragischen, aber sie sind außerordentlich wichtig, und ihre Erörterung kann verdeutlichen, mit welchen Augen man generell das menschliche Verhalten betrachten muß, um psychologisch seine tragischen Seiten zu bemerken und zu verstehen.

Der Gegensatz von Hemmung und Haltung

Zum Kern des tragischen Erlebens gehört die Erfahrung, daß man sich mit aller Kraft gegen eine bestimmte Tat zu schützen und zu wehren sucht und sie dann doch, ja gerade deshalb wie unter unvermeidlichem Zwang begehen muß, ohne im übrigen die Mächte zu kennen oder zu verstehen, die den Zusammenbruch der moralischen Anstrengungen des Ichs bewirken. Psychologisch läßt sich dieses Geschehen weitgehend in der Dialektik von Hemmung und Haltung beschreiben, und dieses Gefüge muß daher als erstes untersucht werden, um der Tragik menschlicher Schuld auf die Spur zu kommen.

Mit *Hemmung* ist in der Neurosenpsychologie gemeint, daß bestimmte Triebimpulse unmittelbar mit Angst verknüpft worden sind und ihnen daher schon im Ansatz, noch ehe sie ins Bewußtsein vordringen und dort in Handlungen übersetzt werden können, die Vorstellung entzogen wird: im Ich, im Bewußtsein gibt es bestimmte Triebstrebungen oder Wünsche fortan scheinbar gar nicht mehr, selbst der Vorgang der Hemmung oder die allgemeine Gehemmtheit an sich bleibt dem Ich verborgen.[16] Statt dessen erlebt das Ich die Verhaltensweisen seiner Umgebung an den Stellen der eigenen Gehemmtheit als maßlos, gefährlich und bösartig, und so trachtet es danach, sich selbst in seinen Blockierungen für moralisch besser zu halten als die anderen. Aus seinen Gehemmtheiten macht es seine Tugenden, und dementsprechend schreibt es sich ein Recht zu, die anderen für ihr Verhalten mindestens im geheimen zu verachten. Schon diese Mißverständnisse und Konflikte können tragische Ausmaße gewinnen.

Die eigentliche Tragödie beginnt indessen nicht so sehr in den Auseinandersetzungen und Mißverständnissen gegenüber der Umwelt, sondern sie ist in der Eigentümlichkeit der Verdrängung selbst enthalten. Denn so wenig man einen Fluß einfachhin durch eine Staumauer absperren kann, so wenig vermag man einen Trieb zu blockieren: Das aufgestaute Wasser wird überfließen oder sich auf Seiten- und Sickerwegen an der Mauer vorbeiarbeiten, und ähnlich wird ein Trieb verborgene Mittel und Wege finden, um an der Hemmschwelle der Angst vorbei sich an sein ursprüngliches Ziel heranzuarbeiten. Diese verborgenen Mittel bestehen psychologisch

– *in der Bildung von Symptomen und Ersatzbefriedigungen;* vor allem aber
– *in der Ausbildung von korrespondierenden Haltungen.*

Von den *Symptomen* hat *Freud* bereits gemeint, daß sie, ähnlich wie die Symbole in den Träumen, eine geheime Wunscherfüllung darstellen, indem sie auf einen Kompromiß zwischen Wunsch und Zensur abzielen.[17]

Eine Hysterikerin etwa, um ein viel verspottetes, aber um so einleuchtenderes Beispiel zu wählen, liebt insgeheim einen verheirateten Mann, verdrängt aber aus Gewissensstrenge ihre Zuneigung zu ihm; bewußt erlebt sie in seiner Nähe statt warmer und zärtlicher Gefühle eher eine sonderbare Kälte und Schwäche in den Gliedern, und wirklich kommt es dahin, daß sie dem unheilvoll Geliebten eines Abends bewußtlos in die Arme sinkt; sie vollzieht auf diese Weise, was sie möchte, aber sie tut es so, daß alles doch nicht willentlich, sondern »nur« ohnmächtig, wie von selbst geschieht;[18] ihr Ohnmachtsanfall vereinigt also sowohl den Triebwunsch wie seine Unterdrückung; er erfüllt objektiv einen Wunsch, der subjektiv nicht erlebt werden darf.

Im Rahmen solcher Symptombildungen geschieht mithin vieles, was die Patienten eigentlich nicht wollen, man kann hier aber noch nicht von einem wirklich tragischen Geschehen sprechen, sofern man nicht das Leid und die Qual einer neurotischen Symptomatik selbst bereits als ein tragisches Geschick bezeichnen will. Der Konflikt zwischen subjektivem Wollen und objektivem Geschehen ist in der Symptombildung zwar an sich bereits voll ausgeprägt, er existiert indessen noch nicht im Subjekt selbst, sondern bleibt für das Bewußtsein noch verborgen[19]; das Niveau des Konfliktes ist noch das des unverantwortbaren Unglücks, nicht des Scheiterns an sich selbst. Die Symbol- und Symptombildung der Neurose ist daher nur die objektive Vorstufe zum eigentlich tragischen Erleben.

Unmittelbar in diesen Bereich des Tragischen führt indessen die Psychodynamik der *Haltung.* Auch sie stellt eine unbewußte Wunscherfüllung dar, aber eben in der Weise, daß sie an der Staumauer des Ichs vorbei in der Realität gerade das herbeiführt, was man um jeden Preis verhindern wollte. Die Haltung ist das genaue Gegenstück der Hemmung, und sie äußert sich so, daß sie unbewußt im Tun und Gehabe gerade das Verlangen nach denjenigen Zielen ausdrückt, die im Bewußtsein infolge der Hemmung unbedingt vermieden werden müssen. Während das einzelne Triebobjekt auf Grund der Hemmung im Bewußtsein ausgeblendet wird, taucht der Triebanspruch in der Haltung generalisiert wieder auf und bestimmt jetzt das gesamte Gehabe.[20] Jede Neurosenform hat dabei ihre eigene Haltung.[21]

Die soeben erwähnte *Hysterikerin* ist sich z. B. nicht bewußt, daß sie keinesfalls durch bloßen Zufall an jenem Abend in die Nähe ihres Geliebten geraten sein dürfte. Eine genauere Beobachtung ihres Verhaltens müßte unfehlbar an den Tag bringen, daß sie in Kleidung, Gebärde, Mimik, Tonfall etc. diesen Mann förmlich umwirbt, aber eben ohne ihr werbendes Gehabe selbst zu bemerken. Mit aller Sicherheit wird sie sich sogar nicht nur diesem Mann gegenüber so verhalten, sondern sie wird immer wieder bestimmten Persönlichkeiten gegenüber verhaltene Avancen machen, die gewisse – zumeist an den eigenen Vater erinnernde – Merkmale auf sich vereinigen. Ihr gesamtes Gehabe muß den Eindruck erwecken, als wolle sie ständig kokettieren oder mit bestimmten Menschen ein Verhältnis beginnen; darauf angesprochen aber, wird sie erschrecken und einen derartigen Hinweis als eine unverschämte Unterstellung empört zurückweisen. Subjektiv befindet sie sich dabei völlig im Recht; denn nichts sucht sie im Bewußtsein so sehr zu meiden wie die (unerlaubte) Bekanntschaft mit einem anderen Mann. Gerade dieser Kontrast zwischen ihrem bewußten Bemühen und ihrer unbewußten Haltung führt indessen immer wieder zu Verwicklungen, die man nicht anders als tragisch bezeichnen kann (sofern man sie nicht in der Rolle des Unbeteiligten als Komödie genießt). Denn immer wieder zieht es die Frau in Verbindungen hinein, die sie von ihrem Ich her unter allen Umständen ausschließen möchte; aber nun kommt es gerade umgekehrt: Weil sie zu keinem einzelnen Mann ein wirklich zufriedenstellendes Verhältnis eingehen darf, ist sie notgedrungen bei allen Männern auf der Suche nach dem richtigen. Wie in der antiken Tragödie ist sie Mächten ausgeliefert, die sie immer wieder, objektiv gesehen, in Schuld verstricken, während sie subjektiv alles unternimmt, was ihr möglich ist, um die gefürchteten Verwicklungen zu verhindern. Am verhängnisvollsten aber ist, daß das Bemühen des Bewußtseins nicht nur gegenüber den überlegenen Mächten des Unbewußten auf verlorenem Posten steht, sondern daß es sogar mit seinen Anstrengungen die entgegengesetzten Kräfte des Unbewußten noch verstärkt.

Eben dies nämlich ist das Tragische an dem Wechselspiel der Hemmung und der Haltung: daß gerade das Bemühen um das Gute schließlich das Böse unausweichlich macht, und diese tragische Verkettung von Hemmung und Haltung läßt sich nicht nur im Fall der Hysterie, sondern gleichermaßen in allen Neurosenformen beobachten.

Vor nichts, um dies kurz zu verdeutlichen, hat etwa ein *Depressiver* solche Angst wie vor der Möglichkeit, einem anderen lästig zu sein. Aus Furcht, dem anderen zu viel abzuverlangen, wird er seine Wünsche nach Möglichkeit verschweigen oder bis zum äußersten zurückhalten; tatsächlich aber spürt man als Gesprächspartner deutlich, daß er etwas auf dem Herzen hat, und so ist man gezwungen, entweder die Kunst des Gedankenlesens zu lernen und ein Meister der Einfühlung zu werden oder aber mit unsäglicher Mühe die verborgenen Wünsche des Depressiven aus dem verwunschenen Brunnen des Unbewußten ans Tageslicht zu fördern; gerade durch sein Bemühen, um keinen Preis lästig zu sein, unternimmt mithin der Depressive objektiv alles, um so lästig wie nur irgend möglich zu werden, und so wird er in der reinen Form seiner oralen Gehemmtheit schon manchem, der mit ihm des öfteren zu tun hat, als ein rechter Vampir erschienen sein.

Der *Zwangsneurotiker,* als ein drittes Beispiel, wird sich selbst dafür verwenden, geradezu als ein Muster an Bescheidenheit zu gelten, und er wird von Herzen das hysterische Großtun anderer als eitles Geckentum verachten; tatsächlich aber erfindet er in seiner Bescheidenheit immer wieder Gelegenheiten, um seine Mitmenschen auf das empfindlichste zu demütigen, zu kritisieren, sie winziger Fehler zu überführen, ihre Fähigkeiten in Zweifel zu ziehen, sie durch eigene Leistungen aus dem Felde zu schlagen usw., bis zu dem Punkt, daß man nur schwerlich einen rechthaberischeren und herrschsüchtigeren Despoten unter dem Mantel demütiger Pflichterfüllung antreffen wird als einen solchen in seinem Machtanspruch gehemmten Zwangsneurotiker. An allen Neuroseformen wird somit deutlich, daß immer wieder aus unbewußten Haltungen, so kleinlich sie im Einzelfall geformt erscheinen mögen, sich mit zwangsläufiger Gesetzmäßigkeit Schicksale gestalten und ergeben müssen, die für alle Betroffenen in ihrer Undurchschaubarkeit und Unvermeidbarkeit, in ihrer Schuld und ihrer Furchtbarkeit an menschlichem Leid und menschlicher Würde den klassischen Tragödien in nichts nachstehen, und man muß sich nur im Konkreten einzelne Schicksale vor Augen halten, um davon tiefer erschüttert zu sein als von den großen antiken Tragödiengestalten selbst.

Eine Frau z. B., die in ihrer *depressiven* Haltung 20 Jahre lang versucht hat, nur für ihren Gatten zu leben, ihm jeden Wunsch an den Augen abzulesen und ihm treu zu sein wie ein Hund, den man herrenlos und verjagt von der Straße aufgelesen hat, – eine solche Frau, die bei jedem lauten Wort des Vorwurfs in panischen Schrecken ausbricht und sich selber für alles und jedes unvergebbarer Schuld zeiht, muß erleben, daß ihr Mann sich eines Tages von ihr trennen will, weil sie, wie er sagt, zu egoistisch, zur Liebe unfähig und zu besitzergreifend sei, daß ihre Kinder ihr vorwerfen, sie habe mit all ihrer Sorge nur eine Glaskugel der Abhängigkeit und Unfreiheit um sie errichtet, daß sie also mit all ihrem guten Willen offenbar alles falsch gemacht hat. – Die Mondgöttin Medeia nennt man eine tragische Gestalt, die für ihren Geliebten, den Argonauten Jason, den Drachen verzauberte, der das goldene Vlies hütete; Medeia verließ mit Jason ihre Heimat Kolchis und tat für ihn alles: sie tötete auf der Flucht ihren Bruder Apsyrtos, um ihren Vater Aietes an der Verfolgung zu hindern; sie zerstückelte ihre Kinder beim Versuch, sie unsterblich zu machen; aber sie wurde (einer anderen Überlieferung zufolge) von Jason durch sein Verhältnis zu Kreusa so bitter enttäuscht, daß sie, die bedingungslos Liebende, sich in eine grenzenlos Hassende verwandelte: Sie schickte Kreusa ein Gewand und Diadem, das ihre Rivalin samt deren Vater verbrannte, und zerteilte dann ihre Kinder zur Rache an Jason.[22] – Wenn *Medeia* darin tragisch ist, daß sie in ihrer Treue und Anhänglichkeit die Züge einer Mörderin und Menschenfresserin annimmt, wie sollte dann nicht das Schicksal jener Depressiven tragisch zu nennen sein, die gerade diese Verkehrung all ihrer Absichten und Mühen ins Verderbenbringende bis hin zur Vergiftung des Gatten, bis hin zur Zerstückelung der Kinder schicksalhaft und unabwendbar durchleiden muß?

Oder der *Zwangsneurotiker*! Man stelle sich einen Mann vor, der peinlich genau in seinem Arbeitsbereich tagaus tagein seinen Dienst zum vermeintlichen Wohle aller verrichtet, Sinnes, er werde einmal zum Lohn seiner Anstrengungen ein gerüttelt Maß an Wertschätzung und Anerkennung in Händen halten, – und muß erleben, daß im Gegenteil die anderen ihn für seine perfekte Tüchtigkeit hassen und nur dem Augenblick entgegenfiebern, da er sich eines Fehlers, eines körperlichen Gebrechens zu erkennen gibt, um wie die Wölfe ihr Opfer zu hetzen und sich selbst an seine Stelle zu bringen. Geht es einem solchen nicht bitterer als dem phrygischen König Midas, der am Morgen die Götter um das anale Wunschgeschenk bat, sie möchten alles, was er berühre, in Gold verwandeln, und sie am Abend schon anflehte, den Fluch von ihm zu nehmen, weil er selber inmitten all seines erworbenen Reichtums nichts zum Leben fand?[23] Die Neurose, das läßt sich behaupten, ist in ihrer ständigen *Verkehrung von Absicht und Ergebnis,*[24] in ihrer ständigen Durchkreuzung des bewußten Wollens durch die Mächte des Unbewußten, eine einzige Tragödie, und umgekehrt taugt zum Verständnis der unheimlichen Wirkungsweise des Tragischen, wie sich jetzt zeigt, offenbar kein Instrumentarium besser als die Analyse der zwangsgesetzlichen Psychodynamik der Neurose.

Speziell die »*Unheimlichkeit*« des tragischen Schicksals der Neurose findet analytisch eine zusätzlich befriedigende Aufklärung.[25] In der klassischen Tragödie ist es zumeist eine Schuld der *Vorzeit,* die in dem tragischen Schicksal der Nachkommen ihre späte Sühne findet. Ganz entsprechend tritt die tragische Gegenläufigkeit von Hemmung und Haltung auf den Plan, weil bestimmte Einwirkungen der *frühen* Kindheit und ersten Jugend sich unkorrigiert bis in die Gegenwart hinein fortsetzen und im *Wiederholungszwang*[26] ihre ständige Neuauflage erleben. Die Mächte, die auf unheimliche Weise das Ich beherrschen, sind in der Tat die späten Rächer eines Unrechts, das – mindestens objektiv – von den Eltern (bzw. deren Ersatz- und Folgepersonen) in grauer Vorzeit begangen wurde. Insofern suchen in der Neurose die Götter buchstäblich die Schuld der Väter an den Kindern heim, und oftmals wortwörtlich bis ins 3., 4. Glied (Ex 20,5).

Kompensation und Dekompensation – Bemerkungen über Schatten und anima

Nur eine Weiterentwicklung des tragischen Gefüges von Hemmung und Haltung ist die Aufeinanderfolge der (Über-)Kompensation und der Dekompensation; aber diese Weiterentwicklung ist außerordentlich folgenreich und schafft ein noch viel ausgedehnteres Feld des Tragischen.

Ein bestimmter Trieb, der ins Unbewußte verdrängt worden ist, hinterläßt eine empfindliche Lücke im Erleben; diese verlangt gebieterisch danach, durch einen *Ersatz* ausgeglichen zu werden, und eine solche Ersatzbildung für etwas Verdrängtes nennt man Kompensation.[27]

Ein sexuell gehemmter Jugendlicher etwa, der in der Liebe sich zu nichts getraut, legt u. U. alles darauf an, es zu einem Musterschüler zu bringen und sich für die fehlende Anerkennung des anderen Geschlechts (und seiner Alterskameraden) durch das Lob der Eltern und seiner Lehrer schadlos zu halten. Seine Strebsamkeit und sein Fleiß, so verdienstvoll und tüchtig auch immer, verraten durch ihre Einseitigkeit und ihren überschießenden Ehrgeiz etwas deutlich Ungesundes, Überwertiges und Zwanghaftes: Ohne die Kompensation auf dem Leistungssektor versänke der Jugendliche in ein Meer der Unbedeutendheit und vermöchte seine schweren Kontakteinschränkungen nicht zu ertragen. Nun steht aber zu erwarten, daß die überzogenen Kompensationsleistungen irgendwann zusammenbrechen werden; denn nur selten wird es gelingen, daß der Musterschüler,[28] z. B. als Professor oder Hochschuldozent, in den Genuß kommt, reine Pubertätshaltungen unverändert bestehen lassen zu können. Ein relativ geringfügiger Anlaß von drohender Mißachtung oder Erfolglosigkeit kann den Kunstaufbau der (Über-)Kompensation einstürzen lassen, und schon der Erfolg selbst ist nicht ohne Gefahren, beschwört er doch sogleich das Verlangen herauf, nun endlich auch die Früchte der Anstrengungen genießen zu können. Auf der Stelle drohen dann gerade diejenigen Kräfte ungezügelt hervorzubrechen, die bislang aus Angst hinter Schloß und Riegel gehalten wurden: Die Dekompensation der bisherigen Übererwartungen beginnt, und die aufgestauten Triebregungen entsteigen dem Unbewußten so riesig und drohend, wie der berühmte Geist aus der Flasche, der im Märchen aus 1001 Nacht für seine allzu lange Gefangenschaft endlich Rache nehmen will.[29]

Die Dekompensation macht u. U. auf den außenstehenden Betrachter solange keinen eigentlich tragischen Eindruck, als sie sich *allmählich* in verhältnismäßig kleinen Schritten und scheinbar mit Einwilligung, jedenfalls zunächst unter einer gewissen Lustempfindung des Ichs vollzieht. Gleichwohl täuscht dieser Eindruck, denn das Ich ist in der Dekompensation eher der unfreiwillige Schauplatz als der Akteur des Dramas, das sich hier begibt: Es willigt in die rohen Entladungen der bisher gehemmten Triebe nicht so sehr ein, als daß es schließlich seine Ohnmacht, sie zu hindern, passiv hinnimmt und den Dingen ihren Lauf läßt. Gelingt es nicht, das Ich soweit zu stärken, daß es doch noch einen relativ passablen Kompromiß zwischen Trieb, Realität und der Angst vor seinem Überich zustande bringt, so kann bereits das Gefühl innerer Leere und Sinnlosigkeit auf dem Hintergrund unendlicher vergeblicher Anstrengungen den Charakter des Tragischen erlangen.

Vollends dann wird auch der Außenstehende einen Einblick in die eigentliche Tragik des Geschehens gewinnen, wenn die Entladung des aufgestauten Hintergrundes sich *explosionsartig*, wie in einem Anfall, vollzieht. Die zwei Hauptformen, in denen ein solcher Durchbruch zumeist sich ereignet, lassen in der Sprache der komplexen Psychologie *C. G. Jungs* sich als

- *die Begegnung mit dem Schatten* und
- *die Begegnung mit der anima* bezeichnen.

Jede Kompensation stellt u. a. eine einseitige Anpassungsleistung an die Erfordernisse der äußeren (sozialen) Realität dar und läßt notgedrungen bestimmte Teile der eigenen Psyche vernachlässigt zurück. Zu den Verdrängungen, auf die der Versuch der (Über-)Kompensation antwortet, gesellen sich daher noch die psychischen Vernachlässigungen und inneren Verwüstungen, die aus der Einseitigkeit und überzogenen Spezialisiertheit der Kompensation hervorgehen. Aus beiden Anteilen formt sich der »Schatten«, ein Begriff, der sich mit dem deckt, was bei *Freud* als das Unbewußte bezeichnet wurde und sich aus dem persönlich *Verdrängten* bzw. (über *Freud* hinaus) aus dem als unbrauchbar Liegengebliebenen in der Psyche zusammensetzt.[30] Die Gestalt dieses Schattens tritt in den Mythen und Märchen der Völker zumeist als feindlicher Bruder oder Namensvetter, jedenfalls als konträrer Gegenspieler, als »*Hintergänger*« auf, um einen Ausdruck *L. Szondis* zu benutzen,[31] und er bildet das genaue Gegenstück zu der im Bewußtsein gelebten und gebilligten Einstellung. Nun kann es sein, daß der Schatten nicht nach und nach, durch Symptombildung, schleichende Erkrankung oder allmähliche Dekompensation, den Vordergrund des Bewußtseins für sich erobert, sondern daß die »Drehbühne« des Lebens (*L. Szondi*) sich auf ein bestimmtes Stichwort hin in Bewegung setzt und den Hintergänger – ebenso unvermutet für das eigene Ich wie für das Publikum – aus dem Hintergrund hervortreten läßt. Aus einem frommen Abel wird dann plötzlich ein jähzorniger Kain,[32] aus einer Sophronia eine Norina,[33] aber auch umgekehrt: aus einem Saulus ein Paulus. Das lang Aufgestaute bricht sich in solchen Umkehrungen mit elementarer Gewalt Bahn; es ist, wie wenn der Damm bräche und die zurückgedrängten Wassermassen jetzt mit vernichtender Gewalt talabwärts stürzten, – eine scheinbare Alteration des gesamten Wesens, in Wahrheit »nur« ein Wechsel komplementärer Hälften. Eben darin aber liegt das Tragische (oder Komödiantische) dieses Wechsels, daß das Ich nicht weiß und in gewissem Sinne nicht wissen kann, daß das vermeintlich so Fremde sein eigenes dunkles Konterfei ist, dessen Umrisse es in allen Zügen gegen sein Wollen, ja sogar *durch* seinen Gegenwillen überhaupt erst selbst geschaffen hat.

Nicht selten verkörpert sich der Schatten nicht nur in den Mythen, sondern auch in der biographischen Realität tatsächlich in der Person des eigenen Bruders oder der eigenen Schwester,[34] oder er ergibt sich zusätzlich aus der *antithetischen Idealbildung* zu einem Elternteil.

Ein Junge etwa haßt leidenschaftlich seinen trunksüchtigen Vater und ebenso seinen älteren Bruder, die beide durch ihre Maßlosigkeiten und wüsten Treibereien die Mutter quälen und die Familie ruinieren; der Junge möchte auf keinen Fall so werden wie sein Vater; er möchte pflichtbewußt und treu sein und heiratet später eine Gattin, die selber einen ebenso armseligen Eindruck auf ihn macht wie damals seine Mutter – ein rechtes Objekt seines Schutz- und Verantwortungsstrebens. Indessen treibt sein Bemühen, ganz anders zu sein als sein Vater und Bruder, schon bald auf einen Punkt zu, wo die ständige Fürsorglichkeit seine Kräfte verschleißt, wie es *Benjamin Constant* in seinem klassischen »Adolphe« geschildert hat.[35] Von diesem Zeitpunkt an bedarf es nur noch eines Anlasses, um den »Hintergänger« auf den Plan zu rufen und gerade die Kräfte freizusetzen, die ein Lebenlang mit äußerster Anstrengung unterdrückt wurden.

Darin also besteht im Zusammenhang mit Verdrängungen und Kompensationsbildungen der eine Teil des Tragischen, daß immer wieder Menschen gerade so handeln wie in der Bibel in Gen 3,1-7 die »Mutter aller Lebenden«: eben noch hält Eva den Worten der Schlange entgegen, sie wolle an den verbotenen Baum im Garten nicht einmal rühren, – und ißt davon unmittelbar danach;[36] oder daß die Menschen handeln wie im Neuen Testament Petrus, der eben noch schwört, den Herrn auf den Tod nicht zu verlassen, und ihn dann doch mit vorhersehbarer Gewißheit verrät – jeder in seinem Bemühen um das Gute aufs äußerste angespannt und gerade in seiner Verkrampfung aus Angst bereits den kommenden Zusammenbruch vorbereitend.

Noch einen Schritt tiefer ins Unbewußte hinab führt die Auseinandersetzung mit der Gestalt der *anima*, die in den Märchen und Mythen meist *nach* der Begegnung mit dem Schatten auftritt. Die anima ist insofern nicht mehr rein individuell, als sie das Gegenbild zur persona, zur

Berufs- und Charaktermaske der gesellschaftlich bedingten Rollenvorschriften, darstellt und somit bereits dem kollektiven Unbewußten angehört.[37] Die Literatur der Völker schildert die anima zumeist als eine verzauberte Jungfrau am Ende der Welt – Medeia auf der Subjektstufe der Deutung ließe sich u. a. auch als eine derartige anima-Gestalt verstehen. Je nachdem, ob der »Held«, also das Ich, das Bewußtsein, sie integrieren, d. h. »heimholen« und bei sich behalten kann oder nicht, gehen von der anima heilende oder zerstörende Kräfte aus: der griechische Jason z. B. zerbricht an Medeia; Tristan jedoch, der unsterbliche Held des Mittelalters, nachdem er den irländischen Riesen Morolt (die Gestalt des Schattens) getötet hat, verfault inwendig und wird, im Nachen mit seiner Harfe übers Meer (des Unbewußten) treibend, von der goldhaarigen Isolde, einer echten anima-Gestalt, gefunden; als Nichte Morolts haßt Isolde eigentlich den Mörder ihres Oheims, aber sie kennt Tristan nicht und macht ihn unwissentlich und gegen ihren Willen mit einem Geheimkraut gesund.[38]

Die Hauptschwierigkeit in der Begegnung mit der anima liegt – ähnlich wie beim Schatten – vor allem darin, daß gerade die Ausschließlichkeit der bisherigen Lebenseinstellung unmittelbar die Fremdheit und Gefährlichkeit der anima bedingt; nur tritt – im Unterschied zur Problematik des Schattens – naturgemäß jetzt der Faktor der sozialen Anerkennung und Reputation noch weit stärker in das tragische Spiel ein. Es sind gerade die von der gesamten Umgebung am meisten geschätzten und geförderten Eigenschaften, die der anima die Gefährlichkeit einer Zauberin und Hexe verleihen, und um so heftiger können an dieser Stelle tragische Konflikte aller Art aufbrechen. Tristan, der gerade den Drachen besiegt hat, um Isolde für König Marke nach Tintajol heimzuführen, wird durch den Liebestrank, den Isoldes Mutter gemischt hat, wider seinen Willen in unbesiegbarer Liebe an die schöne Braut gefesselt, und auch sie muß allen Widerstand gegen ihren Befreier aufgeben.[39] Zum Heil wie zum Unheil besitzt die anima allmächtige Kraft.

Sehr extrem – und relativ verbreitet – kann der Gegensatz von persona und anima, von bewußter Berufsanpassung und unbewußter Seelengestalt natürlich dort gedeihen, wo der Verzicht auf weite Triebbereiche zur standesgemäßen Bedingung erhoben wird, z. B. bei den Klerikern der katholischen Kirche, bei vielen Formen der Karriere in Politik, Wirtschaft etc. Schon manche Gemeinde ist dadurch in Erstaunen versetzt worden, daß gerade ein besonders beliebter und tüchtiger

Vikar oder Pfarrer mit einem Mal in die Arme einer scheinbar unwürdigen Frau geriet und, allen Regeln der Vernunft zum Trotz, lieber seinen Dienst quittierte, als daß er von seiner nach gewöhnlicher Erfahrung unglückseligen Beziehung Abstand genommen hätte. In solchen Fällen führt gerade das hohe Maß an gutem Willen in Ausbildung und Berufstätigkeit dazu, die persona so einseitig auszubilden, daß eine einzelne Begegnung, eine scheinbar flüchtige Bekanntschaft mit einer anima-Gestalt eine schicksalhafte und oft genug eine tragische Bedeutung gewinnen kann. Desgleichen ist die tragische Verstrickung der anima-Liebe ein häufiger Grund für das Scheitern gerade der musterhaft geführten Ehen.[40]

Eine Frau z. B. versichert absolut glaubwürdig, daß sie seit Jahren von einem Mann nicht loskommt, der sie vom ersten Augenblick ihrer Bekanntschaft an in Bann geschlagen hat und der für sie all das verkörpert, was den animus ausmacht: Geistigkeit, Bildung, Weltweite, Erfahrung etc.; sie hat fast ein halbes Menschenleben damit zugebracht, ihre bestehende Ehe – und die des Geliebten – zu retten, aber selbst die Trennung vom Geliebten hat nicht zu ändern vermocht, daß sie jedes Buch im Geiste mit ihm liest, jedes Konzert in Gedanken mit ihm besucht, jede freie Minute mit ihm verlebt. – Ein Mann umgekehrt, der pflichtbewußt und treu seiner Gattin mit viel Mühe soeben zu einem beruflichen Erfolg verholfen hat, lädt zur gebührenden Feier des Ereignisses Bekannte ein, und zufällig trifft er dabei auf eine Frau, die ihn von Stund an sein gesamtes bisheriges Leben vergessen läßt, weil sie alles in sich schließt, was er seit Kindertagen an Vitalität, Lebensfreude, Spontaneität, Sinnlichkeit etc. vermissen mußte.

Kennzeichnend für eine solche Liebe der anima (bzw. des animus) ist neben ihrer Plötzlichkeit und Unbesiegbarkeit insbesondere der Umstand, daß sie besonders wertvolle, zumeist hochstehende, scheinbar untadelige Persönlichkeiten ereilt. Es passiert dem *untadeligen* Ritter Lancelot du Lac, daß er sich in Ginevra, die Frau seines Königs, verliebt, und zwar vom ersten Augenblick an, da er sie sieht, und gegen das verzweifelte Bemühen beider, ihre Liebe zu unterdrücken.[41] Es geschieht dem *hochgelehrten* Dr. Faustus, daß ihm das einfache Gretchen zum Schicksal wird. In den Märchen, Mythen und Romanen ist die Begegnung mit dem Schatten und mit der anima nicht immer auch identisch mit tragischem Scheitern und Untergang, sie ist oft nur eine Wegmarke in dem langen Abenteuer der Selbstfindung; aber auch so bleibt sie stets verbunden mit unfreiwilliger Schuld und mit ungewolltem Leid für alle Betroffenen, und die Gewißheit, die *Goethes* Faust erhält, es werde, wer immer strebend sich bemühe, am Ende auch Erlösung finden,[42] entstammt, wenn überhaupt, stets einer Welt jenseits der sichtbaren Ereignisse. (S. u. S. 138-140)

Das Tragische als Verantwortung des Unverantwortlichen – die Spaltung der Sittlichkeit

Die Problematik des Tragischen beschränkt sich nun natürlich nicht allein auf die Auseinandersetzung des Einzelnen mit seinem eigenen Unbewußten, vielmehr hat die antike Mythologie recht, wenn sie das Tragische gerade in kollektiven Verknüpfungen darstellt.

Neben den neurotischen oder neurotoiden Prägungen, die der Einzelne unmittelbar durch das Verhalten der eigenen Angehörigen erfährt, können auch bestimmte Handlungsweisen selbst Situationen heraufführen, in denen eine bereits bestehende Schuld nur durch neuerliche Schuld aufgelöst zu werden vermag. Derartige Situationen führen dazu, daß der moralische Wille nicht nur subjektiv – an den psychischen Voraussetzungen der eigenen Persönlichkeit – scheitert, sondern objektiv daran zu Grunde geht, daß er, um verantwortlich zu sein, das Unverantwortliche tun muß, und hier sind es gerade die besonders moralischen, die am meisten verantwortungsbewußten Menschen, die in den tragischen Konflikt hineingezogen werden, während schwächere oder primitivere Charaktere die tragische Dimension ihres Handelns entweder gar nicht erst bemerken oder aber die Zuständigkeit ihrer eigenen Verantwortung zu leugnen pflegen. Während die *psychischen* Gründe der Tragik sich aus einer Schwäche des Ichs ergeben, entsteht die Tragik der Verantwortung oft gerade aus einer überdurchschnittlichen Stärke des Ichs.

Zwei besonders in der kirchlichen Diskussion ebenso wichtige wie heikle Beispiele können die Art der tragischen Verstrickung in das schlechthin Unverantwortliche aus Verantwortung im privaten wie kollektiven Bereich wohl am deutlichsten zeigen: der Fall der Abtreibung und der Fall des Kriegsdienstes bzw. der Wehrdienstverweigerung; beide entzünden sie sich an dem Gebot: »Du sollst nicht töten«, beide aber bedingen im Einzelfall eine Antinomie des Sittlichen, die nur noch tragische Lösungen zuläßt. An diesen besonders notwollen Beispielen mag sich daher zugleich am besten zeigen, was die Beschäftigung mit dem Tragischen für die (Moral-) Theologie bedeuten kann.

Zum Beispiel: Abtreibung[43]

Eine 20 Jahre alte Schülerin ist als Kind in ihrer Familie so aufgewachsen, daß sie sich stets hinter ihrer jüngeren Schwester als benachteiligt erlebte; schon mit ca. fünf Jahren litt sie unter gastritischen Reizzeichen wie Übelkeit, Erbrechen etc., und sie spürte ständig den Druck, »erwachsener« sein zu müssen, als sie es vor allem im Vergleich zu ihrer Schwester sein wollte. Einerseits fühlte sie sich überaus verantwortlich und half der Mutter im Haushalt, wo sie nur konnte, andererseits aber vermißte sie dafür eine entsprechende Belohnung und Anerkennung. Schon früh mußte sie den Eindruck gewinnen, daß nur die außerordentlichen Taten Beachtung fänden, und da im Haushalt der Mutter aller Fleiß für selbstverständlich galt, wich sie mehr und mehr zu Nachbarn und Bekannten aus, die ihre Einsatzbereitschaft als ungewöhnlich hervorhoben und gebührend honorierten. Insgesamt aber blieb für diese Frau auch in späteren Jahren das Gefühl vorherrschend, eigentlich nur als Arbeitskraft, niemals aber als Person geliebt zu werden. Ihre eigenen Gefühle nahm sie kaum wahr, außer dem dauernden Empfinden von Unzufriedenheit und dem unentwegten Bemühen, sich für andere einzusetzen. Der erste, dem sie mit achtzehn Jahren so etwas wie Zuneigung zutraute, war ein ausländischer Arbeiter, den sie denn auch schon nach wenigen Wochen heiratete, um von zu Hause wegzukommen. Kurz nach der Hochzeit aber wurde sie alsbald das Opfer ihres alten Gefühls, nur woanders als zu Hause ein Zuhause finden zu können: Gerade weil ihr Gatte sich als besonders häuslich erwies, empfand sie ihre Ehe schon nach wenigen Wochen als derart langweilig, daß nur noch ein gewisses Mitleid mit ihrem Gatten und die massiven Vorwürfe der Eltern und des Dorfpfarrers sie davon abzuhalten vermochten, nicht sogleich die Scheidung anzustreben. Immerhin aber nahm sie sich ein eigenes Zimmer, um getrennt von ihrem Mann wenigstens in der Schule zu einem Abschluß zu kommen.

In diesem Zustand nun machte sie die Bekanntschaft mit einem 25jährigen Mann, der in sozialen (kirchlichen) Diensten tätig war und sich dort trotz aller Anstrengungen als ein rechter Versager empfand. Insbesondere als er sein Studium nicht mit dem erforderlichen Examen beenden konnte, war er von schweren Minderwertigkeitsgefühlen geplagt gewesen und hatte, teils aus Identifikation mit allem Unglück, teils zum Beweis, doch für irgend jemanden von Nutzen sein zu können, eine überaus schwierige Frau geheiratet, die nach zwei mißlungenen Selbstmordversuchen schwer erkrankt und dauernd pflegebedürftig war. Der enorme Verantwortungsdruck und die quälenden Minderwertigkeitsgefühle trieben den Mann bald dazu, sich mehr und mehr dem Alkohol zuzuwenden. Die Frau ihrerseits spürte sehr wohl, daß sie ihrem Mann eher eine Belastung denn eine Hilfe war, und um ihren Gatten ganz sicher an sich zu binden, bestand sie auf dem Wunsch, mindestens vier Kinder von ihm zu bekommen, womit sie auch Erfolg hatte. Tatsächlich fühlte sich der Mann gegenüber seiner Familie jetzt noch mehr verpflichtet, zugleich aber wuchs auch sein Verlangen nach irgendeinem menschlich befriedigenden Kontakt, und er fand einen solchen zufällig, aber auf das leidenschaftlichste, in der zwanzigjährigen Schülerin. Diese litt sehr unter erheblichen Schuldgefühlen, ihren eigenen Mann so schmählich verlassen zu haben, und um die neue Beziehung vor sich selbst und nach außen hin rechtfertigen zu können, engagierte sie sich über die Maßen im Haushalt ihres neuen Geliebten. Auf diese Weise wurde sie nicht nur die beste Vertraute dieses Mannes, sondern schließlich sogar die beste Freundin seiner Ehefrau. Natürlich durfte diese unter keinem Umstand erfahren, wie es wirklich um ihre neue Helferin bestellt war; aber zu Beginn dieses Arrangements gab es in der Tat noch nicht viel zu verheimlichen, vielmehr handelte die Schülerin anfangs im Grunde ganz nach ihrer alten Erfahrung, nur durch Sonderleistungen *außerhalb* des eigenen Hauses die nötige Bestätigung finden zu können. Indessen, je intensiver die zunächst rein »nützlichen« Kontakte wurden, desto unvermeidlicher mußten auch die persönlichen Beziehungen den Charakter der Heimlichkeit annehmen, und alsbald entdeckte die Schülerin, daß sie in der achten Woche schwanger war.

Dieses Beispiel mußte etwas ausführlicher erzählt werden, weil sich nur so sichtbar machen läßt, wie verhängnisvoll die wertvollsten Eigenschaften aller Beteiligten sich zugleich mit Einstellungen und Erwartungen verbanden, die in ihrer Unerfüllbarkeit am Ende nicht nur Schuld, sondern sogar neue Schuld zur Tilgung der alten Vergehen heraufbeschwören mußten.

Es war der Schülerin und ihrem Geliebten durchaus bewußt, daß ihr Verhältnis zueinander ehebrecherisch und schuldhaft war; keiner von beiden aber fühlte in sich die Kraft, auf den anderen zu verzichten. Der Mann wollte unbedingt an seiner alten Ehe festhalten, aber er glaubte dies nur tun zu können, wenn er sich zusätzlich von einer anderen Frau bestärkt und unterstützt fühlte: Der »Ehebruch« war für ihn ein fast unerläßliches Bindemittel geworden, um seiner kranken Frau und den Kindern gegenüber die eingegangene Verantwortung noch weiter tragen zu können. Die Schülerin erlebte zum ersten Mal, daß sie nicht nur als überaus tüchtig und wertvoll geschätzt, sondern auch als Frau gemocht wurde, – ihr ganzes Selbstwertgefühl hing an dieser Beziehung. Auch sie wollte die Ehe ihres Geliebten nicht zerstören, im Gegenteil, sie wollte alles tun, um dessen Frau, ihrer Freundin, zu helfen. Auch für sie stellte ihr Verhältnis eigentlich keinen Ehebruch dar, sondern es handelte sich für sie eher um eine wohlverdiente Belohnung für das Bemühen, eine fremde Ehe in Ordnung zu bringen. Wenn schon Schuld, so war in diese Liaison doch so viel Unschuldiges und Kindliches gemischt, daß man den beiden ein Recht, so zu leben, nicht ohne weiteres absprechen konnte. Aber nun das Kind! Gewiß verwünschten beide ihre Unachtsamkeit und Dummheit, gewiß tadelten sie sich ihrer Beziehung insgesamt, dann aber schworen sie sich wiederum, einander niemals auf schnöde Weise im Stich zu lassen. Nur: Was sollte, was konnte jetzt geschehen?

Rein theoretisch bestanden aus der Sicht des Mädchens vier Möglichkeiten:

1. Die beiden konnten je für sich die Scheidung einreichen, einander heiraten und mit den alten Kindern und dem neuen eine neue Familie gründen. Dagegen sprach jedoch fast alles: Was sollte aus den vier anderen Kindern werden und, selbst wenn diese Frage sich noch hätte lösen lassen, was sollte aus der in jeder Weise abhängigen und nach wie vor stark selbstmordgefährdeten Frau des Geliebten werden? Diese Lösung kam aus Verantwortung nicht in Frage.

2. Die Ehe des Geliebten konnte beibehalten werden, das Kind wäre von der Schülerin ausgetragen und dann in ein Heim gegeben worden. Auch dagegen sprach mehreres: Der Mann mußte fürchten, bei Entdeckung seiner illegitimen Beziehung aus seinem (kirchlichen!) Beruf entlassen zu werden, die Schülerin hätte mit Sicherheit ihre Ausbildung abbrechen müssen, vor allem aber stand wiederum zu erwarten, daß die betrogene Ehefrau in ihrer Verzweiflung erneut einen Selbstmordversuch unternehmen würde, und dies mußte auf jeden Fall vermieden werden.

3. Die Schülerin konnte zu ihrem eigenen Ehemann zurückgehen und ihm das Kind unterschieben oder, je nachdem, im Vertrauen auf seine Gutmütigkeit ihn darum bitten, das fremde Kind nach außen hin als sein eigenes anzuerkennen; äußerlich betrachtet, wäre dies zweifellos der moralisch und wirtschaftlich vorteilhafteste Weg gewesen: Die Schülerin hätte zur Zufriedenheit ihrer Angehörigen ihre Ehe wiederhergestellt, ein illegitimes Verhältnis hätte sein Ende gefunden, sie hätte, wohlversorgt, ihren Schulabschluß beenden und ein Studium beginnen können, und auch für das Kind wäre alles zum besten bestellt gewesen. Gleichwohl war gerade dieser Weg am wenigsten gangbar: Die alte Ehe entbehrte für die Schülerin jeder gefühlsmäßigen Grundlage, und sie hätte alles eher getan, als in die Abhängigkeit und Langeweile der alten Beziehung zurückzukehren; außerdem mochte sie ihren Geliebten nicht allein lassen noch selbst auf ihn verzichten; und auch der Geliebte selbst fühlte sich außerstande, seine rein auf Pflicht und Verantwortung gegründete Ehe ohne Hilfe von außen weiter zu ertragen.

4. Die Schülerin konnte theoretisch sobald als möglich ganz aus der Gegend fortziehen und ihr Kind in der Fremde zur Welt bringen; nur so wäre es zu vermeiden gewesen, daß die Frau ihres Geliebten sich etwas antat; die Schulausbildung hätte dann zwar unterbrochen oder gar abgebrochen werden müssen, aber möglicherweise hätte sich dafür ein Ersatz finden lassen. Dieser Plan mußte indessen an der Unselbständigkeit der Schülerin scheitern: Sie glaubte, ohne ihren Geliebten (noch) nicht leben zu können – so wenig wie dieser ohne sie –, und desgleichen sah sie sich außerstande, gerade die schwierigste Situation ihres Lebens völlig allein durchzustehen. Zudem: Wie hätte sie ihren Eltern, auf die sie finanziell angewiesen war und mit deren Verständnis sie nach den Auseinandersetzungen um die Auflösung ihrer bestehenden Ehe in keiner Weise mehr rechnen konnte, einen solchen Schritt erklären sollen? Schließlich hatte die Frau des Geliebten doch bereits so viel Argwohn gesammelt, daß ein spektakulärer Fortgang ihr die ganze Wahrheit ebenso gut würde enthüllt haben wie ein offenes Geständnis.

So blieb nur noch ein einziger fünfter Ausweg offen, den die Schülerin und ihr Geliebter eigentlich am wenigsten wollten und den sie ihrer gesamten sittlichen Überzeugung nach als eine schwere Schuld am meisten verurteilten: Das Kind mußte abgetrieben werden, und zwar, da die Zeit der Drei-Monats-Frist drängte und weil in der durchweg katholischen Gegend eine ärztliche Hilfe in den Krankenhäusern nicht zu erwarten war, an einem wohlbekannten Ort im Ausland. Was beide als Mord empfanden, ward ihnen doch auf Grund von Umständen, die sie selbst, zugegebenermaßen schuldhaft, aber auch wie schicksalhaft, herbeigeführt hatten, in Anbetracht aller Konsequenzen ihres Tuns *aus Verantwortung* nunmehr zur üblen Pflicht. In der Wahl, das Leben der Ehefrau nicht zu gefährden oder das ungeborene Kind zu schützen, zwang sie ihre Verantwortung, nicht allein zwischen Leben und Leben zu entscheiden – was ihnen selbst unmöglich schien –, sondern vor allem zwischen Leid und Leid eine Abwägung zu treffen. Sie waren augenscheinlich an einen Punkt geraten, wo schwere Schuld zu vermeiden bedeutet hätte, eine noch schwerere Schuld auf sich zu laden.

Man kann dem entgegenhalten, daß eine derartige Entscheidung prinzipiell nicht in Frage kommen dürfe, daß das Leben eines ungeborenen Kindes unter gar keinen Umständen »zur Disposition stehen« dürfe, – alles Bedenken, die an sich richtig sind und durchaus nicht ihre Gültigkeit verlieren. Es geht hier auch nicht darum, die Abtreibung zu »rechtfertigen« oder zu »erlauben«; es geht darum, am Beispiel einer Abtreibung zu zeigen, daß es u. U. keinen anderen Ausweg aus einer bestehenden Schuld gibt, als auf tragische Weise durch neuerliche schwere *Schuld* (also eben nicht durch ein an sich erlaubtes Tun) den Schaden begangener Fehler so gering wie möglich zu halten. Entscheidend für eine derartige Notwendigkeit ist in dem angegebenen Beispiel daher auch keine höhere ableitbare Gesetzmäßigkeit an sich, sondern einfach die Persönlichkeit und der Charakter aller Beteiligten: Wäre die Ehefrau nicht eine hochgradig neurotische, unselbständige, suizidal gefährdete Person, wäre der Ehemann stark genug, seine Familie anders zu erleben als mit immer neuen Verpflichtungs- und Schuldgefühlen, wäre die Schülerin imstande, ein Stück weit an ihre eigene Liebenswürdigkeit als heranwachsende Frau zu glauben und sich in der eigenen Haut und den eigenen vier Wänden wohler zu fühlen, kurz: hätte man es mit ganz anderen Menschen zu tun, so wäre der tragische Konflikt, die Spaltung der sittlichen Verantwortung in unvereinbare Zielsetzungen, durchaus vermeidbar gewesen.

Wenn man es mithin bereits als Schuld bezeichnen und nicht in sich schon als tragisch ansehen will, daß es eine derartig tragische Verstrikkung überhaupt geben konnte, so muß man den Begriff der Schuld doch aus der Situation selbst herausnehmen und auf die einzelnen Persönlichkeiten verteilen, von denen eine jede in der Tat schuldig dadurch wurde, daß sie in gewisser Weise vor sich selber floh. Nur, dies zu ändern, hätte Monate und Jahre der Arbeit an sich selbst vorausgesetzt, die anstehende Entscheidung aber duldete keinen Aufschub und mußte so getroffen werden, wie die handelnden Personen im Augenblick der Ereignisse waren. Und zudem: Keiner der Beteiligten war allein aus eigenem Zutun der Mensch geworden, der er war. Auch die Ehefrau hatte einen Vater, der sie lebensuntüchtig werden ließ, auch der Mann entstammte einer Familie, die ihn zur Trunksucht prädisponierte, auch die Schülerin hatte eine Mutter, deren Lieblosigkeit sie noch als Erwachsene wie ein Kind nach Liebe suchen ließ, – und auch diese Eltern ihrerseits hatten Eltern und Geschwister. Wer also trug die Schuld an der bestehenden Situation? Man kann nur sagen, daß sich hier die Schuld vieler schicksalhaft, vermittelt durch die eigene jeweilige Persönlichkeit, zu einem Knoten zusammenzog, der keine geduldige Entwirrung mehr zuließ.

Eben dies aber ist das Thema der antiken Tragödie: daß man in bestimmten Situationen schuldig werden muß, um nicht noch größere Schuld auf sich zu laden, und daß diese Notwendigkeit der Schuld aus den Quellen längst vergangener Taten wie ein Fluch in den Tiefen des eigenen Daseins aufsteigt und die individuelle Existenz in eine Zone schwemmt, wo es keine Rechtfertigung mehr gibt, es sei denn die, zu wissen, daß man nirgendwo gehorsamer den Göttern gegenübertritt, als indem man den unvermeidbaren Fluch der Schuld in Verantwortung und doch jenseits des Verantwortbaren aushält und trägt. Ein einziges durchaus nicht ungewöhnliches, bei genauerem Hinsehen sogar in seinen Akteuren recht alltäglich anmutendes Beispiel kann sie also offenbaren: die immer wiederkehrende Tragödie, die es bedeuten kann, als Mensch in eigener und fremder Schuld verantwortlich zu existieren.

Oder zum Beispiel: Krieg und Massenelend

Wenn es also bereits im kleinen derartig bestellt sein kann, so darf es nicht verwundern, daß das Moment des Tragischen im großen nicht weniger, sondern eher noch weit schlimmer, weil millionenfach verstärkt auftritt.

Wer nach Tragödien in großem, kollektiven Maßstab sucht, wird sogleich auf die zwei schlimmsten Beispiele stoßen: auf das immer wieder in der Geschichte aufbrechende Phänomen des Krieges und auf das

Problem des *Massenelends* unserer Tage angesichts eines ungeheueren Wohlstandes für einen winzigen Teil der Weltbevölkerung.

– *Das Beispiel des Krieges*

Gleichgültig, ob ein Krieg in der kollektiven Schuld eines ganzen Volkes willkürlich vom Zaun gebrochen wird – wie im »Dritten Reich« – oder ob er durch eine in sich bereits tragische Verkettung von Umständen ausgelöst wird, immer fordert das Kriegsgeschehen vom einzelnen Handlungen, die er in keiner Form und Weise verantworten kann. Er muß Städte und Dörfer bombardieren bzw. mit Artilleriefeuer und Raketen belegen, ohne noch unterscheiden zu können, ob dabei Frauen und Kinder, Kranke und alte Leute umkommen oder nicht; er muß Menschen, die er überhaupt nicht kennt, auf grausame Weise umbringen; Hunger, Krankheit und Elend in tausendfacher Gestalt, sonst als Menschheitsgeißeln verurteilt, werden durch seine Hand zu willkommenen Verbündeten, wenn sie sich nur auf die Person und das Land des Gegners versammeln lassen; die selbstverständlichsten Gefühle des Mitleids erweisen sich, wenn es um den »Feind« geht, als hinderlich, Gefühle von Hass, Rache und Grausamkeit hingegen als hilfreich. Krieg, mit welchen Rechtfertigungen auch immer er geführt wird, stellt jedenfalls unter den Bedingungen moderner Kampfmittel und taktischer Konzeptionen eine Perversion des gesamten Fühlens und Denkens dar; er ist in seiner Durchführung eine zynische Verhöhnung aller menschlichen Werte, und wenn es irgend etwas im Namen der Moral zu bekämpfen, wenn es irgendwo etwas schlechthin Unmenschliches und Verwerfliches zu nennen gibt, so ist es der Krieg. – Und trotzdem ist die Welt so beschaffen, daß es kaum einen Ort der Erde gibt, an dem man, ohne schuldig zu werden, die Schuld vermeiden könnte, sich in irgendeiner Form mit der Vorbereitung und möglichen Teilnahme an einem Krieg einverstanden zu erklären, und wenn man es kann, ist dies niemals ein Verdienst des eigenen Handelns, sondern nur ein Ergebnis glücklicher Umstände.

Wiederum tritt hier die sittliche Verantwortung in einen tragischen Zwiespalt zu sich selbst: So unverantwortlich es ist, an einem Krieg mitzuwirken, so unverantwortlich kann es u. U. sein, sich nicht an ihm zu beteiligen: Es kann nicht für verantwortlich gelten, Unrecht und Willkür passiv zu dulden, den Schutz der eigenen Angehörigen und Mitbürger zu vernachlässigen und fremde Übergriffe durch demonstrierte Wehrlosigkeit geradewegs herauszufordern; aber wie soll es verantwortlich sein, zur Abwehr fremden Unrechts selbst millionenfaches Unrecht zu begehen? Eben das ist kennzeichnend für den tragischen Konflikt, daß man in *jedem* Falle schuldig wird, wie auch immer man sich entscheidet.[44]

Es sind bis ins einzelne hinein auch im Beispiel des Krieges immer wieder gerade die besten Strebungen und Gefühle, die in der jeweiligen Situation ins Unrecht verkehrt werden.

Ein etwa 60jähriger Mann beispielsweise[45] erzählt mir einmal nach über 35 Jahren im Zustand höchster Erregung von einem Einsatz an der Ostfront 1943: Er hatte mit fünfzehn Leuten ein Waldgelände sichern wollen, als plötzlich von einer bestimmten Stelle aus Maschinengewehrfeuer einsetzte, so gezielt, daß elf seiner Kameraden schwer verwundet oder getötet wurden, noch ehe man sich an den Waldrand heranarbeiten konnte; dort angelangt, sprang mit Mal ein russischer Soldat aus einem Erdloch heraus und hielt die Hände zum Zeichen der Kapitulation über seinen Kopf. »Wir haben diesen Kerl nicht einfach getötet«, stieß der Mann in seiner Erinnerung hervor, »wir haben die Gewehre umgedreht und ihn mit dem Kolben zusammengeschlagen, – warum konnte er sich nicht fünf Minuten früher ergeben, er sah doch, daß wir in der Überzahl waren; warum mußte er erst von unseren Kameraden so viele töten, wie er nur konnte?« Sichtlich litt der Mann, während er dies erzählte, noch immer unter dem Gefühl schwerer Schuld; nicht einmal nach den bestehenden Regeln des Kriegsrechts, die er wohl kannte, war eine solche Tat zu rechtfertigen; und doch verteidigte er den gemeinsamen Mord wie etwas Richtiges, und nicht zu Unrecht: Er hätte, um anders handeln zu können, seine besten Gefühle verleugnen müssen, deren er damals in der Zeit der Verworrenheit fähig gewesen war: das Gefühl der Kameradschaft und Zusammengehörigkeit, das Erleben einer elementaren Verantwortung für einander, ja sogar das unmittelbare Gefühl für Recht und Unrecht, das den russischen Soldaten zwar nicht dem Gesetz nach, wohl aber in der Form eines rohen jus talionis schuldig sprach, obschon doch auch dieser, als ein offenbar tapferer und guter Soldat, der er war, nur bis zum letzten seine Pflicht getan hatte.[46]

Soll man, um Beispiele dieser Art zu vermehren, an *J. P. Sartres* »Eingeschlossenen von Altona« erinnern, der nicht über die Schuld hinwegkommt, Folterungen und Erschießungen möglicherweise gegenüber unschuldigen Zivilisten angeordnet zu haben, um aus Verantwortung für seine Truppe notwendige Mitteilungen über Standort und Pläne von Partisaneneinheiten zu erhalten?[47] Jedenfalls muß man über bloße Beispiele hinaus prinzipiell bemerken, daß das unmittelbare moralische Schaudern, das eine solche Perversion der Gefühle und Gedanken in den Erfahrungen des Zweiten Weltkrieges hinterläßt, inzwischen bereits in die Theorie und Praxis der Kriegsführung Eingang gefunden hat: Ein Gegner, der sich moralische Bedenken in der Wahl seiner Kampfmittel und -methoden gestattet, ist weniger befähigt, zu töten und zu zerstören, als ein Feind, der alle moralischen Skrupel zugunsten seines politischen Zieles aufgibt; die Moral selbst ist inzwischen zu einem bloßen Kampf- und Propagandamittel entartet, und diese moralische Totalisierung des Krieges, vor allem in der Strategie der Guerilla oder des Volkskrieges, ist nach der Aufhebung aller technischen Grenzen im Arsenal des Schreckens und der Destruktion wohl der folgenschwerste Faktor, der einen jeden Krieg für den (noch) moralisch Empfindenden zu einer Tragödie ohne Ende werden läßt: Was tun, wenn gerade die moralische Grenze gegenüber den scheußlichsten Verbrechen vom Gegner in das Kalkül der Kriegsführung einbezogen wird? Wenn die eigene Moralität zum Gegenstand berechnender Kriegslist wird? Ja, wenn die Moral überhaupt vom Einzelnen und seinem Tun weggezogen und auf die Ebene der Ziele, der kollektiven Absicht, der geschichtlichen Vernunft, kurz: der ideologischen Zwecksetzung verlagert wird?

In seinem Film »Apocalypse now« hat *Francis F. Coppola* am Beispiel des Vietnam-Krieges dieses Dilemma aufgezeigt: Mit der naiven Selbstverständlichkeit, für Recht und Freiheit zu kämpfen, ziehen die amerikanischen GI's in den Krieg; aber in diesem Krieg der unsichtbaren Fronten erleben sie, daß es notwendig sein kann, Frauen und Kinder, statt ihnen Schokolade zu geben, auf der Stelle zu töten, ehe sie in der Nacht dem Vietcong den Standort der Amerikaner verraten können; in diesem Krieg des Terrors kann es falsch sein, in einem »unsicheren« Gebiet Kinder gegen Polio zu impfen, weil man damit provoziert, daß der Gegner sich an ihnen rächt und zur Abschreckung gegen jede Hilfeleistung seitens der Amerikaner ihnen die Arme abhackt; Dörfer sollen mit Napalm bombardiert werden, die von den wehrfähigen Männern längst verlassen sind, aber selbst da kann es verantwortungslos sein, nach dem Angriff Verwundete aufzunehmen – man riskiert damit nur das Leben der eigenen Besatzung. Man müßte, um einen derartigen Krieg führen und gewinnen zu können, moralisch in die Steinzeit regredieren, man müßte das Töten, die Grausamkeit als ein kultisches Ritual, als eine heilige Handlung wieder entdecken, man müßte um des physischen Überlebens willen in die systematische Zerstörung jeder Form zivilisierter Menschlichkeit einwilligen, man müßte den Wahnsinn als höhere Vernunft zelebrieren. Weil sie zu dieser moralischen Selbstauslöschung trotz aller Zynismen, trotz aller Verdrängungen des Ungeheuerlichen letztlich doch nicht imstande waren, konnten die Amerikaner ihren »begrenzten« Krieg prinzipiell nicht gewinnen, das ist die These aus *Coppolas* Film; ein Krieg, den man gewinnen kann, ist der Verlust jeder Menschlichkeit. – Aber noch während *Coppolas* Film gedreht wurde, noch während Amerika gerade begann, sich von dem moralischen Schrecken des Vietnam-Desasters zu erholen und wenigstens dies für richtig glaubte, sich endlich aus Indochina zurückgezogen zu haben, bereitete sich der Millionenstrom südvietnamesischer Flüchtlinge vor, begann das Spiel um vier Millionen verhungernder Kambodschaner, und es rückte mehr und mehr die Möglichkeit in Sicht, gerade durch den Rückzug aus Moral moralisch noch schuldiger geworden zu sein als durch den Krieg. Wußte man denn nicht, was man einem Gegner zutrauen konnte, der die Massaker in Hue veranstaltet hatte? Wußte man nicht, wozu ein Regime fähig ist, das 10, 20, 30 Jahre Krieg bewußt planen und kalkulieren kann? Auf der Anklagebank, schrieb 1953 schon *A. Camus*, sitzt heute die Unschuld und muß sich rechtfertigen, daß sie nicht genug gemordet hat.[48] Es ist nicht zu sehen, wie sie sich rechtfertigen könnte – das ist das Furchtbare.

– *Das Problem des Massenelends in den Entwicklungsländern*

Dabei zeugt die Taktik und Strategie des Volkskrieges nicht nur das moralische Dilemma ihrer Bekämpfung, sie versteht und rechtfertigt sich vielmehr in der Tat als Offenbarung, als »Apokalypse« eines bereits bestehenden Unrechts, das in sich selbst wiederum den einzelnen in eine tragische Rolle verstrickt: Er wird nicht erst als Soldat in Vietnam, im Kosovo, im Irak zu einem Schuldigen, er ist bereits schuldig als Staatsbürger eines Landes, das aus der Dritten Welt nach Belieben Rohstoffe, Fertigwaren, Arbeitskräfte, Kunstschätze, strategische Vorteile, kurz alles, was es will, bezieht;[49] er ist schuldig dadurch, daß er für sich persönlich Gewinn von einer Wirtschaft hat, die durch ihre Zoll- und Handelsschranken ärmeren Ländern keine Chance läßt, ihren Hauptvorteil: den niedrigen Erzeugerpreis, wirksam auf dem Markt einzusetzen, ja die im Gegenteil ihre Industrieprodukte ständig verteuert und die Preise für die importierten Rohstoffe so niedrig wie möglich hält; er wird schuldig, indem er durch seinen Lebensstil ein Land wie Brasilien dazu zwingt, den Amazonas-Urwald zu zerstören und damit die letzten intakten Indianerkulturen mitsamt ihrem Lebensraum auszurotten[50] usw. Er wird unter den gegebenen Umständen schuldig dadurch, daß er lebt.

– *Die Tragik, überhaupt zu leben*

Indem sich der Kreis der Betrachtung von diesen zwei Beispielen – der Thematik des Krieges und des Massenelends – aus derartig erweitert, ist es unerläßlich, sogar noch einen Schritt weiterzugehen.

Bisher war der Bezugspunkt der tragischen Schuld stets der andere Mensch. Es ist aber nicht zu leugnen, daß die frühen Jäger- und Pflanzerkulturen Recht hatten, wenn sie den Menschen als einen Teil der Natur betrachteten und die Problematik der unvermeidbaren Schuld infolgedessen auf alle Kreaturen ausdehnten: Man kann nicht leben ohne Tiere und Pflanzen – für die alten Kulturen die Inkarnationen von Göttern und Geistern – zu töten und sich ihren Körper anzueignen.[51] Leben heißt essen, und essen heißt schuldig werden. – Dieser Gedanke hat etwas sehr Menschliches, und er ist keineswegs so unsinnig, wie er manch einem rohen Gemüt erscheinen mag. Für die frühen Völker wäre die Selbstverständlichkeit z. B. undenkbar gewesen, mit der unsere technisierte Welt lebende Geschöpfe als bloße Nahrungsrohstoffe, als ausbeutbare »Biomasse«, behandelt, so als sei es etwa *keine* Schuld, Kreaturen mit Empfindungen und Gefühlen völlig gefühlskalt und ohne jede Rücksicht auf den verursachten Schmerz für die eigenen Zwecke auszunutzen; zumindest hätten diese Völker es als *tragisch* verstanden, daß die Menschen, um Leiden von sich fern zu halten, anderen Geschöpfen unermeßliche Leiden auferlegen müssen,[52] und sie hätten in dem Gefühl der Schuld die Unbedenklichkeit gewiß nicht gutgeheißen, mit der z. B. in endlosen und unsäglich schmerzhaften Tierversuchen die pharmazeutische Industrie irgendein Dutzendpräparat gegen bestimmte Krankheiten testet. Im Gegenteil: es war und ist offenbar eine gemeinsame und richtige Erfahrung der alten Mythen, daß das Dasein selber schuldig ist, und allerorten wissen die Überlieferungen der Völker davon zu berichten, daß bereits am Anfang der Welt das erste Menschenpaar sich durch eine Schuld vergangen habe, die das gesamte

Leben in seinen Grundvoraussetzungen ins Negative, Leidvolle, Bösartige verzerrt habe. Das gesamte menschliche Leben betrachteten sie mithin als eine nicht endende Tragödie, als eine permanente Schuld, die trotz aller guten Absichten unvermeidbar ist. Was die klassischen Tragödien im Fall bestimmter Geschlechter schilderten, erscheint vor diesem Hintergrund daher nur als ein Sonderfall, als ein Beispiel der Tragödie des Daseins insgesamt, und der Fluch der Tantaliden oder der Unstern des Hauses des Atreus sind in dieser Sicht nur Ausschnitte und Bilder für die grundsätzliche Wahrheit, daß alles Menschenleben unlöslich in Schuld verfallen ist und seinen Preis dafür in Leid und Unglück und im Scheitern allen guten Willens zahlen muß.

Die Stellung des Christentums

Wie steht zu diesen Erfahrungen, die in den alten Kulturen ebenso wie in dem Lebensgefühl der Moderne einen so breiten Raum einnehmen, das Christentum?

Es ist überraschend, ja erschreckend: Das Christentum leugnet die Tragödie vollkommen. Es hat nicht nur keine Theologie des Tragischen entwickelt, es hat sogar vor nicht langer Zeit Leute wie *M. de Unamuno*[53] auf den Index der verbotenen Bücher gesetzt, weil es das tragische Denken des spanischen Philosophen für unvereinbar mit dem christlichen Erlösungsgedanken hielt. Dieser Gegensatz nämlich gilt bis jetzt als grundlegend: Wer von der Erlösung ausgehe, könne unmöglich die Tragödie zugestehen, beides sei kontradiktorisch, ja konträr zueinander.

Ob dies so ist und warum es so sein soll, ist nun allerdings die Frage, denn zunächst geht das Christentum dogmatisch geradezu von der vollkommenen Tragödie des menschlichen Daseins aus, und seine Abwehr des Tragischen ist eigentlich *so* merkwürdig, daß hier besondere Gründe eine Rolle spielen müssen.

Das Erbe der jahwistischen Theologie und die Erbsündenlehre

Das Christentum hat im Grunde mit der Lehre von der Erbsünde die Tragik des menschlichen Willens zunächst wie keine andere Religion der Menschheit hervorgehoben. – Wenn die Mythen der alten Völker den Gedanken einer Urschuld des ganzen Daseins formulierten, so zumeist in sehr ambivalenter Form: In dem Abfall am Anfang wurden gewichtige Nachteile über die Welt der Natur und des Menschen gebracht, zumeist aber trat doch das Gefühl der Schuld hinter dem Gedanken der Notwendigkeit der jetzt bestehenden Ordnung zurück; wohl galt die jetzt bestehende Welt als verderbt, sie war nicht so, wie sie an sich wünschenswert wäre, aber man mußte sie doch im ganzen akzeptieren, und bestimmten Riten, die das Urzeitverhängnis darstellten, halfen denn auch mit, die gegenwärtige Weltordnung zu begründen und zu stabilisieren. Zudem waren es nicht selten Mischwesen zwischen Göttern und Menschen, Halbgötter, Urzeitheroen, Tiere oder sogar Götter selbst, die an der Verschlechterung der Welt die Schuld trugen.[54] – Demgegenüber hat bereits die jahwistische Urgeschichte den Menschheitsgedanken der Urschuld in einer ungleich radikaleren und vor allem in einer mit dem Monotheismus vereinbaren Form an die biblische Überlieferung und letztlich an das Christentum weitergegeben.[55]

Der jahwistischen Urgeschichte erscheint das gesamte menschliche Dasein außerhalb der Offenbarung Gottes (Jahwes) an das Volk Israel als eine einzige tragische Verkettung von Schuld und gutem Willen. Der Jahwist sieht den Menschen niemals als einen einfach böswilligen, aus Stolz, Ungehorsam oder Übermut frevelnden Widersacher des Guten an, er hat vielmehr vor Augen, daß die Menschen sich immer wieder verzweifelt bemühen, gut zu sein, es ihnen aber nicht gelingt, weil die *Angst* am Anfang allen Handelns ihr Tun in einer tragischen Gegenfinalität verdirbt.[56] Die Angst bringt sie dazu, das Vertrauen in ihren Schöpfer zu verlieren, und so stürzen sie in eine Welt, in der sie sich selbst ohne Gott als geschöpfliche Wesen nicht ertragen können. Um ihre eigene Nichtigkeit zu überwinden, müssen sie selbst nach Absolutheit, nach Gottähnlichkeit streben und richten sich selbst dabei durch ihre eigenen Überforderungen zu Grunde. Das tragische Scheitern, das wir soeben tiefenpsychologisch im Rahmen der Neurosenpsychologie begründet haben, hat für den Jahwisten eine noch viel grundsätzlichere theologische Bedeutung. Die psychologischen Bewegungen, die sich am deutlichsten in der Psychodynamik neurotischer Prozesse darstellen: die Mechanismen von Minderwertigkeitsgefühlen und Überkompensation, Hemmung und Haltung, ergeben sich für den Jahwisten aus einer Angst, die zum menschlichen Bewußtsein selbst gehört und die das gesamte Dasein im Feld der Gottesferne an sich selbst erkranken läßt. Die Tragik des menschlichen Daseins, die sich in so vielen neurotischen Prozessen darstellt, ist dem Jahwisten zufolge das Ergebnis der Tatsache, daß der Mensch nicht zu der schuldhaft verlorenen Einheit mit seinem Ursprung zurückgefunden hat.

Damit bietet die jahwistische Urgeschichte die Möglichkeit, ja sie verlangt sogar danach, die Erfahrungen der antiken Tragödien samt den modernen Erkenntnissen der Tiefenpsychologie und Psychotherapie theologisch aufzugreifen und daseinsanalytisch zu vertiefen. Zugleich ist damit eine wichtige Korrektur des mythischen Ansatzes gegeben. Im Unterschied zu den Mythen und letztlich zu jeder rein immanenten Betrachtung des menschlichen Daseins liegt dem Jahwisten nicht nur daran, das tragische Lebensgefühl der Mythen der Sache nach zu bestätigen, er will vor allem vermeiden, daß das Unglück des menschlichen Lebens auf Gott zurückfällt. Der Mensch und die Welt, die Gott gemacht hat, ist gut, nur dem Menschen, der in der Angst Gott aus den Augen verliert, erscheint das gesamte Leben in seinen Grundstrukturen wie ein Fluch, und je mehr er dagegen ankämpft, desto ärger verfängt er sich in dem Netz seiner vergeblichen Bemühungen.[57]

Insofern ist das gesamte Dasein für den Jahwisten eine durch und durch tragische Veranstaltung, und dennoch trägt der Mensch selbst, und zwar ganz allein, die Schuld an seinem Unglück. Die Dialektik der Mythen, daß die Götter miteinander im Widerstreit liegen und den Menschen wie willenlos umhertreiben, diese innere Zerrissenheit hat der Jahwist ganz und gar aus der Sphäre des Göttlichen entfernt und in den Menschen selbst hineinverlagert: Im Menschen selber widerspricht sich alles, ganz so, wie es die Neurosenpsychologie der Angst und Verdrängung beschreibt; aber daß im Menschen sich alles widerspricht, liegt der jahwistischen Theologie zufolge in der fehlenden Einheit mit Gott begründet. Die Probe für die Richtigkeit seiner Ansicht fand der Jahwist in der Berufung Israels. Mochte alle Welt sich gebärden müssen wie toll, so war doch das Volk der Juden dazu berufen, den Völkern die wahre Gestalt des Menschen in Erinnerung zu rufen und im Verlaufe der Geschichte von Gott her die gesamte Menschheit zu sich selbst zurückzuführen[58] – eine Hoffnung, die später, wie bei Jesaja,[59] mit den Traditionen des Zionberges oder, aus iranischen Einflüssen, wie bei Daniel,[60] mit apokalyptischen Vorstellungen von der Gestalt des Menschensohnes ausgestaltet werden konnte. Gleichwohl hat dieser große Entwurf der jahwistischen Theologie, wenn man vom 4. Esra-Buch absieht,[61] eigentlich keinen Einfluß auf das Judentum ausgeübt und wäre wohl eine bloße Sondermeinung geblieben, wenn er nicht vom Christentum in dem strengen Sinn einer universalen Erlösungsreligion aufgegriffen worden wäre. Zwar weist die jahwistische Lehre von der absoluten Erlösungsbedürftigkeit des Menschen eine außerordentliche Ähnlichkeit zu vergleichbaren Anschauungen besonders fernöstlicher Weisheit auf,[62] aber es scheint gerade diese Gemeinsamkeit mit den Überlieferungen der Völker gewesen zu sein, die der jahwistischen Theologie den Eingang ins Judentum verwehrte: Sie verstieß zu sehr gegen die übrige Mythenfeindlichkeit des Judentums und gegen den Drang, sich möglichst von den anderen Völkern abzusetzen. Anders das Christentum. Als es erst einmal den Schritt der Loslösung von der Synagoge getan hatte, fand es sogleich zu den alten jahwistischen Lehren zurück und benutzte sie vor allem, um zu zeigen, daß allein Christus die Menschheit habe erlösen können.

Damit aber veränderte sich auch die Stellung zum Phänomen des Tragischen ganz erheblich. Gemäß der jahwistischen Diagnose hätte die christliche Lehre von der Erbsünde eigentlich zu einem universalen Verständnismittel der Problematik des menschlichen Daseins ausgebaut werden können und müssen. Aber trotz der glänzenden psychologischen Intuitionen und der überragenden Introspektionsfähigkeit des größten christlichen Interpreten der Erbsündenlehre, des hl. *Augustinus*,[63] geschah dies im Grunde nicht, sondern man benutzte die Erbsündenlehre im Sinne des usus elenchthicus rein appellativ: Man wollte zeigen, daß der Glaube an Christus *notwendig* sei, um zum Heil zurückzufinden, oder anders ausgedrückt: daß nirgendwo sonst, in keiner anderen Religion außer dem Christentum, der Mensch zu seinem Frieden gelangen könne. Es ging jetzt durchaus nicht mehr um die Analyse und das Verständnis der Tragik des menschlichen Daseins, sondern um den Vorwurf der Schuld, (noch) nicht zum Glauben an Christus gefunden zu haben. Das Motiv der Bekehrung zu Christus wirkte so stark, der Kontrast des Christentums zur jüdischen Religion und zu allen anderen »heidnischen« Anschauungen sollte so deutlich hervorgehoben werden, daß aus der tragischen Verstrickung des Menschen in die Sünde, die der Jahwist vor Augen hatte und die *Paulus*, darauf fußend, in Röm 6-8 so eindringlich schilderte, jetzt etwas an sich Überwindbares, ja bereits immer schon von Christus her Überwundenes, mithin ein bloßer Albtraum rückwärts gewandter Erinnerungen wurde. Die Tragik des menschlichen Lebens, so schien es, mußte geleugnet werden, um die Erlöstheit des Daseins in Christus zu betonen.

Die Fronten waren jetzt klar: dort ein pessimistisches, fatalistisches, in finsterem Schicksalsglauben befangenes »Heidentum«, dort ein hoffnungsfrohes, auf Freiheit und Entscheidung gegründetes, auf Gott vertrauendes Christentum.

Aber eben damit machte sich das Christentum die gesamte Problematik zu einfach, und die Folgen konnten hier, im Zentrum der christlichen Lehre selbst, nicht anders denn als verheerend ausfallen.

Zwar hat die christliche Dogmatik stets hervorgehoben, der Schritt zum Glauben sei ein Werk der Gnade, aber besonders in der katholischen Ausprägung wurde doch sehr viel stärker die Mitwirkung des Menschen beim Glaubensakt betont, und vor allem die scholastische Definition, der Glaube sei ein Akt des Verstandes, befohlen vom Willen, ließ es ganz so erscheinen, als sei der Glaube, mithin das Werk der Erlösung durch Christus und nach Christus, ein bloßer Entschluß des Menschen. Darin lag freilich eine gewisse Berechtigung und Konsequenz: Wenn der Abfall von Gott nach der Auffassung der jahwistischen Theologie und der christlichen Erbsündenlehre als Schuld zu betrachten ist, dann muß an diesem Abfall natürlich etwas sein, das vom Menschen selbst abhängt und in seiner Freiheit selbst begründet ist; umgekehrt muß dann auch der Schritt aus der Sünde heraus vom Menschen mitgetragen sein. Aber wenn nur dies gelten würde, so hätte der Mönch *Pelagius* mit seiner Ansicht recht, daß der Mensch von sich aus zum Guten fähig sei, wenn er nur wolle, und der Kampf des hl. *Augustinus* gegen den Mönch *Pelagius* und für die Erbsündenlehre wäre eine sinnlose Übertreibung gewesen. Wenn andererseits die christliche Dogmatik in dieser zentralen Frage den Pelagianismus, also die Lehre von der freien Möglichkeit des Menschen zum Guten, in jeder Form verworfen hat, wenn sie lehrt, daß der Mensch den Schritt zum Glauben von sich her *nicht* zu vollziehen vermag, so stellt sich natürlich das Problem, wie es gleichwohl des Menschen und nicht Gottes Schuld sein soll, wenn jemand nicht zum Glauben findet.

Zur Beantwortung dieser Frage genügt es keinesfalls, rein abstrakt auf die Allgemeinheit des göttlichen Heilswillens hinzuweisen und zu betonen, daß ein jeder Mensch von Gott genügend Gnaden bekomme. Es kommt vielmehr darauf an, die Unfähigkeit des Menschen zum Guten *innerlich* zu verstehen, also zu tun, was man – bis auf eine Ausnahme – noch nie getan hat: die Erbsündenlehre interpretativ und nicht appellativ zum menschlichen Dasein in Beziehung zu setzen und dabei vor allem bei der Tiefenpsychologie in die Schule zu gehen. Sofort wird man dann auf das Problem des Tragischen stoßen.

Der einzige Theologe, der, aus dem gleichen Erfahrungszentrum wie *Augustinus*, *Luther* und *Pascal*, aber zum ersten Mal in dieser Klarheit, die Erbsünde als eine Tragödie der Angst bestimmte, war *S. Kierkegaard.*[64] *Kierkegaard* konnte nicht wissen, wie sehr seine Gedanken sich exegetisch nicht nur an der »Sündenfallerzählung« (Gen 3,1-7), sondern an der gesamten jahwistischen Urgeschichte bestätigen ließen, und noch weniger konnte er ahnen, daß er mit seiner Beschreibung menschlicher Angst und Verzweiflung als grundsätzlichen Bestimmungen des menschlichen Daseins ohne Gott ein Jahrhundert psychoanalytischer und daseinsanalytischer Forschungen vorwegnehmen sollte.[65] Gleichwohl hat er damit der Theologie eine Richtung gewiesen, die es heute unumgänglich macht, über die Analyse der Angst zu einer integralen Anthropologie zu gelangen, in der Tiefenpsychologie und Theologie miteinander verbunden werden können. Denn gerade die tiefenpsychologischen Einsichten in die Neurose können in der soeben dargelegten Weise der Theologie das tragische Scheitern des moralischen Willens an den fundamentalen Infragestellungen der Angst und des Minderwertigkeitsgefühls vor Augen führen;[66] die Tiefenpsychologie kann somit die Theologie wieder daran erinnern, daß die Frage nach Gut und Böse sich primär in dem Verhältnis des Menschen zu sich selbst im Umgang mit dem Erleben seiner Angst und seiner radikalen Kontingenz, und erst sekundär im Bereich der Ethik und des moralisch guten Willens stellt. Die Theologie umgekehrt könnte und müßte die Tiefenpsychologie über die bloßen empirischen Anlässe des Angsterlebens hinaus durch eine Auslegung der verschiedenen Neuroseformen in Richtung der grundlegenden Strukturen des menschlichen Daseins und der menschlichen Freiheit um die Dimension der Ontologie ergänzen und vertiefen, ausgehend stets von der entscheidenden Einsicht *Kierkegaards* (und des gesamten späteren Existenzialismus), daß Freiheit Angst bedeutet und das menschliche Dasein daher grundsätzlich vor der Frage steht, ob es sich in seiner Angst auf Gott hin flüchtet oder sich in dem Abgrund einer Welt ohne Gott auf immer verliert.[67]

Aber nicht nur für das Verständnis des Unheils, der Krankheit, der Sünde, auch für das Verständnis der Heilung, der Erlösung, müßten Tiefenpsychologie und Theologie voneinander lernen. Gerade die Erfahrungen der Psychotherapie zeigen, wie eng die Heilung eines Menschen mit einem wachsenden *Vertrauen* zu sich selbst und zum anderen zusammenhängt; wirklich geht es hier, ganz wie die Theologie in Bezug zu Gott behauptet, um etwas, das man mit dem eigenen Willen nicht machen und herbeizwingen, sondern sich nur schenken lassen und erfahren kann.[68] Während die Angst dazu antreibt, durchaus soweit als möglich nur von sich selber abhängen zu wollen und sich selbst zum absoluten Grund der eigenen Existenz zu machen, besteht die Überwindung aller Angst, die Lösung der tragischen Verkrampfung und Überanstrengung des Daseins gerade darin, aus dem heraus leben zu können, was die Theologie in einem absoluten Sinne »Gnade« nennt. Nicht nur, daß das theologische Sprechen von Gott (und das Verständnis der Hl. Schrift) somit durch die Erfahrungen der Tiefenpsychologie außerordentlich an Konkretheit und Realität gewinnen könnten, auch umgekehrt hätte die Theologie die Möglichkeit und Aufgabe, der Psychotherapie eine Überzeugung an die Seite zu stellen, die sie zu dem Vertrauen und der Angstfreiheit berechtigt, die sie in jeder Heilung mitvoraussetzt: eine Zuversicht in die Güte und Ordnung der Grundlagen des Daseins insgesamt.

Diese Sicht der Dinge würde die Theologie zweifellos auf der Stelle weit duldsamer gegenüber den vielfältigen Tragödien des menschlichen Daseins werden lassen, ja, sie würde überhaupt erst dazu führen, daß die Theologie ihre eigene Dogmatik in Gestalt der Erbsündenlehre wieder ernst nimmt und als eine sinnvolle Anthropologie zu verstehen lernt. Ungeachtet ihrer eigenen antipelagianischen Dogmatik verhält sich die Theologie nämlich in der Gegenwart durchaus so, als ob der von *Augustinus* so bekämpfte Mönch vor 1600 Jahren mindestens zur Lösung der praktischen Probleme den richtigen Weg gewiesen hätte. Aus der Lehre von der Überwindung der Erbsünde durch Christus ist in der Gegenwart eigentümlicherweise aus zwei Gründen bei Licht besehen eine rein voluntative und moralistische Doktrin geworden. Diese zwei Gründe sind

– *die Ablehnung des Unbewußten im Menschen;* und
– *die Etablierung des Christentums als Volkskirche.*

Die Ablehnung des Unbewußten

Um die außerordentliche Rolle der Angst im Menschen zu würdigen und dementsprechend die theologische Anthropologie zu vertiefen, käme man nicht daran vorbei, anthropologisch mehr zu wissen, als daß der Mensch über Verstand und (guten bzw. bösen) Willen verfügt; es müßte theologisch anerkannt werden, daß der größte Teil der menschlichen Psyche im Unbewußten liegt und dort Entscheidungen fallen, längst bevor das bewußte Überlegen und Wollen beginnt; erst so ließe sich das immer wiederkehrende Scheitern des menschlichen Willens begreifen, und die ganze Erbsündenlehre zwingt, wie sich gezeigt hat, förmlich zu einer solchen Sicht der Dinge.

Aber aus Gründen, die bis in die Anfangszeit des Christentums zurückreichen und aufs engste mit der Abwehr der heidnischen Mythologie und mit der Lehre von der menschlichen Freiheit zu tun haben,[69] hat das Christentum einen Weg eingeschlagen, der – anders etwa als z. B. die Erlösungsreligion des Buddhismus – die tieferen Schichten der menschlichen Psyche völlig ignoriert oder in Unkenntnis der psychischen Grundlagen des menschlichen Erlebens in falscher Weise vergöttlicht oder verteufelt, – ähnlich wie man aus Unkenntnis der *äußeren* Naturkräfte immer wieder bestimmte Phänomene der Natur unmittelbar auf Gott oder gewisse dämonische Einflüsse zurückführen wollte. Das Christentum stellte insofern einen unendlich wichtigen Schritt über die Welt der Mythen und mithin auch über das tragische Lebensgefühl hinaus dar, als es den Glauben an die eine Person Gottes mit der Lehre von der absoluten Würde, Unsterblichkeit und Freiheit des Einzelmenschen verband. Es erhob in der Tat den Anspruch, den Einzelnen entschieden genug aus der Welt der kollektiven Abhängigkeiten und Zwänge herauszuführen und sein Ich im Vertrauen auf Gott so weit zu stärken, daß es der Welt der Götter ebenso trotzen könnte wie der Sklaverei der Triebe. Insofern hatte das Christentum ganz recht, wenn es mit dem Gedanken der Erlösung zugleich die Abhängigkeit und Schwäche des Ichs und mithin die gesamte Welterfahrung tragischer Schuld für grundsätzlich überwunden hielt. Aber offenbar doch aus Angst vor der Sogkraft der alten Mythologie und vor allem, um die Einzigartigkeit Christi zu betonen, machte das Christentum gegen die heidnischen Mythen in einer Weise Front, daß es zugleich mit den antiken Mythen die mythenbildenden Kräfte im Menschen selbst meinte verurteilen und verachten zu müssen. Das Unbewußte wurde nicht integriert, assimiliert, aufgearbeitet, sondern unterdrückt, verdrängt und verteufelt.[70] Damit vereinfachte man sich – wie bei jeder Verdrängung – im ersten Augenblick die gestellte Aufgabe ungemein, in Wahrheit aber wurde man damit dem eigenen Erlösungsanspruch auf kurzschlüssige Weise untreu und schuf durch die Leugnung des Tragischen eine Vielzahl neuer Tragödien.

Indem man nämlich vom Menschen nur Verstand und Willen gelten ließ, bedurfte es fortan eigentlich bloß der »Verkündigung« des Christentums, um den »Glauben« und damit die »Erlösung« zu ermöglichen. Wenn jemand trotz Verkündigung nicht »glaubte«, dann nur, weil er entweder die Botschaft noch nicht richtig verstanden hatte – und somit einer noch vermehrten und nachdrücklicheren Unterweisung bedurfte –, oder weil er nicht »wollte«, und in diesem Falle war er böswillig und bedurfte strenger Bestrafung. Die wirkliche Problematik, wovon eigentlich erlöst werden sollte, was den Menschen gefangen hielt, wieso seine besten Absichten sich ohne Gott stets gegen ihn richteten, diese Fragen beantwortete man jetzt nicht zunächst anthropologisch, sondern selber wider Willen im Grund mythologisch: Noch ehe man zur Kenntnis nahm, was im Menschen selber vor sich ging, setzte man den Teufel für alles ein, was ohne Tiefenpsychologie an Negativismen und Zwängen mit Verstand und Willen allein nicht zu begreifen und zu überwinden war. Statt die konkreten Ängste im Menschen zu untersuchen und daran die heilende Kraft des Glaubens zu bewähren, erklärte man den Einzelnen entweder für »besessen« oder böswillig; und in beiden Fällen, durch die Mythologisierung ebenso wie durch die Moralisierung des Problems, verstellte man sich selbst die Möglichkeit, dem Einzelnen wirklich zu zeigen, wie er kraft des Glaubens die Tragödien seines Lebens: seine Verdrängungen, Abspaltungen, Kompensationen und Selbstüberforderungen, die vielfältigen Neurotizismen der Angst seines Daseins hätte verstehen und aufarbeiten können. Durch die Mißachtung des Unbewußten wurde das Tragische nicht wirklich, sondern nur verbal überwunden, und zwar zum Schaden des Christentums selbst. Denn die moralische Analyse des Bösen, die allein übrig blieb, wenn vom Menschen nur Verstand und Wille anerkannt werden sollten, mußte natürlich auch dogmatisch den reinen Pelagianismus mit sich bringen und der Ernsthaftigkeit der Erbsündenlehre geradezu Hohn sprechen, die mit Nachdruck die schuldhafte Unfreiheit jedes Menschen in der Sünde voraussetzte. Die

Oberflächlichkeit in der Diagnose der Sünde ebenso wie das moralistische Verständnis der Erlösung mußten sich ohne weiteres aus der Oberflächlichkeit der theologischen Anthropologie, aus der Reduktion des Menschen auf Verstand und Willen, ergeben. – Das Dogma der Erbsünde ist übrigens nur *ein* Beispiel dafür, wie die christliche Dogmatik sich durch diese Reduktion selbst zu Grunde richtet.

Das Ergebnis einer solchen anthropologischen Reduktion stellte sich jedoch zunächst als ein ethischer Optimismus dar, und in dieser Form wurde er vor 200 Jahren besonders von der Aufklärung – in bezeichnender Abkehr freilich von der als finster empfundenen Erbsündenlehre – in säkularisierter Fassung übernommen. Die gesamte Problematik des menschlichen Daseins resultierte nunmehr aus einem bloßen Mangel an Moral und Einsicht, und beides würde sich durch Disziplin und fortschreitende Wissenschaft Zug um Zug überwinden lassen. Die tragischen Züge des menschlichen Daseins mußten in diesem Fortschrittsglauben prinzipiell geleugnet werden; wo es sie dennoch zu geben schien, hatte es sich nicht um ein tragisches, sondern um ein moralisch schuldhaftes Versagen zu handeln.[71] Diese Ansicht wirkte in ihrer vom Christentum verselbständigten Form natürlich mächtig auf die kirchliche Praxis zurück und ermutigte zu einer immer weiteren Ausdehnung des Moralischen auf Kosten des Dogmatischen.

Die Etablierung des Christentums als Volksreligion

Zu diesem grundlegenden Problem der kirchlichen Theologie: ihrer falschen Einstellung gegenüber dem Unbewußten, kam noch ein zweites Problem hinzu: der quantitative Erfolg in der Ausbreitung des Christentums. Auch hierin lag ein starkes Motiv, das Tragische im menschlichen Leben zu verleugnen.

Man sollte meinen, es sei mindestens ebenso schwer, einen Menschen vom »Heidentum« zum Glauben zu »bekehren«, wie einen Neurotiker von seinen Zwängen und Ängsten zu heilen, ja, im Grunde sei diese Aufgabe sogar ungleich schwieriger zu lösen, hat man es hier doch nicht nur mit dem Einzelnen zu tun, sondern zugleich mit Ängsten und Zwängen, die in den Mythen der Völker gesellschaftlich institutionalisiert und kollektiv rationalisiert sind. In der Bekehrung der »Heiden« müßte es also an sich darauf ankommen, zunächst den Einzelnen auf sich selbst zurückzuwerfen und ihn der Erlösungsbedürftigkeit nicht nur seiner selbst, sondern sogar der Religion, an die er geglaubt hat, zu versichern. Eine solche Aufgabe ist und war vielleicht zu schwer; jedenfalls ist nicht zu sehen, wie das Christentum ihr nach der friedlichen Eroberung des Römischen Reiches in den ersten Jahrhunderten nachgekommen wäre. Einmal an die Macht gelangt, hat es sich auf kriegerische Eroberungen verlegt oder den mächtigen Vorteil kultureller Überlegenheit und wirtschaftlichen Reichtums zur Zerschlagung der religiösen und sozialen Gebilde der »Heidenvölker« genutzt. Gewiß hat es sich bemüht, auch seelsorglich so gut als irgend möglich seine »Eroberungen« nachzuarbeiten. Aber zum einen verstand es seine eigenen Dogmen nicht als Symbole, die im Unbewußten des Menschen tief verankert sind, sondern es glaubte, von außen, also mit Zwang, seine Glaubenslehren vermitteln und absichern zu müssen; und zum anderen strebte es auf diese Weise einen Status an, der wohl dem einer Volksreligion, nicht aber einer Entscheidungsreligion wie dem Christentum gemäß sein konnte. So drohte auf der einen Seite die Gefahr, auf halbem Wege stehenzubleiben und ein geistiges Ruinenfeld in Form von religiös wie moralisch entwurzelten Völkern zu schaffen, wie z. B. bei den nordamerikanischen Indianerstämmen oder den Aborigines Australiens; auf der anderen Seite drohte gerade im Fall eines vollständigen »Sieges« dem Christentum die Gefahr einer kolossalen Verflachung. Zum Judentum oder zum Hinduismus, die beide aus den Überlieferungen einer jahrtausendealten Kultur erwachsen sind, gehört man durch Geburt und Erziehung; eine Religion aber, die, wie das Christentum, als Erlösungsreligion alle natürlichen Bande zunächst in Frage stellt, wird sich selber untreu, wenn sie praktisch doch zu einer Mitgliedschaft auf Grund der Geburt zurückkehrt. Ihre eigene Diagnose kann dann nicht mehr ernstgemeint sein, und entsprechend simpel lautet dann auch ihr Therapievorschlag. Der Glaube gilt dann für etwas selbstverständlich und gemeinhin Gegebenes; vergessen ist die Aufregung, die es kostet, aus der Angst heraus zum Glauben zu finden; vergessen auch ist die Unmöglichkeit, in der Angst von der Macht des Bösen aus eigenen Mitteln frei zu werden.[72]

Unvermittelt hat das Christentum sich auch aus diesem Grunde von einer eigentlichen Glaubenslehre zu einer bloßen Morallehre gewandelt, für die Gut und Böse allein von der Einsicht und dem guten Willen abhängen. Natürlich kann unter solchen Umständen von irgendeinem tragischen Zug des menschlichen Daseins fortan keine Rede mehr sein. Der erlöste Mensch ist des Guten fähig; er bekommt von Gott genügend

Gnaden; und da durch die Ausbreitung des Christentums auch die Erlösung der Menschheit hinlänglich weit fortgeschritten ist, besteht scheinbar viel Grund zu Dankbarkeit und Freude über den Sieg gegen die Mächte des Bösen, gegen das Tragische. Aber die Folgen derartiger Vereinfachungen bestehen keineswegs in größerer Menschlichkeit und allgemeinem Glück, sondern im Gegenteil in einer besonderen Art von Grausamkeit und Unredlichkeit.

Von der Tragödie, das Tragische theologisch zu leugnen

Die moralische Überforderung

Als erstes nämlich kann die fortschreitende Vermoralisierung des Christentums nur zu erheblichen moralischen Überforderungen führen, und die schweren Schuldgefühle und neuerlichen Zwänge, die sich daraus ergeben, müssen das Christentum nicht nur um seinen Anspruch bringen, den Menschen in seinem Dasein heilen zu wollen, sie stellen der christlichen Verkündigung letztlich das Zeugnis der Wirklichkeitsferne bzw. des Sonntagsidealismus aus.

Indem man den Glauben in der Weise der Volksreligion gewissermaßen zu inflationären Bedingungen handelt, sind die Menschen innerlich ja durchaus nicht anders geworden; nach wie vor sind sie denselben Ängsten ausgeliefert wie jedermann, und die bloße Tatsache, dem Christentum anzugehören, ist solange existentiell und psychologisch unwirksam, als diese Ängste nicht in der Tiefe vom Glauben her beruhigt worden sind. So richtig es ist, daß der Glaube *an sich* von der Notwendigkeit der Schuld und des tragischen Scheiterns erlöst, so wenig ist damit doch schon darüber gesagt, inwieweit jemand für sich selbst den Standpunkt des Glaubens gesetzt hat. Gerade indem diese Frage bei der Aufnahme ins Christentum jetzt aber keiner eigentlichen Bewährung mehr unterzogen wird, mutet es grotesk an, wenn gleichwohl innerhalb der kirchlichen Ordnung Gebote und Gesetze aufgestellt werden, die im Grunde nur als Folgerungen des Glaubens sinnvoll und möglich sind, die aber nun den Charakter rein sittlicher Forderungen erhalten. Die Leugnung der tragischen Verstrickungen des menschlichen Willens, die ursprünglich mit dem Anschein eines menschenfreundlichen Optimismus auftrat, wird auf diese Weise zu einer unmenschlichen Vergewaltigung. Zudem macht man sich offensichtlich nicht genügend klar, daß es selbst einem Heiligen nicht erspart bliebt, mit Menschen zu leben, die keine Heiligen sind, und daß von daher ein Stück Tragik auch gerade auf den »erlösten« Menschen zurückfällt. Es läßt sich z. B. zeigen, daß Menschen, die im Glauben zu sich selbst gefunden haben, auch die Fähigkeit besitzen, zu anderen Menschen hinzufinden und eine dauerhafte Bindung einzugehen; Menschen hingegen, die Gott aus den Augen verloren haben, meint die jahwistische Urgeschichte im Anschluß an die »Sündenfallerzählung«, können einander nur demütigen (Gen 3,14) oder vergöttlichen (Gen 6,1-4), und das mosaische Gesetz war realistisch genug, der menschlichen »Herzenshärte« (Mk 10) Rechnung zu tragen und die Ehe zwischen Mann und Frau u. U. für auflösbar zu halten. Die katholische Kirche hat demgegenüber stets betont, daß »im Glauben«, als »Sakrament«, die Ehe unauflöslich sei, und sie weigert sich beharrlich, die Tragödien scheiternder Ehen, wie die oben genannten Formen der anima-Liebe, zur Kenntnis zu nehmen.[73] Sie erhebt die Unauflöslichkeit der Ehe zu einer sittlichen Pflicht, so als sei die Gnade der Liebe vom guten Willen menschlicher Moralität abhängig, und sie will nicht sehen, daß oft genug gerade die Einseitigkeit des guten Willens in der vorhin gezeigten Weise das Scheitern einer Ehe heraufbeschwört. Denn selbst wenn die Problematik z. B. einer anima-Übertragung in einem der beiden Partner noch keine neurotischen Prozesse einleitet, was ist, wenn der andere Partner seine zumeist in irgendeiner Hinsicht minderwertige Rolle als anima-Gestalt an der Seite des anderen nicht aushält? Was ist mit der Frau, die durch die Tugendhaftigkeit ihres Mannes zur Alkoholikerin wird, was ist mit den Söhnen, die sich nicht entwickeln und zu einem eigenen Standpunkt finden können, weil sie von dem überragenden Vorbild ihres Vaters oder ihrer Mutter erdrückt werden?[74] Was ist mit dem Bösen, das im menschlichen Leben der Vollkommene schon dadurch anrichtet, daß er mit unvollkommenen Menschen lebt? Und um von den (ohnedies in der Kirche überdiskutierten und einseitig klerikalisierten) Fragen der Ehe und Familie einmal abzusehen: sind all die »Forderungen« der Bergpredigt: Vergebungsbereitschaft, Feindesliebe, Armut, Keuschheit etc. nicht gleichermaßen bloße *Folgen* des Glaubens, die zu utopischen Idealen geraten, wenn man sie von dem entscheidenden Fundament (der Aufarbeitung der Neurotizismen der Angst durch den Glauben) löst und in rein moralische Statuten verkehrt?

Die Kirche hat, wie zur Entschuldigung, bzgl. all der tragischen Formen des Scheiterns des guten Willens sich ein Dogma zurechtgelegt, das es ihr scheinbar erlaubt, endgültig das Tragische im menschlichen Leben zu verdrängen; dieser Glaubenssatz lautet, es werde von Gott nicht zugelassen, daß jemand über sein Vermögen hinaus in Versuchung geführt werde (»ultra posse nemo tentatur«), oder, positiv ausgedrückt, Gott gebe einem jeden genügend Gnaden, um in der Versuchung standzuhalten; eine Notwendigkeit zum Bösen gebe es daher nicht.[75] Zwar erkennt auch die kirchliche Lehre an, daß es Widerstände gegen die Gnade (einen »obex gratiae«) geben könne, aber sie hält dafür, daß solcher Widerstand eben Sünde sei, – und vergißt im gleichen Atemzug hinzuzufügen, daß die sog. »Erbsünde« ein einziger »obex gratiae« ist, besteht sie doch in nichts anderem, als eben von der Gnade ausgeschlossen zu sein; die Erbsünde aber ist (auf dem Hintergrund der Angst) eben nicht mit dem Willen, sondern nur durch einen Akt des Vertrauens zu lösen.

Statt also im Grunde rein pelagianistisch die Tragödien des menschlichen Lebens für einen Mangel an gutem Willen, für eine vermeidbare Schuld zu erklären, sollte man vielmehr zugeben, daß eine Welt, die nicht das Reich Gottes und nicht das Paradies ist, ipso facto voller Tragödien, voller Notwendigkeiten zum Bösen, sein muß. Man hat ein Recht zu sagen, dies sei ein Indiz dafür, daß es der Welt an Glauben mangele, aber man hat nicht das Recht, daraus eine moralisierende Sophisterei zu machen und die Menschen, statt ihre Hilfsbedürftigkeit und Ausgeliefertheit, ihre Unfreiheit und Ohnmacht zu sehen, mit Geboten, heroischen Opferforderungen und einer Menge ungerechter Vorwürfe zu überhäufen.

Die falsche Rechtfertigung des Ungeheuerlichen: z. B. die Lehre vom gerechten Krieg

Durch eine freimütige Anerkennung des Tragischen könnte sich die christliche, insbesondere die katholische Morallehre zugleich aus einer Klemme befreien, in die sie unweigerlich geraten mußte, als sie anfing, die tragischen Verstrickungen des Lebens einfach für die moralische Schuld der Betroffenen zu erklären. Wo immer dies nämlich offensichtlich nicht möglich war, weil keiner der Akteure von sich aus die Notwendigkeit heraufbeschworen hat, Dinge tun zu müssen, die an sich unstreitig böse und moralisch verwerflich sind, hat die kirchliche Morallehre bislang das Kunststück fertig bringen müssen, selbst die ungeheuerlichsten Taten nicht nur für ausnahmsweise tolerabel, sondern sogar für eine sittliche Pflicht zu erklären, der man sich moralisch nicht entziehen dürfe. Man erkannte die Notwendigkeit innerhalb des Tragischen an, aber da es eine Notwendigkeit zum Bösen nicht geben durfte, mußte man das Böse für gut erklären und die Notwendigkeit als Verpflichtung interpretieren. Das großartigste und zugleich fragwürdigste Beispiel dafür ist in der langen Geschichte der Moraltheologie und auch auf dem Hintergrund des eben erwähnten Beispiels kollektiver Tragödien ohne Zweifel die Lehre vom gerechten Krieg.[76] Der Grundgedanke dieser Lehre ist simpel und einleuchtend: Man muß dem Staat zubilligen, daß er sich einer ungerechten Aggression gegenüber militärisch verteidigt, vorausgesetzt, er setzt Mittel ein, die den Rahmen des Notwendigen nicht überschreiten, die in sich nicht verwerflich sind (wie z. B. bakteriologische Kriegsführung, Folterungen, Geiselerschießungen etc.) und die eine gewisse Aussicht auf Erfolg bieten. Wohlgemerkt, auch diese Lehre bildet theologisch eine Art Notverordnung; daß sie mit dem Prinzip der Gewaltlosigkeit der Bergpredigt nicht vereinbar ist, sollte und konnte man ruhig offen zugeben. Aber wie nun, wenn selbst diese Notverordnung nicht durchführbar ist? Daß der »gerechte« Krieg nur einer staatlichen Autorität zugebilligt werden darf, ist spätestens dann fragwürdig, wenn die Staatsmacht sich in den Händen von ein oder zwei Großgrundbesitzerfamilien befindet, die sich mehr als zwei Drittel des Bodens angeeignet haben und die Bevölkerung absichtlich in Abhängigkeit, Elend und Unwissenheit halten.[77] Ob ein Angriff ungerecht erfolgt, wird nur in relativ seltenen Fällen auszumachen sein: meist, wie beim Ausbruch des Ersten Weltkrieges, wird sich die politische Lage über einen längeren Zeitraum hin auf einen Punkt zubewegen, wo es nur noch eine gewaltsame Lösung zu geben scheint; zudem ist das Recht in der Geschichte mit ihren ständigen Eroberungen und Grenzverschiebungen eine schwer zu bestimmende Angelegenheit:[78] Bis heute kann man sich darüber streiten, ob die Annektierung des Sudetenlandes im September 1938 zu Recht oder zu Unrecht erfolgte. Sodann die Mittel: Ist ein Krieg sinnlos, wenn er mit Speeren gegen Panzerwagen geführt werden muß, wie im Oktober 1935 beim Überfall Italiens auf Abessinien?[79] Und umgekehrt: Wie will man auf den Einsatz *aller* Mittel verzichten, wenn der Gegner militärisch gleich stark ist und keine Skrupel im Einsatz seiner Mittel kennt?[80] Alle Mittel aber – das heißt nach Verdun: die völlige Unterwerfung des Menschen unter eine grenzenlos zu steigernde Technik maschineller Zerstörung. Selbst wer die Lehre vom gerechten Krieg an sich akzeptiert, muß zugeben, daß es in der

Geschichte wohl kaum ein einziges Beispiel gibt, wo die Bedingungen dieser Lehre erfüllt wurden, daß also jeder und gerade der vom Anlaß her »gerechte« Krieg vom Anfang bis zum Ende einer unablässigen Tragödie gleichkommt.

Aber statt diese Tragödie zu sehen und zuzugeben, hat man sich die Aufgabe gestellt, das Ungeheuerliche des Krieges zu rechtfertigen und mit Scheinargumenten zu leugnen: Da es eine Notwendigkeit zum Bösen nicht geben durfte, mußte selbst die Bereitschaft zum Atomkrieg kirchlicherseits zur Pflicht erhoben werden. Es war bereits als Fortschritt zu werten, daß das II. Vaticanum angesichts der Schrecken moderner Vernichtungswaffen die Verweigerung des Kriegsdienstes immerhin für eine christliche Möglichkeit erklärte und also wenigstens indirekt die Tragik des Kriegsdienstes anerkannte;[81] – in den Tagen der Wiederbewaffnung der Bundesrepublik indes vertrat die katholische Kirche einhellig die Meinung, daß kein Katholik das Recht habe, den Wehrdienst (im Falle eines ungerechten Angriffs) zu verweigern, und die Anerkennung des Rechts auf Kriegsdienstverweigerung kam in einer der Sternstunden des Deutschen Bundestages seinerzeit nur gegen das erklärte Votum von Pater *Hirschmann*, SJ, zustande; ja, hätte nicht der CDU-Abgeordnete *Peter Nellen* (Münster) damals die Lehre zu urgieren gewußt, daß ein Katholik selbst einem *irrigen* Gewissen gegenüber zu einem Gehorsam verpflichtet sei, den der Staat schützen müsse – es gäbe eines der moralisch wichtigsten Gesetze der Bundesrepublik heute nicht, und man hätte, wie damals in Frankreich und der DDR, die Kriegsdienstverweigerung mit Gefängnisstrafe verfolgen müssen.

Derartige Folgen zeitigt der Zwang, aus schlimmen Notwendigkeiten moralische Pflichten abzuleiten, nur weil man den Bereich des Tragischen nicht glaubt anerkennen zu dürfen.[82]

Die Frage nach Krieg und Frieden ist dabei nur *ein* Beispiel. Es ließe sich über die bereits angeführten Beispiele hinaus leicht zeigen, daß es kein einziges sittliches Gebot gibt, das nicht zu tragischen Verwicklungen führen kann, und in all diesen Fällen nötigt die Verdrängung des Tragischen zu der absurden Alternative, entweder die faktische Schuld in der Tragödie als falschen Anschein dem Gewissen auszureden oder aber den Zwangscharakter der bestehenden Situation dem Einzelnen im Ton des Vorwurfs zur Last zu legen. So oder so fügt man den betroffenen Menschen bitteres Unrecht zu: Im einen Fall zwingt man sie dazu, unmoralischer zu sein als sie sind und ihren natürlichen Instinkt für Gut und Böse mit Füßen zu treten, im anderen Fall bekommt man es fertig, Menschen ihr Unglück auch noch als Schuld anzurechnen. Was sich scheinbar so erlöst und frei gebärdet: das Tragische im menschlichen Leben mit Berufung auf das Christentum zu leugnen, ist angesichts der bestehenden Zwänge und Ausweglosigkeiten in Wahrheit ein ebenso grausames wie unglaubwürdiges Verfahren. Wenn das Christentum nicht den Mut hat, den zentralen Punkt seiner eigenen Lehre von der Erlösungsbedürftigkeit des Menschen wieder mit dem nötigen Ernst zu versehen, darf es sich nicht wundern, wenn es zunehmend mehr an den wirklichen Fragen der Menschen in ihrer Kompliziertheit und Vielschichtigkeit vorbeiredet. Der Ausfall an Verständnis und Mitleid muß dann wettgemacht werden durch eine Vermehrung von Vorhaltungen, Statuten und Appellen, aber diese tun den Betroffenen weh und bringen das Christentum mehr und mehr auch noch um seinen moralischen Kredit, nachdem es seinen dogmatischen Anspruch bereits selbst erheblich reduziert hat. Die Anerkennung des Tragischen setzt freilich voraus, daß man zugleich mitanerkennt, was man bisher ständig gemieden hat: das Unbewußte im Menschen und, als dessen Interpretin, die Tiefenpsychologie mit ihrer Auslegung menschlicher Angst; es setzt ferner voraus, den Einzelnen für wichtiger zu nehmen als den »Erfolg« en masse. Aber sollte das so schier unmöglich sein?

Die Tragik der menschlichen Unzulänglichkeit oder: Die Tragik Gottes

Bisher haben wir von Formen des Tragischen gesprochen, bei denen der Einzelne auf Grund eines Widerspruchs zum Sittlich-Allgemeinen schuldig werden muß, indem entweder das eigene Unbewußte sich gegen den moralischen Willen geltend macht (die Tragik des neurotischen Widerspruchs) oder aber die Forderungen der Sittlichkeit durch die Pathologie der Umstände in sich selber widersprüchlich werden (die Tragik der moralischen Unvereinbarkeit). Bereits diese beiden Formen des Tragischen anzuerkennen mag der kirchlichen Moraltheologie aus den angeführten Gründen schwerfallen, aber eine vertiefte Erbsündenlehre sollte es ihr geradezu als theologische Pflicht auferlegen, die psychologische Dialektik der Angst und die daraus erwachsende Dialektik des Ethischen zur Kenntnis zu nehmen und die Kraft des Glaubens an ihrer Überwindung zu bewähren.

Sehr viel schwieriger muß es hingegen der Theologie fallen, eine dritte und letzte Form des Tragischen anzuerkennen, die nicht mehr in einer Notwendigkeit der Schuld, sondern umgekehrt gerade in der Schuldlosigkeit eines gleichwohl notwendigen Versagens besteht.

Die Gestalt, die das Tragische hier annimmt, ist gewissermaßen jenseits aller Schuld. Sie betrifft Menschen, die in sich integer und besten Willens sind, und sie ereignet sich in Umständen, die an sich nichts Tragisches oder Schuldhaftes bedeuten müssen, und dennoch führt hier der Charakter des Einzelnen und die Struktur der Umstände einen Konflikt herauf, der nur einen tragischen Ausgang zuläßt. Es ist dies die *Tragik der Überforderung*, und sie beruht auf dem, was *St. Zweig* sehr treffend das »Mißverhältnis eines Menschen zu seinem Schicksal« genannt hat[83]. Wenn irgend etwas auf Erden, so ist diese Form des Tragischen am besten geeignet, den Glauben an eine gütige und weise Fügung des Weltenlaufs durch eine göttliche Vorsehung von Grund auf zu erschüttern, und sie muß deshalb theologisch am provozierendsten wirken, denn zu offensichtlich liegt die Schuld hier nicht bei den einzelnen Menschen oder den von Menschen verursachten Umständen, sondern offenbar in dem Schicksalsplan selbst, dessen Unangemessenheit bestimmte Menschen als schuldlose Opfer mit unausweichlicher Notwendigkeit zerbrechen und am Leiden vieler zur Mitursache werden läßt.

Um ein solches tragisches Scheitern zu vermeiden, müßte das Schicksal in jedem Einzelfall anders gefügt sein: Es müßte größere Persönlichkeiten für die Lösung seiner übergroßen Aufgaben bestellen und umgekehrt Charaktere kleineren Formates wählen, wenn es darum geht, nur im durchschnittlichen Einerlei seine Zufriedenheit zu finden. Daß jedoch immer wieder Menschen, die von der Natur zur Fahrt auf hoher See geradezu bestimmt erscheinen, an den Engen und Untiefen ihrer von außen auferlegten Lebensaufgaben wie an einer Sandbank scheitern müssen, während andere, die ihren seelischen Möglichkeiten nach nur in sicherer Küstennähe zu bleiben bestimmt sind, vom Sturm des Lebens gerade ins offene Meer hinausgetrieben und verwüstet werden – dieses Schauspiel der bizarren Unverhältnismäßigkeit von Lebensauftrag und Vermögen ist, jenseits aller Menschenschuld, wenn überhaupt, dann Schuld des Schicksals selbst, dann Tragik Gottes. *Sie* anzuerkennen, fällt der Religion am schwersten, obwohl doch nur die Religion den Menschen fähig machen könnte, gerade mit dieser Art des Tragischen zu leben.

Zwei Lehrsätze der Schultheologie müssen an dieser Form der Tragödie gleichzeitig zerschellen: vorab das eine schon zitierte Theorem, Gott erweise einem jeden soviel Gnaden, daß er nicht in Sünde fallen müsse; dieses Theologumenon, bislang schon wenig glaubwürdig, verwandelt sich als erstes angesichts der furchtbaren Realität gerade dieser Gestalt des Tragischen vollends in eine wirklichkeitsfremde und in sich selber widersprüchliche Theorie des menschlichen Lebens.

Da es hier besonders um die alltäglichen, die gewöhnlichen, die unbemerkten Tragödien geht, vermögen bereits ein paar einfache Beispiele scheinbar kleiner Schicksalsschläge des Lebens die theologische Theorie von den jederzeit genügenden Gnadenmitteln Gottes Lügen zu strafen.

Was z. B. soll man menschlich und theologisch von einer Frau halten, deren Seelenstärke wohl hinreicht, um an der Seite eines Mannes, der sie tagaus tagein beschützt und trägt, den häuslichen Pflichten nachzukommen, ihre Kinder zu versorgen und ein bescheidenes, aber um so kostbareres Glück zu genießen? Deren Mann stirbt, und, allein gelassen, ausgesetzt, vom Schicksal betrogen, sieht sie sich außerstande, mit ihrer Situation zurechtzukommen; mehr und mehr neigt sie sich dem Alkohol zu, ihren Verstand betäubend, ihr Gefühl ertränkend; sie vernachlässigt ihre Pflichten, sie wird *schuldig* an ihren Kindern, die ihrer Fürsorge gerade jetzt um so mehr bedürften; aber zu deutlich spürt sie die Kraft und den Mut ihres Lebens im Tod ihres Gatten zerbrochen; ihr Leben ist psychisch zu Ende, noch ehe es physisch zu Ende gelebt ist, und nur die Betäubung scheint den Schmerz dieser Kluft zwischen untotem Leben und lebendigem Tod erträglich zu halten. Wer, muß man fragen, will ein solches Unglück schuldig sprechen?

Und dies sei nur ein Beispiel für 100 000 andere, wie sie das Leben täglich schreibt. Es läßt sich nicht leugnen, daß immer wieder aus Schwäche der Seele Menschen objektiv Schuld an sich selbst und an anderen begehen; aber um diese Schuld zu vermeiden, müßte man im Sinne jenes theologischen Theorems von den jederzeit hinreichenden göttlichen »Gnadenmitteln« ernstlich verlangen, daß jeder Mensch einen Charakter besäße, befähigt genug, um mit jedem erdenklichen Schicksal »fertig« zu werden. Eine solche Forderung wäre jedoch bereits psychologisch unsinnig: Ein Charakter entsteht durch Prägung und Anpassung an *bestimmte* Umweltbedingungen, es gibt keinen Charakter an sich, sondern gerade die charaktervolle Persönlichkeit, die mit den ausgeprägtesten Seelenzügen, ist in gewissem Sinne die am meisten festgelegte, die bestangepaßte, aber gerade deshalb zugleich die durch einen Wechsel der Umstände am meisten bedrohte. Gerade je mehr Charakter ein Mensch besitzt, je auffälliger seine individuelle Lebensfärbung wirkt, desto unfehlbarer scheint er den Raubvogelstoß des Schicksals auf sich zu ziehen, desto zerbrechlicher bietet sich sein Wesen offensichtlich dem Verderben dar. Flexibilität gegenüber den Wechselfällen des Schicksals aber ist das genaue Gegenteil von Charakterfestigkeit, und so wie eine besonders angepaßte Tierart gerade auf Grund ihrer spezialisierten Tüchtigkeit in einzelnen Aufgaben schon durch geringfügige Wandlungen der Umweltbedingungen dem Untergang preisgegeben wird, so kann besonders der enggeformte, ausgestanzte Charakter, so sehr er unter den Bedingungen seiner Entstehung sich bewährt, von einem Wechsel der Verhältnisse leicht überfordert werden.

Man kann daher psychologisch weder erwarten noch postulieren, ein Mensch müsse jeder beliebigen Lebenssituation gerecht werden können. Es ist zudem auch theologisch absurd zu hoffen, Gott ergänze durch seine Gnade das dem menschlichen Vermögen Fehlende. Ein solches »Wunder« wirkt Gott nicht –, es widerspräche seiner eigenen Schöpfung, und es richtete sich auch gegen die theologische Vorstellung von der »Gnade« Gottes, die nach kirchlicher Lehre wohl die menschliche Natur voraussetzt und vollendet, nicht aber völlig neu schafft oder umgestaltet.

Dann aber bleibt das Faktum bestehen, daß immer wieder Menschen auf einen Lebensweg geführt werden, der sie von einer bestimmten Stelle an überfordern muß, gerade weil sie in besonderem Maße mit ihrem Charakter einer gewissen Strecke dieses Weges gar zu sehr entsprochen haben und plötzlich aus der bisher gewohnten Enge des Lebens ins unermeßlich Große oder aus bisheriger Größe in unerwartete Dumpfheit geschleudert werden. Ja, es kann sein, daß Menschen von ihrem Schicksal geradezu dahin verführt werden, ihren Lebensauftrag und sich selbst, ihr eigenes Wesen, mißzuverstehen, und erst zu spät, wenn nichts mehr wieder gutzumachen ist, bemerken sie, wie man hätte leben können. Ja, nach einem bitteren Wort *I. Kants* liegt ein Hauptübel, ein Kernpunkt der menschlichen Tragödie überhaupt darin begründet, daß man zu rechter Einsicht und Weisheit, wie man leben sollte, erst in einem Alter gelangt, wenn das Leben schon vorüber ist.[84]

So schildert *St. Zweig* etwa das Leben der Königin Marie Antoinette als tragisch gerade darin, daß die oberflächlich-leichtlebige Tochter

Maria Theresias vom Schicksal zwei Jahrzehnte lang förmlich verwöhnt und überschüttet wurde, ehe sie, die grande dame der Mode, der Bälle und der schönen Eitelkeiten des Rokoko, mit jähem Schrecken bemerkt, daß »außerhalb der vergoldeten Gittertore ein Millionenvolk auf seine Herrscherin harrt«[85]. Die Gedankenlosigkeit, der Leichtsinn, »daß sie fast zwanzig Jahre lang das Wesenhafte dem Nichtigen aufopfert, die Pflicht dem Genuß, das Schwere dem Leichten, Frankreich dem kleinen Versailles, die wirkliche Welt ihrer Spielwelt – diese historische Schuld ist beinahe unfaßbar«[86]. Aber war es auch eine persönliche Schuld? – muß man mit *St. Zweig* fragen. Die ganze Welt des Rokoko, deren Mittelpunkt, Idol, Vorbild und Dienerin die junge Österreicherin gewesen ist, kannte einzig »jenes Nichtwissen und Nichtwissenwollen um alle Tragik und Trübe der Welt«[87]; aber eben darin lag die ganze Tragik der schrecklich scheiternden Gemahlin von Ludwig XVI., die gerade eines energischen Regenten bedurft hätte, nicht aber dieses zu jeder männlichen Entscheidung unentschlossenen, weder zu Gutem noch Bösem fähigen, nur auf Jagd und Essen versessenen, für Marie Antoinette geradezu abstoßenden Bequemlings. Es ist furchtbar, eines Tages wie Marie Antoinette zu erwachen und sehen zu müssen, daß man schuldig wurde, ohne es zu wollen, nur weil man nicht begriffen hat bzw. seinem ganzen Wesen nach gar nicht begreifen konnte, in welch eine Zeit man hineingestellt wurde.

Und was, wenn man von daher weiterfragt, ist mit den Menschen, die nicht, wie wir vordem gesehen haben, das Unverantwortbare verantworten müssen, sondern bereits einfach dadurch schuldig werden, daß sie, gemäß ihrer ganzen Charakterausstattung, von vornherein nicht rechtzeitig zu erkennen vermögen, welch eine Verantwortung sie überhaupt tragen? Was ist mit denen, die vom Schicksal durch Geburt, Abstammung, Wahl, Ernennung oder einfach durch das Zusammenspiel des Zufalls in eine Position geschoben wurden, in der sie notwendig versagen müssen, schon weil sie die objektive Forderung der neuen Lage entweder geistig nicht zu durchdringen vermögen oder ihrer ganzen Persönlichkeit nach nicht angemessen darauf reagieren können? Eine Marie Antoinette hätte an der Seite eines anderen Gatten, eines wirklichen Mannes, nicht nur ihr Glück, sondern beizeiten auch das Maß ihrer Verantwortung finden können, und es wäre ihr nicht bestimmt gewesen, erst in den Tagen des Umsturzes, in den Tuilerien, im Tempel, und schließlich in der Conciergerie ihr Wesen und ihre

Größe an dem Übermaß ihres Unglücks kennen zu lernen, – zu spät, wie man im eigenen und fremden Leben wohl immer wieder sagen muß.

Auch die zweite theologische Allerweltsauskunft versagt endgültig an dieser Form der Tragödie des an sich schuldlosen Versagens von Menschen an der Ungemäßheit ihres Schicksals: die Lehre von der *Vorsehung Gottes in dem empirischen Schicksal eines jeden einzelnen.*

Dem Christentum gilt es als eine zentrale Lehre, daß über dem Leben eines jeden Menschen Gottes Plan und Fügung walte und daß in Zeit und Ewigkeit sein Wohl und Wehe Ziel und Zweck des Weltenlaufes sei.[88] Diese Auffassung, die der Anerkennung des Tragischen im menschlichen Leben besonders entgegensteht, wird auf grausame Weise widerlegt, wenn sich immer wieder zeigt, daß nicht nur auf das *physische* Wohlergehen des Menschen im Gang der Natur keine besondere Rücksicht genommen wird, sondern auch seine *moralische* Integrität durch die Macht der Umstände immer wieder zerstört wird.

Nicht einmal *G. W. Leibniz*, der Philosoph der Lehre von der prästabilierten Harmonie und der besten aller möglichen Welten, war in seiner »Theodizee« der Meinung, daß man die Natur und den Ablauf der menschlichen Geschichte verstehen könne, wenn man sie aus der Perspektive nur des Menschen, und dabei womöglich noch nur aus der Perspektive des einzelnen Menschen betrachte.[89] Die Ordnung der Welt stellt sich durchaus unabhängig vom Glück des Einzelnen her; ja, sie erhebt sich oft genug über dem unzähligen Leid einzelner. »Stelle dir einmal vor«, fragt *Dostojewskijs* Iwan Karamasoff, »du selber leitetest den Aufbau des Menschheitsschicksals in der Absicht, schließlich alle Menschen zu beglücken, ihnen allen endlich Frieden und Ruhe zu geben; die unbedingte und unausweichliche Vorbedingung zur Erreichung dieses Zieles wäre aber ..., daß du ... auch nur ein einziges, winziges Geschöpf quälen müßtest, ... würdest du unter diesen Bedingungen einverstanden sein, der Bauherr dieses Baues zu sein?«[90] Das genau ist die aufrührerischste aller Fragen aus der Perspektive des Einzelnen; aber die Natur, das Schicksal, beantwortet sie eindeutig und ohne Zögern mit Ja; sie hat durchaus den Mut, die tragische Dimension des Lebens dem Einzelnen nicht im mindesten zu ersparen, sondern im Gegenteil: sie kalkuliert von vornherein ein außerordentlich hohes Maß an individuellem Leid und Schuld, an physischem und moralischem Zerbrechen mit ein.

Es geht den Menschen in Bezug zu den moralischen Anforderungen ihres Schicksals nicht sehr viel anders als Mücken, die an einem Sommernachmittag über einem Flußlauf »spielen«: Ein leichter Winddruck genügt, und sie geraten tödlich in das ihnen feindliche Element des Wassers; ihr verzweifelter Kampf mag minutenlang dauern, – sie werden bald schon schwächer werden, und die nächste Welle bereits wird sie überschwemmen. Es gibt durchaus keine »prästabilierte Harmonie« der Welt in dem Sinne, daß für jedes einzelne Lebewesen eine besondere, empirisch oder naturphilosophisch begründbare Vorsehung existieren würde, die in allen Lebenssituationen auf das vortrefflichste seinen individuellen Bedürfnissen und Erfordernissen zu dienen vermöchte.[91] Die Harmonie der Welt kann nur die Harmonie des *Ganzen* sein, und wer dagegen das Glück des Einzelnen, Mensch oder Tier, als eine absolute Größe reklamieren wollte, der müßte konsequenterweise in der Tat, wie Iwan Karamasoff, Gott die Eintrittskarte zum Dasein in einem metaphysischen Protest zurückgeben.[92] De facto ist es schlechterdings unvermeidlich und gar nicht anders zu erwarten, als daß immer wieder, myriadenfach, einzelne Lebewesen in eine Umwelt verschlagen werden, deren Anforderungen und Bedingungen die Möglichkeiten ihres physischen wie seelischen Organismus überfordern; und ebenso erscheint es als schlechtweg unausweichlich, daß bereits durch die äußerlichen Bedingtheiten des Schicksals immer wieder Lebenssituationen für den Einzelnen eintreten, die seine moralischen und charakterlichen Fähigkeiten bei weitem übersteigen. Irrtum, Unvermögen, klägliches Versagen und Verzweiflung sind die üblichen Erfahrungstitel dieser häufigsten Form des Tragischen, an der nicht mehr menschliche Schuld, sondern die Einrichtung der Welt, wenn überhaupt jemand, die Schuld trägt. Diese Form des Tragischen ist ein Teil der Schöpfung selbst, und sie ist zutiefst eine Tragik des Schöpfers. Eben deshalb fällt es der Religion so schwer, gerade diese Form des Tragischen zu akzeptieren. Die Theologie, statt in einer schlechten, weil heuchlerischen, Theodizee die Fragen des Hiob zu verdrängen und schließlich den Menschen zu seinem Unglück auch noch mit Vorwürfen zu überhäufen, sollte jedoch gerade um der Erlösung des Menschen willen anerkennen, daß es Schicksalsfügungen und Schicksalsschläge gibt, an denen Menschen unausweichlich scheitern müssen. Statt Gott von dieser Form des Tragischen im Innersten der Schöpfung rein zu waschen, sollte sie vielmehr die so praktischen Einteilungen in Gut und Böse, Frei und Unfrei, Schuld und Reue gänzlich über Bord werfen und zu einer unmittelbaren Ehrfurcht vor dem menschlichen Leid zurückfinden.

Das Christentum könnte dabei nur gewinnen: seine Gottesvorstellung wäre ipso facto glaubwürdig. In einer schlechten Karikatur des christlichen Gottesglaubens hat besonders die französische Philosophie immer wieder die christliche Gottesidee mit dem Argument zu widerlegen versucht, daß Gott als ein absolutes Subjekt, als *Zuschauer* der menschlichen Geschichte eine überflüssige und lächerliche Gestalt abgebe. Aber wie, wenn die Menschheit gerade auf Grund der Unzahl ihrer tragischen Schicksale einen Gott förmlich brauchte, der jenseits des faktischen Scheiterns den ohnmächtigen Willen des Einzelnen schon für die Tat und die zu späte Reue für seine eigentliche Wahrheit nimmt und der in den Zeitmaßen der Ewigkeit ergänzt, was in der Zeit der Einzelne für sich versäumt?

In seinen Betrachtungen zur *Kunstform* der Tragödie meinte *F. Schiller* einmal bereits auf Grund rein ästhetischer Erwägungen: »Der Zweck der Tragödie ist: Rührung; ihre Form: Nachahmung einer zum Leiden führenden Handlung.« »Der tragische Dichter«, fügte er hinzu, »gibt also mit Recht den gemischten Charakteren (sc. den an ihrer Schwäche moralisch Leidenden, d. V.) den Vorzug, und das Ideal seines Helden liegt in gleicher Entfernung zwischen dem ganz Verwerflichen und dem Vollkommenen.«[93] Wenn Mitleid, Rührung und Verständnis nach *Schillers* Meinung also bereits die Absicht der *Kunstform* der Tragödie darstellt, um wie viel mehr gebührt dann der *Daseinsform* des Tragischen nichts anderes als eben solches menschliches Verständnis, ein Ende des Moralismus und das Vertrauen, daß ein Gott dem Schauspiel des menschlichen Scheiterns zuschaut, der fähig und willens ist, dem Menschen inmitten seiner tragischen Schuld durch sein verzeihendes Erbarmen seine Unschuld zurückzugeben. Auf der Bühne des Lebens jedenfalls scheint die Tragik Gottes inmitten und im Angesicht seiner Schöpfung einzig dazu bestimmt, die menschliche Hartherzigkeit so anzurühren, daß ihre steinerne Unerbittlichkeit, der ausnahmslose Rigorismus des sittlichen Urteils, einer menschlicheren, gütigeren Stellungnahme und Einstellung weicht. Die Tragik Gottes an den Notwendigkeiten und Bedingtheiten seiner Schöpfung nötigt den Menschen um so mehr, an eine Vergebung jenseits des Scheiterns, jenseits der Vergeblichkeit und jenseits des Versagens zu glauben. Oder – wir litten umsonst.

III. Von Übertragung und Wiederholungszwang oder: Liebe zwischen Glückseligkeit und Unglück

Die Auffassung der Ehe ist in der katholischen Kirche zutiefst von den Worten Jesu im Markusevangelium (Mk 10,1-12) geprägt. Dogmatisch ist mit dieser Stelle die Sakramentalität der Ehe begründet worden, moraltheologisch ihre Unauflösbarkeit und kirchenrechtlich die Unmöglichkeit einer Wiederverheiratung Geschiedener. Alles hängt dabei an dem entscheidenden Satz: »Was also Gott gepaart hat, das soll ein Mensch nicht trennen.« (Mk 10,9) Was mit diesem Satz gemeint ist, bestimmt den gesamten Umkreis dessen, was ein Theologe über das Thema Ehe sagen kann.

Im folgenden soll es aber nicht um eine exegetische, sondern tiefenpsychologische und theologische Untersuchung des genannten Jesus-Wortes gehen. Was heißt: »Was Gott gepaart hat«? Was ist damit über den Menschen und von der Liebe zwischen Mann und Frau gesagt? Und welche Folgerungen ergeben sich daraus? Solche Fragen sollen erörtert werden, indem die theologische Bedeutung des Jesuswortes durch den Vergleich und den Kontrast mit bestimmten tiefenpsychologischen Einsichten über Ehe und Liebe aufgezeigt wird; dabei werden wir uns zur Verdeutlichung gelegentlich verschiedener Beispiele der Dichtung und Belletristik bedienen, da solche Beispiele allgemeiner zugänglich sind als persönlich ausgewähltes Erfahrungsmaterial.

Da die meisten Störungen der Liebe sich aus gewissen Übertragungsmechanismen ergeben, ist deren Analyse mehr als alles andere dazu geeignet, um die Bedingungen zu untersuchen, unter denen eine Ehe, wie es die katholische Moraltheologie fordert, »unauflöslich« sein kann.

In einem ersten Abschnitt soll daher zunächst das Problem der Übertragungsliebe *tiefenpsychologisch* entwickelt werden, um dann in einem zweiten Abschnitt die Folgerungen zu erörtern, die sich aus dem Befund *theologisch,* insbesondere für Moraltheologie und Kirchenrecht, ergeben.

Tiefenpsychologische Grundlagen

Die Liebe ist von Gott

Die erste Feststellung, die sich in dem Text von Mk 10,1-12 inhaltlich treffen läßt, gibt etwas scheinbar Selbstverständliches wieder: Was Mann und Frau miteinander verbindet, ist die Liebe, sagt Jesus, und er meint, sie ist von Gott. Die entscheidende Frage wird dabei sein, wie diese Göttlichkeit der Liebe gemeint ist, denn seit altersher gibt es darüber die verschiedensten Vorstellungen.

Daß die Liebe von Gott ist, führt Jesus in Mk 10 aus, kann man daran erkennen, daß es keine Macht unter den Menschen gibt, die stärker ist als die Liebe. Diese Ansicht entspricht der alltäglichen Erfahrung. Menschen können an Hinderungsgründen und Schwierigkeiten der Liebe in den Weg stellen, was sie wollen, – sie werden die Liebe nicht besiegen können. Menschen vermögen, um die Liebe zu hindern, einander ins Unglück zu stürzen und zu Hass und Zerstörung zu treiben, aber noch das Unglück und der Hass legen Zeugnis ab von der ungebrochenen und unzerstörbaren Kraft der Liebe. »Die Liebe«, sagt daher das Alte Testament, »ist stark wie der Tod; selbst viele Wasser reißen sie nicht fort.« (Hld 8,6.7) Und ganz entsprechend erzählt eine alte persische Legende die Geschichte von dem Beduinenjüngling Madschnun, der aus Liebe zu seiner Leila, weil deren Vater sie einem anderen zur Frau gab, in die Wüste floh »und dort ohne Hoffnung und ohne Furcht, im Herzen Liebeswahnsinn und auf den Lippen Liebesverse, unter den Tieren der Wildnis hauste, nackt und allein.« Ein arabischer König, der den wunderlichen Madschnun sehen wollte, verlangte, das Geheimnis seiner Liebe zu erfahren; aber Madschnun erwiderte nur:

»O könnten, die mich schelten,
Leilas Schönheit sehen,
so würden sie verzeihen
und verstehen ...«

Der König also begehrte, daß man Leila vor ihn brächte, aber er fand sie wider alles Erwarten mager und von der Sonne und dem Nomadenleben ausgezehrt – jede Sklavin seines Harems dünkte ihn schöner. Madschnun indes, der des Königs Gedanken erriet, sprach die Verse:

»Für Leilas Schönheit bist du blind –
was tun?
Du mußt sie sehen mit den Augen
von Madschnun ...«[1]

So rätselhaft, so menschlich unverständlich und so menschlich unbezwingbar ist die Liebe.

Die mythologische Vergöttlichung der Liebe

Die Märchen der Völker sind voll von Geschichten dieser Art. Die Mythen der Alten standen nicht an, die ganze Welt als Schauplatz der ewig sehnsüchtigen, ewig ersterbenden und ewig sich erneuernden Liebe zwischen Sonne und Mond zu betrachten, die durch die Räume des Kosmos voneinander getrennt seien und doch stets zueinander strebten.[2] Die ganze Welt, meinten sie, lebe von der Kraft der Liebe, obwohl doch gerade sie in ihrer äußeren Gestalt einer letzten Erfüllung der Liebe im Wege stehe. Die Liebe sahen sie als eine Kraft der Elemente an, als einen kosmischen Drang, als eine irreduzierbare Tatsache. Auch sie betrachteten die Liebe in gewissem Sinne als göttlich; und doch verstanden sie die »Göttlichkeit« der Liebe ganz anders als die Bibel. Man kann das leicht feststellen, wenn man die Erfahrungen reflektiert, die den Mythen der Völker zu Grunde liegen, und daneben die Erfahrungen hält, von denen die Bibel ausgeht.

Bekannt ist vor allem in der griechischen Mythologie der Liebesgott Eros, der als ein Gott des menschlichen Herzens galt und in vermenschlichter Form geradezu groteske Züge annahm. Die Griechen sahen in ihm einen kleinen lustigen Burschen, der den Menschen unverhofft Pfeile ins Herz schießt, deren Gift ihnen die Freiheit nimmt.[3] Die Menschen, mit anderen Worten, sind zufolge dieser Vorstellung die Objekte einer göttlichen Jagd: Die Liebe hetzt die Menschen wie Tiere, sie dringt in ihr Innerstes ein, plötzlich und anfallartig, und macht sie zu spaßigen Kindern; der Gott der Liebe meint es mit seinen Streichen, wenn dieses mythische Bild zutrifft, nicht übel mit den Menschen, aber die Liebe, mit der er die Menschen vergiftet, ist zutiefst komisch und tragisch; sie macht aus dem menschlichen Leben ein nicht endendes Schauspiel, ein einzigartiges Theater. Sie ist, wie die Kunst, jenseits von gut und böse, außerhalb ethischer Bewertungen, ein göttliches Vergnügen, eine unberechenbare, unbeherrschbare Schicksalsmacht, eine chemische Bindungsenergie, ähnlich den »Wahlverwandschaften« *Goethes*.[4]

Es läßt sich nicht leugnen, daß vieles im menschlichen Leben der Vision der Griechen (und Römer) von dem Gott Eros (oder Amor) Recht gibt. Nichts auf der Welt bringt den Menschen so sehr durcheinander, verheert seine Sinne, raubt ihm den Verstand, macht Jahre der Zucht und Treue zunichte, verhöhnt seine edelsten Absichten und Pläne wie das süße Pfeilgift der Liebe, wie dieses psychodelische Curare des Gottes Eros. Wenn irgendetwas, so ist im Sinne der Mythen daher die Liebe »göttlich«. Dem Wortlaut nach sagen also der griechische Mythos und die Bibel von der Liebe dasselbe. Und doch besteht zwischen ihnen ein unendlicher Abstand.

Die Menschlichkeit der Liebe in Gott

Wenn die Bibel von der Göttlichkeit der Liebe spricht, so meint sie ohne Zweifel nicht die tragikomische Gottheit der Griechen. Sie weiß zwar um die überragende Macht und Bedeutung der Liebe im menschlichen Herzen, aber sie wehrt sich dagegen, diese Macht mit Gott selbst zu identifizieren. Die Liebe ist *von* Gott heißt für die Bibel gerade nicht: die Liebe *ist* Gott. Dieser Unterschied ist alles andere als eine Wortklauberei; er ist für das Folgende ganz entscheidend. Eine Auslegung der Erzählung, wie in der Bibel Gott den Menschen schafft, kann das verdeutlichen.

Am Anfang der Hl. Schrift, in Gen 2,4-25, scheint es, als wenn Gott selber im Verlaufe seiner Schöpfung dazulernen müsse. Er hat den Menschen geschaffen und ihn in eine Welt versetzt, die wie ein Paradies für ihn bereitsteht, und doch – fast zur Überraschung Gottes – ist der Mensch im Paradies nicht glücklich. Im Gegenteil, er versinkt in einen verzweiflungsvollen Schlaf; denn anders als Gott, kann der Mensch allein nicht leben. Die ganze Schöpfung ringsum, die Tiere vor allem, begegnen dem Menschen als Partner eines möglichen Dialogs, – und der Mensch redet zu den Tieren und nimmt sie auf in das Feld seiner Liebe; und doch sucht er in allem nach etwas, das ist wie er, und findet es nicht.[5]

Dieses Verlangen des Menschen nach sich selbst in einem anderen, das er nicht selber ist, liegt wesenhaft in jedem Menschen, meint der Jahwist, dem wir diese auch von Jesus in Mk 10 zitierte Schöpfungsmythe verdanken; ein jeder Mensch, will die Bibel sagen, ist diesem Verlangen so sehr verpflichtet, daß ihm – nach dem Bild von der *Rippe,* die Gott ihm herausschneidet – in seiner Brust etwas fehlt, wenn er es nicht in einem anderen Menschen findet; es gibt in jedem Menschen etwas, das er in sich vermißt, etwas, das ihm fehlt und doch zu ihm gehört, und er kann es nur von außen wiedererlangen. Das Gegenüber der Liebe ist immer – zufolge dieses alten Mythems – geformt aus dem eigenen Mangel; die Geliebte ist stets die vollendete Erfüllungsgestalt der eigenen Wunde. Man müßte, m. a. W., sich die Frau, wenn es sie nicht gäbe, aus den Rippen schneiden, meint diese Erzählung; man bedarf ihrer, um »gut« zu sein und »ganz« zu werden. Der Partner der Liebe ist daher dem Menschen, wie die Bibel sagt, von seinem ganzen Wesen her eine notwendige Ergänzung, eine »Hilfe« (Gen 2,18), und das stärkste Motiv der Liebe ist nicht, wie manche Idealromantiker meinen, die Hingabe, das Daseinwollen und das Opfer, sondern der Egoismus der eigenen Erfüllung, das göttliche Naturgesetz der eigenen Ganzheit.

Diese Gesetzmäßigkeit der Liebe ist nicht Gott selbst, aber sie ist der Bibel zufolge *von* Gott; sie ist für den Menschen so wesentlich, daß Gott sich in seiner Schöpfung selber danach richten muß. Er, Gott, ist in sich absolut; er bedarf keines Partners, und er kennt keine Einsamkeit. Der Mensch aber wird nur durch dieses Fehlen in seinem Herzen, durch diesen Hohlraum der Sehnsucht, durch diesen Mangel an autarker Absolutheit zum Menschen. Wer immer auf einen anderen trifft, der ihm zur Ergänzung bestimmt ist, wird es so erleben, wie die Bibel es schildert: daß Gott den anderen in den eigenen Lebensweg hineingesandt und »zugeführt« hat (Gen 2,22), daß hier eine »Bestimmung« und »Fügung« am Werke ist, die er selbst weder geplant noch beeinflußt hat, für die er aber jetzt, wo immer sie sich ereignet, nur dankbar sein kann.

Dies also ist der erste Unterschied zwischen der Bibel und z. B. der griechischen Mythologie. Der Gott der Liebe ist für die Bibel kein spielender Knabe, sondern ein weiser, verständiger Schöpfer, der den Menschen kennt und entsprechend seinen eigentlichen Bedürfnissen handelt. So ist die Liebe *von* Gott. Man kann ihre Göttlichkeit daran erkennen, daß sie sich von innen, aus dem eigenen Fehlen und Bedürfen, ergibt, daß sie sich ins eigene Herz, in die Hohlstelle der eigenen Brust, fügt. Die Liebe ist für die Bibel daher das wesenhaft »Passende«, gerade also nicht eine Art Überfall, nicht ein hinterhältiges Attentat oder eine Schicksalsmacht, die im menschlichen Leben Unfug auf Unfug häuft.

Will man die biblische und griechische Auffassung von der Liebe voneinander unterscheiden, so muß man sagen: Die Liebe des griechischen Eros ist psychologisch ein »Komplex«, ein unintegriertes Antriebsensemble, eine knabenhafte Heimtücke und Kinderei, die in sich selbst von unbeherrschbarer, göttlicher Allmacht ist; die Liebe demgegenüber, die der Gott der Bibel schafft, ist die Vollendung des Menschen, eine Notwendigkeit seines Wesens, keine fremde Zumutung. Der griechische Eros ist die Verkörperung eines Naturereignisses, die Personifikation einer Macht, die den Menschen letztlich um seine Personalität, um seine Freiheit und um sein Bewußtsein bringt; die Liebe, die der Schöpfungsgeschichte nach von Gott ist, erhebt die Person des Menschen und führt sie zur Einheit ihres Wesens.

An dieser Stelle erhält die entscheidende Wendung in Mk 10: »Was *Gott* gepaart hat« im Kontrast zum Griechischen erstmals einen klarer bestimmbaren Inhalt. Die Liebe bzw. der Geliebte, so lautet der Unterschied, verdient in sich keine göttliche Anbetung; es ist nicht Gott selbst, der hier begegnet; man verliert seine Person in der Liebe nicht an den anderen, man gewinnt sie vielmehr darin; die Liebe ist nicht das Letzte, im Hintergrund der Liebe steht eine absolute Person, der man sich selbst, die ganze Welt und auch den anderen, den man liebt, verdankt. Diese Differenz zwischen Bibel und Mythos in der Auffassung der Liebe wird für das Verständnis des Jesus-Wortes auch in Mk 10 die größte Rolle spielen.

Das Problem der Übertragungsliebe

Zunächst wird man sich über die »Kinderei«, über die Komplexnatur des griechischen Eros Gedanken machen müssen. Ist nicht, was zwanghaft kindisch macht, selbst in sich noch ein Rest der Kindheit? Ist nicht eine Liebe, die sich selbst und den anderen vergöttlicht, im Grunde eine Spielart kindlicher Abhängigkeit? Auch hier ist der Gegensatz deutlich: An der Stelle, wo die Bibel von der Liebe zwischen Mann und Frau erzählt, hebt sie betont hervor, daß der Mann »Vater und Mutter verläßt«, um zu seiner Geliebten zu finden (Gen 2,24); und so sehr auch damit im Vordergrund die äußere, wirtschaftliche und familiäre Trennung des Sohnes von seinen Eltern gemeint sein wird, so wird man darin doch auch die Andeutung einer inneren Loslösung, einer entscheidenden psychischen Ablösung von den Eltern sehen dürfen. Die Menschen, die der Gott Eros mit seinen Pfeilen verwundet, sind hilflose Kinder, die sich aneinander klammern wie an etwas Letztes, wie an Vater und Mutter; die Menschen, die der Gott Jahwe in der Bibel zueinander führt, sind erwachsene Menschen, die ihre Eltern zurückgelassen haben.

Viererlei also scheint für die Bibel zusammenzugehören: Gott gefunden zu haben, von den Eltern losgekommen zu sein, zu sich selbst zu finden und den anderen zu lieben, indem man in ihm sucht, was einem selber fehlt. Um den Zusammenhang dieser vier Faktoren muß es gehen, wenn man verstehen will, was die Auffassung der Bibel von der Liebe von dem Mythos der Liebe – etwa bei den Griechen – unterscheidet.

Die Elternliebe des Kindes

Psychologisch gesehen, ist alle Liebe zunächst Elternliebe, und zwar eine Liebe der Abhängigkeit. Die Eltern sind die ersten, die all das, was einem Menschen, der zur Welt kommt, fehlt, durch ihr Dasein ergänzen können. In der Nähe seiner Eltern vermag ein Kind Wärme und Schutz, Nahrung und Geborgenheit, Annahme und Verständnis zu finden, und wenn man sagt, daß es an seinen Eltern in Liebe »hängt«, so eben infolge dieser grenzenlosen »Abhängigkeit«.[6] Im Kontakt mit seinen Eltern lernt ein Kind seine soziale und physische Umwelt kennen, und es gelangt vermittels seiner Eltern zu den ersten grundlegenden Einstellungen und Haltungen sich selbst gegenüber. Im späteren Leben wird es versuchen, diese Haltungen an anderen Menschen auszuprobieren und, je nach Erfolg oder Mißerfolg, verfestigen oder abwandeln; immer also werden die Beziehungen zu anderen Menschen entscheidend von den ersten Erfahrungen an Vater und Mutter mitgeprägt sein. In gewissem Sinne muß man psychologisch daher sagen, daß die Liebe des Erwachsenen nicht nur von den Eltern wegführt, sondern eigentlich gerade wieder zu ihnen zurückleitet. Jede Liebe unter Erwachsenen ist irgendwo auch eine Fortsetzung und Weiterführung der Elternliebe. Die Frage aber stellt sich, in welchem Maße das gilt, und hier trennen sich die Wege quantitativ wie qualitativ.

Kennzeichnungen der Übertragung der Elternliebe

Was der griechische Mythos vor Augen hat, ist offensichtlich die Möglichkeit, daß die Liebe *nur* eine Variante der Übertragung, eine Reproduktion frühkindlicher Haltungen darstellt. Wenn Liebe das ist, als was die Verkörperung des Kindgottes Eros sie hinstellt, dann ist das Ich des Liebenden ein Spielball derjenigen Kräfte, die in den Kindertagen das Ich beherrschten und sich darin durch Angst, Liebe und Gewohnheit festgesetzt haben. Alles, was ihn als liebens- oder hassenswert überfällt, bezieht seine schicksalhafte Macht aus der Verknüpfung mit bestimmten Erinnerungsresten der Kindheit. Eine Frau gilt als faszinierend oder (in Freudschem Sinne) als »unheimlich«[7] auf Grund ihrer Nähe zu dem Bild der Mutter, das unbewußt fortwirkt; ein Mann gilt als eine »hinreißende« oder »beeindruckende« Persönlichkeit infolge der unterschwelligen Nachwirkungen der Vatergestalt. Eigentümlicherweise genügen offenbar bereits geringfügige assoziative Anklänge an das unbewußte Bild von Vater oder Mutter, um gerade die Gefühle, Einstellungen und Verhaltensweisen in voller Macht wieder auf den Plan zu rufen, die in den längst zurückliegenden Jahren der Kindheit gegenüber Vater und Mutter eingeübt wurden. Keineswegs bedarf es einer weitgehenden Entsprechung des Geliebten mit der Gestalt der betreffenden Elternimago.[8] Die Verknüpfung erfolgt vielmehr in der Art, wie man ein vor 20 Jahren bespieltes Tonband in voller Länge einspielen kann: Ein einziger Druckknopf genügt, das längst Vergangene in die Gegenwart zu holen. Eine solche Liebe, die in der Übertragung der Elternimagines auf den Ehepartner besteht, bezeichnen wir mit *Freud* am besten als Übertragungsliebe[9], und wir müssen uns als erstes fragen, wie eine derartige Übertragungsliebe beschaffen ist, und dann untersuchen, welche moralischen, rechtlichen und theologischen Konsequenzen sich daraus ergeben.

Es ist zunächst wichtig zu sehen, daß die Übertragungsliebe eigentlich gar nicht dem Geliebten gilt, sondern dieser nur den Anlaß zur *Wiederholung*[10] kindlicher Einstellungen abgibt; ihre unentrinnbare beseligende oder zerstörende Gewalt gewinnt die Übertragungsliebe ganz und gar aus dem Umstand, daß sie in Wahrheit gar nicht dem scheinbar Geliebten zukommt, sondern daß dieser nur die Projektionsfläche *kindlicher* Erfahrungen darstellt. Das Ich des Liebenden *regrediert* in der Übertragungsliebe zu Formen kindlicher Sorge und Anhänglichkeit. Es sieht nicht den anderen, wie er wirklich ist, es sieht ihn nur durch den Schleier der eigenen Erwartungen, die es selbst unbewußt an die Stelle der Wirklichkeit rückt.

Die Kindlichkeit der Übertragungsliebe bedingt näherhin mit ihrer Realitätsferne ein hohes Maß an *Narzißmus.*[11] So sehr die Liebe eines

Kindes zu seinen Eltern als eine verschobene Form des Selbsterhaltungstriebes, des *Freud*schen »Urnarzißmus«[12] verstanden werden muß, so sehr bedeutet die Übertragungsliebe eine höchst narzißtische Besetzung des »Libidoobjektes«. Man kann dies an den augenblicklichen Kränkungen und Enttäuschungen bemerken, die dann eintreten, wenn der »Geliebte« es wagt, zu deutlich von den kindlichen Erwartungen der Übertragungsliebe abzuweichen; augenblicklich pflegt der andere in der Übertragungsliebe sich dann das Recht zu maßlosen Vorwürfen, zu Verzweiflungsausbrüchen, zu erpresserischen Drohungen herauszunehmen und findet erst wieder zur Ruhe, wenn er den solcherart »Geliebten« in das erwartete Verhaltenskorsett zurückgezwungen hat. In gewissem Sinne sieht in der Übertragungsliebe der aktive Teil nicht den anderen, sondern nur sich selbst, und man brauchte nicht anzustehen, sein Verhalten egoistisch zu nennen, wenn man jemanden als »egoistisch« bezeichnen dürfte, der gerade darunter selber am meisten leidet, daß sein Ich in der Übertragungsliebe unter der Macht des Wiederholungszwanges bis zur Ohnmacht eingeengt ist. Die vollkommene Egozentrik der Übertragungsliebe ergibt sich eben nicht aus einer ungehemmten »egoistischen« Ichdurchsetzung, sondern aus einer fatalen Ich-Einengung, wie sie das Bild von den Giftpfeilen des Kindgottes Amor treffend wiedergibt.

Von »Angst und Gewalt« und vom »Irrtum der Person«

Um zu einer (kirchen-)rechtlich und moraltheologisch relevanten Beurteilung der Übertragungsliebe zu gelangen, muß man sich vor Augen halten, daß für die Übertragungsliebe in geradezu klassischer Weise diejenigen kanonischen Bestimmungen des kirchlichen Gesetzbuches zutreffen, die als Ehehinderungsgründe im CIC erwähnt werden. Eine Ehe, so heißt es dort, kann nicht geschlossen werden, wenn »*Gewalt und Furcht*« oder ein »*Irrtum der Person*« den Grund einer Heirat bilden. Als 1917 diese Bestimmungen in das kirchliche Gesetzbuch aufgenommen und 1983 erneuert wurden, dachte man vor allem an äußere, soziale Formen von Zwang und Irrtum. (CIC 1097-1099; 1103) Ein Räuberhauptmann, der ein Mädchen entführt und in einer Dorfkirche vor den Traualtar zwingt, übt Gewalt aus und vereitelt selbst das Zustandekommen einer wirklichen Ehe;[13] jemand, der eine Frau von Adel zu heiraten glaubt und ehelicht in Wahrheit eine anderenorts stadtbekannte

Kurtisane oder Sklavin[14], wird natürlich hintergangen und geht keine gültige Ehe ein, was immer auch vor dem Pfarrer und zwei Zeugen feierlich den Worten nach versprochen werden mag. Dergleichen Dinge sind *äußerlich* feststellbar und stellen daher kein Problem für die kirchliche Rechts- und Moralauffassung über die Ehe dar. Was aber ist es mit den *inneren,* psychischen Zwängen, Ängsten und Irrtümern, die in jeder Form von Übertragungsliebe die größte Rolle spielen? Was ist es mit der Liebe unter den Giftpfeilen des Gottes Eros? In der Lustigkeit des griechischen Mythos möchte man die Liebe des Gottes Eros für eine Folge überschäumender Lebenslust halten; aber eine tiefere psychoanalytische Betrachtung zeigt gerade auf Grund der Komplexnatur der Übertragungsliebe, die durchaus als Erfahrungsvorbild des Eros-Mythems gelten kann, daß sie keineswegs durch unmittelbare Triebhaftigkeit, sondern allein durch das Diktat kindlicher Angst zustande kommt; und immer basiert die Übertragungsliebe neben dieser kindlichen Angst auf einem *Irrtum der Person.*

Angst ist bereits in der *Genese der Übertragungsliebe* der wirksamste Faktor. Ein Kind vermöchte sich von den mächtigen Gestalten von Vater und Mutter mit zunehmendem Alter zu befreien, wenn es nicht unter dem Druck der Angst – und der entsprechenden Schuldgefühle, also Strafängste – sich in den Anfangsjahren seiner psychischen Entwicklung über die Maßen mit den moralischen Vorschriften und seelischen Erwartungen seiner Eltern zu *identifizieren* gezwungen sähe. Um die allmächtig erscheinenden Eltern nicht zu verlieren, um also der schlimmsten Form der Strafangst: der Verlustangst,[15] zu entgehen, klammert sich das Kind in verzweifelter Weise an das elterliche Vorbild, so daß es deren Gestalten in erdrückender Weise *introjiziert.*[16] Nur durch die melancholische Angst, ohne Vater und Mutter selber wie entwertet,[17] wie vernichtet zu sein, wird das Bemühen verständlich, später im Erwachsenenalter in dem Geliebten einen *Ersatz* für den verlorenen Vater oder die verlorene Mutter zu finden. Ein Eheschluß kommt unter diesen Umständen immer einem schweren »Irrtum der Person« gleich, insofern der andere in der Realität niemals ganz, oft nicht einmal auch nur annähernd der Gestalt des vermißten Elternteils gleicht; die Erwartung einer solchen Identität von Elternimago und Ehepartner bildet aber gerade die irrtümliche Voraussetzung der Übertragungsliebe.

Der Begriff »Irrtum« ist dabei ganz wörtlich zu nehmen, wofern damit gemeint ist, daß jemand subjektiv etwas als gegeben annimmt, das objektiv nicht zutrifft. Einem Außenstehenden könnte die Übertragungsliebe als eine Art absichtlicher Illusion, als ein Selbstbetrug erscheinen; das ist sie aber keinesfalls, vielmehr ist das Ich sich durchaus nicht darüber im klaren, wie sehr die Realität durch die Vorgänge der Übertragung verzeichnet wird, ja, es ist sich dessen nicht im mindesten bewußt, daß die magische Faszination, die ein anderer ausübt, nicht von ihm selbst, sondern von der Gestalt der Eltern ausgeht. Insofern wird es buchstäblich von seinem Unbewußten in die Irre geführt, und es ist diesem ohne analytische Einsicht so hilflos ausgeliefert wie die Menschen der griechischen Mythe dem Gotte Eros.

Beispiele der Übertragungsliebe

Vielleicht wird nun gerade dieser fatalistische, zwanghafte Zug der Übertragungsliebe bei manch einem Menschenfreund Zweifel darüber wecken, ob es denn die hier beschriebene Form einer Übertragung der Vater- oder Muttergestalt mit ihrem hohen Maß an Unfreiheit wirklich gibt. Aber man muß sich verdeutlichen, daß es sich bei dem Begriff der Übertragungsliebe nicht um Spekulationen über Möglichkeiten, sondern um die Erklärung faktischer Vorkommnisse handelt.

Wer hätte nicht bereits erlebt, daß irgendwo in seiner Umgebung eine Frau wider alle Vernunft sich der verlockendsten Bekanntschaften begibt, um sich Hals über Kopf, unverständlich für alle, die sie kennen, aber mit unbeirrbarer Konsequenz, in eine völlig aussichtslose, gefährliche, mindestens unattraktiv erscheinende Beziehung hineinzustürzen? *F. Truffaut* zeigte, als er die Geschichte der »Adele H.« verfilmte,[18] nur die Magie, die Verfallenheit, die rätselhafte Hypnotisiertheit auf, mit der die schöne, hoch begabte und sensible Tochter des berühmten *Victor Hugo* wie vernarrt allen Zurückweisungen, Lieblosigkeiten und Enttäuschungen zum Trotz bis in den Wahn hinein ihrer ersten Liebe zu einem völlig unbedeutenden und ihrer unwürdigen Stutzer die stets unerwiderte Treue hielt; an keiner Stelle seines Films gibt *Truffaut* eine Erklärung für die willenlose Leidenschaft Adelens, aber es ist deutlich zu erkennen, daß die unglückselige Tochter *Hugos* den Mann, an den sie ihr Leben vergeudet, aller Realität spottend so hoch einschätzt und ehrt – wie ihren Vater; und es mutet tragisch an, daß selbst ein Mann mit soviel Einfühlungsvermögen, mit einer so hohen Menschlichkeit und einer solchen Güte wie *Victor Hugo* alles verstehen konnte außer den

Beitrag, den er selbst durch seine eigene überragende Persönlichkeit zum Untergang seiner über alles geliebten Tochter leistete. – Andere Beispiele der Übertragungsliebe sind aus der Literatur wohlfeil und bekannt, so etwa *Stefan Zweigs* Novelle »24 Stunden aus dem Leben einer Frau«, die den unwiderstehlichen Einbruch einer Hotelbekanntschaft in das bisher als geordnet erscheinende Leben einer moralisch vollkommen integren Frau beschreibt'[19] – *S. Freud* hat dieses Beispiel aphoristisch kommentiert und vor allem auf die Winzigkeit des Übertragungsanlasses hingewiesen.[20]

Das notwendige Risiko der Übertragungsliebe – oder: Kasuistik an einem Märchenbeispiel

Wer die Existenz derartiger Fälle von Übertragungsliebe anerkennt, begibt sich, wie sofort zu sehen ist, auf ein weites Feld: Er muß anerkennen, daß es Eheabschlüsse geben kann, die nicht eigentlich zwischen Mann und Frau, sondern im Grunde zwischen einem Ehepartner und einer Elternimago zustande kommen; vor allem muß er anerkennen, daß es niemanden gibt, der die Tatsache einer solchen Übertragungsliebe zum Zeitpunkt eines Eheabschlusses feststellen könnte: Die Ehepartner können es nicht, weil die Tatsache der Übertragung ihnen selbst unbewußt bleibt, die Trauzeugen, der Pfarrer u. a. können es zumeist nicht, weil sie die innere Situation der Eheleute zu wenig kennen; und, um das Maß der moraltheologischen und kirchenrechtlichen Verwirrung vollzumachen, selbst wenn die Trauzeugen und der Pfarrer psychoanalytisch genügend geschult und im Einzelfall hinreichend informiert wären, so müßten sie sich in der Regel doch mit dem Willen der Brautleute einverstanden erklären und den weiteren Gang der Dinge abwarten, – Grund und Berechtigung zum Eingreifen hätten sie ja nur, wenn sic des notwendigen Scheiterns und Unglücks einer solchen Beziehung gewiß sein könnten, und das sind sie niemals. Denn die Übertragungsliebe *kann* lebenslänglich Bestand haben, z. B. wenn die Ehepartner die Bedingungen ihres Eheabschlusses unangetastet lassen oder sich in einer Weise fortentwickeln, daß die Grundlagen der Übertragung *gemeinsam* durch neue, reifere Beziehungsformen ersetzt werden; zudem bedürfte es eines gewissen Leidensdrucks und einer beträchtlichen Einsichtsfähigkeit der Betroffenen, um das Faktum einer Übertragungsliebe bewußt machen zu können, und diese Voraussetzungen werden gerade zum Zeitpunkt des Eheabschlusses am wenigsten gegeben sein. Andererseits ist das Gelingen einer Übertragungsliebe genauso wenig sicher und stets eine Art Glücksfall, der niemals rechtlich präjudiziert und noch weniger von vornherein zur unabdingbaren moralischen Pflicht der Eheleute erhoben werden kann. Ein dichterisches Beispiel mag das verdeutlichen.

Ein altes Märchen der *Brüder Grimm* »Das Mädchen ohne Hände« (Nr. 31) beschreibt auf unnachahmliche Weise die innere Notwendigkeit, die Auflösung und das unvorhersehbare Glück des Wiedergelingens einer Übertragungsliebe in allen ihren Stadien.[21]

»Das Mädchen ohne Hände« ist die symbolische Geschichte einer Frau, der als Kind die Hände abgeschlagen wurden, damit ihr Vater nicht dem Teufel anheim fiele; die Kindheit dieser Frau ist analytisch gesprochen also durch schwere Hemmungen im oral-kaptativen Bereich[22] gekennzeichnet, und die Frage des Märchens lautet, wie eine Erlösung aus dem Getto derartiger Angst- und Schuldgefühle im gesamten Wunscherleben später noch möglich sein soll. Das Mädchen ohne Hände, erzählt die Geschichte, gerät in einer Art umgekehrter Sündenfallerzählung in den Garten eines Königs, von dessen Birnbaum es unter dem Schutze eines Engels drei Nächte lang ißt, bis der König es mit Hilfe seines Gärtners und eines Priesters überrascht; bald überzeugt von ihrer Schönheit und Frömmigkeit, nimmt der König sie an den Hof, erwählt sie zu seiner Gemahlin und läßt ihr *silberne Hände* anfertigen. Ohne Zweifel repräsentiert dieser »König« des Märchens das genaue Gegenbild des Vaters; von Anfang an zieht er alle diejenigen Hoffnungen und Erwartungen auf sich, die in der Kindheit des Mädchens so bitter enttäuscht wurden, und er läßt sich unvermerkt zu einem Verhalten bewegen, das ganz und gar den Erfahrungen des Mädchens mit seinem Vater widerspricht. Vor allem gleicht der König- bzw. der Vatergemahl in dem Bild von den silbernen Händen die oralen Gehemmtheiten des Mädchens künstlich aus, so daß nach außen hin das Mädchen an nichts Mangel leidet. Doch trotz aller Bemühungen und allen Wohlwollens seitens des Gatten bleiben die silbernen Hände des Mädchens Prothesen, – niemals also vermag es seine Angst- und Schuldgefühle zu überwinden und selber zuzugreifen; im Gegenteil: Es *überträgt* auf seinen Gatten nicht nur die Hoffnungen, sondern ebenso die Ängste, die es dem Vater gegenüber besessen hat. Die gesamte Beziehung zwischen dem Mädchen und dem König wird, so erzählt das Märchen, übers Jahr von quälenden, schließlich mörderischen Mißverständnissen heimgesucht, denn immer verdreht der »Teufel«, d. h. die negative Seite der Vaterimago, auf unbewußte Weise – wenn der Bote »schläft«, sagt das Märchen – selbst die schönsten und bestgemeinten Mitteilungen. Das Mädchen äußert und versteht stets nur das Gegenteil von dem, was es selbst meint und was der andere ihm sagen will. Aus einem Anlaß der Freude wird somit ein Anlaß des Schreckens, aus einer Botschaft der Liebe wird buchstäblich eine Aufforderung zur Hinrichtung. Die Angst vor dem Vater wird daher durch die Liebe des Gatten geradezu von neuem provoziert und bis zur Unerträglichkeit gesteigert, so als wenn der Gatte, der soviel wie irgend möglich das Mädchen zu fördern und zu unterstützen sucht, ihm gerade jedes eigene Urteilsvermögen und jede eigene Meinungsäußerung verbieten wollte, – in der Bildersprache des Märchens: wie wenn der »König« seiner Gemahlin die Zunge herausschneiden und die Augen ausstechen lassen wollte. Erst als das Mädchen sieben Jahre lang den Kontakt zu seinem Gatten abbricht und mit seinem Kind in einem Hause mit der Aufschrift: »Hier wohnt ein jeder frei« den Gebrauch seiner Hände zurückgewinnt, findet der »König« wieder Zugang zu ihm, so daß beide, wie das Märchen betont, *aufs neue* die Ehe eingehen. –

An diesem Märchenbeispiel ist wohl besonders zutreffend die Ahnungslosigkeit geschildert, mit der das Mädchen ohne Hände in die Falle seiner Übertragungen gerät. Die Ehe mutet es wie der Eintritt in ein Paradies an, und es *kann nicht wissen,* daß gerade dieser Paradieseseindruck nur die Kehrseite der nachfolgenden Ängste, Schuldgefühle und mörderischen Unerträglichkeiten darstellt, ja, daß es in seiner ganzen Ehe nur in umgekehrter Weise seine Vaterbeziehung *wiederholt.* Vor allem ist dem Märchen darin zuzustimmen, daß die »Ehe« mit dem »König« eigentlich in sich noch gar keine Ehe, sondern nur eine Zwischenstufe für die psychische Reifung des Mädchens bedeutet; dabei wird man sagen müssen, daß die Beziehung zu dem »König« für das Mädchen unerläßlich war, um überhaupt in einem ersten Schritt das unglückselige Bild seines Vaters aufzuarbeiten; – seine »Ehe« war also wohl ein folgenschwerer *Irrtum der Person* des Partners, der mehr und mehr in die Verwechslung mit dem Vater hineingezogen wird, aber sie war kein Irrtum in dem Lebensweg des Mädchens. Denn erst in der Beziehung zu dem »König«, so unglückselig diese auch zunächst scheitert, lernt das Mädchen, daß es auch selber für sich leben kann und darf.

Lediglich der Abschluß des Märchens muß im gewöhnlichen Leben als ein unerhörter Glücksfall betrachtet werden: daß der »König« seine Geliebte am Ende aller Widerstände und Verwechslungen wiederfindet und sie gesund zurückerhält; für gewöhnlich wird der Partner der Übertragungsliebe nur die notwendige (und hoffentlich einzige) Brücke zu einer eigentlichen Beziehung sein, die den Partner nicht mit den Ängsten und Schuldgefühlen frühkindlicher Erfahrungen bis zur Unkenntlichkeit überzieht, sondern ihn in seiner Realität wahrnimmt und bejaht.

Formen der Übertragungsliebe

Die antithetische Übertragungsliebe

An diesem kurzen Märchenbeispiel ist zu ersehen, daß es Fälle gibt, in denen ein formeller Eheabschluß, und zwar ohne Kenntnis aller Beteiligten und womöglich sogar unter dem Eindruck eines allgemeinen Glücks und Wohlbefindens der Ehepartner, gleichwohl bereits von Anfang an die Keime seines Scheiterns in sich schließt und bei denen dieses Scheitern in der weiteren Entwicklung die unerläßliche Voraussetzung bildet, um vielleicht später einmal überhaupt eine dauerhafte Bindung zu einem Menschen eingehen zu können. Zudem lehrt das Märchen, daß die Übertragungsliebe eine sehr komplizierte Form annehmen kann und ihre Auflösung nicht in gerader Linie, sondern u. U. nur in scheinbaren »Sprüngen« erfolgt: Die Liebe des Mädchens erkennt zu Beginn in dem Königsgemahl ja gerade nicht die Gestalt des Vaters wieder, sondern sie beruht auf dem Gefühl, daß der Geliebte »ganz anders« sei als der Vater; es ist also nicht die Vaterimago selbst, sondern die *antithetische* bzw. *kompensatorische* Wunschphantasie, die, entstanden unter dem Druck der negativen Vaterimago mit ihren Ängsten und Schuldgefühlen, als deren positives Umkehrbild jetzt auf den Gatten übertragen wird; umso weniger kann demgemäß das Mädchen merken, daß es beim Eintritt in den Paradiesesgarten des Königs in Wahrheit geradewegs in die Wunschwelt seiner Kinderzeit zurückkehrt und damit zugleich die unerträglichen Ängste der Kindertage wieder heraufbeschwören muß. Der Königsgemahl seinerseits kann natürlich nicht entfernt ahnen, daß er mit seiner vorbehaltlosen Liebe und seinem überaus bemühten Entgegenkommen notwendigerweise in eine Falle uralter Ängste hineingerät und daher gerade nicht auf die erwartete

Gegenliebe, sondern auf eine Kette von Mißtrauen und Mißverständnissen trifft. Diese vollkommene Hilflosigkeit und Unfreiheit in der Übertragungsliebe bei allem guten Bemühen und bei äußerlich sogar optimalen Voraussetzungen zeigt das Märchen vom »Mädchen ohne Hände« in erschreckender Deutlichkeit und realer Richtigkeit.

Verschiedene Märchen bei allen möglichen Völkern sprechen ebenso wahr von den verschiedensten Variationen der Übertragungsliebe und ihren Schwierigkeiten. Die Erzählungen aus »1001 Nacht« z. B. kennen mehrere Geschichten[23], in denen in der Liebesnacht der Geliebte jeweils von einem »Geist«, also wiederum von der Elternimago, entrückt wird, und es bedarf in solchen Erzählungen natürlich stets einer langen Entwicklung, ehe die eigentlich füreinander bestimmten Partner auch wirklich zueinander finden. Wer immer die Besonderheiten und Verwicklungen der Übertragungsliebe zur Kenntnis nimmt, wird den Erfahrungen derartiger Märchen zustimmen müssen: Es ist psychologisch durchaus nicht sicher und ausgemacht, ob eine Ehe gelingen kann oder nicht; es bedarf in der Übertragungsliebe eines langen Weges der Reifung und der inneren Entwicklung, für den es trotz allen guten Willens keine Garantien und Sicherungen gibt.

Somit verändert das Faktum der Übertragungsliebe die gesamte konventionelle rechtliche und moralische Bewertung von Liebe und Ehe. Es ist im Falle der Übertragungsliebe unumgänglich, den Liebenden ein Recht zum Wagnis, also auch zum möglichen Scheitern ihrer Liebe zuzuerkennen; es ist nötig, im Fall der Übertragungsliebe die Begrenztheit menschlichen Urteilsvermögens einzugestehen und dementsprechend das Fiktive aller rechtlichen Kriterien und Abmachungen bei einem Eheabschluß zu bestätigen; und dies bedeutet m. a. W., der Liebe ihre Rätselhaftigkeit, ihre Unberechenbarkeit, ihre anarchische bzw. ihre »göttliche« Kraft im Sinne des griechischen Mythos zu belassen. Vor allem ist es unerläßlich, fortan mit einem unwägbaren Mehr oder Weniger an Übertragung in *jeder* Liebe zu rechnen und in vollem Umfang die Notwendigkeit des Probierens, Lernens, Irrens und Reifens in der Liebe zuzugeben: Der Weg zur Ehe kann lang sein und führt oft zunächst aus der bisher geschlossenen *scheinbaren* Ehe in jenes Niemandsland, in dem, wie in dem Märchen von dem »Mädchen ohne Hände«, ein jeder »frei« zu wohnen vermag, bis er sich selbst – vielleicht – zurückgegeben wird.

Dabei wäre es zu simpel, wollte man die Übertragungsliebe auf den engen Umkreis der projizierten Elternimago in ihren positiven oder negativen Inhalten beschränken. Zwar behandelten die bisher gewählten Beispiele nur diese Form der Übertragungsliebe; man muß aber bedenken, daß alle psychischen Komplexbildungen nach Art von »Luftwurzeln« (*H. Schultz-Hencke*)[24] ein ganzes Gezweig neuer Reaktionsbildungen und Verästelungen mit sich bringen. Die *Folgeerscheinungen* der unmittelbaren Übertragung können in der Liebe weit verhängnisvoller wirken als die direkte Projektion der Elternimago und die darin gelegenen Erwartungen und Enttäuschungen, Hoffnungen und Mißverständnisse. Oft geben sich überhaupt nur noch die »Luftwurzeln« zu erkennen, und die eigentliche Übertragungsthematik dahinter ist nur noch hypothetisch rekonstruierbar.

Ein berühmtes Beispiel für einen solchen Fall der *Folgen* der Übertragungsliebe liefert die Gestalt des Major Scobie in *G. Greenes* Roman »Das Herz aller Dinge«.[25] Scobie's Beziehung zu anderen Menschen, wie *Greene* sie schildert, ist nicht eigentlich Liebe, sondern Mitleid. Sein einziges Ziel besteht darin, seine Frau glücklich zu machen; doch mit den Jahren muß er zunehmend feststellen, daß das Leben miteinander sich auf die Einhaltung eines im Grunde verlogenen Rituals zärtlicher Gebärden reduziert, das nur mühsam den sich ansammelnden Hass verdeckt und dessen bloße Aufrechterhaltung bereits übermenschliche Anstrengungen verlangt. Mehr und mehr wächst in Scobie die Gewißheit, daß er an seiner einzigen Lebensaufgabe, die er sich gestellt hat: wenigstens *einen* Menschen in seinem Leben glücklich zu machen, hoffnungslos scheitert.

Es sind, analytisch betrachtet, wiederum deutlich väterliche Züge, die Scobie in seiner Rolle als Ehemann verkörpert: Er allein ist verantwortlich für das Glück seiner Frau. Eben diese Einstellung wird ihm zum Verhängnis, als nach einem Schiffsunglück ein junges Mädchen hilflos und mittellos, nur mit einem Briefmarkenalbum in der Hand, in seine Obhut gegeben wird und, während seine Frau zu einem längeren Urlaub in Südafrika weilt, all sein Mitleid und seine Aufmerksamkeit erregt. Scobie entdeckt, daß er aus Mitleid und Verantwortung schließlich zwischen zwei Frauen wählen muß und unentrinnbar, wie immer er sich entscheidet, etwas letztlich Unverantwortbares tun und Leiden zufügen muß. Außerstande, an Vergebung zu glauben, nimmt Scobie sich das Leben; und selbst sein Versuch, seiner Gemahlin die Tatsache seines Selbstmordes zu verschleiern, mißrät. Am Ende hat Scobie wirklich recht damit, daß sein Tod für alle Beteiligten noch der beste Weg ist, ihnen wenigstens ein Stück des »Glücks« zu schenken, das er ihnen im Leben so sehr schuldig blieb.

G. Greene berichtet so gut wie nichts über die biographische Genese seiner Romangestalt; dennoch gibt es eine Szene, die zeigt, was Scobie eigentlich sucht, wenn er sich Liebe nur als eine verzweifelte Anstrengung väterlicher Sorge vorstellen kann. Nach jenem Schiffsunglück stirbt ein sechsjähriges Kind in seiner Nähe, und Scobie fleht vergeblich zu Gott, das Kind möge gerettet werden; während er versucht, das sterbende Kind zu beruhigen, schreibt *Greene*, kehrte in ihm eine zärtliche »Erinnerung, die er sorgfältig begraben hatte«, zurück: er formt aus einem Taschentuch den Schatten eines Kaninchenkopfes und tröstet das Kind: »Da hast du dein Häschen ... Schlaf mit ihm ein. Es bleibt bei dir, bis du schläfst.« Aber das Kind ist tot.[26] Es ist eine »Erinnerung«, der offensichtlich eine starke Identifikation Scobie's mit dem sterbenden Kinde zugrunde liegt, und man hat deutlich den Eindruck, als wenn er dem Kind gerade das geben wollte, was er selbst von seinem Vater als Kind bekam oder doch hätte bekommen mögen; somit identifiziert Scobie sich in dieser Szene nicht nur mit dem Kind, sondern vor allem mit seinem Vater. Das geheime Motiv von Scobie's Mitleid offenbart sich in diesem einen Moment daher voll und ganz: seine Fürsorge, sein Mitleid mit den anderen, sein Verantwortungsgefühl beruhen auf dem Empfinden, selber im Grunde an der Stelle eines hilfsbedürftigen Kindes zu stehen und diesem Kind stellvertretend geben zu müssen, was ihm damals sein Vater hätte geben müssen (bzw. gegeben hat). Scobie muß ständig in der Rolle des verantwortungsbewußten, helfenden Vaters verharren, weil in ihm selber ein kleiner, hilfloser Junge steckt, den er in der Not eines jeden anderen wiederfindet und für den er stellvertretend als Vater eintritt.

Auch so also kann die Übertragungsliebe strukturiert sein, daß die Elternimago nicht auf den anderen projiziert, sondern als Ichideal aus Sehnsucht und Verpflichtung zur Bedingung und Forderung des eigenen Verhaltens erhoben wird; in den anderen hineinverlagert wird demgegenüber die eigene kindliche Hilflosigkeit, Abhängigkeit oder Liebeserwartung, und die Folge dieses Arrangements kann natürlich nur in einer heillosen Selbstüberforderung bestehen, indem das Ich seine eigenen Bedürfnisse stets nur ersatzweise im anderen befriedigt und selber dabei völlig leer ausgeht. Am Ende wird die Erfahrung Scobies unvermeidlich sein, daß die ständige Verpflichtung und Inanspruchnahme die Liebe in der Wurzel zerstört – trotz oder gerade wegen eines ungeheuren Ausmaßes an Einsatz und gutem Willen.

Die anima-Projektion

Im Zusammenhang mit dem Thema der Übertragungsliebe ist vor allem eine abgeleitete Form der projektiven Verzeichnung des Partners zu erörtern, die man als anima-Projektion bezeichnen muß. Unter »anima« ist in der komplexen Psychologie *C. G. Jungs* das unbewußte Gegenbild zu der persona-Maske der alltäglichen psychischen Anpassung an die Rollenvorschriften der äußeren sozialen, kulturellen, religiösen oder beruflichen Realität zu verstehen.[27] (S. o. S. 81-84)

Ein klassisches Thema der Weltliteratur, das die anima-Übertragung verdeutlichen kann, ist das Motiv des Dr. Faustus, die Geschichte eines hochgestellten, gelehrten, überaus tüchtigen und angesehenen Mannes, der auf unheilvolle, tragische Weise in die Liebe zu einer meist einfachen, naturhaften Frau verwickelt wird, der er unrettbar zu verfallen droht. Die Märchen und Mythen stellen diese Frau gern als eine verwunschene Prinzessin dar, die in einer häßlichen, minderwertigen Zerrform, ihrer eigentlichen Schönheit beraubt, fernab an einem verborgenen, von wilden Tieren bewachten Orte ihrer Erlösung harrt (vgl. die *Grimm*schen Märchen vom »Wasser des Lebens«, Nr. 97, oder »Die Kristallkugel«, Nr. 197). Die Gestalt der verwunschenen Prinzessin, die sich zumeist im Besitz einer besonderen lebenswichtigen Kostbarkeit (wie der kristallenen Kugel – eines Mandala-Symbols des Selbst – oder des »Wassers des Lebens«, der Regeneration im Unbewußten) befindet, repräsentiert fast immer die Figur der »anima«. Sie verkörpert all diejenigen Strebungen, Fähigkeiten und Lebensmöglichkeiten der Psyche, die an sich in einer bestimmten Person angelegt waren, aber unter dem Druck der äußeren Anpassung nicht zum Leben zugelassen wurden und somit im Unbewußten verblieben sind. Insofern handelt es sich in der Gestalt der anima stets um Einstellungen und Strebungen, die in sich undifferenziert, primitiv, in der Tat entstellt und wie verwunschen geblieben sind, und es ist höchst gefährlich, sich auf sie einzulassen. Gleichwohl scheint gerade dieses Abenteuer oft wie eine unausweichliche Notwendigkeit, wie eine heilig-unheilige Pflicht, an den Einzelnen heranzutreten. Wie eine teuflische Verzauberung, wie eine magische Verfallenheit – den Streichen des Gottes Eros würdig – entwickelt sich die anima-Liebe mit einer unerbittlichen Zwangsgesetzlichkeit. Man erkennt aber leicht, daß die Abspaltung der anima eine erweiterte Form und Folge grundlegender Übertragungen darstellt. Eine Frau wie die Mondpriesterin Mut-em-enet in dem Roman von *Thomas Mann* »Joseph und seine Brüder« z. B. hat ihr Leben lang nur in dem Bereich gelebt, der ihr von der Tradition zugewiesen wurde; sie wird aber auf Grund der vollkommenen Einseitigkeit ihrer bisherigen Lebenseinstellung von der Gestalt des Joseph mit buchstäblich göttlicher Gewalt hinweggezogen, so daß all ihr Denken und Tun nur noch darum kreist, wie sie ihn für sich gewinnen kann.[28]

In ähnlicher Weise sieht man in der Realität vielleicht jemanden jahrelang in scheinbar geordneten Verhältnissen leben, treu und untadelig in der Wahrung seiner Pflichten gegenüber Ehe und Beruf, unbescholten in der Redlichkeit seines Verhaltens, so daß niemand auch nur entfernt auf den Gedanken kommen könnte, es wäre irgendetwas im Leben eines solchen Mannes oder seiner engsten Angehörigen brüchig und fragwürdig, – und doch ist es so. Denn über Nacht gewissermaßen gerät ein solches Leben oft genug völlig durcheinander. Der Anlaß dafür kann eine zufällige, an sich völlig nebensächliche Begebenheit sein, eine Kongreß- oder Flug-Bekanntschaft, die aber mit Mal lebensbestimmend wird und mit der Kraft eines fremden Sterns das gesamte bisherige Schwerkraftgefüge durcheinanderbringt.

Wenn man zur Erklärung dieses sonderbaren Einbruchs näher hinsieht, wird man zumeist mit großer Regelmäßigkeit feststellen, daß der Betreffende bis dahin ganz und gar in dem engen Rahmen der von seinen Eltern bzw. seinem Überich festgelegten Welt gelebt hat; er stand seiner Frau so gegenüber, wie es Kirche und Gesellschaft zu erwarten schienen, d. h., er übertrug auf seine Gattin wie selbstverständlich und ungeprüft diejenigen Erwartungen, die ihm zur Pflicht gemacht worden waren, und er konnte nicht merken, daß er nur mit wenigen, im Grunde sehr oberflächlichen, hauptsächlich vom Verstand und Willen gesteuerten Kräften seines Ichs »liebte«; erst anläßlich der Begegnung mit einer »ganz anderen«, seiner anima verwandten Frau bricht in ihm nun die Hintergrundwelt seines verborgenen Lebens auf,[29] und wirklich müssen die Umstehenden denken, es gehe irgendetwas nicht mit rechten Dingen zu, so absurd, unvernünftig, womöglich unsittlich, pflichtvergessen oder vor der Hand ruinös erscheint eine solche anima-Liebe.

Dieser Eindruck wird oft sogar noch verstärkt durch die objektive Minderwertigkeit der anima-Geliebten, die tatsächlich mitunter eine gefährdete, haltlose, dem Alkoholismus oder Dirnentum ergebene oder auch durch Herkunft, Alter und Ausbildung völlig unterlegene Person sein kann. Gerade das »vernünftigerweise« Abschreckende an einer solchen Gestalt wird merkwürdigerweise in der anima-Liebe zum unwiderstehlich Faszinierenden[30] Die Geliebte muß – wie in den Märchen – *erlöst* und *gerettet* werden, eben deshalb ist die Hilfsbedürftigkeit und Niedrigkeit der Geliebten sehr oft die unerläßliche Liebesbedingung der anima-Übertragung. In Wahrheit geht es natürlich nur mittelbar um die Rettung des anderen; der eigentliche Rettungsversuch dient der eigenen Seele. Indem der andere »minderwertig« gewählt wird (wenn hier von »Wahl« die Rede sein kann), bietet er die Möglichkeit und Erlaubnis, die eigenen minderwertig gebliebenen, angstbesetzten Strebungen an ihm zu erproben und in eine weniger verzerrte Gestalt zu überführen.

Die Mythen und Märchen der Völker haben ganz recht, wenn sie meinen, daß die Auseinandersetzung mit den frei werdenden Energien der anima-Liebe durchaus mit der Bändigung, Tötung oder Aussöhnung reißender Raubtiere zu vergleichen sei, die am Eingang des Palastes der verwunschenen anima-Jungfrau Wache halten; denn in jedem Falle stellt die anima-Liebe ein Wagnis mit höchst zweifelhaftem Ausgang dar: Es besteht die Chance, die bis dahin unintegrierten Strebungen im Unbewußten der Psyche aufzuarbeiten und damit die eigene Persönlichkeit weiter und freier werden zu lassen; es besteht aber auch die nicht geringe Wahrscheinlichkeit, den bis dahin unbekannten Energien wenigstens zeitweise hilflos zu verfallen und auf der ganzen Linie zu scheitern; und natürlich berührt ein solches Finale, wie schon das ganze Szenarium, die Umstehenden – Verwandte und Bekannte – stets peinlich oder schmerzlich, so daß der Held der anima-Liebe mit der Gefahr zugleich auch noch zumeist die völlige Einsamkeit teilen muß.

Bis hierher erscheint die Übertragungsliebe wie ein zumeist tragisches Schicksal, und das ist sie auch wirklich oft genug. Um so mehr stellt sich natürlich die Frage, ob und wie eine Aufarbeitung der Übertragungsmechanismen möglich ist, und vor allem, wie die kirchliche Moralauffassung und Rechtsprechung sich zu diesem Phänomen verhält oder, besser, wie sie sich dazu verhalten sollte.

Theologische Folgerungen aus einem tiefenpsychologischen Befund

In ihrer Auffassung von der Ehe hat die katholische Kirche bisher stets moraltheologisch wie kirchenrechtlich den Standpunkt vertreten, daß die Ehe *als Sakrament* unauflöslich sei. Diese Lehre ist immer wieder diskutiert worden, aber merkwürdigerweise hat man sich bislang wenig Gedanken darüber gemacht, wieso erst im Glauben an Gott die psychische Voraussetzung für ein dauerhaftes Gelingen der Ehe gegeben sein soll. Im Gegenteil: man tut offiziell so, als ob man nur mit rechtlichem Zwang und genügender moralischer Selbstzucht zu Werke gehen müsse, damit Eheleute einander die »Treue« hielten. Daß eine solche Sicht der Dinge viel zu abstrakt, nämlich kurzschlüssig, grausam und fahrlässig unwissend ist, davon können Eheleute wie Eheberater ein trauriges Lied singen, nur sind sie bisher nicht gehört worden. Ja, noch auf der Synode in Würzburg vor rund 30 Jahren versteifte man sich auf die unsinnige Entgegensetzung von Mitleid (= Praxis) und Wahrheit (= Theologie) und machte dadurch selbst die Schizophrenie des kirchlichen Standpunktes deutlich. Man hatte im Ernst die Stirn, sich mit einer Zweigleisigkeit des Denkens zu beruhigen, die man besser als einen bestehenden Skandal denn als eine für alle Zukunft wohlausgewogene Kompromißformel nach Rom depeschiert hätte. In Wahrheit freilich kann die katholische Kirche offenbar nicht einmal ihren eigenen Standpunkt recht begreifen und darlegen, solange sie die Auseinandersetzung mit der Tiefenpsychologie, z. B. zum Thema Liebe und Ehe, nicht in ihren Hauptdisziplinen: in Dogmatik, Moraltheologie (nebst Kirchenrecht) und Bibelexegese führt und sie statt dessen, wenn überhaupt, hochmütig in die Pastoralpsychologie zur Behandlung einiger bedauernswerter Neurotiker und sog. »psychisch Eheunfähiger« verbannt. – Rekapitulieren wir dazu das bisher Gesagte.

Es bedeutet für die kirchliche Eheauffassung zweifellos eine außerordentlich wichtige Korrektur, wenn sich tiefenpsychologisch zeigt, daß manche Motive der Liebe keinesfalls mit Verstand und gutem Willen zu steuern sind, weil sie tief im Unbewußten liegen. Bereits die antike Mythologie wußte, daß Amor ein Gott sein kann, der Menschen, je nach Laune, von einem Augenblick zum andern in spaßige bzw. in tragisch-hilflose Kinder zu verwandeln vermag. In der Tat ist dies psychologisch ein Hauptproblem der Partnerschaft, daß oft im anderen die eigene

Mutter oder der eigene Vater gesucht, geliebt, gehaßt wird und auf ihn Erinnerungen übertragen werden, die seine wirkliche Persönlichkeit nahezu unsichtbar machen. Eine solche Übertragung der Elternimagines geschieht *unbewußt;* die Betroffenen wissen nicht, daß sie einander zugetan sind wie Kinder ihren Eltern; sie wissen noch weniger, daß sie sich in der Person des anderen *irren* und an ihn, statt mit erwachsener Liebe, mit den Fesseln kindlicher Angst und Abhängigkeit gebunden sind. In einem Zeitpunkt ihres Lebens, da sie sich u. U. am glücklichsten wähnen, ahnen sie nicht, daß sie in Wahrheit vollkommen unfrei handeln und gerade dabei sind, eine Tragödie vorzubereiten.

Dabei ist die Übertragung der Elternimagines auf den Partner nicht nur ein außerordentlich starkes, sondern zumeist auch äußerst kompliziertes Geflecht aller möglichen Reaktions- und Kompensationsbildungen, deren wichtigste die sog. anima-Liebe darstellt. Sie trifft fast immer Menschen, die in ihrem Berufsleben Hervorragendes leisten und gesellschaftlich, nicht selten auch innerkirchlich, über die Maßen angepaßt sind (bzw. sein müssen) und, bestärkt von dem Lob ihrer Mitmenschen, nicht wissen können, daß sich in der Tiefe ihrer Seele ein Gegenbild zu ihrer bewußten Lebenseinstellung formt, das bei Gelegenheit eine schicksalhafte Macht über das Ich erlangen kann. Es sind keinesfalls die minderwertigen, sondern gerade die besonders wertvollen Menschen, unter denen der Sage nach ein Tristan, der treue Diener seines Oheims Marke von Tintajol, die schöne Isolde lieben mußte, weil er *ohne Wissen* (!) den Liebestrank Brangänes zu sich genommen hatte, und unter denen der berühmteste Ritter an König Artus' Tafelrunde, der unvergleichliche Lancelot vom See, vom ersten Anblick an die Gattin seines Königs, die schöne, edle Ginevra, liebgewann, so sehr, daß er *gegen seinen Willen* den Gral verriet, ein Zauberreich zerstörte und doch von dem Verhängnis seiner Liebe niemals lassen konnte. Sind dies nur dichterische Übertreibungen? Der kirchlichen Lehre nach müßte man's beinahe glauben. Aber die Dichter verdichten nur die Wahrheit des Lebens, und dieses ist noch weit geheimnisvoller, glücklicher und tragischer, als es Othello, Romeo oder Petruccio verkörpern können.

Gleichwohl, das ist zuzugeben, bedarf es einer gewissen Ordnung und Vernünftigkeit auch des Geheimnisvollsten, auch der Liebe, und so ist daher die Frage, was die Kirche mit ihrer Lehre von Gott angesichts der scheinbaren Anarchie der Liebe anfängt.

Konsequenzen der Übertragungsliebe

Die generelle Unsicherheit in der Bewertung

Zunächst stellt das, je nachdem, tragische oder beglückende Phänomen der anima-Liebe immer wieder vor die Frage nach den Möglichkeiten und Bedingungen einer *Beurteilung* und *Bewertung* menschlicher Liebe. Der erschütternde Eindruck, den die anima-Liebe hinterläßt, besteht offenbar vor allem in der Zwiespältigkeit und Ausgeliefertheit von Menschen, die für integre und wertvolle Menschen zu halten man bis dahin mancherlei Grund zu haben glaubte; daß gerade sie in Wahrheit unfähig gewesen sein sollten, mit ganzem Herzen und ganzer Seele zu lieben, ja, daß sie nur Marionetten gewisser Rollenvorschriften und Übertragungsmechanismen gewesen seien, – dies ist eine arge Zumutung und nicht geringe Infragestellung des gesamten »normalen« Urteilsvermögens und »gesunden« Menschenverstandes. Aber gerade so ist es oft und immer wieder. Das Faktum der Übertragung, ihre Folgewirkungen, ihre zwanghaft-unbewußte Determination nötigt daher zu dem Eingeständnis der Hilflosigkeit nicht nur der Betroffenen, sondern vor allem auch der Urteilenden. Besonders die *Unbewußtheit* der Übertragung schränkt das Vertrauen in die Zuverlässigkeit und Tragfähigkeit der Ichkräfte: Verstand und Willen, mithin auch das Vertrauen in die Gewähr für irgendeine *moralische* Sicherheit ehelicher Bindungen stark ein. Zudem hilft, wenn es so steht, der Einwand nicht mehr sehr viel weiter, die Übertragungsliebe sei eben schlechthin ein infantiles, neurotisches, also abnormes Gebilde und stehe deshalb von vornherein außerhalb jeder Norm. Denn selbst wenn man die Übertragungsliebe für neurotisch hält, so ist doch zu fragen, was eine Norm, wie z. B. die von der Unauflösbarkeit der Ehe, für eine Bedeutung haben soll, wenn es im Einzelfall keine gesicherten Kriterien gibt, die zeigen, daß und wie man sie unzweideutig anwenden kann? Und weiter: was soll die theoretische Ausklammerung neurotischer Einzelfälle, wenn praktisch feststeht, daß die Zahl neurotischer Persönlichkeitsstrukturen im Anteil der Bevölkerung heute gut und gern auf mehr als die Hälfte, vielleicht auf mehr als 70 Prozent geschätzt werden muß? Zudem ist die Grenze zwischen Gesundheit und Neurose fließend und jedenfalls eher quantitativ als qualitativ. Schließlich bleibt, selbst wenn dies alles nicht anerkannt würde, am Beispiel der Übertragungsliebe immer noch festzustellen, daß die Aufdeckung und Durcharbeitung bestimmter Übertragungen aus der Ehe ein hochriskantes Spiel von Versuch und Irrtum machen muß, dessen Lernertrag durchaus ungewiß und in keiner Weise, am wenigsten durch moralisch-willentliche Zielsetzungen, etwa im Sinne einer unbedingten Aufrechterhaltung der alten Ehe, vorwegzunehmen ist.

Die religiöse Dimension der Übertragung: der Archetypus der Eltern und die Angst

Um so mehr ist zu überlegen, welche (moral-)theologischen Einsichten und Folgerungen aus dem Phänomen der Übertragungsliebe zu ziehen sind, und da muß man noch einmal die alte Formel überdenken, daß die Ehe im Sinne der Bibel voraussetzt, jemand habe auf Grund seiner Liebe »Vater und Mutter verlassen«. (Gen 2,24) Ohne Zweifel, das wird jetzt deutlich, hängt beides zusammen: So sehr die Übertragung die Dauerhaftigkeit einer Ehe, ja, überhaupt eine wirkliche Liebe zum anderen verhindert, so sehr kann und wird die Auflösung der Elternübertragung, also die Loslösung von Vater und Mutter, die unerläßliche Voraussetzung für eine wirkliche Ehe bilden. Alles konzentriert sich daher auf die Frage, wie eine Auflösung der Übertragungsliebe möglich ist, und hier erst wird deutlich, wie die psychologischen Darlegungen unmittelbar in die Theologie hineinreichen. *C. G. Jung* hat vor Jahren die Schwierigkeiten der Ablösung einer Übertragung im Verlauf einer psychotherapeutischen Behandlung geschildert und sich bei dieser Gelegenheit vor allem mit der Trostlosigkeit des *Freud*schen Standpunktes auseinandergesetzt. Seine Argumente und Erfahrungen gegenüber *Freud* sind religionspsychologisch außerordentlich lehrreich und verdienen an dieser Stelle kurz referiert zu werden.

In jeder längeren Psychoanalyse, so erkannte bereits *Freud*, wird und muß es geschehen, daß der Patient die Erinnerungen an seine (frühe) Kindheit auf den Analytiker »überträgt« und an ihm »wiederholt« und »durcharbeitet«, also seine überkommenen Einstellungen auf Grund eigener Einsicht in die Realität modifiziert und situationsgerecht umgestaltet. Besonders wenn, wie wünschenswert, Therapeut und Patient verschiedenen Geschlechtes sind, wird es zeitweilig zu Formen von Übertragungsliebe zwischen Analysand(in) und Analytiker(in) kommen.[31] Es war *Freud* dabei klar, daß es therapeutisch nicht sehr sinnvoll sein kann, wenn der Therapeut auf die (kindlichen) Liebeserwartungen des Patienten in der Realität eingeht, denn das würde bedeuten, daß der Therapeut den Klienten auf eben der Stufe seiner Entwicklung zum Partner erwählt, auf der dieser gerade steht – einer kindlichen Stufe; die Notwendigkeit einer Weiterentwicklung würde damit wahrscheinlich blockiert, denn der Patient wäre, ohne weiter an sich arbeiten zu müssen, bereits am Ziel seiner Wünsche. Insofern bedeutet jede Analyse ein erhebliches Maß an Triebverzicht und »Frustration« bei Therapeut wie Patient(in).

Wie nun aber, wenn der Patient die Zurückweisung seiner Liebeswünsche nicht akzeptieren will und darauf besteht, daß seine Übertragungen durch den Therapeuten unkorrigiert übernommen werden? In solchen Fällen sah *Freud* keinen anderen Ausweg, als resigniert festzustellen, es gebe eben Leute, die nur »Suppenlogik mit Knödelargumenten« verstünden,[32] und hier hülfe nur eine rasche Beendigung der ganzen Therapie. Anders sah es *C. G. Jung*. Er meinte, ein so starkes Bedürfnis, wie es sich in der Übertragung der Vater- und Muttergestalt ausspreche, könne nicht einfach als ein lusus naturae betrachtet werden; vielmehr verberge sich dahinter ein tieferer Sinn, der zudem, wie nur weniges sonst, beweise, daß die gesamte Psychoanalyse *Freuds* im Grund zu spät ansetze, wenn sie ihr Augenmerk primär auf die Psychogenese des Individuums lenke.

Jung legte sich vor allem die Frage vor, woher eigentlich die überaus große Macht herrühre, die Vater und Mutter auf das frühkindliche Erleben ausüben. *Freud* hatte darauf mit der vollkommenen Hilflosigkeit des Kleinkindes geantwortet, und gewiß kann man sich die Angewiesenheit des Kindes auf seine Eltern, besonders auf seine Mutter, nicht groß genug vorstellen. Gleichwohl zeigt vor allem die Verhaltensforschung, besser noch als *Jung* es selber damals wissen konnte, daß die Beziehung des Kleinkindes zu seiner Mutter (und später zu seinem Vater) keineswegs nur durch erlernte Verhaltensweisen zustande kommt, sondern durch eine Reihe angeborener auslösender Mechanismen vermittelt wird. Dieser Tatbestand spricht sehr für die Ansicht *Jungs*, daß die individuellen Erfahrungen mit den Personen der Eltern archetypisch kollektiv vorgeprägt sind und ihre Energie aus Erwartungen beziehen, in denen sich die kollektiven Erfahrungen der menschlichen Art aus dem Erbe der Evolution niedergeschlagen haben. In gewissem Sinne tritt der individuelle Vater bzw. die individuelle Mutter in den Rahmen eines Bildes ein, das unendlich viel größer und reicher ist als sie selbst.[33] So wie die Webervögel das fertige Bild ihres Nestes und den kunstfertigen Plan seiner Konstruktion nicht erst durch die Erfahrungen im Nest lernen, sondern in artspezifischer Differenzierung vorgeprägt mitbringen, wenn sie aus dem Ei schlüpfen, so, meinte *Jung*, bringe der Mensch das Gestaltbild von Vater und Mutter archetypisch vorgeprägt mit auf die Welt.[34] Die individuellen Eltern sind daher lediglich die ersten Katalysatoren von Sehnsüchten und Erwartungen, die sie nicht begründen, sondern nur auslösen, und die weit über sie hinausweisen.

In dieser Sicht gelangte *C. G. Jung* natürlich zu einer von *Freud* weit abweichenden Wertung auch der Übertragungsliebe. Wenn die Bilder von Vater und Mutter dem Menschen archetypisch angeboren sind, so ist es keinesfalls ein bloßer Infantilismus, eine bloße Regression auf bestimmte Fixierungsstellen der Libidoentwicklung, wenn in der Liebe eines Erwachsenen Sehnsüchte und Wünsche sich zu Worte melden, die ursprünglich zuerst Vater und Mutter gegolten haben. Es scheint vielmehr unvermeidlich, daß in der Liebe stets und immer nicht nur die Imagines, sondern die *Archetypen* von Vater und Mutter wieder belebt werden.

Die Verhaltensforschung und die Paläoanthropologie haben, wie zur Bestätigung dieses Standpunktes, tatsächlich gezeigt, daß die Verhaltensweisen zweier Verliebter auf ein wechselseitiges Mutter-und-Kind-Spielen hinauslaufen: Die Verliebten reden miteinander in den agrammatischen Sätzen und mit den verniedlichenden Wörtern der Babysprache, sie umarmen einander wie die Mutter das Kind, und sie bringen einander Geschenke dar, die mit Absicht uralte Kinderwünsche wiederbeleben.[35] Wie Untersuchungen z. B. bei Lachmöwen ergeben haben, beruht dieses Verhalten auf evolutiv weit verbreiteten Mechanismen, deren biologischer Sinn offenbar darin liegt, die Brutpflegeinstinkte im anderen wachzurufen bzw. die Fähigkeit zu eigenem Brutpflegeverhalten unter Beweis zu stellen und somit die Übernahme der eigenen Vater- und Mutterrolle einzuüben.[36] Aber bezeichnenderweise ist es nur möglich, selber in die Aufgaben und Pflichten der Eltern hineinzuwachsen, wenn man selbst am anderen den Halt und den Schutz erfährt, den früher Vater und Mutter bedeutet haben.

Bei den Tieren, die ohnedies zumeist nur kurzlebige Paarbindungen kennen, nehmen die gegenseitigen »Übertragungen« von Vater und Mutter zumeist ein vorübergehendes Moment in der »Liebe« ein. Beim Menschen jedoch ist die Auflösung der Übertragung in der Liebe offensichtlich nicht so einfach. *Ein* Grund dafür mag individuell in gewissen (quasi-)neurotischen Faktoren der persönlichen Psychogenese gelegen sein; aber ein anderer, wichtigerer Faktor liegt in der Eigenart des allgemein menschlichen *Sicherheitsbedürfnisses,* das sich vom tierischen Erleben prinzipiell unterscheidet.

Anders als das Tier nämlich, das bestimmte Bedrohungen und Gefährdungen seitens der Umwelt nur momentan erlebt und nach artspezifischen Reaktionsmechanismen beantwortet, ist der Mensch auf Grund seiner geistigen Fähigkeiten imstande, ja in gewissem Sinn förmlich dazu verurteilt, sein *gesamtes* Dasein als letztlich gefährdet und unausweichlich bedroht wahrzunehmen, und diese *prinzipielle, ontologische* Verunsicherung der menschlichen Existenz führt offenbar zu einer Vertiefung und Radikalisierung des menschlichen Verlangens nach Geborgenheit, Halt, Akzeptation und Sicherheit insgesamt.[37] Die archetypischen Gestalten von Vater und Mutter gewinnen damit die Funktion eines *absoluten* Versprechens, das nicht nur das Maß der eigenen Eltern, sondern das Maß eines jeden Menschen unendlich übersteigt. An sich ziehen gerade die Archetypen von Vater und Mutter das menschliche Sicherheitsbedürfnis auf sich; aber unter dem Druck der Angst, die das menschliche Bewußtsein angesichts der natürlichen Gefährdungen des Daseins ins Unendliche hinein verlängert und steigert, werden die Elternarchetypen im Menschen in eine Dimension hineingetrieben, die alles menschliche Vermögen bei weitem transzendiert und im strengen Sinne *religiös* verstanden werden muß, indem hier ein Absolutes an Halt und Geborgenheit auf dem Hintergrund einer ontologischen Ungesichertheit und Angst in dem Bild eines absoluten Vaters, einer absoluten Mutter, angeschaut und erwartet wird.

Was in der (neurotischen) Form der Übertragungsliebe sowie in der Übertragung der therapeutischen Situation als Problem auftaucht, ist daher keineswegs eine Sondervariante oder eine rein krankhafte Abart menschlicher Beziehungen, sondern das Symptom einer eminent anthropologischen bzw., besser, einer rein religiösen Thematik.[38] Statt die Vater- oder Muttersehnsucht in der Übertragungsliebe für einen puren Infantilismus oder für eine maßlose Gefühlsverirrung zu halten, läßt sich eine gewisse Wahrheit der Elternübertragung in der Liebe nicht verleugnen, wenn man ihre *religiösen* Implikationen begreift. Die Frage stellt sich dann vollkommen neu, wie die Übertragung ohne die resignierte »Desillusionierung« *Freuds* gelöst werden kann.

Zweifellos wird kein Mensch seine Suche nach Sicherheit bei einem bestimmten Menschen aufgeben, ohne in einen größeren Raum von Geborgenheit einzutreten; insofern ist es nur natürlich und »normal«, daß ein Mensch sich von seinen Eltern äußerlich löst und in der Liebe innerlich die Bedürfnisse, die sich bis dahin an Vater und Mutter wendeten, nun auf den Geliebten überträgt. Aber an dieser Stelle wird deutlich, daß es um der Möglichkeit menschlicher Liebe willen nötig ist, die Archetypen von Vater und Mutter, mithin das *unendliche* Bedürfnis nach Sicherheit und Halt, überhaupt von *jedem* Menschen zu lösen und selbst ins Unendliche zu richten.

Es gibt also für die Auflösung der Übertragungsliebe letztlich nur eine *religiöse* Antwort. Nur wenn jemand den Archetyp des Vaters bzw. der Mutter im Unendlichen festmachen kann, vermag er seine Erwartungen nach Schutz und Geborgenheit zu relativieren und den anderen in seiner realen Begrenztheit zu erkennen und anzuerkennen; klarer gesagt: Nur im Glauben an Gott ist eine Auflösung der Übertragungsliebe und eine reelle Liebe zum anderen Menschen möglich.

Die Alternative von Gottesglauben und Übertragungsliebe

Diese psychologische Einsicht ist nun für die theologische Auffassung von der Ehe in Anbetracht der Übertragungsliebe von allergrößtem Gewicht. Als erstes wird deutlich, was es tiefenpsychologisch und dogmatisch (nicht rein historisch-soziologisch) bedeutet, »Vater und Mutter zu verlassen«, um die Liebe zu einem Menschen zu erlernen, und es wird ferner klar, wieso die Liebe unter Menschen in Mk 10 von Jesus mit einem Tun Gottes in Verbindung gebracht werden kann. Für die *Mythologie* ist, nach dem eingangs Gesagten, die Liebe göttlich, insofern sie als eine überwältigende Naturmacht erlebt wird. Anders verhält es sich, wie sich jetzt zeigt, im Judentum und Christentum. Hier ist die Liebe offenbar ein Werk Gottes, insofern der Mensch in Gott eine Geborgenheit findet, die den Menschen neben ihm als einen Menschen leben läßt und es ihm allererst ermöglicht, den anderen Menschen menschlich zu lieben, und der beste Beweis dafür ist die Auflösung der Übertragungen der Elternarchetypen auf den Geliebten, das »Verlassen von Vater und Mutter« in tiefenpsychologischem Sinne.

Daß diese Sichtweise zutreffend ist, wird durch das Bild bestätigt, das Jesus im Neuen Testament auch sonst von der Stellung des Menschen zu Gott entwirft. Man erinnert sich, daß Jesus an anderer Stelle als Folge oder Zeichen des Glaubens die Auflösung sogar der engsten Bindungen unter Menschen fordert; an Gott zu glauben bedeute, meint er dort, selbst die Liebe zu Vater und Mutter, zu den eigenen Kindern, zu allem, was man überhaupt zu besitzen glaubt, zu relativieren (Mk 10,29; Mt 10,37). Offensichtlich ist es also für Jesus ein und dasselbe, zu Gott hinzufinden und die absoluten Erwartungen aneinander, tiefenpsychologisch gesprochen: die Übertragung der Elternarchetypen, aufzulösen. Und in der Tat ist jetzt tiefenpsychologisch zu sehen, wie beides zusammengehört. Die Liebe zwischen Mann und Frau ist eigentlich nur möglich, wenn ein jeder der Ehepartner sich selbst soweit in Gott geborgen weiß, daß er davon lassen kann, jenen Halt im anderen wiederzusuchen, den er als Kind in Vater und Mutter besaß (oder jedenfalls zu besitzen suchte); und so wie die Geborgenheit bei den Eltern nur das erste Stadium, die erste Verheißung einer Geborgenheit bildet, die unendlich über das hinausweist, was Vater und Mutter einem Menschen sein können, so ist auch die Liebe zwischen Mann und Frau nur insoweit wirklich, als sie über sich hinaus auf den Halt und die Geborgenheit hinweist, die ein jeder in Gott besitzt. Nur von Gott her ist es also möglich, zu einer dauerhaften, unauflöslichen Beziehung zueinander zu finden, denn nur in der Bindung an Gott kann ein Mensch den anderen so gelten lassen, wie er wirklich ist, ohne seine Person mit absoluten, vergöttlichenden Erwartungen aus dem Umkreis der Elternarchetypen zu überziehen. Nur im Glauben ist es möglich, wirklich »Vater und Mutter zu verlassen«, und nur von Gott her ist eine Liebe unter Menschen auf Dauer möglich, die das Verlassen von Vater und Mutter, die Auflösung der Elternübertragungen, voraussetzt.

Vom Realismus des mosaischen Gesetzes: im »Anfang« und in der »Herzenshärte«

Von daher erscheint die Problematik von Mk 10, auf die Jesus antwortet, in einem völlig neuen Licht, denn sie ist jetzt vor allem zu lesen auf dem Hintergrund menschlicher Angst und Ungesichertheit, auf dem Hintergrund menschlicher Suche nach Halt und Geborgenheit und vor allem: in der radikalen Alternative zwischen Übertragungsliebe und Gottesglauben, zwischen der Projektion der Elternarchetypen auf den anderen und der Verankerung der archetypischen Strebungen im Absoluten. Insbesondere gewinnt jetzt das Wort Jesu vom »Anfang« und in der »Herzenshärte« des mosaischen Gesetzes eine besondere Zuspitzung.

Der »Anfang« ist im biblischen Denken niemals rein zeitlich zu verstehen, sondern meint das, was »prinzipiell«, »wesenhaft« im Menschen verankert ist.[39] Vornehmlich das Bild vom Paradies in Gen 2,24.25, auf das Jesus zurückgreift, zeichnet den Menschen so, wie er von Gott her *eigentlich* gemeint ist und wie er nur in Gott sein kann. Eine Liebe zwischen Mann und Frau, die ohne Scham und ohne gegenseitige Erniedrigung zueinander steht, ist nur im »Paradies«, in der Einheit des Menschen mit Gott, vorstellbar – dies ist schon die Ansicht des Jahwisten; trennt sich der Mensch von Gott, so zerbricht auch die Einheit der Liebe und verwandelt sich in eine Gemeinsamkeit der Scham (Gen 3,8) und der Mühsal (Gen 3,16.17) sowie in ein Verhältnis der Über- und Unterordnung, das von vornherein den Keim des Verfalls in sich enthält.

Es ist folglich lediglich ein auch von Jesus anerkannter juristischer Realismus, wenn Moses in seinem Gesetz die Möglichkeit der Ehescheidung zuläßt, »wegen eurer Herzenshärte«, wie er sagt. Die »Herzenshärte« ist gewiß an dieser Stelle auch soviel wie »Liebesunfähigkeit«; man muß sich aber vor Augen halten, daß insbesondere der Prophet Jeremias dem Volk Israel »Herzenshärte« im Sinne von *Glaubenslosigkeit* vorwirft, und der Ausdruck im biblischen Sprachgebrauch eher das Verhältnis des Menschen zu Gott als das Verhältnis der Menschen zueinander bezeichnet.[40] Erst aus dem zerbrochenen Verhältnis zu Gott, aus der religiösen »Herzenshärte« folgt, daß die Menschen einander nicht lieben können, ohne sich gegenseitig mit letztlich religiösen Erwartungen nach Geborgenheit und Sicherheit zu überfordern und ihre Liebe daran zu Grunde zu richten. Auf Grund dieser Herzenshärte vor Gott ist es nur konsequent, wenn Moses die Ehe für auflösbar hält. Aus der religiösen Verschlossenheit ergibt sich mit Notwendigkeit die moralische Unfähigkeit zur Liebe. Eben deshalb ist das Scheitern menschlicher Liebe aber keine Naturtatsache, und es kann, meint Jesus weiter, nicht als eine rechtliche Selbstverständlichkeit in Anspruch genommen werden: im »Anfang« – also vom Wesen des Menschen vor Gott her – »war (ist) es anders«. Es ist zwar innerhalb der Gottesferne, jenseits von Eden, eben in der »Herzenshärte« unmöglich, einander ein Leben lang zu lieben; aber es ist doch menschliche Schuld, nicht in der Einheit mit Gott zu leben; und so ist die Auflösung der Ehe selbst, so menschlich notwendig sie im Einzelfall auch erscheinen mag, dennoch ein Zeichen menschlichen Versagens.

Aber wenn dem so ist, so stellt sich die alles entscheidende Frage, wie denn aus dieser religiösen, nicht zunächst moralischen Schuld herauszufinden ist. Man sagt oft leichthin, Jesus habe in seiner Person die ursprüngliche Ordnung wiederhergestellt, und er sei gerade darin von einem messianischen Bewußtsein, daß er über das mosaische Gesetz hinaus den Menschen zu seiner eigentlichen Wirklichkeit vor Gott zurückführe. Es ist nicht falsch, theologisch so zu sprechen; aber es ist sehr wichtig, sich eine möglichst klare Vorstellung darüber zu verschaffen, was inhaltlich mit dem theologischen Vokabular von Urstand, Messianität und Gnade gemeint ist. Man versteht, daß es Jesus in der Frage nach der Ehe so wenig wie auch sonst um ein moralisches Problem geht; es geht ihm mit seinem Rückgriff auf den »Anfang« wesentlich darum, den Menschen auch in den Beziehungen zueinander wieder vor Gott zu stellen. Und von Gott her gibt es in der Tat eine Antwort auf das menschliche Liebesunvermögen. In der Ordnung des »Paradieses«, im Vertrauen zu Gott also, ist es möglich, den anderen als Menschen zu lieben und gelten zu lassen. Wenn der Mensch aus der Gottlosigkeit seiner Angst herausfindet, vermag er auch wieder zum anderen zu finden, ohne ihn mit den angstbedingten Projektionen elterngleicher Sicherheitsbedürfnisse zu überfordern; im Glauben an Gott *kann* die Liebe zueinander tragfähig und von Dauer sein.

Alles, was sich moralisch oder rechtlich verordnen läßt, kommt daher in der Frage der menschlichen Liebe zu spät. Allein das Vertrauen zu Gott entscheidet über das Schicksal der Liebe untereinander. Nur wenn es stimmt, was Jesus andernorts zentral verkündet: daß der Mensch in seinem Vertrauen zu Gott wie ein Kind sei – oder sein müsse – (Mk 10,13-16), wird die liebezerstörende Übertragung der Elternarchetypen auf Menschen vermeidbar sein.[41]

Auf diese Weise wird auch die Zweigliedrigkeit der Antwort Jesu in Mk 10 verständlich. Das Markus-Evangelium schildert das Auftreten Jesu an vielen Stellen nach Art des Lehrvortrags der spätjüdischen Rabbinen: Sie geben der Öffentlichkeit auf eine bestimmte Problemfrage eine Antwort, die nur bedingt gilt, und erläutern später die Antwort im Kreise ihrer Jünger ausführlicher.[42] So weist Jesus in Mk 10 die Zuhörer in der Öffentlichkeit nur darauf hin, daß die Rechtspraxis des mosaischen Gesetzes keinesfalls als »gutes Recht« gelten kann, sondern lediglich eine Notverordnung unter den Bedingungen der Gottesferne darstellt. Dies ist offensichtlich für »die draußen« (Mk 4,11)[43] genügend Stoff zum Nachdenken. Im Umkreis seiner Jünger dann formuliert Jesus, was in der Einheit mit Gott gilt: Die Ehe ist wesenhaft unauflöslich, und eine Wiederverheiratung Geschiedener ist soviel wie ein Ehebruch. Alles liegt an dieser Stelle daran, zu begreifen, daß der Ortswechsel von draußen nach drinnen, von öffentlicher Rede und Jüngererklärung einen radikalen Wechsel der inneren Einstellung voraussetzt und alles andere als eine bloße Formalität rabbinischer Lehrweise darstellt. Allein derjenige, der im Umkreis Jesu gelernt hat, zu einem kindlichen Vertrauen gegenüber Gott zurückzufinden, wird verstehen, daß die Liebe zwischen Mann und Frau von Gott her dauerhaft ist; jedem, der noch in der »Herzenshärte« lebt, ist diese Ansicht (noch) nicht nachvollziehbar, ja, innerlich unmöglich; zu ihm spricht Jesus deshalb so auch nicht. Wie also durfte es die Kirche dann?

Drei Thesen

Die eminent theologische Differenz zwischen Glaubenden und Nicht-Glaubenden, zwischen denen »draußen« und denen »drinnen«, muß jetzt natürlich dogmatisch und moraltheologisch den Kern aller weiteren Überlegungen bilden. Denn es ergeben sich auf der Stelle wie von selbst daraus drei wichtige Thesen.

Die Sakramentalität der Ehe als Grund ihrer Unauflösbarkeit

Die erste Folge lautet: Nur wenn und insoweit eine Ehe geschlossen wird, daß ein jeder der Ehepartner seine Liebe nicht als eigentlichen Ort, sondern im Gegenteil als *Verheißung*, als *Zeichen* einer absoluten Geborgenheit versteht, kann die Ehe den Charakter der Unauflöslichkeit erhalten.

Somit wird verständlich, welch eine Bedeutung der Lehre der katholischen Kirche zukommt, daß die Ehe eben ein solches Zeichen der Geborgenheit in Gott, also ein *Sakrament* sei. Offenbar gibt die Lehre von der »Sakramentalität« der Ehe ganz korrekt wieder, was Jesus in Mk 10 über die Liebe zwischen Mann und Frau sagen will: Die Liebe unter Menschen steht und fällt mit dem Vertrauen zu Gott; ja, sie ist, wo sie zustande kommt, selbst in sich ein wirksames Zeichen der Geborgenheit in Gott. Zugleich ist es deutlich, daß nur unter der Voraussetzung eines solchen religiös getragenen Vertrauens von der Unauflöslichkeit der Ehe die Rede sein kann. Der Protestantismus, der die Ritualisierung der Ehe ablehnt und die Gemeinschaft der Liebe ganz und gar in die Hände Gottes gibt, betont richtig die Angefochtenheit der Menschen und die Länge des Wegs, der oft mit ihnen zu gehen ist.

Die unendliche Differenz zwischen einem Wesensgesetz des Glaubens und einem moralischen Gesetz

Eine wichtige Frage ist es deshalb, ob die katholische Kirche gut daran tut, ja überhaupt das Recht dazu hat, *rechtlich* und *moralisch* die Unauflösbarkeit der Ehe zum Gebot zu erheben. Hier ergibt sich eine zweite Reihe wichtiger Ableitungen. Denn gerade wenn die Ehe als ein Sakrament verstanden wird, ist es äußerst problematisch, daraus bestimmte *gesetzmäßige* Vorschriften abzuleiten.

Wenn zwei Menschen sich lieben, so tun sie dies im »Sakrament« der Ehe nach dem Gesagten in einer Weise, daß sie über sich selbst hinaus auf Gott verweisen, in dessen Gegenwart sie sich geborgen und geschützt genug fühlen, um einander in aller menschlichen Begrenztheit zu akzeptieren und sich selbst und den anderen nicht mit absoluten Erwartungen zu überfordern. Daraus folgt, daß die Ehe in streng theologischem Sinne ein reines Werk der *Gnade* Gottes ist. Menschen finden, wie in dem Märchen vom »Mädchen ohne Hände«, nicht anders zueinander, als daß sie leben lernen in einem Hause, woran geschrieben steht: »Hier lebt ein jeder frei.« Nur im Umraum der Gnade Gottes ist Liebe unter Menschen möglich. Die unbedingte Voraussetzung zum Empfang der Ehe ist daher der Glaube, mithin die Geborgenheit eines jeden Ehepartners in dem Vertrauen auf Gott. Fehlt diese feste Verankerung der eigenen Existenz bei einem der Partner, so ist die Ehe in der Gefahr, zusammenzubrechen, – so wie eine Brücke nicht mehr tragfähig ist, wenn eines ihrer Widerlager an einer der beiden Uferseiten ins Wanken gerät. Die Festigkeit der Liebe zweier Partner ist daher ganz und gar ein Werk der Gnade; sie ist das Ergebnis eines unbedingten Vertrauens; sie ist also gerade nichts, das mit Verstand und Willen moralisch oder rechtlich zu erzwingen wäre. Es ist offenbar dieser Punkt, an dem die Tradition der protestantischen wie der katholischen Kirche in einer gemeinsamen theologischen Überzeugung und seelsorglichen Praxis zusammenkommen könnte – müßte –, an dem das Sprechen von dem »Sakrament« der Ehe keine Konfessionsgrenze mehr bilden würde.

Ganz offensichtlich nämlich ist die außerordentliche Bedenklichkeit, wenn man aus der Unauflöslichkeit der Ehe ein moralisches oder kirchenrechtliches Gebot macht: Aus einer Konsequenz des Glaubens macht man damit einen Gegenstand des Wollens; aus einem Werk der Gnade Gottes wird ein Werk des Menschen; aus einem theologischen Geheimnis wird ein juristisches Präjudiz; aus einem übernatürlichen Geschehen wird ein Akt, der den Anschein erweckt, als wäre er so natürlich wie die Eheschließung in anderen sozialen Gruppen außerhalb der Kirche auch: ein Akt nach gesellschaftlichen Regeln und Konventionen, der im Raum der Kirche nur eben auch noch die moralische Forderung der Unauflöslichkeit mitumfassen würde. Auf diese Weise wird verdeckt, was eigentlich beste theologische Lehre ist: daß die Ehe als Sakrament eben keine rein naturhafte Veranstaltung, sondern ein Werk der Gnade Gottes ist. Auf der Grundlage der Gnade lassen sich keine *Gebote* begründen; es lassen sich nur *Folgerungen* ableiten, die sich wie selbstverständlich ergeben, wenn und solange ein Mensch in der Gnade steht. Folgerungen dieser Art sind gerade kein Teil der allgemeinen Ethik und Jurisprudenz; sie sind überhaupt nicht moralisch mit Verstand und Willen durchzusetzen; sie ergeben sich, wenn die Voraussetzungen des Vertrauens stimmen; sind diese Voraussetzungen nicht gegeben, so sind sie durch keine moralische Anstrengung mehr zu erzwingen.

Die Unauflöslichkeit der Ehe ist also eine streng *moraltheologische* Lehre, die den Rahmen einer philosophischen Ethik vollständig sprengt, sie ist die Konsequenz aus einer Lebenseinstellung, die aus einem Dasein der Angst und der Gottesferne zu der »ursprünglichen« Verankerung in Gott zurückgefunden hat; sie ist, rein moralisch gesehen, so wenig zu leisten und willentlich durchzusetzen wie die Weisungen der Bergpredigt, im Streit nicht zurückzuschlagen (Mt 5,39) oder gewalttätige Angriffe und Forderungen eines Gegners durch freigiebiges Entgegenkommen aufzufangen (Mt 5,4), und so wenig man je gewagt hat, die Weisungen der Bergpredigt zum Gesetz zu erheben, obwohl sie wie nichts sonst die Gesetze des Neuen Bundes formulieren, so wenig kann offenbar die Unauflöslichkeit der Ehe zur *moralischen* Verpflichtung erhoben werden.

Alles hängt demnach daran, ob das Grundempfinden der Geborgenheit in Gott wirklich gegeben ist oder nicht; ist es nicht gegeben, so können Gesetze und Sanktionen die Liebe nicht erzwingen; im Gegenteil: sie verbreiten nur neue Furcht und Angst, die der Wiedergewinnung von Angstfreiheit und Vertrauen gerade im Wege stehen; und selbst wo sie äußerlich eingehalten werden, zerstören und verwüsten sie die Liebe mehr, als daß sie sie fördern könnten: Sie schaffen am Ende asketische Statuen ohne Herz und Gefühl, ohne Wärme und Leben, bloße Fossilien der Pflicht. Lediglich dies kann und muß man sagen, daß die Ehescheidung immer ein Zeichen für den Verlust der Gnade darstellt; aber es ist eben offen, ob im Einzelfall die Erfahrung der Gnadenlosigkeit, der Angst, der Menschenabhängigkeit subjektiv eine »Schuld« darstellt oder ob sich in ihr nicht gerade ein erster Schritt zu mehr Vertrauen, mehr Selbstständigkeit und mehr Güte vollzieht.

Für die scheinbare Berechtigung von Gesetzen und Sanktionen innerhalb der kirchlichen Praxis mag man gegenüber diesen Darlegungen ins Feld führen, daß nur mithilfe eines strengen Kirchenrechts und mit klaren moralischen Geboten der Leichtfertigkeit, der Zügellosigkeit, kurzum der Unmoral im weitesten Sinne vorgebeugt werden könne. Das mag begrenzt der Fall sein. Aber man vergißt bei einer solchen Argumentation, daß im Menschen eigentlich – wie Gen 2 es schildert – das Bedürfnis nach Liebe wesenhaft verankert ist und daß erst die Zerstörung der Einheit mit Gott die Dauerhaftigkeit menschlicher Bindungen untergräbt. Der Grund der menschlichen Ausschweifungen kann daher theologisch nicht einfach in moralischen Gebrechen gesehen werden, wie Willensschwäche, ungezügelte Sinnlichkeit, mangelnde Gewissensbildung u. ä. – Fehlern also, denen man zur Not mit moralischen Statuten beikommen könnte. Wenn es stimmt, daß der Mensch seinem ganzen Wesen nach auf die Liebe hin geschaffen ist und er erst im Feld der Gnadenlosigkeit, getrennt von Gott, zur Liebe unfähig wird, so ist rechtlich und moralisch kein anderes Gesetz möglich als eines, das so realistisch und pragmatisch über die Möglichkeiten des menschlichen Zusammenlebens denkt wie das Gesetz des Moses: Es weiß, daß die »Herzenshärte« des Menschen moralisch und rechtlich nicht zu überwinden ist, sondern geradezu als Ausgangspunkt aller menschlichen Gesetzgebung betrachtet werden muß; und es weiß, daß der Mensch an seiner Liebesunfähigkeit selber *leidet, daß* sie ihm vom Ursprung her jedenfalls nicht naturgegeben und artgemäß zukommt, aber daß er doch nur anders sein und leben könnte, wenn er aus der Gnadenlosigkeit eines Daseins ohne Gott zurückgefunden hätte, – und eben dieses Werk der Gnade kann der Mensch moralisch nicht erzwingen.

Die Lehre Jesu von der Unauflöslichkeit der Ehe kann also nicht den Sinn haben, das mosaische Gesetz durch ein Übergesetz *moralisch* zu verbessern; sie beschreibt lediglich, wie das menschliche Zusammenleben zu seinem Wesensursprung zurückkehrt, wenn Menschen zu Gott zurückgefunden haben. Sie ist eine Lehre, die allein vom Glauben her getragen wird; unabhängig davon, außerhalb des Jüngerkreises, hat sie keine Geltung, ja kann sie ohne menschlichen Schaden nicht ernsthaft aufgestellt werden. Was daher von kirchlichen Versuchen zu halten ist, mit weltlichen Mitteln – wie heute noch in Italien – die Ehescheidung zu verbieten und die Wiederverheiratung »Geschiedener« strafrechtlich zu verfolgen, ergibt sich von selbst.

Aber, wird man vielleicht jetzt sagen, *innerhalb* der Kirche, innerhalb der Gemeinschaft der Gläubigen, innerhalb der Christengemeinde muß und kann es doch die Festsetzung von Gesetzen und Geboten geben; für den getauften, gläubigen Christen muß doch die Unauflöslichkeit der Ehe als ein *Gesetz* gelten, das aus dem Glauben folgt. Gewiß, aus dem Glauben folgt mit Selbstverständlichkeit eine gewisse Gesetzmäßigkeit des Handelns und Verhaltens, und wenn die Kirche eine Gemeinschaft der Heiligen wäre, so besäße die Unauflöslichkeit der Ehe die unabdingbare Gültigkeit eines Naturgesetzes; sie brauchte dann durch keinerlei Gesetz und Strafe erzwungen zu werden; sie wäre der selbstverständliche zwischenmenschliche Ausdruck eines Lebens, das sich selbst in Gott zurückgeschenkt ist. Aber die Kirche ist keine Gemeinschaft der Heiligen, und eben deshalb ist hier mit moralischen und rechtlichen Gesetzen nichts auszurichten. In der Kirche leben Menschen, die nicht Christen sind, sondern *werden,* und es ist durchaus nicht sicher, inwieweit das Bekenntnis zu Christus oder der äußere Empfang eines »Sakramentes« wie der Ehe wirklich auf »Glauben« trifft, in dem Sinne, daß ein Mensch im Vertrauen auf Gott innerlich »Vater und Mutter verlassen« hat. Wie oft es Religiosität als Folge psychischer Abhängigkeit von den Eltern geben kann, dazu vergleiche man *Freuds* Analyse der Bekehrung.[44]

Selbst wenn man daher zugeben wollte, daß der Glaube bestimmte Gesetze des Handelns nach sich zieht, so ist deswegen noch keineswegs gesagt, daß die Unauflöslichkeit der Ehe rechtlich und moralisch in der Kirche zum Gesetz erhoben werden kann.

Die Schwierigkeit liegt vor allem darin, daß die Mittel des subjektiven Bewußtseins, wie sich am Beispiel der Übertragungsliebe gezeigt hat, nicht ausreichen, um hinlänglich zu wissen, wie es um die eigene Existenz einem anderen Menschen gegenüber und noch weniger Gott gegenüber bestellt ist. Ein Eheabschluß kann moralisch und kirchenrechtlich durchaus unbedenklich erscheinen und ist doch ungültig im Sinne der alten Bestimmungen über die Ehehindernisse von Furcht und Gewalt, von Irrtum der Person und der Unfähigkeit, »zusammenzukommen«, vorausgesetzt, man nimmt diese Bestimmungen innerlich statt in platter Äußerlichkeit. In solchen Fällen, müssen wir jetzt sagen, wird u. U. eine Ehe, die in bürgerlichem Sinne und womöglich auch mit dem Segen der Kirche geschlossen wurde, nach theologischem Maßstab gar nicht erst zustandekommen, und wenn sie eines Tages geschieden werden muß, so liegt hier *theologisch* gleichwohl keine eigentliche Ehescheidung vor. Anders als das bürgerliche Gesetzbuch, das eine Reihe äußerer Festsetzungen einer gültigen Eheschließung kennt, existiert für die Theologie nur ein einziges wesentliches Kriterium für das Zustandekommen einer Ehe als Sakrament: die Voraussetzung des Glaubens. Wenn sich nun aber zeigt, daß der Glaube weder den Eheleuten selbst noch den Umstehenden eindeutig feststehen kann, wenn es Formen der Angst, der Abhängigkeit und Unfreiheit gibt, die dem Einzelnen selbst unbewußt sind, obwohl sie ihn doch wesentlich mitbestimmen, so ist deutlich, daß die Theologie sich gerade umgekehrt zur Ehe stellen muß wie die bürgerliche Gesetzgebung und Moral. Im bürgerlichen Sinne ist die Ehe grundsätzlich auflösbar, aber ihr Zustandekommen ist nach eindeutigen Kriterien festellbar; in theologischer Betrachtung ist die Ehe grundsätzlich unauflöslich, aber ihr Zustandekommen ist ein Geheimnis, das allein in dem Verhältnis zwischen Mensch und Gott begründet liegt und das keine äußeren Kriterien zuläßt. Keinerlei Rechtsfiktionen oder Rechtssanktionen können an dieser Ungewißheit vorbeitäuschen: Es ist nicht endgültig feststellbar, ob zwei Menschen, die sich das Sakrament der Ehe versprechen, es auch wirklich empfangen; es ist im Einzelfall nicht klar, »was Gott geschlossen hat« und was bindend und trennend vom Menschen her in die Beziehung eindringt. Lediglich läßt sich – ähnlich wie im Ratschlag des Gamaliel (Apg 5,34-39) – präsumieren, daß etwas, das Gott geschlossen hat, sich in der Tat gerade an seiner

Unzerstörbarkeit zeigen wird. Das, was aus dem Glauben wesenhaft folgt, ist somit das einzige Erkenntnismittel, um festzustellen, daß zwischen Menschen Gott am Werke ist; und umgekehrt wird das Scheitern einer Ehe wahrscheinlich ein Hinweis darauf sein, daß hier etwas geschlossen wurde, das nicht von Gott war.

Es gilt also in der Lehre von der Unauflöslichkeit der Ehe zu vermeiden, daß ein essentielles Gesetz und Kriterium des Glaubens zu einem glaubenslosen Moralgesetz entartet. In dem Roman *G. Greenes* »Das Herz aller Dinge« fragt Major Scobie sich einmal, ob er denn glauben könne, daß Gott für das Glück seiner bemitleidenswerten Gattin eintreten werde, wenn er, Scobie, es nicht tue, und er muß sich eingestehen, daß er diesen Glauben nie gehabt hat; eben darin liegt die Tragik seines überforderten guten Willens begründet; er müßte, sollte seine Ehe Bestand haben, sich entlastet fühlen können in dem Vertrauen, daß Gott auch dort wirkt, wo sein eigenes Tun zu Ende ist. Es ist das gleiche Vertrauen, das mit den Eheleuten zusammen die Kirche als ganze bzgl. der Ehe aufbringen müßte: Sie verwaltet Geheimnisse der Gnade, nicht Eindeutigkeiten einklagbarer Rechte.

Ehe und Ehelosigkeit

Dabei kann das hier erörterte Beispiel der Übertragungsliebe auch in einer dritten Konsequenz aus dem Gesagten ein neues Licht auf die von der römischen Kirche bis heute vertretene Zusammengehörigkeit und gegenseitige Ergänzungsbedürftigkeit von Ehe und Ehelosigkeit werfen, wie sie vor allem im Anschluß an Mt 19,10-12 gelehrt wurde. In der Tat: Es gehört, wie sich am Beispiel der Übertragungsliebe gezeigt hat, konstitutiv zur Fähigkeit der Liebe, sich von den Bindungen an die eigenen Angehörigen loszusagen und das Spiel absoluter Projektionen und Übertragungen einzustellen; insofern bedarf die Ehe eines Momentes, das am reinsten in der »Ehelosigkeit um des Himmelreiches willen« gelebt wird; umgekehrt aber bedarf die religiöse Ehelosigkeit ihrer Bestätigung in der Liebesfähigkeit und Freiheit dem anderen gegenüber, wie sie am reinsten in der Ehe verwirklicht ist. Eine wieder ganz andere Frage ist es, ob die katholische Kirche gut daran tut und überhaupt ein Recht dazu hat, Entwicklungsmomente der menschlichen Seele in der Institution des Zölibats klerikal zu verfestigen. So viel steh fest: eine *Wahl* zwischen der Liebe zu Gott und der Liebe zu einem Menschen zu fordern ist ebenso unchristlich wie unmenschlich.

IV. Gegensätze ziehen sich an oder: Von der Gefahr, die Feigen bei den Disteln zu suchen

Ich verwünsche die Glücklichen,
denen der Unglückliche
nur zum Spektakel dienen soll.

Goethe, Wahlverwandtschaften

Der innerkirchliche Appell zur Treue und die Not der Scheiternden

Die innerkirchliche Diskussion um die Ehe entzündet sich nach wie vor sehr wesentlich an der Frage, ob die katholische Kirche einer Wiederverheiratung Geschiedener zustimmen kann oder nicht. Das Problem, das hier zur Debatte steht, besitzt in der Tat ein hohes kirchenrechtliches und moraltheologisches Interesse; aber seine größte Bedeutung erlangt es eigentlich dadurch, daß sich an dieser Problematik besonders deutlich zeigen läßt, wie die römische Kirche ihre eigene dogmatische Lehre von der Sakramentalität der Liebe zwischen Mann und Frau vorstellen müßte oder vorstellen könnte.

In der Öffentlichkeit mußte (und sollte auch wohl) bereits nach der Synode in Würzburg, mehr noch aber nach der römischen Bischofssynode im Oktober 1980 der Eindruck vorherrschen, als ließe sich der offizielle Standpunkt der katholischen Kirche zur Ehe in zwei Sätzen zusammenfassen: Die menschliche Sexualität sei »ein menschliches und moralisches Gut nur innerhalb der Ehe«, und: »diese ist unauflöslich«[1]. Entsprechend diesen beiden Grundsätzen gehen die Mahnungen der Enzykliken und der Hirtenbriefe seither mit wachsender Eindringlichkeit dahin, die Sexualität unter allen Umständen an die Institution der Ehe zu binden und in irgendeiner Weise auf die Fortpflanzung zu beziehen; daß viele Jugendliche und Erwachsene sexuelle Beziehungen auch ohne Heiratsabsichten pflegen, glaubt man im kirchlichen Sprachgebrauch als »Bindungsangst« deuten zu müssen. Den Schwierigkeiten und Zerreißproben innerhalb der Ehe meint man mit der Mahnung zur Treue begegnen zu sollen. Den Widerspruch zur öffentlichen Meinung nimmt man dabei bewußt in Kauf, ebenso wie die abweichenden Folgerungen, die in anderen christlichen Kirchen aus den gleichen Bibelstellen gezogen werden, auf die sich auch die katholische Theologie zur Begründung ihrer Position beruft.

Im Jahre 1981 bereits faßte z. B. die Generalsynode der anglikanischen Kirche nach einer Debatte über die Haltung der Kirche in Fragen der Ehescheidung den Beschluß, daß Geschiedene nach einer abermaligen Eheschließung die heilige Kommunion empfangen dürften und daß geschiedene Männer, die sich noch zu Lebzeiten ihrer früheren Ehepartnerin neu verheiraten, sogar zu Priestern der Kirche von England ordiniert werden könnten; allein die Frage der kirchlichen Trauung von Geschiedenen wurde noch verschoben.[2]

Wie sehr die Meinung der Bevölkerung über die Formen des Zusammenlebens von Mann und Frau sich von den Vorstellungen der römischen Kirche entfernt hat, zeigt eine repräsentative Umfrage in Gottes Heimatland, in Frankreich: Zwei von drei Franzosen im Alter von achtzehn bis fünfzig Jahren befürworten eine »Ehe auf Zeit«; drei Viertel der Befragten sagen, eine Heirat sei nicht unbedingt notwendig für ein Paar, wichtig sei allein die Liebe; etwa 60 Prozent sprechen sich deshalb für ein Zusammenleben vor der Ehe aus, wobei etwa die Hälfte von ihnen eine solche »Ehe auf Probe« auch wirklich versucht hat.[3] Dem hält die Kirche das Papstwort entgegen, daß man nicht auf Probe lieben könne – so wenig, wie man auf Probe sterben könne. Freilich meinte bereits *Shakespeare*, man sei »besser gut gehängt als schlecht verheiratet«; aber die Kirche hält daran fest, daß es aus Treue zur Wahrheit Christi weder eine Lehrzeit der Liebe noch eine Inkubationszeit des Hasses geben dürfe, sondern wer sich zur Liebe (im sexuellen Sinne) entschließe, der dürfe das nur tun in der Absicht und mit dem Versprechen einer unverbrüchlichen Treue; eben darin bestehe die Sakramentalität der Ehe, daß sie in der Treue zueinander die ewige Treue Gottes zum Menschen sichtbar mache.

Es soll im folgenden gezeigt werden, daß diese Auffassung zweifellos ein gewisses ideelles Recht besitzt, daß sie aber in ihrer moralischen und rechtlichen Form viel zu äußerlich und abstrakt konzipiert ist, um wahr zu sein, daß sie, so feierlich vorgetragen auch immer, im Grunde ohne analytische Schärfe, also oberflächlich und verständnislos der Wirklichkeit gegenübertritt und daß sie vor allem ein Sprechen von Gott voraussetzt oder mindestens begünstigt, das einem latenten Verrat an der katholischen Anthropologie und Sakramentenlehre gleichkommt:

Demgegenüber soll versucht werden, die Lehre von der Liebe und der Sakramentalität der Ehe so zu interpretieren, daß sich aus ihr Kategorien des Verstehens sowohl für das Gelingen wie für das Scheitern menschlichen Zusammenlebens in und außerhalb der Ehe entwickeln lassen.

Es beginnt bereits mit dem Begriff der Treue, der, verstanden als sittliche Pflicht zum Zusammenstehen, »bis daß der Tod euch scheidet«, zu einem äußerst problematischen Zielbegriff entwertet werden kann. Treue ist eine Haltung, die aus der Liebe erwächst; sie ist nicht die Grundlage, sondern eine Folge der Liebe; will man also die Krise einer Liebe mit dem Befehl der Treue meistern, so verabsolutiert man damit eine Erscheinungsform der Liebe zu deren Inbegriff ohne Rücksicht darauf, unter welchen Voraussetzungen die Liebe entstehen und bestehen kann; der Begriff der Treue wird dann zu einem Wert an sich erklärt, der jede weitere Reflexion und Analyse über die Motive, weswegen Eheleute beieinander bleiben oder auseinander gehen, erübrigt und offensichtlich sogar ganz bewußt ausschalten soll. Für alle Ehepartner, die sich endgültig zu einer Trennung voneinander gezwungen sehen, weil ihre Liebe zerstört ist, oder weil sie, vielleicht nach langen Jahren, die Entdeckung machen müssen, daß sie sich eigentlich niemals richtig geliebt haben, hat die Kirche stets nur dieses eine und einzige Wort bereit, um einen solchen Vorgang zu kennzeichnen: Solche Eheleute seien einander »untreu«, sie brächen ihr sakramentales Versprechen, ja, sie lebten im Zustand der schweren Sünde vor Gott, wenn sie ihre Trennung ein für alle mal aufrechterhalten wollten und nach einer neuen Form der Bindung Ausschau hielten.

Noch viel eindeutiger fällt die moraltheologische und kirchenrechtliche Wertung in all den Fällen aus, wo jemand in eine schon bestehende Ehe von außen eindringt und womöglich auf lange Zeit hin ein Liebesverhältnis neben der Ehe zu einem anderen Partner unterhält; hier steht die kirchliche Jurisprudenz noch weit fassungsloser vor dem Phänomen der »Untreue«, das sie, gemäß ihrer Barmherzigkeit, wohl vergeben wird, wenn der Sünder sein Handeln bereut, aber das sie doch kraft göttlichen Rechtes und Gebotes, in der Bindung an die unbedingte Treue zu dem Wort des Herrn, entschieden ahnden zu müssen glaubt, wissend freilich, daß in der Geschichte der Menschen noch selten jemand eine wirkliche Liebe zu »bereuen« oder gar durch »Reue« zu zerstören vermocht hätte.

Wie ungeheuer selbstzufrieden, ungerecht und pauschal die Reduktion eines in jedem Einzelfall außerordentlich komplizierten Problems wie das einer Ehescheidung auf einen einzigen Wertbegriff (der Treue oder Untreue) wirken muß, wird man sogleich ersehen, wenn man sich auch nur einen Augenblick lang vor Augen hält, zu welch einem moralischen Amoklauf eine solche Lehre in ihrer rigorosen Form auffordert. Dichter aller Zeiten und Zonen haben sich die größte Mühe gegeben, ehrlich und sorgfältig den Regungen und Verwicklungen des menschlichen Herzens nachzugehen. Sie haben so wundervolle und wundersame Gestalten überliefert oder ersonnen wie Jason und Medea, Theseus und Ariadne, Aeneas und Dido, Tristan und Isolde, Lancelot du Lac und Ginevra; und in allen diesen Gestalten haben sie geschildert, wie mächtig und unbezwingbar die Liebe ist, wie vielfältig in ihren Auswirkungen und Motiven, und wie oft sie in dieser Welt zum Scheitern verurteilt ist. Sollte wirklich jemand die Stirn haben, all diese Beispiele der Liebe, wie er nach kirchlicher Lehre wohl müßte, für eheliche Untreue, für Unmoral, Ehebruch und schwere Sünde zu erklären? Und wenn er ein solches Urteil in der schöngeistigen Literatur schon nicht wagen kann, ohne sich den Vorwurf einzuhandeln, daß er offenkundig sich selbst als einen Banausen und gefühlsrohen Fanatiker zu erkennen gibt, – wie denn wollte er sich in der Beurteilung des wirklichen Lebens eines solchen Urteils vermessen, ohne daß man ihn nicht weit mehr noch als einen Mann bezeichnen müßte, der sich weigert, die Gefühle von Menschen zu verstehen oder auch nur ernstzunehmen?

Man rühmt z. B. die »Odyssee« des *Homer* als das große Epos der Gattenliebe. Aber hat nicht der Grieche Odysseus sein Bild von der Frau erst stufenweise läutern müssen, ehe er zu seiner Gattin Penelope zurückfand? Auf seinen Irrwegen jedenfalls erschien ihm die Gestalt der Frau zunächst als versucherische und Zwietracht stiftende Helena, als gesangesbetäubende Sirene, als zauberische Kirke, welche die Macht besaß, Männer in Schweine zu verwandeln, als wohlgelockte und liebliche Nymphe Kalypso im Paradies ihrer Höhle – und als rettende Ino, die dem Schiffbrüchigen ihr Zauberband um die Brust schlang, daß es ihn sicher ans Festland trug; es war bereits ein endloser Weg der Gefahren und Irrungen, ehe Odysseus als Schiffbrüchiger des morgens nackt der verschreckten Phäakentochter Nausikaa entgegenzutreten vermochte, und danach erst war er imstande, zu der getreuen Gattin zurückzufinden. Wie viele Ehen sind nicht eine solche Odyssee des langen Weges zur

Liebe, und wer wollte gegen den Willen der Götter und unter Strafe und Schuld befehlen, daß es entweder überhaupt keinen oder nur einen gradlinigen und stets im Sinne der Moral und des Rechts »erfolgreichen« Entwicklungsweg der Liebe geben dürfe? Will man im Ernst *Goethe* einen Konkubinisten und *Hermann Hesse* einen Ehebrecher und in schwerer Sünde Lebenden nennen? Will man die »Leiden des jungen Werther« und die Nöte des seiner Ehe müden »Klein« in *H. Hesses* Novelle »Klein und Wagner« als Folgen bloßer Unmoral brandmarken? Ja, wie will man eigentlich solche Wertungen durchhalten?

Man steht hier vor der Wahl.

Man kann, wie es geschieht, sich eisern auf das sogenannte Wort Gottes berufen, wonach der Mensch nicht trennen darf, was Gott verbunden hat; dann muß man das Zusammenleben in der Ehe selbst für den höchsten Wert der Ehe ausgeben und mit dieser Einstellung in Kauf nehmen, daß die Form der Ehe – das Ergebnis der Liebe – wichtiger wird als die Liebe selbst; man muß akzeptieren, daß ein solches Verständnis von Treue sich schließlich sogar gegen vieles richtet, was zur Liebe selbst gehört: Phantasie, Erotik, Erfahrungsreichtum, Intensität des Gefühls, Ehrlichkeit und innere Freiheit – all dies muß dann im Namen Gottes und der Kirche als zu gefährlich ausgeklammert bleiben; zur »Pflicht« hingegen muß die »Treue« um jeden Preis erhoben werden, obschon man sehr klar wissen könnte, daß eine äußere »Treue« des Zusammenlebens sich aus mancherlei Haltungen ergeben kann, die mit Liebe und dauerhafter Bindung im Inneren nicht das Geringste zu tun haben, wohl aber z. B. mit Bewegungslosigkeit, Starre, Herzensarmut, Faulheit und vor allem mit einer vollkommen kindlichen Einstellung gegenüber einem von Kirche und Elternhaus mustergültig großgezogenen sadistischen Überich. Insbesondere muß man in einer solchen Einstellung theologisch hinnehmen, daß das Wort Gottes immer wieder in einer Weise auf Einzelfälle bezogen werden muß, die man nur als unmenschlich und bar jeden gesunden Menschenverstandes bezeichnen kann, – ein Widerspruch von Menschlichkeit und Göttlichkeit des Wortes Gottes, der einer vernünftigen Inkarnationstheologie geradewegs Hohn spricht.

Man kann aber auch den eklatanten Widerspruch zwischen dem Wortlaut eines Bibelwortes und der Härte der Lebenswirklichkeit als einen Hinweis dafür nehmen, daß ein bestimmtes Gotteswort in seiner Verbindlichkeit doch wohl noch nicht genügend tief verstanden worden ist, wenn es zu Folgerungen führt, deren Wirkung nach allem menschlichen Empfinden grausam und ungerecht ist.

Die Alternative zwischen diesen beiden Möglichkeiten stellt sich bereits sehr früh. Wem der Konflikt zwischen offizieller moraltheologischer Ehedoktrin in der Kirche und den Erfordernissen praktischer Seelsorge im Umgang mit den vielfachen Nöten der Eheleute nicht in sich selbst ein religiöses und theologisches Problem ist, der kann es sich zweifellos subjektiv ohne geistigen Widerspruch leisten, etwa den katholischen Eheberatern anzumahnen, das Ziel ihres Beratungsdienstes müsse unter allen Umständen die Wiederherstellung einer noch so zerrütteten Ehegemeinschaft sein. Wem indessen der Widerspruch von Theorie und Praxis mehr ist als nur ein Symptom für die bedauerliche Schwäche der menschlichen Natur, wer gelernt hat, vor den Erfordernissen menschlicher Not und menschlicher Liebe einen solchen heiligen Respekt zu empfinden wie ein Naturforscher vor einer gesicherten Naturtatsache – eine einzige Ausnahme wie der *Michelson*-Versuch, und das ganze wohl durchdachte Gebäude der *Newton*schen Physik mußte verlassen werden –, der wird eher an seiner sich vielleicht vollkommen logisch und klar darbietenden Auffassung des Gotteswortes Zweifel tragen, als daß er der Erfahrung unzähliger Eheleute unrecht gäbe, die beteuern, an der Tragödie ihrer Ehe ohne Schuld zu sein; er wird fürchten, Gott mit unrechten Argumenten zu rechtfertigen und also letztlich zu verleumden, wenn er Gott so ähnlich erscheinen läßt wie den »Guten Gott von Manhattan« in *Ingeborg Bachmanns* Hörspiel – ein sittenstrenger Stadtwächter, der wohl noch mit gewissen nächtlichen Affären der Liebe, nicht mehr aber mit der eigenartigen Treue Verliebter am folgenden Morgen einverstanden ist und seinen »Eichhörnchen« befiehlt, jedem Ansatz von liebender Anarchie mit Dynamit ein Ende zu bereiten. Angesichts der Not der »unordentlich« Liebenden wird er es eher mit dem bengalischen Dichter *Rabindranath Tagore* halten, der betete: »Ehrwürdiger Vater, vergib diesem sündigen Paar. Frühlingswinde wehen heute in wilden Wirbeln, sie fegen Staub und dürres Laub hinweg, mit ihm dahin sind auch deine Lehren. Sag nicht, daß Leben eitel sei, ehrwürdiger Vater. Denn wir haben Waffenstillstand mit dem Tod geschlossen für diese Zeit, und nur für ein paar Stunden voller Duft ist uns Unsterblichkeit verliehen, uns beiden«.[4] Auf jeden Fall wird er daran denken, wie Jesus den Pharisäern und Schriftgelehrten geantwortet hat, als sie ihn wegen des Ährenraufens am Sabbat zur Rede stellten

(Mk 2,25); er gab ihnen zur Antwort, daß der leibliche Hunger des Menschen vor Gott *ein Argument* sei, um den Sabbatfrevel und den Mundraub zu rechtfertigen, und er sagte sogar, daß David Recht hatte, als er aus Hunger das Allerheiligste im Tempel von Nob plünderte und das Sakrileg beging, die Schaubrote zu stehlen und zu essen (1 Sam 21,2-7).

Das wahre Problem sind die unbewußten Ängste

Im folgenden wollen wir am Beispiel einer besonders tragischen Form von »Hunger«, am Beispiel eines unausweichlichen Mißverständnisses, einmal grundsätzlich aufzeigen, daß die moralische und rechtliche Anmahnung zur Treue in der Ehe oft nicht nur nicht hilfreich, sondern geradezu schädlich und gefährlich sein kann, ja, daß es möglich ist, eines Tages aus Treue zu dem eigentlichen Wesen eines anderen endlich eine unhaltbar gewordene Ehe zu beenden, und daß es vor Gott und den Menschen ein Recht, ja, sogar eine Pflicht geben kann, ein neues und eigenes Leben zu wagen, aus alten Fehlern zu lernen und, gebe es Gott, um sein Glück in einer neuen, wahreren Ehe zu kämpfen. Es sind für gewöhnlich gerade die Irrwege des Herzens, die am meisten über die Wahrheit des Menschen belehren, und so wollen wir denn von der *Tragik* der Liebe sprechen, um die Wahrheit ihres *Glücks* um so klarer zu begreifen.

Oben (S. 125-140) ist bereits gezeigt worden, daß es Formen des Eheabschlusses geben kann, die in ihren wechselseitigen Übertragungen eher von Angst als von Glauben, eher von einer inneren Hörigkeit gegenüber den Gestalten von Vater und Mutter als von Unabhängigkeit und Freiheit, eher von projektiver Verzeichnung des Ehepartners als von einer wirklichen Annahme des anderen, kurz: eher von Furcht, Gewalt und Irrtum der Person als von einer Liebe geprägt sind, die über sich hinaus auf Gott verweisen und somit ein sakramentales Zeichen göttlichen Wirkens und göttlicher Gnade sein könnte. Insbesondere die wie schicksalhaft anmutenden, jeden eigenen Willen hinwegreißenden Formen der Liebe lassen sich psychoanalytisch als Folgen gewisser Übertragungsverhältnisse verstehen. Gäbe es nun lediglich diese speziellen psychischen Verwirrungen der Liebe, so könnte die katholische Moraltheologie sich vielleicht immer noch unverändert in die Trutzburg ihres »Was Gott geschlossen hat ...« zurückziehen, indem sie die Fälle der

Übertragungsliebe unter der Klausel der psychischen Eheunfähigkeit subsumierte und mithin alle Ehen, die an Übertragungskonflikten zugrundegehen, aus der Zuständigkeit ihrer Betrachtungsweise entließe. Aber selbst dann bereits müßte man zugeben, daß die Dinge mitnichten so einfach liegen können, wie es die katholische Moraltheologie seit ihren Anfängen gern sehen möchte: daß der Mensch ein freies, von Gott vernunftbegabtes Wesen sei, das unter allen Umständen fähig sein müsse, den göttlichen Geboten nachzukommen. Vielmehr, wenn die Dinge so liegen, muß man anerkennen, daß der größte Teil der menschlichen Psyche dem Unbewußten angehört und folglich unfrei ist; man muß ferner zugestehen, daß es Ängste gibt, die im Unbewußten liegen und Wirkungen zeitigen, die sich einer bewußten Kontrolle und mithin auch einer moralischen Verantwortung entziehen. Und daraus folgt vor allem, daß die Problematik der Ehe überhaupt auf einer anderen Ebene angesiedelt sein muß als auf der Ebene der Moral. Das eigentliche Problem liegt, wenn es so steht, in der Frage, wie man die Ängste des Unbewußten aufarbeiten kann und ein Vertrauen ermöglicht, das tief genug ist, um von sich her eine tragfähige Psychologie der Liebesfähigkeit zu eröffnen.

Ganz zentral ist die Frage nach der Ehe also bereits in Anbetracht der Übertragungsproblematik eine Frage nach dem Glauben oder Nicht-Glauben; sie ist mithin genau das, als was die katholische *Dogmatik* sie auch sieht: eine Frage nach Gott und dem unverbrüchlichen Zeichen seines Beistandes und seiner Gnade; sie ist primär keine Frage der *Moral* und der bürgerlichen Ethik. Um gerecht zu urteilen, muß man folglich zunächst einmal sehen, welche Ängste und Angstverarbeitungsmechanismen der Haltung des Glaubens im Wege stehen, und dies ist das Geschäft der *Tiefenpsychologie.* Ohne die Einsichten der Tiefenpsychologie in die Charakterstruktur der jeweiligen Personen ist es auch theologisch ungerecht, fahrlässig (weil absichtlich unwissend) und anmaßend, ohne Umschweife mit moralischem Anspruch und erhobenem Zeigefinger von »Treue« zu reden und das Zusammenleben der Eheleute kategorisch und schlechthin zur Pflicht zu erheben. Im Gegenüber der Angst bewährt sich der Glaube, und *hier* liegt das Gebiet theologischen Fragens; alle moralischen Betrachtungen gelten dem Theologen erst unter der Voraussetzung des Glaubens; mit der Verneinung des Glaubens in der Angst ist daher zu beginnen.

Das tragische Modell einer zwangsneurotisch-depressiven Ehe

Um der moralisierenden Betrachtung der Ehe in der Kirche prinzipiell zu wehren, soll einmal an einer psychologisch besonders unglücklichen Form der Paarbeziehung gezeigt werden, welche Folgen das Einpeitschen der Treueverpflichtung für bestimmte Ehepartner haben kann und welche Konsequenzen sich aus dem notwendigen Scheitern bestimmter Ehen für Dogmatik, Moraltheologie und Kirchenrecht zwangsläufig ergeben müssen. Die Rede soll jetzt nicht allein von Leuten sein, denen die psychische Ehefähigkeit (wenn darunter eine Fähigkeit zu dauerhafter Gemeinschaft mit einem anderen Partner verstanden werden soll) womöglich rundum abgesprochen werden könnte; es soll die Rede von Leuten sein, die mit einem anderen Partner als dem eigenen u. U. sehr glücklich werden können, die aber mit dem Ehepartner, den zu heiraten sie vor Jahren das Pech, ja, sogar seinerzeit eine Art Pflicht zu haben glaubten, durchaus nicht zusammenleben können. Wir sprechen dabei von Menschen, die an sich einander unbedingt die eheliche Treue halten möchten und ihre moralischen Pflichten außerordentlich ernst nehmen. – Leichtfüßigkeit und Oberflächlichkeit sind nicht geeignet, um die Problematik der Ehe in der Tiefe zu verstehen.

Um zu begreifen, wie wenig den eigentlichen Tragödien der Ehe mit moralisch-rechtlichen Kategorien beizukommen ist, genügt das etwas ausführlichere Studium einer moralisch gerade vollkommen intakten, menschlich aber außerordentlich unglücklichen Beziehung, wie sie am klarsten in der unheilvollen Ehe eines zwangsneurotischen (zwn) Mannes und einer depressiven (dp) Frau realisiert ist. Die hier vorausgesetzten Begriffe »zwangsneurotisch« und »depressiv« können an dieser Stelle nicht psychoanalytisch begründet und in ihrem differenzialdiagnostischen Symptomenkomplex vorgestellt werden[5]; die für unsere Betrachtung relevanten Merkmale aber lassen sich von Fall zu Fall hinlänglich deutlich machen. (Vgl. auch oben S. 40-47; 53-59.) Daß wir – zur Vereinfachung – eine Situation annehmen, in welcher der *Mann* als Zwangsneurotiker (Zwn) und die *Frau* als depressiv (dp) gilt, ist an sich nicht von Belang – es könnte sich auch umgekehrt verhalten; aber die psychosoziale Lage von Mann und Frau in unserer Gesellschaft bringt es doch mit sich, daß die Männer in größerer Zahl in das Perfektions- und

Leistungsstreben der Zwangsneurose (Zwn) gedrängt werden, während Frauen eher auf die Demutshaltung und Resignation der Depression (Dp) vorbereitet werden. Insofern hat die angenommene Charakterverteilung einen größeren repräsentativen Wert. Schließlich ist noch einschränkend zu sagen, daß wir einen Fall annehmen, in dem ein *reiner* Zwangsneurotiker (Zwn) einer *rein* depressiven (dp) Frau gegenübersteht; solche reinen Neuroseformen sind nicht die Regel; aber sie kommen doch häufig genug vor, und es ist gerade das Aufeinanderprallen solcher ausgeprägten und reinen Charakterstrukturen, die den Grund besonders tragischer Verwicklungen in der Partnerschaft bilden. Wohlgemerkt lassen sich die neurotischen Beziehungen auch genetisch, also gleichermaßen als Varianten von Übertragungsliebe darstellen; uns aber soll es jetzt ausschließlich um die Psychodynamik des Scheiterns bei Anstrengung allen guten Willens gehen, und dies kommt dem realen Erleben sogar am nächsten; denn der genetische Hintergrund ist den Betreffenden inmitten ihrer tragischen Verkettung ja unbewußt, und noch ehe sie merken, was sie tun, ist es zu spät.

Der Irrtum des gemeinsamen Vorteils

Das Drama einer zwangsneurotisch-depressiven (zwn-dp) Partnerschaft beginnt sonderbarerweise oft mit einer geradezu euphorischen Verführungskraft. Schon die Gelegenheit, sich kennenzulernen, und der Grund, aufeinander zuzugehen, ist meist bezeichnend.[6] Ein 20jähriger kurz vor dem Abitur ist etwa auf dem Gymnasium ein Musterschüler, aber privat viel zu steif und gehemmt, um von sich aus ein Mädchen anzusprechen; im Kontaktbereich leidet er unter schweren Minderwertigkeitsgefühlen, die er indessen im Leistungsbereich zu kompensieren sucht, indem er vage und im Grunde nicht ganz so fälschlich hofft, für seine Tüchtigkeit eines Tages auch seitens des anderen Geschlechts Wertschätzung und Anerkennung zu erhalten. Auf ihn trifft ein dp Mädchen, das eigentlich eine große Sehnsucht nach Liebe, Geborgenheit und Verständnis besitzt, aber aus Angst und Schuldgefühlen seine diesbezüglichen Wünsche nicht zu äußern wagt. Statt dessen glaubt es, durch Opferbereitschaft, Hingabe und Fügsamkeit doch die Gunst eines Mannes erringen zu können, der es nicht enttäuscht und im Stich läßt. Beider Erwartungen scheinen sich daher auf vorzügliche Weise zu entsprechen: Der zwn Mann findet auf dem einzigen ihm möglichen Weg einen Zugang zum anderen Geschlecht – auf dem Weg des Tuns und der Leistung; und umgekehrt kann die dp Frau ein Stück weit glauben, daß auch sie dem Mann etwas zu geben hat: ihre Wärme und ihre Verständnisbereitschaft, so mag sie hoffen, werde ihm gut tun und ihn freier, fröhlicher und menschlicher machen. Diese an sich sogar sehr berechtigten wechselseitigen Hoffnungen lassen es anfangs als überaus vernünftig und richtig erscheinen, sogar recht bald in eine Ehe einzuwilligen. Der vermeintliche gemeinsame Vorteil erweist sich jedoch schon nach kurzer Zeit fast immer als eine herbe Enttäuschung, wenngleich es für gewöhnlich noch Jahre brauchen wird, bis die sich anbahnende Tragödie den beiden Eheleuten in ihrem ganzen Ausmaß deutlich wird.

Die unterschiedliche Einstellung zur Sexualität

Nicht selten beginnt das Fiasko der dp-zwn Beziehung schon mit der ersten Brautnacht, sei diese nun vor oder in der Ehe. Für den Dp bedeutet die Sexualität etwas grundsätzlich Verschiedenes wie für den Zwn. Sexualität – darunter versteht der Dp vor allem persönlichen Austausch im Gespräch sowie das Erleben einer vollkommenen Geborgenheit; beim anderen schön zu kuscheln und von allen Seiten umschlossen zu werden, ist für ihn das allerwichtigste; hinzu kommt der Wunsch, sich dem anderen hinzugeben und dessen Wünsche möglichst restlos zu befriedigen. Von daher haben es viele dp Frauen außerordentlich schwer, zu einem eigenen Orgasmus zu gelangen; sie können ihn sich höchstens gestatten, wenn der Partner bereits befriedigt worden ist; aber auch dann bestehen gerade bei einem zwn Gatten die größten Schwierigkeiten. Der Zwn nämlich sieht in der Sexualität vor allem die Leistung, die es zu absolvieren gilt, und zwar nach der Definition, daß Leistung eine Arbeit in angemessener Zeiteinheit darstellt. Was ihn an der dp Gattin fasziniert, ist eigentlich die breit angelegte Unterwerfungsgebärde, die dem zwn Wunsch nach Herrschaft und Überlegenheit auf das vorteilhafteste schmeichelt. Aber gerade die Willfährigkeit des Dp kann den Zwn schon im sexuellen Erleben zur Verzweiflung bringen. Der Dp ist noch nicht zum Orgasmus gekommen – also muß sich der Zwn eingestehen, daß er irgendwie als Mann versagt hat; er wird geneigt sein, die Lösung des Problems in der Vermehrung seiner körperlichen Anstrengungen und aller möglichen verbesserten Techniken zu suchen; sein Ärger und sein neuerlicher Zwang zur Beeilung indes irritieren die dp Gemahlin noch viel mehr; sie erlebt, daß ihr Gatte eigentlich auf sie böse ist, und dieser Eindruck macht sie vor Schrecken wie gelähmt. Der Zwn wirft ihr, enttäuscht und müde, beizeiten vor, sich passiv wie ein Sandsack zu verhalten und überhaupt nicht »mitzuarbeiten«; kaum ausgesprochen aber, geht nach diesem Vorwurf überhaupt nichts mehr. Der Zwn denkt wohl, daß seine Frau sich künftig halt mehr anstrengen müsse und daß nicht er die Schuld an dem Versagen trage; die dp Frau aber muß sich beschämt und tief erniedrigt fühlen.

Dieser Eindruck muß ihr zur Gewißheit werden, indem die Sexualität für den Zwn zusätzlich noch den latenten Charakter des Unreinen annimmt, der ihn nötigt, zu den ehelichen Reinigungsvorschriften des Propheten Mohammed seine Zuflucht zu nehmen. Die Frau liegt nun vollends verstört und alleingelassen im Bett; sie fühlt sich, womöglich als Neuvermählte, abgrundtief schuldig, ohnmächtig und mutterseelenallein; sie hat alles gegeben, aber nichts bekommen, und auch die weitere Entwicklung der Tragödie ist bereits vorgezeichnet: Für gewöhnlich wird die dp Frau sehr bald aus Resignation und um es hinter sich zu bringen, ihrem Gatten alle nur wünschbaren Erregungszustände vorspielen, aber in Wahrheit sich noch viel mehr als unverstanden und vereinsamt empfinden, als eine Frau ohne Liebe und Zärtlichkeit und vor allem ohne die Möglichkeit, sich auch nur in irgendeiner Weise verbal auszudrücken. Der zwn Gatte hingegen wird sich nur allzu gern mit den Täuschungsmanövern seiner Gemahlin zufriedengeben, denn ihm liegt an dem reibungslosen Funktionieren seiner Ehe. Womöglich wird er auf Dauer freilich doch nicht völlig übersehen können, daß seine Gattin unglücklich ist und leidet, wenn er nach vollbrachter Ehepflicht zu einem technischen Journal oder zu einem Warenhauskatalog greift, um die neuesten Preise für Stereogeräte zu studieren; er wird die passive Forderung spüren, die in dem verstörten und hilflosen Gesichtsausdruck seiner Frau zu lesen ist; aber gerade dann wird er ihr vorwerfen, in ihren Ansprüchen maßlos und nie zufrieden zu sein; – er hat doch alles gemacht, was er konnte, nur: Er hat eine Frau, die offensichtlich immer mehr will, als er geben kann.

Diese *sexuelle Ebene der Mißverständnisse* einer zwn-dp Ehe eignet sich als Ausgangspunkt der Betrachtung am meisten, weil oft genug in einer solchen Beziehung die konfliktreiche Andersartigkeit des anderen wirklich zum ersten Mal und jedenfalls am deutlichsten im sexuellen Bereich erfahren wird. Zudem ist in diesem kleinen Ausschnitt des ehelichen Zusammenlebens bereits das Schema besonders klar zu erkennen, nach dem die ganze Ehe zusammengefügt ist und an dem sie zwangsläufig zerbrechen muß: Der Zwn befindet sich in seiner Sicht der Dinge stets im Recht, der Dp im Unrecht; der zwn Partner erscheint als der aktive und tüchtige, der dp Teil als der passive und untüchtige; der zwn Mann wiegt sich in dem Glauben, seine Pflicht mustergültig erfüllt zu haben, während die dp Frau als unverständlich, als Versagerin, als in ihren Ansprüchen maßlos dasteht.

Die Unfähigkeit zu eigenen Wünschen: Rationalisierung und Gedankenlesen

Was die Auseinandersetzung zwischen den beiden Ehepartnern näherhin erheblich kompliziert und dramatisiert, ist die gemeinsame, aber auf fatale Weise einander ergänzende Unfähigkeit beider, eigene Wünsche zu äußern.

Der Dp ist auf Grund seiner oralen Gehemmtheiten außerstande, seine eigenen Wünsche zu erleben oder, wenn er sie erlebt, womöglich sogar anderen gegenüber zu vertreten. Er wird deshalb darauf hoffen, daß der andere von selber merkt, was in ihm vor sich geht, wessen er bedarf und was er wünschen könnte. Zu dieser Hoffnung kann sich der Dp auch in der Tat ein gewisses Recht zusprechen; denn er selber steht über die Maßen auf dem Sprung, anderen die Wünsche von den Augen abzulesen und sie nach Möglichkeit bereits zu erfüllen, längst ehe der andere selbst überhaupt merkt, was ihm fehlt. Subjektiv lebt der Dp eigentlich in der ständigen Erwartung, daß der andere ihn für so viel Entgegenkommen, Feingefühl und Aufmerksamkeit durch ein gleiches Verhalten belohnen werde; und wenn das, wie gewöhnlich, nicht geschieht, so ist er leicht enttäuscht, fühlt sich unwert und verachtet und zieht sich in dem Gefühl, grenzenlos ausgenutzt zu werden, immer weiter in den Schmollwinkel zurück. Tatsächlich wird ihm dieses Schicksal aber gerade an der Seite eines zwn Partners kaum erspart bleiben.

Dem Zwn ist es nämlich seiner ganzen Charakterstruktur nach völlig unvorstellbar, daß es irgendwelche Wünsche geben dürfte, die man auf

Grund rein persönlichen Entgegenkommens und Austausches sollte erfüllen können oder gar müssen. Eigentlich hat der Zwn von sich aus überhaupt keine Wünsche; vielmehr verwandelt er seine Wünsche durch geschickte Rationalisierungen in Rechtsansprüche und objektiv erscheinende Erfordernisse, die unabdingbar erfüllt werden müssen. Die zahlreichen Bedürfnisse, die ihm seine Gattin aus purem Entgegenkommen in der Hoffnung auf Wertschätzung und Anerkennung vorwegerfüllt, kann er gar nicht wahrnehmen, weil er sie nicht registriert; er wäre wirklich höchst überrascht zu hören, daß man solche »Kleinigkeiten« wie Blumenschmuck, Gardinenwaschen, Handarbeiten u. ä. überhaupt für wichtig nehmen kann, und würde seine Gattin ihm ihre häuslichen Leistungen vorhalten, so würde er erstaunt zur Antwort geben, daß sie das alles tun könne oder auch nicht – ihm sei es völlig egal, er wolle lediglich seine Ruhe haben und nicht dieses allabendliche unnötige Pallaver erleben müssen etc., – Äußerungen, die natürlich die dp Gattin wiederum auf das äußerste kränken und beleidigen müssen, ohne daß der Zwn auch nur die Chance hat zu verstehen, was er da anrichtet. Er selbst erlebt sich im Gegenteil als vernünftig, pflichtbewußt, sparsam und nahezu bedürfnislos.

Die »Wünsche«, die er wirklich äußert, haben es indessen in sich: Sie werden wie Befehle bzw. wie objektive Gesetze der an sich seienden Vernunft diktiert. Der Zwn ist mit aller Anstrengung bemüht, nur ja den Eindruck zu vermeiden, als ob es irgendwelche willkürlichen Wunschregungen frei nach Laune und Geschmack geben dürfte; er, der sich selber eisern diszipliniert, um der Furcht vor dem inneren Chaos und Durcheinander zu entkommen, wird sich nur gerade das gestatten, was aus einsichtigen Gründen erforderlich ist: weil es gerecht ist, gesund ist, religiös, moralisch, wirtschaftlich oder politisch so sein muß, weil es bestimmte maßgebliche Autoritäten so gesagt haben etc., – deshalb muß er das Haushaltsgeld in einer bestimmten Weise einteilen, die Kinder gerade so und nicht anders maßregeln, die Speisenfolge der Woche, die Wahl des Urlaubsortes, die Art der Winterkleidung einrichten, kurz: Alles und jedes hat für den Zwn seine notwendige Begründung. Deshalb kann er seine Wünsche im Grunde nur als Befehle der Vernunft aussprechen, d. h. er übt einen ständigen Druck auf seine Umgebung aus, sich seinem Willen, mithin, wie er meint, der objektiven Vernunft, zu beugen. Sich ihm zu widersetzen, ist (oder besser, wäre) nur möglich kraft der besseren Argumente; aber die Diskussion mit einem Zwn besitzt nur den Anschein einer rationalen Auseinandersetzung; in Wahrheit ist sie ein Kampf auf Leben und Tod, wer Recht hat oder nicht, wer seinen Willen wem aufzwingt, – die »Argumente« sind nur Waffen der Selbstdurchsetzung. De facto kämpft bereits in aussichtsloser Position, wer sich auf den Abnutzungskrieg solcher Scheinbeweise einläßt.

Man könnte sich gegen den rationalen Überlegenheitsanspruch des Zwn nur behaupten, wenn man den ganzen Apparat seiner Rationalisierungen und Vernünfteleien, nicht en detail, sondern in der ganzen Machart und Anlage in Frage stellen würde; aber das liefe auf nichts Geringeres hinaus, als das ganze Wesen des Zwn zu bekämpfen und ihm klarzumachen, daß seine Gedanken in Wahrheit nur den Ersatz für verdrängte Gefühle und Affekte darstellen, – ein aussichtsloses Unterfangen. Der Dp zumal ist gerade dazu am allerwenigsten geeignet – ein kühl ironisierender intelligenter Schizoider am ehesten. Der Dp mit seiner Anpassungsbereitschaft wird im Gegenteil sich selber Vorwürfe machen, daß er zu dumm sei, alles das verstehen zu können, was der Zwn ihm zumutet; er wird es seiner mangelnden Ausbildung, seiner persönlichen Trägheit oder angeblichen Ideenarmut zuschreiben, daß er nicht längst schon von selbst auf die hehren Weisheiten der zwn Darlegungen verfallen ist; und da er ohnedies stets in der latenten Furcht lebt, allmählich zu verblöden oder wahnsinnig zu werden, gießt der ständige Kontakt mit einem Zwn auf die Dauer immer mehr Wasser auf die Mühle der dp Selbstbezichtigungen und Unterlegenheitsgefühle.

Befehle, die Vorwürfe sind

Vor allem löst die Sprechweise des Zwn durch sich selbst, ohne jede bewußte Absicht, bei dem Dp schwere Schuldgefühle aus. Da der Zwn niemals sagen wird: »Ich möchte mal gern, daß du heute morgen zum Frühstück ein Ei kochst«, oder: »Du wärst lieb, wenn du den Brief noch zur Post bringen könntest«, sondern nur in Wendungen sich ergeht wie »Man muß aber« oder: »Es hätte eigentlich«, werden seine als abstrakte Befehle verstellten Wünsche von dem Dp notwendig als getarnte Vorwürfe empfunden. Wenn der Zwn sagt: »Ein deutsches Frühstück ist bekanntermaßen langweilig. Warum sind die Deutschen nur so einfallslos, immer nur mit Brötchen und Graubrot sich abzuspeisen«, so wird seine dp Gattin solche Ausführungen mit einem gewissen Recht dahin verstehen, daß eigentlich gemeint ist, *sie* sei zu »deutsch« und »einfallslos«, und so wird sie schuldbewußt einen Vorwurf an einer Stelle heraushören, wo es unter »normalen« Umständen nur darum ginge, einer Laune oder dem Wunsch nach einer anderen Brotsorte aus Gefälligkeit, wenn man sich partout der Mühe unterziehen will, zu entsprechen. »Der Brief muß heute noch zur Post«, bedeutet für den Dp nicht: »Sei so lieb«, sondern: »Warum hast du den Brief nicht schon längst weggebracht?« – usw.

Wohlgemerkt treffen derartige unbewußte Verbalinjurien und unfreiwillige Oberlehrerattitüden auf eine Persönlichkeit, die ohnehin ihr Lebenlang schier verzweifelt darum bemüht ist, auf jeden Fall zu verhindern, daß man dem anderen lästig wird oder ihn gar ärgerlich machen könnte. Der Unwille des Partners wird von dem Dp wie ein Todesurteil erlebt; er bedeutet für ihn wie in Kindertagen, daß die wichtigste Kontaktperson ihn im Stich lassen und einfach fortgehen wird; schon der Schatten von Unmut kann beim Dp furchtbare Verlassenheitsgefühle und Einsamkeitsängste auslösen, und man muß sich nun vorstellen, wie verheerend unter solchen Voraussetzungen gerade die Maßregelungen des Zwn wirken müssen. Der Dp verlangt ja von sich selbst bereits, daß er ein wahrer Hellseher und Gedankenleser fremder Wünsche ist; aber nun muß er immer wieder bei seinem zwn Partner feststellen, daß er offenbar wirklich geistig zu beschränkt ist, um von sich aus zu wissen, was für den anderen richtig ist. Also wird er verzweifelt den Gatten oder Liebespartner anflehen, ihm doch zu sagen, was man tun muß und wie man denken soll; und schon eskaliert die Auseinandersetzung auf ein noch viel schlimmeres Niveau.

Selbständigkeit contra Hingabe

Der Zwn, der bestrebt ist, von sich her tüchtig, zuverlässig und korrekt seine Aufgaben zu erledigen, merkt nicht, daß er selbst in seinem Verhalten gewissen Standards und Vorurteilen nachkommt, die nicht seinem eigenen Denken, sondern den starren Schablonen seines Überichs entspringen; subjektiv empfindet er sich wirklich, wenn er Erfolg hat, als eine freie und ichstarke Persönlichkeit, die auf jeden Fall gelernt hat, niemals gegenüber einer gestellten Aufgabe zu versagen. In schroffem

Gegensatz zu seinem eigenen Pflichtgefühl muß er jetzt erleben, wie der dp Ehepartner sich an ihn hängt und ihn mit Fragen bombardiert, die er im Grunde als kindisch, albern und als Zeichen blanker Unselbständigkeit empfindet. Eine Zeitlang mag ihm die offensichtliche Anlehnungs- und Hilfsbedürftigkeit seiner Gemahlin vielleicht sogar insgeheim schmeicheln; aber über kurz oder lang wird ihm »das Getue« zu albern und lästig. »Man muß selbständig und erwachsen im Leben sein« – lautet jetzt seine mit steigendem Zorn ausgesprochene Devise, und der Tag ist nicht fern, wo er dem Dp vorwerfen wird, ein Vampir und ein unersättlicher Quälgeist zu sein. Und dieser Vorwurf, offen und bewußt geäußert, trifft nun wieder seinerseits exakt in das schlimmste Angstgebiet, das der Dp überhaupt entwickeln kann: in die Angst, zu viel zu fordern oder sich herauszunehmen; gerade das will der Dp auf keinen Fall, aber gerade das bekommt er nun tagaus tagein mit den Morgennachrichten von seinem Gatten zu hören.

Von sich her kann der Dp nicht merken, daß sein Bemühen, es dem anderen recht zu machen und ganz in ihm aufzugehen, in der Tat ein Ausmaß von Unselbständigkeit fördern kann, das dem anderen als äußerst lästig, quälend und überfordernd erscheinen muß. Um selbständig zu sein, müßte der Dp sich in Wahrheit viel mehr an eigenen Freiheiten, Rechten und Wünschen herausnehmen, als er sich von Hause aus zu gestatten vermag und als es der Engherzigkeit, Sparsamkeit und Ordnungsliebe des Zwn genehm wäre; die Querschläge des zwn Gatten aber, die ihm verbal Unabhängigkeit und Eigenständigkeit förmlich zur Pflicht machen, bewirken faktisch das genaue Gegenteil: Sie zerstören den letzten Rest an Selbstachtung und Selbstvertrauen, das der Dp in seine Ehe mitgebracht haben mag. Und wieder geschieht diese grausame Erosion des Partners, ohne daß der Zwn sehen könnte, was er anrichtet, und ohne daß der Dp auch nur den Hauch einer Möglichkeit hätte, sich zu schützen. Der Dp wird vielmehr in einem rapiden Schwund seiner seelischen und bald auch körperlichen Kräfte sich immer weniger zutrauen; er wird sich immer falscher und unberechtigter vorkommen und im ganzen in einer Art ständiger Fasten- und Abstinenzzeit sich immer mehr einschränken.

Es beginnt jetzt für den Dp die Zeit des Lebens an der Klagemauer und für den Zwn die Zeit des Königs Nebukadnezar. Subjektiv völlig zu Recht, fleht der Dp darum, daß doch sein Ehegemahl ihn nur einmal, und wenn auch nur für Minuten, gütig anhören oder einfach in den

Arm nehmen oder doch nur einmal ein gutes Wort sagen möge. Der Zwn aber faßt solche Klagen erneut als einen Angriff gegen seine fehlerlose Pflichterfüllung auf, und da er nur unter größten Qualen sich oder gar anderen einen Fehler eingestehen kann – er muß stets alles perfekt erledigen und erledigt haben! –, wird er dieses neuerliche und noch schlimmere Gewimmer seiner Frau verstärkt als Zeichen ihrer Abhängigkeit und seiner Erpressung deuten. »Du hast kein Recht, mir dauernd Schuldgefühle zu machen«, wird es jetzt heißen; und: »Ich lasse mich von dir nicht länger erdrücken!«, oder gar: »Von mir aus kannst du verrecken – ich springe nicht hinter dir her.« Der Zwn kommt sich jetzt vor wie ein Tiefseetaucher im Kampf mit einem Kraken, – wirklich schneidet und hackt er jetzt brutal um sich, damit die Aussaugeversuche seiner Gattin endlich aufhören; er will ja nur seine Ruhe haben. Aber er sieht nicht, daß das einzige Mittel, um Ruhe zu bekommen, gerade in der Richtung liegt, die er um alles in der Welt vermeidet: Er müßte, wenn er wirklich die Eigenständigkeit seiner Gemahlin fördern wollte, deren Klagen beim Wort nehmen und einfach tun, was sie sagt.

Wirklich könnten ein paar Worte der Ermutigung und der Anerkennung, ja, womöglich sogar des Lobes bei dem Dp Wunder wirken. Denn *das* Wunder im Leben des Dp wäre es wirklich, wenn selbst ein Mensch wie er einmal ernst genommen oder gar für wichtig, brauchbar, hilfreich, ja, unersetzlich erachtet würde. Ein solches Lob oder eine aufmerksame Anerkennung wäre für ihn so wichtig wie Regenwasser in der Wüste; aber nun ist gerade sein zwn Partner dazu von seiner ganzen Charakterstruktur her völlig außerstande. Für ihn ist das »Gute« selbstverständlich und das »sehr Gute« höchstens eines Kopfnickens würdig; in seiner Welt der Perfektion ist allein bemerkenswert der 100. Punkt, an dem etwas *nicht* in Ordnung ist. Wäre der Dp imstande, die Wesensart des Zwn zu verstehen, so wüßte er, daß es an der Seite einer solchen Persönlichkeit das größte nur denkbare Lob bedeutet, auf lange Zeit, womöglich auf Jahre hin, nicht getadelt zu werden; aber der Dp tut sich schon unendlich schwer, zu glauben, daß ein ehrlich gemeintes und oft wiederholtes Lob auch tatsächlich ihm gilt und so gemeint ist, – daß es sich bei einer ausgesprochenen Anerkennung auf jeden Fall nicht, wie er geneigt ist zu fürchten, um eine versteckte Falle oder einen besonders raffiniert getarnten Tadel handelt; noch viel unmöglicher ist es demgemäß für ihn zu glauben, daß schon der Nicht-Tadel ein Lob sein könnte, – er erlebt ihn als Mißachtung und Demütigung, und auch das wiederum nicht einmal ganz zu Unrecht.

Der Mangel an Lob und die totale Wertlosigkeit

Denn nicht nur, daß das Perfektionsstreben es dem Zwn erschwert, überhaupt etwas wahrzunehmen, das der Anerkennung wert wäre, – vor allem hindert ihn sein ständiges Leistungs- und Konkurrenzdenken daran, neben sich etwas gelten zu lassen. Unbewußt hat er wirklich ein ausgesprochenes Bedürfnis, seine Mitmenschen zu demütigen, um selbst vor sich als der Einzige und Größte dazustehen. Wenn er also ein Lob erteilt, dann höchstens in einem für ihn nebensächlichen, seinen Leistungswillen nicht bedrohenden Aufgabengebiet; und in gewissem Sinne läuft daher wirklich selbst sein Lob noch auf eine versteckte Mißachtung dafür hinaus, daß man sich mit solchen lobenswerten Unwichtigkeiten überhaupt derart beschäftigt hat. Der Dp ahnt also gegenüber dem Zwn vollkommen richtig, daß nicht einmal das selten ausgesprochene Lob als solches zu werten ist; die Gleichgültigkeit und das Desinteresse jedoch, das er an der Seite seines zwn Gemahls spürt, verwandelt sich für ihn, je länger, je mehr, in eine Quelle schwerer Selbstwertzweifel und Gefühle der Selbstmißachtung, ja, der kompletten Sinnlosigkeit all seiner Anstrengungen und Bemühungen. Beginnt er aber zu klagen, daß er nichts wert sei, nichts könne und zu überhaupt nichts nutze sei, so wird er beizeiten erleben, daß sein Partner nunmehr vollends aus der Haut fährt und die dringende Neigung verspürt, seiner Gemahlin das Selbstwertgefühl förmlich mit dem Rohrstock einzubläuen: diesem wird es immer schwerer, seine latenten sadistischen Neigungen noch unter Kontrolle zu halten; seine anfänglich mitleidsvolle Helferhaltung schlägt aus Frustration und Hilflosigkeit jetzt zunehmend in die blanke Wut und Empörung um. Er empfindet es schlechtweg als unverschämt, daß man einem Mann wie ihm, der sich von früh bis spät erfolgreich für wichtige Ziele einsetzt und abplagt, am Abend auch noch regelmäßig mit Geweine und Klagen, und zwar wohlgemerkt, wie ihm scheint: um Lappalien, zusetzt und auf die Nerven geht, und seine Auskunft auf solches Gebaren lautet jetzt verstärkt, daß er fortan nicht länger willens sei, sich derart malträtieren zu lassen.

Es beginnt nunmehr die Zeit, in der der Dp verzweifelt hinter dem Zwn wie ein geprügelter Hund hinter seinem Herrn herzulaufen beginnt; er selber kann seine Anliegen verbal nicht verständlich machen, und der Zwn verbittet sich gewissermaßen aus erzieherischen Gründen jedes weitere Wort, bevor nicht »das Theater« aufhört. »Das Theater« hört aber nicht auf; denn es könnte überhaupt erst ein Ende finden, wenn von irgendwoher so etwas wie ein neues Selbstwertgefühl in dem Dp geweckt werden könnte. Aber: woher soll das kommen? Der Ehekrieg – von einem solchen muß jetzt unbedingt die Rede sein – entzündet sich vielmehr inzwischen an den für einen Außenstehenden in der Tat lächerlichsten Kleinigkeiten.

Der Unterschied des Zeiterlebens

Das *Zeitgefühl* des Dp, um ins Detail zu gehen, ist vollkommen anders als das des Zwn, und schon allein dadurch entwickeln sich die folgenschwersten Divergenzen.

Ein Besuch ist zu tätigen. Der Dp hat vermutlich als erster die Einladung angenommen aus Unfähigkeit, nein zu sagen, vielleicht aber auch in der Hoffnung, bei anderen Menschen etwas von dem so notwendigen und bei seinem Partner arg vermißten Verständnis finden zu können; der zwn Gemahl indes findet die ganze Einladung womöglich zeitraubend, unnütz und lästig; aber entsprechend seiner Exaktheit und Genauigkeit rechnet er fortan doch mit dem Termin; der Dp hingegen lebt in einer »unendlichen Zeit« – er plant nie, er überläßt sich den Forderungen des Augenblicks und ist eigentlich außerstande, überhaupt zu glauben, daß seine stets bedrohte Welt noch morgen bestehen wird; er hat keinerlei Zeitgefühl, das mit der Uhrzeit und dem Kalender übereinstimmen würde. So kommt es denn, daß besagter Termin plötzlich ins Haus steht und den Dp völlig unvorbereitet trifft. Nun sind die Dpen auf Grund ihrer hohen Anpassungsfähigkeit Meister der Improvisation, und sie würden immer noch rechtzeitig kommen, aber zunächst fährt ihnen der Vorwurf des zwn Gatten durch Mark und Gebein, wie man seine eigene Einladung hat in solcher Unordnung und Dummheit nur außer Acht lassen können. Dabei kommt es freilich nicht selten zu dem kuriosen Schauspiel, daß es schließlich der Zwn ist, der trotz seiner exakten Planung infolge seines ängstlichen Sicherungs- und Perfektionsstrebens wirklich nicht rechtzeitig fertig wird: Die Krawatte sitzt selbst beim zehnten Mal noch nicht richtig, das Fenster auf dem Klosett ist noch nicht abgeschlossen, das Anschlußkabel für den Fernsehapparat ist noch nicht aus dem Stecker gezogen worden, usw. Inzwischen wartet die dp Gattin ungeduldig auf das Erscheinen ihres Gemahls und erlebt zu Recht nicht ohne inneren Groll und Vorwurf, daß ihrem Gatten nicht die Menschen, sondern scheinbar nur die Ordnung an sich von Wichtigkeit ist.

Ein anderes Beispiel. Man tätigt einen harmlos scheinenden Spaziergang an einem Sommernachmittag. Für den Dp ist dies eine willkommene Gelegenheit, endlich einmal in Ruhe miteinander ins Gespräch zu kommen oder, wo das schon nicht mehr möglich scheint, doch wenigstens mit den Vögeln und den Blumen Zwiesprache zu halten; er also wird häufige Pausen wünschen, um hier einen Kleiber auf der Futtersuche und dort einen Aaronstab zu besichtigen. Nicht so indes der Zwn. Für ihn bedeutet der Spaziergang einen willkommenen Anlaß, seine Leistungsfähigkeit zu regenerieren, Luft zu schöpfen, die Muskeln zu trainieren, kurz, eine Art Fitneßübung hinter sich zu bringen. Von einer gemeinsamen Erholung ist mithin weit und breit keine Spur mehr zu entdecken; vielmehr erlebt der Zwn, daß ihn die dp Gattin mit ihrer lahmen Watschelei in seinem Vorwärtsdrang behindert, während der Dp erlebt, daß der Zwn ihm aus purer Bosheit keine Ruhe und überhaupt gar keine Erholung gönnt. Wieder kommt es zur Aufführung des Dramas von dem Herrn und seinem Hund.

Wie anders Krankheit und Tod wirken können

Mit dem Zeitgefühl hängt indirekt auch die sehr unterschiedliche Einstellung zu Krankheit und Tod zusammen.

Der Zwn fühlt sich vom Tod bedroht – sein eigener Sadismus und die Bedrohtheit seines Perfektionsstrebens erinnern ihn ständig daran –, und so kämpft er dagegen und sucht unter allen Umständen seine Leistungsfähigkeit zu erhalten. Er sehnt sich danach, etwas hervorzubringen, das die Größe und Bedeutung der Ewigkeit besitzt, und der Gedanke an den Tod überfällt ihn mit dem Gefühl völliger Nichtigkeit und Wertzerstörung. Eine Krankheit ist daher für ihn wie ein Skandal, mindestens wie ein Kampfgegner, ein Raubtier, das er niederzwingen muß. Hat er Husten oder Schnupfen, so erschüttert die Befreiung seiner

Atemwege den Hausfrieden; fühlt er sich unpäßlich, ist er gereizt und ungenießbar – ein äußerst undankbarer Patient. Der Dp hingegen rechnet nicht nur mit dem Tod, er wartet ständig auf ihn und empfindet ihn fast wie die wohlverdiente Strafe für sein wertloses und abgetanes Leben. Eine Krankheit erträgt er leise wie ein Tier im Walde, und nicht selten sehnt er sich sogar danach, um wenigstens auf diesem Wege sich ein bißchen Fürsorge und Zuwendung zu erstehlen. Im Extrem kann eine zwn-dp Partnerschaft sich unter diesen Umständen dahin polarisieren, daß der dp Teil immer öfter kränkelnd im Bett liegt und der zwn Ehepartner wütend einen Zwang zu ständiger Gesundheit registriert, bis ihn schließlich eine ärztliche Kurverschreibung vorübergehend aus dem Dilemma erlöst. Die ständigen Liebesentbehrungen können den dp Ehepartner zu oralen Ersatzbefriedigungen (Süßigkeiten, Alkohol, etc.) treiben, die sein Gewicht, seine Figur, seinen Kreislauf reaktiv belasten und vermutlich wiederum die Abneigung und Verachtung seines zwn Asketen von Ehemann erhöhen.

Zudem erlebt der Dp sich und die Welt stets ganzheitlich, mit Haut und Haaren; jeder psychische Schmerz schlägt sich für ihn gleich auch psychosomatisch, vor allem im Magen-Darmtrakt, nieder. Der Zwn hingegen steht seinem Körper wie ein Fahrer seinem Auto gegenüber: Er bedient sich des Körpers als eines ihm fremden Vehikels; von daher ist er außerstande zu Konversionssymptomen, und wenn er funktionalen Störungen unterworfen ist, erfordert es regelmäßig ein wahres psychotherapeutisches Kunststück, um ihm zu zeigen, daß sogar *seine* Krankheiten psychische Ursachen haben könnten. Für ihn ist »psychisch« identisch mit Verstand und Wille, und psychische Beschwerden sind demgemäß für ihn eine unanständige Schwäche. Eben dies ist denn auch das Urteil, das er über die »Wehwehchen« seines dp Ehepartners verhängt. Tatsächlich neigt die permanente Katastrophenangst des Dp zu maßlosen Selbstdiagnosen: unklare Schmerzen im Magen, im Unterleib, in der Brust – und sicher ist es Krebs. Für den zwn Partner liefern solche Mißdeutungen den endgültigen Beweis, daß der dp Eheteil nur simuliert, ihn erpressen will und jeden guten Willen vermissen läßt. Kurz: es ist wieder vorauszusehen, daß in der dp-zwn Ehe die Gatten in dem Moment einander am wenigsten verstehen werden, wo sie einander am meisten brauchen würden.

Die Bilanz wechselseitiger Zerstörung

Was hält bei einer derartigen Tragödie ständiger Mißverständnisse auf allen Ebenen eine solche Ehe eigentlich noch zusammen? Diese Frage muß man sich stellen; denn die Teufelskreise wechselseitiger Torturen stabilisieren sich an allen beziehungsrelevanten Stellen des Zusammenlebens; ja, sie durchdringen und verstärken sich gegenseitig. Nach Jahren eines solchen Ehedramas sieht die Bilanz im Selbstbild der Beteiligten sehr oft etwa wie folgt aus:

Der Zwn denkt von sich, er sei:	*Der Dp hält sich für:*
klug	dumm
rational-vernünftig	»zu emotional«
im Recht	im Unrecht
fleißig	unfähig
aufsteigend	absteigend
ordentlich	unordentlich
beherrscht	unbeherrscht
präzis	chaotisch
charakterfest	schwach
sparsam	maßlos
selbständig	haltlos
autark	abhängig
diszipliniert	süchtig

Im ganzen hat man ein sadistisch-masochistisches Ergänzungssyndrom vor sich, und dieses Gefühl beginnen beide Partner auch immer mehr auszusprechen: der Zwn, indem er den Dp als Vampir und Schlampe beschimpft, der Dp, indem er den Zwn einen gefühlskalten Eisschrank und rohen Sadisten nennt.

Es ist gleichwohl nicht die Lust an der Qual, es ist nicht die Perversion, die solche Paare oft bis ins Unerträgliche aneinander kettet; es ist vor allem der bedingungslose Wille zur Treue, der den Zwn und den Dp zusammenschmiedet. Freilich, was beide unter Treue verstehen, weicht wieder auf charakteristische Weise voneinander ab, und es beweist nun endgültig, wie wenig, es sei denn zum Schaden, das moralisierende Einpeitschen der bloßen Treueverpflichtung auszurichten vermag.

Von einer Treue bis zum Endsieg oder: Von der Suche nach dem Alibi

Der Zwn betrachtet, wie gesagt, auch seine Ehe als eine Pflicht und Aufgabe, die es abzuleisten und zu bewältigen gilt; er müßte sich als Versager fühlen, wenn er sich das Fiasko seiner Ehe eingestehen würde. Zudem wüßte er wirklich nicht, wodurch er eigentlich versagt hätte; denn der entscheidende Punkt seines Versagens: die Reduktion aller menschlichen Beziehungen auf Verhältnisse von Recht, Eigentum und erbarmungsloser Konkurrenz, muß ihm völlig verborgen bleiben. Er hat von sich den Eindruck, alles nur Erdenkliche und Menschenmögliche getan zu haben; die Schuld am Scheitern seiner Ehe geht in seiner Optik daher voll und ganz zu Lasten seines dp Partners. Um nun nicht vor aller Augen als gescheitert dazustehen, wird er bis zum äußersten moralisch – und oft genug auch physisch – auf seine dp Gattin einschlagen, daß sie sich endlich bessern, zusammennehmen, ein Mensch werden, Vernunft annehmen, sich erwachsen aufführen – und was sonst noch alles *soll*. Die verzweifelte Hoffnung auf die längst für unmöglich gehaltene Besserung des dp Partners verfestigt sich zu der fixen Idee eines Festhaltens an der zerstörten Ehe um jeden Preis. Treue – das ist der Titel für den Selbstbeweis des Zwn auf Kosten seines dp Ehegemahls; sie ist der Titel der narzißtischen Befriedigung eines grausamen Überichs, dessen Inhalte mit Vorliebe von einer entsprechenden Rechts- und Moralauffassung in Kirche und Gesellschaft profitieren.

Aber auch der Dp klammert sich aufs äußerste an die Hoffnung auf Fortbestand der Ehe, zunächst um seiner selbst willen wie ein Ertrinkender, dann aber und vor allem, weil er sich selber dem Partner gegenüber schuldig fühlt und unbedingt um Vergebung und Wiedergutmachung anhalten möchte; wenigstens will er unter allen Umständen erreichen, daß man nicht im Streit auseinander geht. Paradoxerweise könnte der Dp die für ihn besonders zerstörerische Ehe verlassen, wenn er nicht ständig die Vorwürfe seines Ehepartners im Nacken spüren würde. Nur um diesen zu entgehen, hält er an der Ehe fest, indem er sich auf die Strategie der russischen Kriegsführung verlegt, den Partner durch ständiges Nachgeben und Zurückweichen schließlich doch zur Kapitulation, sprich: zum Eingeständnis auch seines Schuldanteils zu bewegen. Treue – das ist für den Dp mithin der Inbegriff seiner Rehabilitation; es ist die endlose Hoffnung auf Freispruch und Erlösung von seiner tödlichen Schuld.

So kommt es tragischerweise dazu, daß der Zwn wie der Dp, beide je auf ihre Art, gerade durch diejenigen Einstellungen sich zum Fortbestand der Ehe gezwungen sehen, die ihre Beziehung so verhängnisvoll machen und von Tag zu Tag in einen unablässigen Abnutzungskrieg verwandeln müssen. Auf seiten des Dp ist die Geduld und Zähigkeit, der »Raum« des Nachgebens von Hause aus unendlich, – er würde selbst nach 20 Jahren gegenseitiger Schikane dem Partner für ein bißchen Anerkennung und für das Eingeständnis, wirklich gebraucht zu werden, zu Fuß bis zum Nordpol folgen; aber auch an seinen Kräften zehrt die Strategie des Nachgebens, der immer neuen Liebesbeweise, die Kette demütigender Zurückweisungen; die Zeiten werden immer länger, in denen er buchstäblich nicht mehr hochkommt. Auch der Zwn findet die Zumutungen und Belastungen, die ihm aus der vermeintlichen Unbelehrbarkeit des Dp erwachsen, schließlich unerträglich; doch er braucht, genauso wie der Dp, ein Alibi, ehe er es sich gestatten kann, die Ehe aufzukündigen. Im Grunde folgen beide in ihrem starren Festhalten an der Ehe nicht der Vernunft und einer realitätsgerechten Lagebeurteilung; ihre »Treue« ist keine Leistung des Ichs, sondern beide stehen unter der unerbittlichen Diktatur ihres Überichs: Der Zwn darf nicht versagen, sonst ist er moralisch erledigt; der Dp kommt um in der einseitig ihm angelasteten Schuld; er kämpft wie um sein Leben, wenn er den Ehepartner bestürmt, sein Urteil auf wenigstens nur »bedingt schuldig«, statt »total schuldig« abzumildern. Der Zwn muß an der Ehe festhalten, um sich eine Schuld zu ersparen, für die sein Überich ihn zerstören wird; der Dp hält an der Ehe fest, um gegen das längst ergangene Todesurteil seines Überichs Berufung einzulegen: Er möchte sich mindestens sagen können, daß er nichts, buchstäblich nichts unversucht gelassen hat, um die verlorene Ehe vielleicht doch noch zu retten. Die »Treue« beider beruht letztlich nur noch auf der Illusion, den anderen trotz allem ändern zu können. Dabei wird beiden Partnern immer klarer, daß sie einander längst schon nicht mehr gewisse Einzelmerkmale, sondern in Wahrheit das ganze Wesen des anderen sich wechselseitig zum Vorwurf machen. Die Tragödie beider liegt in der Tat darin, daß sie nicht an irgendwelchen vermeidbaren Fehlern, sondern an der Unvereinbarkeit ihres Charakters sich gegenseitig zugrunde richten müssen, und zwar so, daß gerade das an sich Wertvollste an der eigenen Wesensart dem anderen zum Verhängnis wird.

Bringt man das Wesen der Zwn auf eine knappe Formel, so stellt sie einen Versuch dar, das Gefühl der Minderwertigkeit durch eigenes *Tun* und den Erwerb von Besitz zu beseitigen; gerade dieser Besitz- und Machtanspruch aber ist es, der den Dp abstößt und verstört: Die Tüchtigkeit des Zwn beweist ihm seine Unfähigkeit; die Sparsamkeit des Zwn zeigt ihm, daß er kein Recht hat, etwas für sich in Anspruch zu nehmen; der Wille zum objektiv Notwendigen beim Zwn zeigt ihm seine Dummheit, usf. Umgekehrt beantwortet der Dp das tiefreichende Gefühl, ein Nichts zu sein, mit dem Verlangen, sich an den Partner zu klammern und so zu *sein* wie er. Das Habideal des Zwn erscheint ihm hohl und äußerlich, da seine eigene Infragestellung ungleich früher einsetzt: Nicht erst das Tun, bereits der Umstand, da zu sein, ist für den Dp problematisch; und so versucht er, sich mit dem anderen, mit seinen Wünschen und Bedürfnissen, soweit zu identifizieren, daß er durch das, was der andere ist, auch selber jemand wird, – als sei er selber eine Null, die erst durch die Position und den Zahlenwert des Partners Bedeutung und Geltung erlangen könnte. Auf diese Weise aber wird der Dp für den Zwn in der gezeigten Weise geradewegs zu einer regelrechten Bedrohung, und seine Gefühlstiefe, seine Wärme, seine Hingabefähigkeit und Opferbereitschaft, seine Güte und Verständnisfähigkeit verwandeln sich in eine Gefahr für den zwn Ehepartner, der so nicht sein kann und sein will und der für die Ängste des Dp nur seine in der Tat zu oberflächlichen Lösungsvorschläge parat hat, man müsse eben dieses oder jenes *tun,* planen und machen.

Der zumeist einzige, immer jedenfalls einfachste Weg, um diesen Tanz der Skorpione zu beenden, eröffnet sich wohl erst, wenn einer der beiden Kombattanten auf flagrante äußere Weise am anderen schuldig wird. Es kann sein, daß der dp Ehepartner aus Erschöpfung dem Alkohol verfällt oder verzweifelte Bekanntschaften auf der Straße eingeht, – das kann nun endlich für den Zwn den Ausschlag geben, um den Stab über seinen verlorenen Ehegemahl zu brechen; oder der Dp bekommt unzweideutige Beweise dafür in die Hand, daß der zwn Partner sexuell ein Doppelleben führt; dann kann auch er, vor seinem Überich entschuldigt, die Ehe aufkündigen, obwohl natürlich gerade jetzt der Partner darauf bestehen wird, daß auch seine sexuellen Entgleisungen nur die Folge, also eigentlich die Schuld der Frustrationen des Dp darstellen. Natürlich bedeutet die Erlaubnis zur Scheidung durch die Schuld des anderen noch lange kein wirkliches Ende der Tragödie. Keiner der beiden Partner hat im Umgang mit dem anderen wirklich zu leben gelernt, und keiner von ihnen weiß so recht, wie es allein weitergehen kann und soll. Eben darin liegt jetzt die Chance einer Psychotherapie.

Der begrenzte Spielraum der Psychotherapie

Bisher haben wir die Möglichkeit eines psychotherapeutischen Eingriffs in das Dilemma einer zwn-dp Ehe nicht erörtert und auch wohl nicht zu erörtern brauchen, weil die subjektive Schuldlosigkeit und der stets nur funktionale Leidensdruck des Zwn es ganz unwahrscheinlich macht, daß man zur Rettung einer solchen Ehe einmal beide Ehepartner über ihre Probleme ins Gespräch miteinander bekäme. Tatsächlich wird es für gewöhnlich der dp Partner sein, der sich irgendwann zu einer Psychotherapie bereitfindet; und das einzige, was man dann tun kann, besteht zunächst darin, dem Dp durch ein Maximum an Zuwendung, Wohlwollen und Güte, wie einem Verdurstenden, wieder die Zuversicht zu vermitteln, daß doch auch er zu etwas nützlich und brauchbar sei, daß man ihn sehr gern mögen könne und daß er durchaus ein Recht besitze, positiv von sich zu denken. Jeden Behandlungsfortschritt muß man dabei indessen gegen den Widerstand des Ehepartners erkämpfen, und so wird mit der wachsenden Ichstärke die Bereitschaft des Dp zunehmen, endgültig doch nicht allein sich selber ständig für schuldig zu halten, sondern unter zunächst zögernden, dann immer heftigeren Vorwürfen mindestens die Hälfte der Ehetragödie seinem Partner anzulasten. Von diesem Zeitpunkt an sind die letzten Motive des Zusammenlebens erloschen. Es ist klar, daß der Dp bei jedem anderen Menschen eher auf Mitgefühl und Verständnis zählen kann als bei einem Mann von der Art seines zwn Gatten, und es wird jetzt vor allem darauf ankommen, für sich selber wieder zu lernen, was durch den zwn Partner am meisten zerstört wurde: daß er sehr wohl durch eigenes Tun und Planen in seinem Leben etwas sein und werden kann.

Der Zwn hingegen kommt für gewöhnlich erst zur Beratung, wenn die Ehe schon nicht mehr zu retten ist, und man kann ihm allenfalls noch zeigen, wie unmenschlich und starr die Prinzipien sind, an denen er bislang festgehalten hat. Er müßte und könnte jetzt lernen, was er wiederum von seinem dp Partner gerade nicht hat lernen können: daß es so etwas gibt wie Freiheit, Spiel und eigene Wünsche, ein zweckfreies Tun durch ein einfaches Dasein, wie es der Dp in der Obhut des anderen für sich selber suchte. Selbst dazu aber müßte er ein gewisses Maß an Schuldeinsicht und Leidensdruck mitbringen, was bei einer reinen Charakterneurose kaum der Fall sein dürfte.

Schaut man für beide Ehegatten in die Zukunft, so kann man ihnen nur gönnen und Mut machen, ihr Glück noch einmal in einer günstigeren Konstellation zu suchen. Beide sind am Ende ihrer Ehe seelisch und körperlich völlig erschöpft; beiden droht die Versuchung zur Verwahrlosung: dem Zwn, indem er seine Beziehung zu Frauen nunmehr mit Geld und Macht zu »regeln« sucht und sich künftig mit den primitivsten Ansprüchen zufrieden gibt; dem Dp, indem er aus Kummer und Hilflosigkeit in die Nähe des sozialen Ruins gelangen kann. Es ist zumeist äußerst wichtig, daß der Zwn das Vertrauen aufbringt, doch mit seinen beträchtlichen Fähigkeiten auch wieder auf Dauer einer anderen Frau etwas bedeuten zu können, und realisiert sich sein Wunschtraum, dann sollte die neue Partnerin am ehesten von zwn-hysterischer Art sein; sie sollte womöglich attraktiv genug sein, um sie als »seine« Frau vorzeigen zu können, aber vor allem müßte sie *äußerlich* arm genug sein, um die Habmacht des Zwn mit Dankbarkeit als Wohltat zu erleben. Dem Dp hingegen wäre zu wünschen, daß er einen Partner findet, der mit der notwendigen Sensibilität auch ein Stück Distanz und geistige Differenzierungsfähigkeit verbindet: ein schizoid-dp Mischcharakter am ehesten. In jedem Falle gilt es für beide zu vermeiden, daß der unglückliche Mechanismus der ersten Partnerwahl sich unreflektiert noch einmal wiederholt. Eine längere psychotherapeutische Begleitung ist dazu in der Regel unerläßlich.

Das Scheitern des moralischen Standpunktes und die Notwendigkeit des Religiösen

Ziehen wir aus dem geschilderten Syndrom einer zwn-dp Ehetragödie die notwendigen Folgerungen.

Es dürfte deutlich geworden sein, daß es Eheformen gibt, die trotz und sogar wegen der besten und mühevollsten Anstrengungen beider Partner um ein Gelingen der Ehe *mit Notwendigkeit* scheitern *werden.* Damit ist zugleich deutlich, daß hier nicht nur bestimmte Ehekonstellationen zum Scheitern verurteilt sind; mit ihnen scheitert zugleich ein Verständnis von Ehe, das vermeint, das Zusammenleben zweier Menschen in jedem Falle durch die Absicherung institutioneller und moralischer Reglements gewährleisten zu können. In dem aufgeführten Strukturmodell wird im Gegenteil die Ohnmacht des Institutionellen und der folgenschwere negative Einfluß des Moralischen überdeutlich. Wenn Menschen unter Anspannung all ihrer moralischen Kräfte aus eben den Gründen aneinander scheitern müssen, die ihnen die Aufrechterhaltung der Ehe unter allen Umständen zur Pflicht machen und in ihrem Überich ehern befestigt sind, so kann man nur den Schluß ziehen, daß es entgegen dem Wortlaut von Moral und Institution keine unbedingte Pflicht geben kann, die Ehe unter allen Umständen aufrechtzuerhalten, ja, daß es notwendig sein kann, *gegen* die Überich-Engramme aus öffentlicher Moral und institutioneller Vorschrift aufzustehen und sich das Recht zu einer eigenen Entscheidung im Widerspruch zu dem Standpunkt des Sittlich-Allgemeinen zu nehmen.

Und hier eigentlich zum ersten Mal, *nach* dem Scheitern der moralischen Begründung der Ehe, kommt die Frage nach den spezifisch religiösen Grundlagen von Liebesfähigkeit und Ehe in Sicht; erst jetzt, im Zusammenbruch des Ethischen, wird der Weg frei zur Einsicht in die eigentlich religiösen Dimensionen menschlicher Reifung und menschlicher Liebe.

Man erkennt die religiösen Implikationen der Liebesfähigkeit und des Liebesglücks am einfachsten wiederum an den Erfahrungen, die im Verlauf einer psychotherapeutischen Behandlung gemacht werden und die sich im Umkreis von Zwn und Dp wie folgt darstellen.[7]

Der Zwn, dessen Lebensaufbau ausschließlich von den Gesetzen des »du mußt« und »du sollst« bestimmt wird, kann im Verlauf einer Behandlung, wenn sie erfolgreich ist, nach und nach lernen, daß er nicht nur die Pflicht hat, bestimmten fremden Forderungen nachzukommen, sondern daß er gleichermaßen ein Recht, ja, innerlich betrachtet, sogar wiederum die Pflicht besitzt, auch seine Wünsche und Möglichkeiten zu entdecken und für sich selber wahrzunehmen. Die Voraussetzung dafür aber liegt ganz und gar in dem Gefühl, nicht erst durch sein Tun und seine Leistung, sondern mehr noch und allererst durch sein Dasein, seine Person, Ansehen und Wertschätzung zu verdienen. Vor allem sein Perfektionismus, das Prinzip, erst als hundertprozentiger Alleskönner geduldet zu werden, mag allmählich einer geduldigeren und menschlicheren Betrachtung weichen.

In einem Bild der Bibel ausgedrückt, geht es für den Zwn jetzt darum, von einer Einstellung loszukommen, die am Anfang des Alten Testamentes der Jahwist in der Person des Brudermörders Kain gezeichnet hat. Er schildert dort das menschliche Dasein in einer Weise, als sei der Mensch im ganzen Dasein von vornherein ein Verbannter und Ausgestoßener, ein Wesen jenseits von Eden, und als komme nun alles darauf an, die verlorene Berechtigung im absoluten Sinne durch Leistung und durch Opfer zurückzugewinnen, stets bedroht von der Konkurrenz des anderen, der bereits durch sein bloßes Dasein die tödliche Gefahr des zweiten Platzes mit sich bringt und deshalb aus dem Wege geräumt werden muß. Der Zwn, wenn er die Einseitigkeiten seiner starren, angstgefrorenen Lebenseinstellung zu begreifen beginnt, wird die Welt und sein Leben mehr und mehr als ein Geschenk zu sehen lernen denn als etwas, dessen Notwendigkeit er durch sein eigenes Tun allererst begründen müßte. Seine tiefste und am meisten unbewußte Angst, in seinem ganzen Dasein durchaus nicht-notwendig, also überflüssig, also unberechtigt zu sein, findet erst ihre Ruhe, wenn er zu einer Haltung gelangt, die im letzten jene Wirklichkeit voraussetzt, die die Theologen Gott nennen: Nur in Gott ist es möglich, sich selbst als *gewollt* zu betrachten – als an sich vollkommen kontingent und dennoch als vorweg bestätigt, akzeptiert und aus einem vorgängigen Entschluß ins Dasein gerufen. Die geistige Voraussetzung der Haltungen und Einsichten, die das Gelingen einer Psychotherapie dem Zwn vermittelt, ist letztlich – ob man es subjektiv reflektiert oder nicht – eminent religiöser Natur.

Desgleichen macht *der Dp* in der therapeutischen Beratung eine Erfahrung, die sich wiederum am besten in einem biblischen Bild wiedergeben läßt.[8] Als die erste Sünde schildert der Jahwist, daß die Menschen auf die Worte der Schlange hören, die Gott verdächtigt, die ganze Welt nur geschaffen zu haben, um sie dem Menschen zu verbieten. Gerade so ist das Gefühl des Dp: daß ihm alles, besonders die oralen Wünsche nach Aneignung und In-sich-Aufnehmen, verboten sind; und da er notwendig essen und die notwendigen Lebensutensilien sich aneignen muß, empfindet er sich für sein ganzes Dasein als schuldig; auch die »Strafen«, die Gott in der Bibel nach dem Sündenfall über den Menschen verhängt, drücken im Grunde in meisterhafter Verdichtung das dp Weltgefühl und Selbsterleben aus – Gefühle der Nichtigkeit und

Nacktheit, der Sinnlosigkeit und Mühsal, der Todverfallenheit und Daseinsschuld im ganzen. In der Therapie kann ein Dp demgegenüber lernen, daß das Zerrbild des Lebens: die Logik der Lebensangst, der Abgrund der »Schlange«, nicht die eigentliche Wirklichkeit darstellen und daß er sein Leben nicht dazu verschleißen muß, die vermeintliche Schuld seines Daseins abzuarbeiten. Gegen das Schuldgefühl und die Angst eines sadistischen Überich-Götzen kann er die Worte Gottes aus dem Paradies ins Feld führen, daß die ganze Welt ihm zur Verfügung stehe und daß er selbst berufen sei, sie zu bedienen und zu bewahren. Statt an Minderwertigkeitsgefühlen zu verkommen, kann er im Namen und im Auftrag Gottes sich zutrauen, den anderen und aller Welt von Nutzen zu sein, berechtigt und im ganzen angenommen – auch er.

Es steht naturgemäß nicht zu erwarten, daß eine Psychotherapie die Charakterstruktur eines Menschen völlig ändert; aber wohl sollte es therapeutisch unter günstigen Bedingungen möglich sein, einem Dp oder Zwn ein Leben zu ermöglichen, das ein Stück weniger entfremdet ist; und wie sich zeigt, ist jeder Schritt dahin mindestens implizit von religiösen Einsichten begleitet. Man wird es in unserer Gesellschaft wohl relativ selten erleben, daß die notwendigen und heilenden Einsichten von dem Klienten oder dem Therapeuten ausdrücklich im Verlauf einer Behandlung mit den Vokabeln der Kirchen- oder Theologensprache bezeichnet werden, aber das muß auch gar nicht der Fall sein. Von der Sache her wird für eine theologische Betrachtung deutlich, daß es in biblischer Sprechweise für den Zwn wie für den Dp im Grunde um eine Rückkehr ins Paradies geht, um eine Rückbesinnung auf ein Vertrauen, in dem die Welt wie ein bereitgestellter Gottesgarten ist. Die Wirklichkeit, die in dem Bild vom Paradies beschrieben wird, ist dabei eine Urgegebenheit im Herzen eines jeden Menschen vorab zu allen Formen und Bestimmungen einer einzelnen Religion; und das Vertrauen, das sie damit voraussetzt, liegt nicht einer bestimmten Religionsform, sondern jeder Religion bzw. der Religiosität des Menschen überhaupt zu Grunde; – schon deshalb ist es nicht notwendig, die therapeutischen Erfahrungen in das Begriffsnetz einer bestimmten Theologie zu übertragen. Aber es dürfte deutlich geworden sein, daß es erst auf der Basis eines solchen Vertrauens möglich ist, einen anderen Menschen so zu lieben, daß eine Ehe ein Lebenlang von Dauer und von Glück sein mag.

Drei Folgerungen für die Moraltheologie

Das Paradies der Liebe kennt keine Gebote

Die erste Folgerung ergibt sich unmittelbar aus dem gerade Gesagten. Man versteht, wieso Jesus die Ehe neu begründen konnte, indem er auf die Ordnung des Paradieses zurückverwies. Ohne die Verankerung in einem tiefen Vertrauen in die Grundlagen des Daseins, ohne eine gewisse Beruhigung der fundamentalen Daseinsangst durch den Glauben ist, wie sich gezeigt hat, ein menschliches Zusammenleben in Anbetracht der ständigen Zersetzungsarbeit neurotischer Mißverständnisse, Schuldgefühle und Ängste aller Art in der Tat auf Dauer nicht möglich. Die Ehe als eine Gemeinschaft auf Lebenszeit ist strictissimo sensu nur im Glauben, von Gott her, als Sakrament, als Erneuerung einer paradiesischen Ordnung möglich. (S. o. S. 151-153)

Wie indessen diese ursprüngliche Ordnung *inhaltlich* zu verstehen ist, darüber wird man wiederum vor allem durch die Paradieserzählung des Jahwisten selbst belehrt, der, im Gegensatz zu der Mythologie vieler Völker, die Beziehung zwischen Mann und Frau gerade nicht als eine Quelle von Schuld und Strafe verstand, sondern als die eigentliche Erfüllung des menschlichen Daseins zu begreifen suchte.[9] Für den Jahwisten ist die Schöpfung erst gut durch die Liebe zwischen Mann und Frau. Anders als Gott, der von der Geschlechterdifferenz, welche die Mythen dem Göttlichen zuschreiben, in der Bibel ausdrücklich ausgenommen wird, ist der Mensch, wie alle Kreatur, kein absolutes und autarkes Wesen; er bedarf einer Ergänzung, so sehr, daß – im Bild von der herausgeschnittenen Rippe – ihm in seiner Brust das Verlangen nach Liebe und das schmerzhafte Gefühl der Sehnsucht physisch wie der Druck eines Vakuums spürbar wird. Längst ehe die Geliebte ihm entgegentritt, trägt er sie als ein Stück von sich selber in seinem Herzen, und wenn er ihr begegnet, kann er sie anreden mit einem Wort vollkommener Wesensverwandtschaft oder, wie die ägyptische Liebeslyrik und das Hohe Lied es so gern tun, mit den Worten: »Meine Schwester, meine Geliebte«; denn es ist die (der) Geliebte, bei dem man sich von neuem wie zu Hause fühlt. Eine solche Liebe bedeutet das Ende auch der Abhängigkeit von Vater und Mutter, das Ende auch der neurotischen Übertragungen der Vater- und Muttergestalt auf den anderen. Vor allem aber erlaubt es die Liebe, voreinander »nackt« zu sein. Getrennt von

Gott, zerbricht die menschliche Gemeinschaft an dem ständigen Schamgefühl, in den Augen des anderen nicht gut genug zu sein; in dem Vertrauen aber, von Gott her berechtigt zu sein, kann man auch einander so gegenübertreten, wie man ist: Der Mangel des eigenen Wesens ist für die Liebe keine Schande, – sie erfüllt gern, was dem Geliebten fehlt, und ihre größte Freude, ja, ihr ganzes Streben geht dahin, das, was dem andern mangelt, den Hohlraum seines Ichs, durch die eigene Person zu ergänzen und mit allem, was man selber ist, zu schließen.

Offensichtlich hat Jesus, wenn er im Neuen Testament die Ehe unter Bezug auf diese jahwistische Paradieserzählung als Sakrament begründet, eine solche Geborgenheit in Gott und ein derartiges vorbehaltloses Vertrauen zueinander vor Augen. Dies zuzugeben heißt jedoch sogleich, *das* nicht zu tun, was in der römischen Kirche gang und gäbe geworden ist: die Ehe als *ihr* Sakrament zu verstehen und im Rahmen einer neuen kirchlichen Gemeinschaft mit Gesetzen und Vorschriften in ihrer Dauerhaftigkeit zu »stützen«.

Die Kirche mag sich selber als das Gottesvolk des Neuen Bundes, als eine Gemeinschaft von Menschen verstehen, in welcher insbesondere in Gestalt der Sakramente die Gegenwart Gottes quer durch das ganze Menschenleben erneut sichtbar und wirksam werde; sie mag vor allem auch die Ehe als eine solche Rückkehr zu der von Gott gemeinten ursprünglichen Ordnung Gottes verstehen – und man wird ihr dabei zustimmen müssen; denn wo, wenn nicht in der Liebe, erschiene einem Menschen sonst die Welt und sein eigenes Leben wie neugeboren; und wo, wenn nicht in der Liebe, begänne alles von neuem wie am Schöpfungsmorgen mit ihm ein zärtliches, einander suchendes, verstehendes Gespräch? Nur: wer einer solchen paradiesischen Sicht der Liebe zustimmt, der muß zugleich die Radikalität begreifen, mit der Jesus die Liebe unter Menschen von Gott her zu heilen sucht. Undenkbar, daß es in der Einheit mit Gott so etwas wie moralische oder gar gesetzliche Vorschriften gegeben hätte oder geben könnte! Das Paradies liegt gerade darin, daß ein Mensch so sehr im Ursprung seines Daseins ruht, daß er die Ordnung seines Herzens, seines Wesens wie etwas absolut Verläßliches und völlig Selbstverständliches fühlt und befolgt. Gebote und Gesetze werden erst jenseits des Paradieses, für die verbannten Kinder Evas, notwendig: Erst der lauernden Mordlust Kains muß Gott entgegenhalten, daß er das Böse vor der Türe seines Herzens bezwingen soll – und selbst die Weisung Gottes kommt, als moralische Aufforderung, jenseits von Eden zu spät, um das Gefühl der Unterlegenheit und Konkurrenz in Kain zu unterdrücken. Die Liebe als Sakrament in die Ordnung des Paradieses zurückzuführen – das heißt zugleich, ihr die absolute Unschuld und Freiheit jenseits allen Zwangs, aller »Moral« und aller Rechtsvorschriften zurückzugeben. Wer es für nötig hält, moralische Statuten und gesetzlich-institutionelle Vorschriften über die Ehe zu erheben, der hat nicht mehr die Ehe des Paradieses, die Ehe als Sakrament, als Ausdruck der vollkommenen Geborgenheit in Gott vor Augen, der bezieht sich auf die Ehe gefallener Menschen, deren Grundgefühl nicht von Vertrauen, sondern von Angst, nicht von Geborgenheit, sondern Verlorenheit, nicht von Berechtigung und Schutz, sondern von Ausgestoßenheit und Heimatlosigkeit geprägt ist. Für derartige Menschen muß es zweifellos Gesetze und Vorschriften geben; aber es ist gegen alle theologische und psychologische Einsicht, von solchen Menschen im Rahmen von Gesetz und Vorschrift die Ewigkeit und Unverbrüchlichkeit der Liebe zu *verlangen.* Das eine schließt das andere aus. Die Wiedererinnerung an die Paradiesesordnung in puncto Ehe ist im Munde Jesu folglich nicht anders zu verstehen als die Weisungen der Bergpredigt sonst, z. B. die Weisung, das Schwören dranzugeben (Mt 5,35): Es ist der Versuch, von Gott her in ein Vertrauen einzutreten, das keinerlei institutionelle Absicherungen mehr braucht; wo Institution, Recht und Gebot, da ist der Boden der Unerschütterlichkeit bereits von Angst soweit zersetzt, daß nichts von Dauer mehr darauf gegründet werden kann. Die Kirche Roms kann nicht gegen das Wort Jesu auf der einen Seite zum Beispiel zum Eid und zur Institution verpflichten und mithin in ihrer eigenen Ordnung die Realität der Angst und des Mißtrauens voraussetzen, und im gleichen Atemzug auf der anderen Seite die Unauflöslichkeit der Ehe fordern –, es sei denn, sie wollte den Eindruck befestigen, daß sie in allen Punkten, die auch Kleriker betreffen, die Jesus-Worte der Bergpredigt für gefallene und sündige Menschen auszulegen verstände und nur diesen einen nicht-klerikalen Fall der Ehe in der vollen Härte des Gesetzes festzuschreiben beliebte.

Wie sehr die Liebe einzig in dem Glauben, in der Gegenkraft der Angst, und nicht in irgendwelchen Institutionen und moralischen Geboten begründet ist, mag man daran erkennen, daß es für den Jahwisten in der Ordnung des Paradieses nicht nur keine sittlichen oder sozialen, sondern nicht einmal religiöse Gesetze zu geben braucht noch geben kann. Das »Paradies« ist die Ordnung *des* Menschen, wie Gott ihn gemeint hat; es ist durchaus nicht die Ordnung einer bestimmten kulturellen und sozialen Gemeinschaft, auch nicht die Ordnung der Kirche, insofern diese sich selbst als »römisch«-katholische ausdrücklich an das Erbe einer bestimmten zeitlich und lokal begrenzten Kultur bindet. Von daher ist es desgleichen sehr fragwürdig, wenn die Kirche, in offenbarem Widerspruch zu der »Katholizität« und Universalität ihres Auftrags und Wesens, die Eheformen anderer Kulturbereiche mit Berufung auf das Gotteswort der Bibel ablehnt. Paradiesisch an der Ehe ist die Liebe, die im Glauben wurzelt; ob diese Liebe sich in einer Ehe verwirklicht, die in der Polyandrie mehrere Männer oder in der Polygamie mehrere Frauen gleichzeitig verbindet, ist eine kulturelle, institutionelle und moralische Frage, die durchaus nicht mit der theologischen Frage nach dem Wesen der Liebe und deren Begründung durch den Glauben an Gott verwechselt werden darf. Gerade wenn die Kirche so sehr die Sakramentalität der Ehe betont, sollte sie die absolute Transzendenz der Glaubensgrundlage der Liebe und der Ehe gegenüber allen institutionellen und moralisch-rechtlichen Fragen unbedingt in den Vordergrund ihrer Betrachtung stellen.

Die Relativität von Form, Institution und Recht

Ein zweites legt sich unter dieser Voraussetzung wie von selber nahe: die Relativität des formalen Eheabschlusses. Es ist naturgemäß das gute Recht und ein verständliches Lebensbedürfnis einer jeden menschlichen Gesellschaft »jenseits von Eden«, die Ehe unter normativ eindeutigen Bestimmungen abzusichern und schon um ihres Selbsterhaltes willen der privaten Willkür zu wehren. Aber »jenseits von Eden« gibt es auch keine Gesellschaft, die – mosaischer als Moses – ihren Mitgliedern die moralische Pflicht zur Dauerhaftigkeit der Ehe vorschreiben könnte oder würde; der einfache Realismus der Menschenkenntnis spräche dagegen. Vielmehr wird man, solange überhaupt Institutionen und moralische Gebote nötig sind, gerade die Brüchigkeit der Liebe, ihre innere Distanz von der Paradieseswirklichkeit, den Status der »Herzenshärte« voraussetzen und mit ihm rechnen müssen. Man wird dann keinerlei Schwierigkeiten haben, anzunehmen und zuzugeben, daß viele Menschen auch im Raum und mit dem Segen der Kirche einander heiraten, die im eigentlichen Sinne außerhalb der Geborgenheit in Gott leben und die womöglich – ohne dabei in moralischem Sinne schuldig zu sein – im Ehepartner mit der Kraft der Verzweiflung vergeblich nach einer Geborgenheit suchen, die nur in Gott gegeben sein kann. Solche Menschen müssen oft genug erst aneinander scheitern, ehe sie, je für sich, aus den Verirrungen der Liebe nach und nach auf einer tieferen Ebene zu lernen vermögen, woraus ihr Leben gedeihen und wovon es getragen sein kann. Was man »Psychotherapie« nennt, ist ja kein Verfahren der Manipulation oder der Seelenchirurgie, wie es in einer gewissen Literatur immer wieder dargestellt wird, sie ist einfach ein Bemühen darum, daß im anderen unverstellt nachreifen kann, was unter den (Miß-)Weisungen der Vergangenheit verstellt war; es handelt sich, theologisch gesprochen, um ein Bemühen, Blumen, über die der Frost gefallen ist, wieder in die Sonne zu stellen, sie zu begießen und zu behüten und möglichst wenig von der eigenen Person als Schatten auf sie zu werfen. Eine solche »psychotherapeutische« Nachreifung im Glauben ermöglicht es oft und immer wieder erst nach dem Scheitern einer bestimmten Ehebeziehung, auf einen anderen Menschen so hinzuwachsen, daß eine feste und dauerhafte Bindung für ein ganzes Menschenleben nicht zu viel versprochen scheint. Statt die qualvollen Jahre des Scheiterns einer Ehe als moralische Schuld zu brandmarken und damit den betroffenen Ehepartnern zu ihrem persönlichen Unglück auch noch das bornierte Unrecht eines verständnislosen und grausamen Rechtsurteils hinzuzufügen (inklusive der üblichen Arbeitsentlassung aus dem Kirchendienst!), sollte man in den Tragödien der Liebe eher Reifejahre des Herzens, Lehrjahre der Gnade bzw. Vorstadien des Glaubens sehen. Die Kirche gewänne dann sowohl für sich selbst als auch vor allem für die Not der Ehepartner eine Perspektive des Hoffens und der Lebenserweiterung, die wohl zu unterscheiden weiß zwischen dem, was man auf der moralischen Ebene fordern, und dem, was man nur in der Tiefe der menschlichen Existenz beruhigen und besänftigen kann.

Die Notwendigkeit der Tiefenpsychologie für die Theologie

Damit aber ist vor allem die dritte, in ihren methodischen und praktischen Konsequenzen am weitesten reichende Folgerung aus dem Gesagten zu ziehen. Um das Scheitern einer Ehe zu verstehen, so hat sich gezeigt, muß man die Angst zu begreifen suchen, von der die Persönlichkeitsstruktur der Ehepartner und die Art ihrer wechselseitigen Beziehungen geprägt sind; und umgekehrt: auf dem Hintergrund der Angst in ihren zahlreichen psychodynamischen Ausformungen, genetischen Ursachen und geistigen Sinngehalten versteht man allererst die absolute Bedeutung des Glaubens für das Zusammenleben zweier Menschen. Methodisch gesprochen: erst durch die Tiefenpsychologie der Angst wird deutlich, was die Haltung des Vertrauens inhaltlich bedeuten kann. Die Tiefenpsychologie ist mithin ein unentbehrliches Hilfsorgan zum Selbstverständnis einer Theologie des Glaubens. Ohne die Tiefenpsychologie deformiert die Theologie sich selbst von einer Lehre, die dazu bestimmt ist, den Menschen durch Verständnis und Güte zu heilen und in das Zentrum seiner Persönlichkeit von Gott her zurückzuführen, in eine Doktrin lebensfremder moralisierender und verrechtlichender Mißverständnisse. Ohne den Abgrund der Angst in der Tiefe der menschlichen Existenz vor Augen zu haben, verkommt die Theologie, ganz in Übereinstimmung zu dem Programm der Aufklärungsphilosophie, bei ihrem Sprechen von Gott zu einer reinen Moral- und Rechtslehre, zu einem Teilzweig der Gesellschaftskunde, die im Grunde Gottes wie des Glaubens völlig entraten kann. Indem eine solche Theologie ohne Rücksicht auf die konkreten Formen des Angsterlebens den Glauben vollkommen abstrakt in ein Prinzip des Christseins verwandeln muß, geht ihr der entscheidende Inhalt der »neuen Schöpfung«: die Überwindung der spezifischen Ängste des menschlichen Daseins, verloren; sie kann von da an nicht anders, als dem Menschen die Möglichkeiten, die sich aus seiner neu gewonnenen Angstfreiheit ergeben, als isolierte Gebote und göttliche Forderungen vorzuhalten, die ihrerseits Angst erzeugen müssen, statt Erlösung zu wirken. Aus einer Heilslehre wird dann ein Symptom der Selbstentfremdung des menschlichen Bewußtseins, eine Glaubensform, in welcher schon die Vokabeln Selbstfindung und Selbstverwirklichung schließlich als Chiffren des Antichristlichen und Glaubensfeindlichen aus dem theologischen Sprachgebrauch ausgemerzt werden müssen.

Insofern erweist sich die unaufhörliche Debatte um die Eheproblematik mitsamt ihren sich orthodox gebenden Ungereimtheiten in der Kirche nur als ein Nebenschauplatz der viel wichtigeren und umgreifenderen Frage, wie die christliche Theologie ihre Jahrhunderte alte Frontstellung gegen das Unbewußte, heutzutage also gegen die Tiefenpsychologie, überwinden kann. In ihrer abendländischen Tradition hat die christliche Theologie – vor allem durch den Kampf gegen den heidnischen Mythos[10] – die mythenbildenden Kräfte im Menschen zunehmend verteufelt und schließlich ein Menschenbild begründet, das in der Neuzeit nur den Verstand und den Willen am Menschen gelten ließ. Damit hat sie den dogmatischen Glaubensinhalten selbst die Grundlage entzogen und sich gegen ihren Willen recht eigentlich zum Begründer des modernen Atheismus, der Verleugnung des Dogmas im Namen der Autonomie des menschlichen Verstandes, gemacht. Solange die christliche Theologie fortfährt, an ihrer eigenen Bewußtseins- und Verstandeseinseitigkeit festzuhalten, gerät sie nolens volens mit Recht in den Verdacht, selber ein System der Veräußerlichung und Entfremdung zu sein. Die moralische Starre, die sich daraus ergibt, läßt sie dann selbst als eine Doktrin erscheinen, die nicht aus dem Herzen des Menschen erwächst, sondern ihm von außen eingepflanzt werden muß. Die Religion des Christentums wird dann selbst eine Lehre, die sich nicht sowohl die Integration des Individuums, seine Verwirklichung und sein Heil in Zeit und Ewigkeit zum Ziel setzt, sondern die, in psychoanalytischer Sicht, ganz im Gegenteil die Unterdrückung des Ichs und des Es im Namen eines drakonischen Überichs verlangt. Einer derartigen Religionsform kann man den Vorwurf nicht ersparen, mit ihrer ständigen Betonung des Institutionellen, Rechtlichen und Moralischen der Ehe, aber auch in allen anderen Lebensbereichen, im Grunde selber zwangsneurotisch-depressiv organisiert zu sein – ein sadomasochistisches Gebilde verinnerter Gewalt und äußerer Gewaltausübung.

Insofern war es nötig, gerade am Scheitern einer dp-zwn Ehe die Krise einer gewissen Art von Religiosität im ganzen aufzuzeigen. Speziell zur Eheproblematik jedenfalls kann man ganz sicher sagen: Auch eine Kirche hat kein Recht, im Namen eines vermeintlichen Gottesrechtes tausenden von Menschen Unrecht zu tun, nur weil ihre Theologen sich nicht abgewöhnen wollen, die Problematik menschlichen Zusammenlebens weit unterhalb des analytischen Wissens ihrer Zeit und im Rahmen eines zwar ehrwürdig tradierten, aber sehr verengten Menschenbildes zu erörtern.

V. Schuld, die trennt oder: Vergeben kann nur der Reifende

Wie die Liebe die Menschen erniedrigen kann,
Das zeigen die Tränen der Liebenden an.
Doch wird von bittersten Qualen geplagt,
Wer niemanden findet, dem er sie klagt.

Die Geschichte von den drei unglücklichen Liebenden,
aus: Erzählungen aus den 1001 Nächten

Von der unberücksichtigten Tiefenpsychologie der Angst

Die katholische Lehre von der Unauflöslichkeit der Ehe stößt auf zwei Schwierigkeiten, die sie nicht überwinden kann, solange sie ihre eigene Lehre nicht mit der Tiefenpsychologie der Angst verbindet.

Die Tragödie der Übertragungsliebe oder: Was eigentlich hat Gott gewirkt?

Nur im Glauben kann das Sakrament der Ehe empfangen werden, lehrt Rom. Es gibt aber Ängste, die aus psychologischen Gründen ein ruhiges Vertrauen zu sich selbst, zum anderen und zur Welt im ganzen verhindern, und solche Ängste, zumeist in der frühen Kindheit verfestigt und später dem erwachsenen Ich des Einzelnen für gewöhnlich unbewußt, treiben unbemerkt dazu, sich mit der Kraft eines Ertrinkenden an den Ehepartner als vermeintlichen Garanten der Liebe zu binden, um an ihm auszugleichen und nach Möglichkeit abzutragen, was ein Lebenlang an seelischen Entbehrungen und Nöten durchlitten werden mußte. Unglückseligerweise besteht in solchen Beziehungen der unbewußten Angstsicherung ein schier unvermeidbarer Zwang, all die Ängste, Verbote und Icheinschränkungen, aber auch die entsprechenden Sehnsüchte und Erwartungen auf den anderen zu übertragen und an ihm zu wiederholen, die seit Kindertagen das Ich besetzt hielten. Als ob das Schicksal heimlichen Mutwillen mit den Menschen treiben wollte, kann zu Beginn einer Ehe niemand sagen, ob eine solche *Übertragungsliebe* im späteren Leben sich zu einer vertieften Erfahrung der Selbstannahme und des Vertrauens öffnen oder im Gegenteil in dem Bannkreis alter Ängste zugrundegehen wird; ja, nicht einmal die Tatsache einer solchen Übertragungsliebe selbst ist für einen außenstehenden Beobachter feststellbar. Jede Liebe, so lehrt es die Erfahrung, ist ein Wagnis, und sie steht in der Ungewißheit möglichen Glücks ebenso wie bitterer Enttäuschungen. Auch die dogmatische Lehre der Kirche von der Unauflöslichkeit der Ehe, will sie nicht in sinnlose und grausame Abstraktionen verfallen, hat diesem Umstand Rechnung zu tragen; jedenfalls hat sie nicht das Recht, nur zur Vereinfachung der kirchenrechtlichen Praxis fiktiv eine Rechtssicherheit vorzutäuschen, die es in Anbetracht der Unsicherheit menschlicher Gefühle nicht geben kann: Man kann nicht wissen, ob ein Tun unter Menschen »von Gott geschlossen« ist, wenn irgend es das Wachstum und die Reifung des menschlichen Daseins in Vertrauen und Liebe ist, was Gott als Wesensbestimmung dem Menschen ins Herz gelegt hat. Nicht das, was »die« Kirche (in Gestalt des Pfarrers und zweier Zeugen) notariell beglaubigt, ist ipso facto auch von Gott gewirkt; die Kirche kann vielmehr nur als göttlich gewirkt beglaubigen, was wirklich von Gott ist, und das entscheidet sich im Leben selber, nicht aber in apriorischen Verklausulierungen des Rechts und gewisser von außen dekretierter Rechtskriterien.

Von dieser Problematik der Übertragungsliebe handelte der Beitrag oben (S. 120-158).

Die Dynamik der Wahlverwandtschaft oder: Die Unlogik im Begriff der »partiellen Eheunfähigkeit«

Ein zweites Problem ergibt sich aus der eigentümlichen Affinität, die bestimmte Charaktere zueinander führt. Das kirchliche Eherecht mag sich damit trösten, bei den tragischen Formen der Übertragungsliebe immerhin im Nachhinein eine »Eheunfähigkeit« zum Zeitpunkt des Eheabschlusses zu konstatieren (oder zu rekonstruieren), die eine eigentliche Ehe in dogmatischem Sinne erst gar nicht habe zustande kommen lassen; tatsächlich haben Menschen jedoch oft viele Jahre darum gerungen, ihre verbliebene Fähigkeit zur Liebe zu pflegen und zu entfalten, und es klingt seltsam schnöde, ihnen nachgerade zu bescheinigen, das alles habe mit

Gott gar nichts zu tun gehabt. Weit besser stünde die katholische Kirche schon angesichts der Tragödien der Übertragungsliebe da, wenn sie den Eheleuten und sich selber zubilligen würde, daß man als Mensch nicht wissen kann, was und wie Gott im Leben wirksam ist, und daß es einem jeden gehen wird wie Moses, der in der Felsspalte am Sinai nur die Rückseite Gottes zu sehen bekam, damit er im Angesicht Gottes am Leben bleibe (Ex 33,18-23); – ein Wissen, das sich anmaßt, Gott ins Vorhinein, gewissermaßen vis-a-vis, zu sehen, tötet. Aber wenn auch schon diese Einsicht für die offizielle kirchliche Lehre offensichtlich nur schwer zu gewinnen ist, so tut sie sich in einem anderen Fall noch weit schwerer, den sie, wenn er negativ ausgeht, unter dem *Begriff der »partiellen Eheunfähigkeit«* zu rubrifizieren sucht, den man aber, wenn er zum Glück gedeiht, im Sinne *Goethes* am besten als »*Wahlverwandtschaft*« bezeichnen sollte.

Gemeint ist das sonderbare Phänomen, daß Menschen einer bestimmten Charakterstruktur einander wie magisch anziehen, indem sie im anderen gerade diejenigen Ergänzungsmöglichkeiten und Qualitäten wähnen, die dem eigenen Wesen so sehr ermangeln.

So mag ein *Schizoider* von der Wärme und Gemütstiefe, der Nähe und Ganzheitlichkeit eines *Depressiven* verlockt werden, während dieser, im Wissen um die eigene Gefährdung einer zu starken Identifikationsbereitschaft, sich gerade von der Distanziertheit und scheinbar kühlen Souveränität des Schizoiden angezogen fühlt; oder es wird ein *Depressiver* sich einem eher *zwangsneurotischen* Charakter anvertrauen, um seiner eigenen Unsicherheit zu entfliehen und im anderen die schmerzlich vermißte Beständigkeit und Gradlinigkeit zu gewinnen, wohingegen der Zwangsneurotiker sich geschmeichelt fühlt, seine verantwortungsbewußte Korrektheit durch so viel Dankbarkeit und Anlehnungsbereitschaft belohnt zu finden. Ein anderer *Zwangscharakter* wiederum fühlt sich beglückt durch das quicklebendige Temperament eines *Hysterikers*, der seinerseits ein unbewußtes Bedürfnis nach Obhut und Festlegung spürt, wie er es in der soliden Art einer rechten Zwangsnatur wohl finden mag – alles Arrangements der wechselseitigen Ergänzung und des offensichtlich scheinenden gemeinsamen Vorteils.

Wenn die katholische Ehemoral im Fall eines Mißlingens derartig günstig scheinender Beziehungen von einer partiellen Eheunfähigkeit zu sprechen beginnt, so macht sie sich mindestens begrifflich einer Unkorrektheit des Denkens schuldig, mit der sie freilich nur eine Unlauterkeit des Gefühls zu maskieren sucht.

Der Begriff der partiellen Eheunfähigkeit ist ein Strukturbegriff eng umschriebener menschlicher Beziehungen, und er gewinnt seine Berechtigung nur von der Annahme, daß eben das strukturelle Element das Glück gewisser Liebesbeziehungen ausschließen müsse. Das aber ist nicht der Fall, und praktischerweise unterdrückt die kirchliche Denkweise mit ihrem Begriff der partiellen Eheunfähigkeit die eigentliche Dialektik des Gelingens oder Mißlingens jener Beziehungen, die durchaus nicht im strukturellen, sondern entscheidend im quantitativen Bereich zu suchen ist. Die *strukturelle* Unterschiedenheit der Charaktere bildet in den »Wahlverwandtschaften« der Liebe zwar die außerordentliche Bindungsenergie, die Menschen auf Gedeih und Verderb einander zutreibt; ob solche Beziehungen jedoch aneinander scheitern oder miteinander harmonieren, hängt gewissermaßen vom energetischen *Quantum* ihrer Polarität und von dem Effekt der Anziehungskraft ab, mit der sie aufeinander zustürzen. Es ist das *Zuviel* an Herzlichkeit und Nähe, das einen Depressiven dem schizoiden Partner gefährlich macht, so wie ein *Zuviel* des schizoiden Habitus mit seiner kalten Gleichgültigkeit einen Depressiven zur Verzweiflung treiben kann; es ist ein *Zuviel* an zwangsneurotischer Pedanterie und Ordnung, das einem Depressiven unmenschlich scheinen muß, und ein *Zuviel* an Anpassungsbereitschaft und Gefügigkeit, das den Depressiven in den Augen eines Zwangsneurotikers als quallig und charakterlos erscheinen läßt; es ist schließlich das *Zuviel an* Sprunghaftigkeit, Zerfahrenheit und Improvisation, das den Hysteriker bei einem Zwangsneurotiker verhaßt macht, und wiederum ein *zu großes* Ausmaß an zwanghafter Gefühlsabsperrung und Steifheit, mit dem ein Hysteriker auf Dauer bei einem Zwangsneurotiker nicht zurecht kommt.

Gerade diese quantitativen Verhältnisse aber will sich die katholische Ehemoral in ihrer bisherigen Form nicht eingestehen. Alles Quantitative lebt von gleitenden Übergängen, und eben dieses Gleiten ist das Leben selbst; die katholische Moraltheologie aber, selbst wie zwangsneurotisch, fürchtet anscheinend ein Entgleiten aller Maßstäbe und Normen, wenn sie dem Leben in seiner Verwandlungsvielfalt Rechnung trägt. Alles Mehr oder Weniger, an dem gerade die Tragödien und Beseligungen des Lebens sich immer wieder entzünden, schlägt sie willkürlich auf die Seite des sog. freien Willens, so als ob der geringe Spielraum unseres bewußten Handelns und Vermögens über das Tempo des Lebens selbst zu entscheiden vermöchte, und zwar selbst dann noch, wenn sich das

Lebensgefühl überhaupt erst aus dem Sog eines fremden Daseins ergibt, dessen Eigenart prinzipiell der eigenen Entscheidung verschlossen bleibt. Die katholische Moraltheologie steht bzgl. des Problems der »Wahlverwandtschaften« endgültig vor der Entscheidung, ob sie endlich selber mehr an Lebendigkeit, Geschmeidigkeit und Offenheit im Sinne eines quantitativen Denkens in dynamischen Übergängen des Glücks in Schmerz, des Ergänzenden ins Unzumutbare, des Tragenden ins Unerträgliche dazulernen will, oder ob sie sich in rigider Lebensferne selbst dazu verurteilt, statt der Vermenschlichung lieber der Neurotisierung derer zu dienen, die in ihrer Botschaft von Christus ursprünglich mehr Vertrauen und nicht noch mehr an Angst erhoffen und erleben möchten.

Von diesem zweiten Problempunkt der katholischen Ehemoral handelte am Modellfall einer depressiv-zwangsneurotischen Ehe ein anderer Beitrag oben (S. 159-196).

Von Ehen, die aus »Schuld« gescheitert sind

Es gibt aber einen dritten, im Grunde sogar noch wichtigeren Punkt, in dem die katholische Eheauffassung in ihrer bisherigen Einstellung so nicht bestehen bleiben darf, – das ist ihr Umgang mit denjenigen Ehen, die nach landläufigem Urteil nicht aus den Verirrungen neurotischer Mechanismen oder aus charakterbedingten Verwicklungen, sondern »einfach« aus menschlicher Schuld gescheitert sind. Von ihnen lehrt die katholische Kirche scheinbar besonders eindeutig, daß es Vergebung von Schuld nur geben könne, wenn der Wille zur Besserung und Wiedergutmachung gegeben sei, und dies bedeute im Fall einer schuldhaft geschiedenen Ehe die feste Absicht, die zerstörte Gemeinschaft mit dem angetrauten Gatten wiederherzustellen, mithin alle Schritte zu revidieren, die einer solchen Absicht im Wege stünden, konkret gesprochen also auf jeden Fall neue eheähnliche Bekanntschaften zu meiden oder aufzulösen.

Daß diese Lehre menschlich zu kurz und theologisch unhaltbar ist, wollen wir in diesem Beitrag zeigen.

Nur eine wesentliche Schuld zerstört das Wesen einer Ehe

Zunächst ist es äußerst schwierig, den Übergang von schicksalhafter Verstrickung zu moralisch verantwortbarer Schuld bei dem Scheitern einer Ehe festzulegen. Es kann sein, daß Eheleute sogar von sich selbst den Eindruck haben, daß eine bestimmte Tat, sagen wir ein Ehebruch oder eine länger dauernde Romanze, ursächlich zur Zerrüttung der Ehe beigetragen habe und daß dafür mindestens der eine Partner die Schuld und Verantwortung trage. Gleichwohl ist dieser Eindruck trügerisch. Nicht an einzelnen Fakten und Ereignissen, sondern auf Grund ihres Wesens scheitern die Liebenden aneinander, und nur dann besitzt eine einzelne Tat die ungeheuere Sprengkraft, die Leidenschaft der Zuneigung und die geduldig gezähmte Gewohnheit des Vertrauens wurzeltief zu zerstören, wenn sie wie im Brennglas zur Manifestation der Fremdheit und des Unwesens des bisherigen Geliebten wird. Erst wenn ein einzelnes Verhalten zu dem bitteren Eindruck führt, sich in der Person des anderen gründlich getäuscht zu haben, und wenn diese *Enttäuschung* zudem noch die schmerzliche Erkenntnis vermittelt, daß jene Tat für die wahre Persönlichkeit des anderen, wie sie nunmehr in Erscheinung tritt, geradezu charakteristisch und offensichtlich für ihn typisch sei, – dann erst wird eine einzelne »Schuld« eine bestehende Liebe oder Freundschaft zer- oder verstören können. Es gibt Handlungen, bei denen man nicht mehr versteht, wie ein anderer so handeln konnte, wie er gehandelt hat, und die oft genug schon ihm selber wie ein unbegreifbares opus alienum erscheinen; solche völlig unverständlichen, d. h. nur unter der Voraussetzung einer völlig anderen Persönlichkeit als der des bisher Geliebten zu verstehenden Handlungen können als »Schuld« eine Ehe zerstören. Wenn es an solchen Handlungen indessen etwas zu »bereuen« oder »wieder gutzumachen« gibt, dann ist es zunächst nicht die einzelne Tat, sondern die Tatsache, so zu sein, wie man ist; die Tatsache des eigenen Wesens aber kann man nicht ändern, man kann nur mit ihr leben lernen, und es ist schwer zu sagen, wo die Schicksalsmacht des eigenen Charakters und der eigenen Art sich zum Freiraum persönlicher Entscheidung öffnet.

Darf man sich an König David ein Beispiel nehmen?

Nehmen wir als Beispiel solcher Wesensschuld zunächst einen »einfachen« Fall. Die Bibel kennt die erschreckende Tat König Davids. Ihm wird der Bußpsalm 51 in den Mund gelegt, in dem ein Mann Gott um Vergebung bittet, weil ihn seine »Mutter bereits in Sünden geboren« habe, – eine hebräische Redewendung, die nichts anderes ausdrücken will als die erschütternde Einsicht, daß eine bestimmte Tat – die Tradition meint: Davids Ehebruch mit Bethsabe und die Ermordung ihres Gatten, des Hethitergenerals Urias – kein einfaches Malheur, kein passagerer Fehler, sondern eine Tat aus der Tiefe der eigenen Persönlichkeit gewesen ist.[1] Wollte man diesen Vers von Ps 51, 7 aus dem Kontext der Biographie Davids paraphrasieren, so müßte man ihn als das Geständnis einer Lebensbeichte wiedergeben: »So ein Ungeheuer«, will David dann sagen, »wie es in dieser einen Tat zum Ausdruck kommt, war ich doch immer schon; so skrupellos, gierig, intrigant und verlogen, herrschsüchtig und buchstäblich über Leichen gehend war ich doch ausnahmslos bisher; mein ganzes Leben kommt mir jetzt, rückblickend von dem Gipfel meines Frevels her, wie eine einzige Vorbereitung auf eine Tat wie diese vor; wenn du mir, Gott, etwas vergeben willst, so nicht nur diese Tat, sondern mein ganzes Wesen, alles, was ich bin.« *Das* heißt: »in Sünden gebar mich meine Mutter«. Wie aber soll man mit einer solchen Schuld des eigenen Wesens weiterleben? Die katholische Kirche weigert sich, eine Ehe zu schließen, die durch Mord zustande gekommen ist; sie verlangt, daß Menschen eine so furchtbare Schuld ihr Leben lang sühnen und auf ein gemeinsames Glück, das zu solch blutigem Preis erkauft wurde, zu verzichten haben. Wenn König David sich nach dieser Regel hätte richten müssen, so hätte er seiner Leidenschaft zu Bethsabe entsagen müssen, und auch sie, die vielleicht nicht nur das Opfer, sondern womöglich die eigentliche Verführerin gewesen ist[2], hätte dem Glück ihres Lebens abschwören müssen. Eine gerechte Strafe, mag jemand denken. Bethsabe aber trug zu diesem Zeitpunkt bereits des Königs Kind in ihrem Schoß, das in Schande und ohne Vater hätte aufwachsen müssen; eine lebenslängliche Sühne der Schuld hätte nicht nur zwei, sondern gleich drei Menschen unglücklich gemacht und auf die leibliche Frucht jener Schuld nur sinnlos neuerlich Unheil gehäuft. Die Bibel erzählt, daß David den Mut hatte, aus seiner Untat eine menschlichere Folgerung zu ziehen.

Er trauerte tief, als er erleben mußte, wie der Sohn, den Bethsabe zur Welt brachte, zu Tode erkrankte; als das Kind verstarb, nahm er den Schmerz darüber als eine Art gerechter Strafe aus den Händen Gottes an; dann aber entschloß er sich zu seinem und zu Bethsabes Glück: Er zeugte mit ihr jenes Kind, dem er den Namen »Seinen Frieden« gab, und eben dieser »Salomo« ward später zur Verkörperung der Weisheit und Humanität des alten Israels. (2 Sam 11,1-27; 12,15-25)

Ungleich kräftiger, fruchtbarer und dem Leben dienlicher als der Masochismus nicht endender Sühnerituale ist der Mut und das Vertrauen, eine begangene Schuld dürfe man sühnen durch die Verpflichtung gemeinsamen Glücks. Jede schwere Schuld ist wie ein Attentat auf die Grundlagen des Lebens; man sühnt sie deshalb nur, indem man weniger dem Tod, dem Leben aber gehorsamer zu dienen lernt. Nur durch den Mut zum Glück entrinnt man dem unseligen Kreislauf quälender Schuld und schuldiger Qual.

Indessen erkannte David (bzw. der Beter des Psalms 51) immerhin die Schuld seiner Tat als Ausdruck seines Wesens an, und er mochte sich vorsetzen, die Charakterzüge seiner Persönlichkeit zu läutern. Immer wieder aber werden Menschen auf Grund ihres Wesens zu Taten gedrängt, die in moralischem Sinne als Schuld erscheinen und zudem das Maß an Verständnis beim Partner weit überschreiten, die aber in tieferem Sinne durchaus gar nicht als Schuld verstanden werden können, schon weil sie zumeist das Ergebnis eines langen willentlichen Abwehrkampfes gegen diese eine (Un-)Tat darstellen. Es braucht dabei gar nicht von gewissen Triebzielinversionen oder Triebfixierungen die Rede zu sein, deren perverser Charakter – freilich wieder in Unkenntnis der psychologischen Hintergründe – gerade von der katholischen Sexualmoral besonders heftig verurteilt und sogar als ehehindernd anerkannt wird. Nein, es genügt, als Beispiel einmal eine sozusagen »durchschnittliche« Ehetragödie sich vor Augen zu stellen, wie sie in den Sprechzimmern der Eheberater durchaus gewöhnlich ist.

Wenn an der Schuld vorbei kein Weg ins Leben führt

Ein Mann, heute 36jährig, hat vor 12 Jahren eine Frau geheiratet, die durch ihr anlehnungsbedürftiges, gefügiges, schutzsuchendes Wesen seine Aufmerksamkeit, man kann auch sagen: sein Mitleid, ja, in gewissem Sinne sogar seine Sympathie erregte. Um die Beziehung zwischen beiden zu verstehen, muß man vorausschicken, daß der Mann sich ursprünglich ein anderes Verhältnis als das des Helfers und Beschützers zu einer Frau gar nicht hätte erlauben oder auch nur vorstellen können. Er war der einzige Sohn einer früh verwitweten Mutter, die ihren ganzen Stolz darin setzte, aus dem Jungen etwas Rechtes zu machen. Mit all ihrem Ersparten hatte sie ihrem Kind eine höhere Schulausbildung ermöglicht, und ihr geheimer, obzwar nur allzu durchsichtiger Wunsch war es gewesen, ihren Sohn eines Tages als Priester am Altar zu sehen. Bei dem Heranwachsenden hatte diese Art der Mutterliebe allerdings nicht nur günstige Auswirkungen gezeitigt, vielmehr hatte sie dazu beigetragen, das gesamte Erleben des jungen Mannes in ständige Strafängste und Schuldgefühle sowie in außerordentliche Minderwertigkeitsgefühle zu tauchen. So sehr er sich auch in Schule und Beruf anstrengen und objektiv sogar zu gewissen Erfolgen gelangen mochte, so sehr betrachtete er sich doch als Versager, – nichts Gutes war nach dem unbewußten Anspruch seiner Mutter gut genug und jede Freude eigentlich die Vorbotin des drohenden Gerichtes: Der Tod lastete als ständige Gewißheit über dieser gesamten zwangsneurotisch zerrissenen Lebenseinstellung.

Die Frau ihrerseits hatte als eines von vielen Kindern einer Bauernfamilie zur Lebensausstattung nur gelernt, daß man durch willenlosen Gehorsam und prompte Anpassung sozusagen einen Rechtsanspruch auf eheliche Dauerversorgung erwirbt. Ihre geistige Regsamkeit beschränkte sich aufs Kartoffelschälen und Strümpfestopfen und auf die moralische Überzeugung, daß sexuelle Regungen schwer sündhaft sind. Nach etwa 10jähriger Dauer dieser Ehe, die im wesentlichen durch die Geburt zweier Kinder stabilisiert wurde, erkrankte die Frau an einer langwährenden Schizophrenie mit vorwiegend paranoischem Einschlag: Nachdem sie vergeblich versucht hatte, es auf ihre Weise den Geltungserfolgen ihres Mannes in der Öffentlichkeit gleichzutun, glaubte sie sich gewissen Attentaten durch Gift und Sprengstoff ausgesetzt und fühlte sich unter ständiger Kontrolle fremder Mächte. Bei ihrem Mann mußte dieser Gemütszustand natürlich die ohnehin vorhandene Ambivalenz gegenüber seiner Gattin noch verstärken: Einerseits empfand er ein noch gesteigertes Gefühl des Mitleids und der Verantwortung, andererseits zehrte die Dauerbelastung die letzten noch verbliebenen Reserven des Wohlwollens endgültig bei ihm auf. Obwohl auch bis dahin bereits an eine Reihe von sexuellen Ersatzhandlungen gewöhnt, begann er jetzt ernsthaft um den Bestand seiner Ehe zu fürchten. Voller Angst mied er geradezu alle sich bietenden Kontaktmöglichkeiten, die sich ihm sowohl beruflich als auch durch ein bestimmtes Freizeithobby jederzeit hätten bieten können, – er fühlte seine innere Bedrohung viel zu stark, um nicht genügend gewarnt zu sein. Jedoch erhöhte gerade diese halb-freiwillige Klausur wiederum das Gefühl der Enge, ja, des wachsenden Abscheus und der Verachtung gegenüber seiner Frau, und die Szenen häuften sich, in denen er seiner Gemahlin ihre Unselbständigkeit, Schwäche und Apathie geradewegs zum Vorwurf machte. Tatsächlich konnten die schizophrenen Angstzustände der Frau wohl durch den Einsatz von Psychopharmaka sediert werden, aber nur um den Preis noch weitergehender Einschränkungen im Vitalbereich, mit der Folge einer fast gänzlichen Antriebslosigkeit. In dieser Zeit nun geschah, was eines Tages unausweichlich geschehen mußte: Ein junges Mädchen, das eben erst sein Studium begonnen hatte, verliebte sich unsterblich in den 15 Jahre älteren Mann. Auch die Liebe dieses Mädchens hatte ihre unglückselige Vorgeschichte. Es entstammte einem äußerst strengen katholischen Elternhause, und mit allem guten Willen hatte vor allem das despotische Regiment des Vaters es schließlich dahin gebracht, daß die Tochter trotz des pünktlichen sonntäglichen Meßbesuchs die Existenz eines Gottes überhaupt kategorisch in Frage stellte, nur um wenigstens geistig ein Stück Freiheit für sich selber in Anspruch nehmen zu können. Ihr Geliebter nun war für sie gerade auf Grund seiner fast zwanghaften Zuverlässigkeit und Korrektheit das rechte Gegenbild zu der väterlichen Autorität und verbietenden Strenge, und sie klammerte sich an ihn mit der Leidenschaft einer Verzweifelten. Er wiederum erfuhr zum ersten Mal in seinem Leben ein wirklich starkes Gefühl der Zuneigung und Liebe; alles, wonach er sich mehr als ein Dutzend Jahre lang gesehnt hatte: Austausch, Interesse, Gemeinsamkeit, ein Stück Romantik und Poesie, eine gewisse Seelenverwandtschaft wechselseitiger Ergänzung und nicht zuletzt ein intensives Begehren nach der zärtlichen Nähe des anderen, – Verlangen und Liebe, Trieb und Persönlichkeit schienen sich zum ersten Mal in ihm zu verbinden, und kataraktartig wurden beide von der Heftigkeit ihrer erwachenden und nie gelebten Gefühle überschwemmt. Vor allem erlebte der Mann erstmals, daß er imstande war, eine andere Frau durch seine Persönlichkeit rundum zu befriedigen und glücklich zu machen, und er konnte in dieser Liebesbeziehung gerade an dem Punkt anknüpfen, an dem seine eigene jugendliche Entwicklung durch die Heirat mit seiner Frau unterbrochen worden war.

Während beider Beziehungen sich also auf das vorteilhafteste zu ergänzen und wechselseitig zu steigern schienen, breitete sich gleichwohl ein Feld der Schuld aus, an dem beide trotz ihres Glücks intensivst zu leiden begannen. Zwar verlieh die Liebe ihnen kraftvolle Schwingen, um sich erstmals über die Beengtheiten ihres elterlichen Gewissens zu erheben, – der Mann verlor zum ersten Mal seine Todesangst, und in dem Mädchen erwachte eine nie gekannte Lebenslust und Freude. Aber dem Glück beider stand nicht allein die erdrückende Moral des dörflichen Milieus sowie der bedenkliche Umstand entgegen, daß der Vater des Mädchens, aus gewissen Briefen über die wahren Gründe für das plötzliche Aufblühen seiner Tochter belehrt, mit brachialer Gewalt auf einen Abbruch der unglückselig-selig-glücklichen Beziehung drängte, – vor allem der Mann stand vor dem schier unlösbaren Problem, daß er die allmählich wieder erwachende psychische Genesung seiner Frau nicht durch einen Akt brutaler Härte, wie er durch ein ehrliches Eingeständnis seiner Lage unzweifelhaft entstanden wäre, von neuem aufs Spiel setzen durfte; die Liebe zu dem Mädchen aufzukündigen erschien ihm jedoch gleichermaßen unmöglich. Wohl daß er, die Jugend der Geliebten erwägend, sich für den Fall zu wappnen gedachte, daß sie eines Tages seiner väterlichen Fürsorge entraten und zu einer altersgemäßeren Verbindung drängen sollte; aber einstweilen sagte er sich mit Recht, daß nur ein starker Rückhalt, wie er in seiner Person gelegen sei, sie zu einer solchen Reifung vermögen könnte und er von daher geradewegs die Pflicht habe, an ihrer Seite zu bleiben, freilich nur insgeheim, wie er wohl wußte, und das hieß: täglich um den Preis der Lüge und Verstellung. Statt einer Entscheidung stand ihm mithin ein Spiel um Zeitgewinn ins Haus, das selbstredend die ohnehin verbitterten Beziehungen der alten Ehe noch durch die Nuance eines geistreichen Zynismus weiter vergiften mußte: – undenkbar, daß eine solche Ehe auf Dauer hätte halten können, und es schien bereits viel, wo nicht alles gewonnen, wenn sich die neue außereheliche Liebesbeziehung wenigstens ca. fünf Jahre lang verheimlichen und aufrechterhalten ließ, bis die Kinder erwachsen, die Studentin selbständig und die Frau vielleicht von sich aus der Ehe überdrüssig geworden wäre.

Wir wollen dem Leser die Neugier nicht nehmen, wie die Geschichte ausging, – er selber möge seine Phantasie bemühen, sich dafür eine

Lösung auszudenken; leichthin wird er dann finden, daß kein Weg gangbar ist, der sich mit den Begriffen einer äußeren Moral verbinden läßt, und nur auf diesen Punkt kommt es uns an. Ganz sonnenklar scheint die Schuld an dem Scheitern der Ehe einzig auf den Schultern des Mannes zu ruhen, und der Dorfklatsch, würde die Affäre ruchbar, zögerte gewiß keinen Augenblick, um sich dieses Urteil zu eigen zu machen. Und dennoch ist es bei näherer Betrachtung kaum möglich, selbst im Anfangsstadium, da die »schuldhafte« Auflösung der Ehe eben erst beginnt, von wirklicher Schuld im Sinne der subjektiven Anrechenbarkeit und Vorwerfbarkeit zu sprechen. Wenn bereits feststeht, daß die Grenzen zwischen dem unbewußten Zwang der Übertragung mit den eigentümlichen Gesetzen ihrer Psychodynamik und dem vermeintlichen Spielraum von Freiheit und Verantwortbarkeit fließend sind, wer will dann Richter im fremden oder auch nur im eigenen Leben sein? Es gibt ein Maß der Belastung, an dem die Liebe erstirbt, der gute Wille ohnmächtig zusammenbricht und selbst der Versuch einer rücksichtsvollen Fairneß zunehmend mißrät. Muß es, wenn eine Liebe erstirbt, immer auch einen Mörder der Liebe geben? In dem geschilderten Fall war der betreffende Mann sogar durchaus gewillt, sein Verhalten auch als Schuld zu verstehen; aber er war zugleich außerstande, daran etwas zu bereuen. Er hatte lange versucht, der drohenden Liebe auszuweichen; als sie ihn fand, traf sie einen Verdurstenden, der nicht mehr in der Lage war darüber nachzudenken, daß er das Wasser des Lebens aus einem fremden Brunnen trank.

Balzac oder: die Weisheit des Königs Artus

In dieser Situation befindet sich die moraltheologische Bewertung der »Schuld« in Fragen der Ehe (und auch sonst) sehr oft: Sie müßte mit der Unterdrückung des Schuldhaften zugleich das Leben selber unterdrükken, und wenn ihr auch nur ein Rest an menschlichem Respekt vor den Verwirrungen des Herzens übrig wäre, würde sie sich selber eingestehen und den Menschen zugestehen müssen, daß es Formen der Schuld gibt, die das Leben eher erweitern als verschließen und die trotz des ungerechten Leids, das sie für dritte unverdientermaßen mit sich bringen, am Ende doch ein Maß an Glück ermöglichen, daß man sie um des Lebens willen nicht umgehen darf.

Die Richtigkeit dieser Einsicht bewährt sich am eindringlichsten wohl in den zahlreichen Spielarten, mit denen ein drakonisches, meist kirchlich geschultes Überich jeden Ausweg aus einer unhaltbar gewordenen Ehe versperrt und einzig die Flucht in die Krankheit, in die psychosomatische Lebenszerstörung auf Zeit, offen läßt. »Nichts schützt die Tugend so sehr wie die Krankheit«, meinte schon im Wien von 1908 *S. Freud*,[3] aber er wollte eigentlich fragen, was das für eine Tugend sei, die sich nur auf dem Umweg über die Krankheit erhalten könne, weil ihre Anforderungen die Kräfte des Ichs bei weitem überstiegen.

Wer statt der prosaischen Beispiele der Psychotherapie eher belletristische Darstellungen körperlicher Erkrankungszustände auf Grund einer erkrankten Ehe bevorzugt, wird an berühmten Vorbildern nicht Mangel haben und bald schon entdecken, wie stark die Suche nach Verständnis ehelicher Not sich zu allen Zeiten ein breites Leserpublikum erschafft.

Der genialische *Honoré (de) Balzac* z. B. legte mit seinem nicht gerade meisterlich komponierten, aber sehr lesenswerten Roman über »Die Frau von dreißig Jahren«[4] allein durch das Sujet der unverstandenen Frau den Grundstein zu dem bleibenden Ruhm seiner späteren Werke. Die Handlung des Romans ist rasch erzählt: Die sensible Julie d'Aiglemont, die trotz aller Warnungen einen oberflächlichen und gefühlsrohen Offizier zu ihrem Gatten erwählt hat, ist von dem ehelichen Alltag bald schon derart verbittert, daß gerade, »als die Fähigkeit zu lieben sich kräftiger und tätiger in ihr entwickelte, ... die erlaubte, die eheliche Liebe inmitten schwerer körperlicher und seelischer Leiden« immer mehr dahinschwand. »Überdies empfand sie für ihren Gatten jenes an Verachtung grenzende Mitleid, das auf die Dauer alle Gefühle erstickt.«[5] Ihr Leben, das sie nur mithilfe von Opium erträglich gestaltet, gehört einzig ihrer Tochter, bis sie in dem edlen Lord Arthur Grenville einen Freund kennen lernt, der ihr durch seine viktorianisch gezügelte Liebe nicht allein die Gesundheit zurückgibt, sondern sie vor allem lehrt, »ihren Wert zu begreifen«[6]. Aber wie soll sich die so entstandene Spannung zwischen Gefühl und Pflicht lösen? Frauen, meint *Balzac*, wenn »sie dem Gefühl der Ausschließlichkeit, das ihnen nicht gestattet, zwei Männern anzugehören, Schweigen geboten haben, sind sie dann nicht wie Priester ohne Glauben?«[7] Indes, wenn die Liebe zu einem anderen Mann zur einzigen Quelle des Lebens geworden ist, was ist dann die Ehe für sie anderes als die ständige Entehrung einer legalisierten Prostitution? Um die »Ehre« der Geliebten zu retten, stirbt Arthur, aber statt daß dadurch der Konflikt gelöst würde, versinkt Julie gerade dadurch in neue unbekannte Leiden, und die Frage erhebt sich zu Recht, ob wirklich ein Gott im Himmel diese Qualen vereinsamter Seelen will und seine Weisung identisch sein muß mit den sittlichen Anweisungen der Gesellschaft. Julie d'Aiglemont jedenfalls kann daran nicht glauben; im Gegenteil, sie erklärt freimütig dem alternden, die Ergebenheit ins Leiden predigenden Abbé: »All unsere (sc. der Frauen, d. V.) Leiden rühren von ihr (sc. der Gesellschaft, d. V.) her. Gott schuf kein einziges Gesetz des Unglücks; doch die Menschen verfälschten sein Werk, als sie sich zusammentaten. Wir Frauen werden von der Gesellschaft weit mehr mißhandelt als von der Natur.«[8]

Und die *Mutterpflicht,* die von Kirche und Gesellschaft zur Begründung der Unauflöslichkeit der Ehe so hoch veranschlagt wird?

Auch darüber lernt Julie sich aus ihrem Leid eine eigene Auffassung zu bilden. »Ist ein Kind«, fragt sie den Priester, »nicht das Abbild zweier Geschöpfe, die Frucht zweier Gefühle, die freiwillig ineinander verschmolzen? Wenn es nicht von allen Fasern unseres Körpers wie auch von allen zärtlichen Herzensregungen Besitz ergreift, wenn es die köstliche Liebe nicht erneut wachruft, die Zeiten, die Orte, da diese beiden Geschöpfe glücklich waren, ihre Sprache, die voll menschlicher Musik war, und ihre beschwingten Gedanken, dann ist dieses Kind eine Fehlschöpfung. Ja, es muß für sie eine bezaubernde Miniatur sein, in der sich die Poesie ihres doppelten geheimen Lebens wieder findet; es muß ihnen eine Quelle fruchtbringender Anregungen bieten, und es muß gleichzeitig ihre ganze Vergangenheit, ihre ganze Zukunft in sich einschließen.« Julie's Tochter Hélène hingegen »ist das Kind ihres Vaters, das Kind der Pflicht und des Zufalls«[9], eben deshalb vermag es auch kein Gefühl der Mütterlichkeit wachzurufen, und selbst der Priester, der bei diesen Worten den Abgrund ermessen kann, »der zwischen der Mutterschaft des Fleisches und der des Herzens liegt«[10], stimmt Julie darin zu, daß es für sie besser wäre, tot zu sein, als so zu leben. Julie aber will und wird leben – durch das mutige Glück der Liebe zu dem jungen Charles de Vandenesse, das Julies Gemahl, nunmehr verständnisvoll, duldet.

Die verworrene Fortsetzung der Romance des *Balzac*schen Romans braucht hier nicht mehr referiert zu werden. Deutlich aber ist die Erfahrung, die *Balzac* aufgreifen und mit Vehemenz verteidigen wollte: daß manch eine Frau, manchmal ein Mann, die Ehe erleben wie ein Grab und sie *um des Überlebens willen* ihr Menschenrecht auf Liebe vom Leben fordern müssen. *Balzac* selbst hat in seinem Leben erfahren, wie die Liebe der 45jährigen mütterlichen und treuen Madame de Berny ihn, den 22jährigen, allererst von seiner Mutter erlöste und zum Manne heranreifen ließ, so daß *Stefan Zweig* von dieser Beziehung zu Recht meinte: »Er (sc. *Balzac*, d. V.) hat seine Kindheit wie eine Krankheit überstanden, man spürt ihn genesen, herrisch und herrlich die Lust an der eigenen Kraft fühlen. Nicht mehr das Elternhaus, sondern das der Madame de Berny ist seine Heimat geworden. Keine Beschwörungen, keine Vorwürfe, keine Hysterien im Elternhaus, kein heimliches Getuschel und Gerede in der Stadt können seinen Willen brechen, frei und leidenschaftlich der Frau anzugehören, die ihn liebt.«[11] Erst durch den langwährenden »Ehebruch« der großartigen Madame de Berny wurde das Genie *Balzac* geboren, und ihr Gatte war weise genug – seltenes Beispiel der Toleranz! –, dieses Verhältnis zum Vorteil aller Beteiligten hinzunehmen.

Vor der Frage nach der Schuld im moralisch-rechtlichen Sinne sollte man mithin die Frage stellen nach dem Nutzen, ja, der lebenrettenden Wirkung, die u. U. die »freie« Liebe haben kann. Wer am Hofe des legendären König Artus war im eigentlichen Sinne schuldig: Lancelot, der Ritter vom See, der schicksalhaft Ginevra, die Gemahlin seines Königs, liebte, oder der im Inzest gezeugte Bastard Mordred, der zur Rache an seinem Vater das Liebesverhältnis beider in die Öffentlichkeit zerrte und damit den duldsamen und verständigen König Artus zu Maßnahmen zwang, die ein Königreich vernichteten und die Idee der Tafelrunde, der Veredelung der Menschheit durch Toleranz und Güte, sterben ließ?[12] Was sollen Tristan und Isolde tun, wenn es kein Hündchen Petitcrü mehr gibt, dessen Glöckchenspiel alle Trauer der getrennten Seelen heilt?[13] Man kommt wohl nicht daran vorbei zu konzedieren, daß es Formen der Liebe gibt, die einzugehen eine Schuld gegenüber den Gesetzen der Sittlichkeit und der Schicklichkeit darstellt, die aber nicht einzugehen eine Schuld gegenüber dem Leben bedeutet, und diese Schuld wiegt schwerer; denn der Sinn aller Gesetze ist der Schutz des Lebens und ihr Richtmaß stets der Nutzen, den sie zum Erhalt und zur Förderung des Lebens zu leisten vermögen. Und umgekehrt: wo ein Leben in den Grenzen des Gesetzes und an der Einhaltung ihrer Bestimmungen zu verkümmern droht, sollte es da nicht als ein höheres Erfordernis, ja, geradezu als eine Pflicht der Menschlichkeit erscheinen, die

Grenzen eines solchen Gesetzes zu zersprengen und der eigenen Bestimmung zu folgen, die zu kennen allein dem Einzelnen in etwa möglich ist und die exakt zu formulieren die Allgemeinheit des Gesetzesstandpunktes für immer außerstande ist und sein wird?

Gervaise oder: Die Zerstörung der Liebe durch die Übermacht des Unglücks

Es gibt demnach Engpässe des Lebens, an denen Menschen *innerlich* zerbrechen müßten, würden sie nicht durch Not und Neigung wie von selbst über die Grenzlinien des Gesetzes mit unwiderstehlicher Kraft hinausgetrieben. Daneben aber stehen die Fälle, in denen die persönliche Seelenstärke des Einzelnen nicht an innerer Auszehrung der Liebe, sondern an der Ungemäßheit des Schicksals scheitert. Auch hier entsteht der Eindruck von Schuld, ohne daß doch subjektiv – also gerechtermaßen – noch zwischen Zwang und Freiheit, zwischen Verhängnis und Wollen, zwischen Fügung und Fehltritt zu unterscheiden wäre.

Bekannt sind die unzähligen Fälle am Ende des Zweiten Weltkrieges, als Tausende von Frauen auf ihren Mann warteten, der in russische Gefangenschaft geraten oder als vermißt gemeldet war. Viele dieser Frauen hatten ihre Männer vielleicht nur für wenige Monate gesehen, ehe sie schon kurz nach der Vermählung durch einen grausamen und sinnlosen Befehl auf Jahre hin von ihnen getrennt wurden. Sie hatten Jahre der Einsamkeit, der Angst, der Sorge und des Wartens hinter sich; sie hatten von Feldpost zu Feldpost gebangt und gehofft, und sie hatten womöglich noch Jahre nach der Kapitulation allen Ratschlägen wohlmeinender Freunde widerstanden, ehe sie sich der quälenden Ungewißheit entledigten und in eine neue Heirat einwilligten. Wenn wirklich Jahre später der Mann überraschend doch noch nach Hause zurückkehrte, fanden sich oft genug in solchen Begegnungen Menschen wieder, die nicht mehr zueinander finden konnten: Was sie verbunden hatte, waren die Bilder einer Erinnerung, die entweder zu schwach war, um in der Gegenwart noch irgendein wärmeres Gefühl entfachen zu können, oder die, genährt von langen sehnsüchtigen Vorstellungen, mit der Wirklichkeit der Person des anderen längst nichts mehr zu tun hatten. Die katholische Kirche ist in der Praxis der Stellenbesetzung ihrer Kleriker klug genug, nach Möglichkeit niemanden als Pfarrer in den Ort zurück zu lassen, in dem er als Vikar tätig war – der sicher zu erwartenden Enttäuschungen auf beiden Seiten wegen; sollte dieselbe Kirche außerstande sein zu begreifen, daß es Formen äußerer Trennung gibt, in denen selbst das treue Warten aufeinander zur Entfremdung voneinander beiträgt und am Ende keine gemeinsame Zukunft mehr zuläßt?

Die innere Entfremdung zweier Ehepartner auf Grund äußerer Not kann aber auch Seite an Seite erfolgen, indem bereits bestimmte *äußere* Veränderungen die Ichstärke des Einzelnen schlechterdings überfordern und gerade die besten Eigenschaften an ihm in ihr Gegenteil verkehren.

É. Zola z. B. hat in seinem Roman »Der Totschläger«[14] – beispielhaft für die Verelendung der Arbeiterklasse in der Mitte des 19. Jh.'s – das traurige Schicksal der tapferen Gervaise geschildert, die nach der Trennung von ihrem Liebhaber, dem Hutmacher Lantier, sich und ihre Kinder als Wäscherin durchzubringen sucht, ehe sie den Bauklempner Coupeau heiratet. An der Seite dieses Mannes besäße Gervaise durchaus die Chance eines einfachen Glücks; aber als Coupeau durch einen Unfall arbeitsunfähig wird, nimmt das Schicksal seinen Lauf: Gervaise könnte durch ihre Arbeit an sich die kleine Familie über Wasser halten, doch der verzweifelte Coupeau erträgt es nicht, passiv herumzusitzen; – aus Ekel über sich selbst ergibt er sich dem Alkohol, und seine Trunksucht ruiniert nicht nur ihn und seine Familienangehörigen, sie hinterläßt auch bei Gervaise einen unüberwindlichen Widerwillen, ja, Todeswunsch gegen ihn. In äußerster Prägnanz schildert *Zola* den Abstieg ins Elend, den die Coupeaux verantworten müssen und doch nicht verantworten können: »Ja, es war die Schuld des Ehepaares«, schreibt *Zola*, »wenn es von einem Vierteljahr zum anderen mehr herunterkam. Aber das sind Dinge, die man einander niemals sagt, besonders, wenn man im Dreck sitzt. Sie klagten das Mißgeschick an, sie behaupteten, Gott sei böse auf sie. In ihrem Zuhause war jetzt die Hölle los. Den ganzen Tag über gerieten sie aneinander ... Das traurigste war, daß sie den Käfig der Freundschaft geöffnet hatten, die Gefühle waren davongeflogen wie Kanarienvögel. Die behagliche Wärme von Vater, Mutter und Kindern, wenn sich diese kleine Welt auf einen Haufen eng aneinander drängt, floh vor ihnen und ließ sie schlotternd zurück, jeden in seiner Ecke. Alle drei, Coupeau, Gervaise und (ihre Tochter, d. V.) Nana, waren überaus reizbar und fraßen einander wegen eines Wortes mit haßerfüllten Augen; und es war, als sei irgendetwas zerbrochen, die große Triebfeder der Familie, der Mechanismus, der bei glücklichen Menschen die

Herzen zusammen schlagen läßt ... An den Tagen, da es Krach im Hause gab, schrie sie (sc. Gervaise, d. V.), warum man ihn ihr denn nie auf einer Tragbahre zurückbringe. Sie wartete darauf, da würde man ihr ihr Glück zurückbringen. Wozu sei er nütze, dieser Säufer? Um sie zum Weinen zu bringen, um ihr alles aufzufressen, um sie zum Bösen zu treiben ... Wann würde er bloß verrecken, dieser Saukerl?«[15] Was Wunder, daß Gervaise bei »diesem vor Elend tollwütigen Dasein«[16] sich wieder dem gewissenlosen Lantier zuwendet und schließlich, getrieben von Hunger und Armut, versucht, als Dirne zu überleben?[17] Selbst der Tod scheint am Ende die würdelose Trinkerin Gervaise zu verschmähen: »Die Erde wollte sie anscheinend nicht haben. Sie verblödete, sie dachte nicht einmal daran, sich vom sechsten Stock auf das Pflaster des Hofes zu stürzen, um dem ein Ende zu machen. Der Tod mußte sie nach und nach, Stück für Stück zu sich nehmen, indem er sie so in dem verdammten Dasein, das sie sich bereitet hatte, bis ans Ende schleppte.«[18]

Man möchte bei der Lektüre von *Zolas* »Totschläger« wirklich dem hl. *Paulus* Glauben schenken, es gebe vor Gott »Gefäße des Zorns, hergerichtet zum Verderben« (Röm 9,22), – so zwangsläufig erscheint der Niedergang der eigentlich zu so viel Glück begabten Gervaise. Es hätte für diese Frau nur einen Ausweg gegeben, den rechtzeitig zu beschreiten sie gerade auf Grund der bürgerlichen Moral vollkommen außerstande war: Sie hätte sich nur möglichst bald von ihrem Mann trennen, ja, ihn förmlich fliehen müssen, ehe dieser Unglückliche noch alle anderen mit in den Abgrund seines Unglücks riß.

Derartige Fälle, in denen unvorhergesehene Not den Charakter eines Menschen so weit verändert, daß die Liebe des anderen daran zerbricht, weil sie nicht mehr wiederfindet, worauf sie sich gründete, ließen sich unzählig vermehren. Vor allem an das breite Spektrum unheilbarer körperlicher und seelischer Krankheiten, das wir soeben schon in einem Beispiel gestreift haben, muß hier erinnert werden. Was es bedeutet, jahrelang an der Seite eines Alkoholikers, eines Paranoikers, eines Schizophrenen, eines bis zur Unkenntlichkeit *veränderten* Menschen zu leben, kann niemand von außen ermessen, und noch weniger kann jemand von außen her festlegen, wo für den Einzelnen die Grenze des Erträglichen erreicht oder bereits überschritten ist. Desgleichen ist das ausgedehnte Feld zu erwähnen, wo die Persönlichkeitsentwicklung eines einzelnen Ehepartners von innen heraus mit Notwendigkeit dazu führt, den anderen fortschreitend als Hemmschuh und Fessel zu erleben: Je mehr man selber sich entfaltet, desto unerträglicher erscheint u. U. die Bindung an den alten Partner; – *Henrik Ibsens* Drama »Nora, oder ein Puppenheim« mag diesen Konflikt verdeutlichen. Jeder Mensch kann nur verpflichtet sein, so zu handeln, wie es seiner Natur entspricht, und wenn gerade die Entfaltung des eigenen Wesens, womöglich entgegen dem eigenen Wollen, zum Auseinanderdriften einer Partnerschaft führt, so kann es nicht die Pflicht des Einzelnen sein, das Auseinanderbrechen der Eisscholle beim Eintritt in wärmere Gewässer zu verhindern. Auch hier sieht nach außen hin wie Schuld aus, was in Wahrheit ein treuerer Gehorsam gegenüber dem eigenen Wesen sein mag.

Die katholische Kirche kennt zum Verständnis derartiger Tragödien der Ehe bisher einzig die eingangs erwähnte sehr unzureichende Klausel vom »Irrtum der Person«, und auch diese muß man noch psychoanalytisch interpretieren, ehe sie zum Verständnis der Übertragungsproblematik tauglich wird. Zur Beurteilung der zahlreichen nicht-neurotischen Formen des Scheiterns einer Ehe trägt die Klausel vom »Irrtum der Person« indes gar nichts mehr bei. Denn nicht um einen Irrtum des subjektiven Urteilsvermögens beim Eheabschluß, sondern eher um einen grausamen Betrug des Schicksals während der Eheführung scheint es sich bei derartigen Schicksalsschlägen oder entwicklungsbedingten Polarisierungen der Ehe zu handeln. Wenn unter solchen Belastungen eine Ehe zerbricht, mag es wohl sein, daß der Einzelne sich selbst Schuld und Versagen vorwirft, wo er in Wahrheit oft genug weit jenseits allen Vermögens sogar noch das Unmögliche zu tun versucht hat. Sollte nicht gerade in solchen Fällen das Wort aus dem 1. Joh.-Brief (3,20) Gültigkeit haben, »daß, wenn unser Herz uns anklagt, Gott größer ist als unser Herz und alles kennt«?[19] Was uns anklagt, ist zumeist ja nicht einmal unser »Herz«, sondern der Zwangsinhalt des Überichs, der äußerlichen, institutionalisierten Regeln; aber sogar dann, wenn wir selbst nicht mehr wissen, wie sich Schicksalsübermacht und Ohnmacht, wie sich Schuld und Unvermögen mischen, sollte es da nicht gerade Aufgabe und Pflicht einer religiösen Weisung sein, ein Vertrauen zu begründen, das aus Schuld und Ohnmacht herausführt und Gott zutraut, daß er auch die Gründe unseres Herzens sieht, die uns jenseits unserer Freiheit schuldig werden ließen und uns jenseits der Enge des »Gewissens« freisprechen? Zu dieser Art Vertrauen auf Vergebung zählt auch das Recht, jenseits des unglücklichen Scheiterns einer Ehe ein neues Eheglück suchen zu dürfen, und sicher gibt es keine Pflicht, die »Strafe« eines unverdienten Schicksalsunglücks lebenslänglich abzubüßen.

Die moralische Zerstörung der Liebe oder: Hat Herr Karenin immer Recht?

Von einer Institution kann man Vergebung verlangen, von einem Einzelnen nicht immer

Wenn wir auf diese Weise von der Kirche als Institution die Bereitschaft zum *Prinzip der Vergebung* im Angesicht menschlichen Unglücks verlangen, so kontrastiert diese Forderung umgekehrt gerade mit der *Pflicht zur Vergebung*, die von seiten der kirchlichen Moraltheologie den Eheleuten persönlich auferlegt wird, um den Bestand der Ehe zu gewährleisten. Gerade die Forderung persönlicher Vergebung, mit der die kirchliche Moral- und Rechtsauffassung ein scheinbar alle Zerwürfnisse heilendes Remedium ehelicher Schwierigkeiten zu besitzen vermeint, ist theologisch wie psychologisch indessen keineswegs so praktisch, wie es scheint, und wohl kann man fordern, daß eine Rechtsordnung vom Prinzip der Vergebung getragen ist und das private Glück des »Schuldigen« nicht auf ewig hin zerstört, aber es ist nicht in gleichem Maße möglich, vom Einzelnen die Fähigkeit zur Vergebung als Grundlage seines Handelns geradewegs zu verlangen. Zum ersten nämlich ist es gegen alle psychologische Erfahrung, Vergebungsbereitschaft *absolut* zu fordern, – viele Menschen sind zur Vergebung oft noch gar nicht fähig, und dies entspricht ganz und gar auch theologischer Einsicht. Als im Johannesevangelium (20,19-23) Jesus den Jüngern die Gabe der Vergebung schenkt, ist dieses Geschenk auf das engste mit der Entdeckung der *Verwandlung der Wunden* verbunden: Es gibt, zufolge dieses Bildes, keine Vergebung, solange sich nicht zeigt, daß die an sich tödlichen Verletzungen der Schuld in ein neues Leben übergegangen sind; man muß m. a. W. das Leid, das einem zugefügt wurde, erst innerlich überwunden haben und daraus erneuert hervorgegangen sein, um zur Vergebung fähig zu sein; oder umgekehrt gesagt: Solange jemand durch bestimmte Verhaltensweisen sich noch tödlich getroffen fühlt, solange ihm durch fremde Schuld alles vernichtet scheint, kann er (noch) nicht ehrlich zur Vergebung bereit sein.

Die Unfähigkeit zur Vergebung wird dabei zumeist von dem unverarbeiteten Schmerz des *Ichs* herrühren: Eine depressive Frau z. B., die von ihrem Mann betrogen wurde, kann (etwa auf Grund bereits vorhandener latenter Minderwertigkeitsgefühle) so tief in ihrem Selbstwertgefühl gekränkt sein, daß sie nur vor der Wahl steht, entweder *sich* zu hassen oder ihren Mann. Es kann aber auch eine überstrenge Reaktion des *Überichs* jede Vergebung unmöglich machen, und dieser Fall sei in einem kurzen abschließenden Beispiel dargestellt, weil er u. a. zeigen kann, wie zerstörerisch für eine Ehe gerade die verinnerte Ehemoral der Kirche in ihrer verständnislosen Härte zu wirken vermag.

Ein Mann leidet seit über einem halben Jahr unter einer furchtbaren Entdeckung: Er hat bei zufälligen Aufräumarbeiten im Keller gewisse Briefe seiner Frau gefunden, aus denen unzweideutig hervorgeht, daß sie noch vor ihrer Eheschließung vor 15 Jahren, offenbar während der Zeit der Verlobung, ein intimes Verhältnis zu einem kirchlich hochgestellten Geistlichen hatte. Die Frau war ohne Vater aufgewachsen und hatte in diesem geistlichen Würdenträger, einem echten Patriarchen, etwa vier Jahre lang Halt und Schutz gesucht und erfahren, ehe dieser, getrieben wohl von unbewußten Gefühlen männlicher Konkurrenz und Eifersucht, noch im letzten Moment eine Art großfürstlichen jus primae noctis an seiner geistlichen »Tochter« wahrnahm. Die Frau ward bald schon mit ihrem nichts ahnenden Mann verheiratet und lebte mit ihm so gut wie glücklich zusammen, bis durch die Entdeckung der unglückseligen Briefe förmlich der Himmel über ihrer Ehe einstürzte.

Man sollte vielleicht meinen, daß ein Fehltritt vor so vielen Jahren durch die Erfahrung einer Tag um Tag bewährten Gemeinsamkeit längst hätte »verjährt« sein können und daß vor allem die Hilflosigkeit der damals jugendlichen Frau nachträglich sehr zu ihren Gunsten spräche. Doch gründlich anders sah es der gehörnte Ehemann. Nicht daß er, früher als zum Brautgemahl, bereits zum Hahnrei ward, erboste ihn; vielmehr daß man ihn so gemein hatte betrügen können, brachte seine Welt ins Wanken: Keine Wahrhaftigkeit noch Wahrheit dünkte ihn unter den Menschen mehr vorhanden; die ganze Ehe schien ihm nichtig; er selber schalt sich einen Toren, daß er im Wahne, eine Jungfrau heimzuführen, um jenes nun doch einzig wirkliche Erlebnis eines Mannes heimtückisch sei betrogen worden. In endlos langen Nächten, schlaflos, gequält, fahrig im Dienst, unwirsch im

Hause, sann er auf Rache und Vergeltung: Wie, wenn er jenen hochgestellten Würdenträger durch eine Zeitungsmeldung an den Pranger stellen würde? Oder wenn er, Gleiches für Gleiches, sich seinerseits ein junges Mädchen nehmen würde? Mit seiner Frau, die händeringend ihn um Mitleid und Verständnis bat, sprach er, wenn überhaupt, tagaus tagein nur über dieses eine Thema: Wie man nur all die Jahre habe den Skandal vor ihm verschweigen können; nie würde er, in Kenntnis solcher Tatbestände, in eine Heirat eingewilligt haben, – und desselben nimmer müde Litaneien. Dann wieder suchte er sich als untadeliger Caballero von wahrem Adel und von Seelengröße zu erzeigen, der mit jenem gemeinen Strauchdieb von einem pflichtvergessenen Pfaffen nichts gemeinsam habe: Wo dieser nur die Unzucht seines Vorteils habe sehen können, da stehe er, der wahre Ehemann, bereit, großmütig und mit Nonchalance die Nichtigkeit derartiger Nichtswürdigkeiten einfach zu vergessen. Und wie um seinem schon wieder hoffenden Weibe förmlich eine Probe seiner Langmut zu bieten, arrangierte er sogar ein Treffen zu Dritt mit jenem Verräter, sich seiner Gemahlin somit zwiefach liebenswert darbietend: in der Vortrefflichkeit der Tugend ebenso wie in der Tüchtigkeit, nach des Apostels Rat »Glühkohlen auf des Gegners Haupt zu häufen« (Röm 12, 20). Indes, die Aufführung mißriet. Es kam, statt zu Versöhnung, zu sehr heftigen Zerwürfnissen, und was bei diesem Manne alle Beratungskunst nicht fertig brachte, erreichte schließlich nach drei Viertel Jahr die Gunst des Schicksals: Jener Geistliche verstarb an einem Herzschlag, und erst die Kunde seines wohlverdienten Ablebens zehrte in jenem gut katholischen Gemahl den Rest an rächendem Gelüste auf.

Es hätte, wenn wir diesen Fall erläutern, naturgemäß nicht den geringsten Zweck gehabt, dem Mann das Unvermögen zur Vergebung als sein eigenes (deutlich zwangsneurotisches) Problem bewußt zu machen oder ihn womöglich darauf hinzuweisen, daß er mit seinem Willen zur Vergeltung eines alten nur neues Unrecht schaffe; noch weniger wäre ihm klarzumachen gewesen, daß er mit seiner unberührten Tugendhaftigkeit womöglich nur ein mangelndes Vertrauen in seine eigene Rolle als Mann zu kaschieren suche und die »Treue« nur deshalb zu einer so absoluten Pflicht erhebe, weil er anders nicht glauben könne, seine Frau auf die Dauer an sich zu binden. Er, der selber so etwas wie Nachsicht und Verständnis in seiner Jugend nie kennen gelernt hatte, beharrte bis zuletzt auf dem Standpunkt des Rechts, auf der Lehre der

Kirche, auf der Makellosigkeit seiner Lebensführung. Eine Tat wie diese zu vergeben hätte für ihn tatsächlich einen noch schwereren Zusammenbruch seines Weltbildes bedeutet, als er schon durch den Fehltritt seiner Frau erfolgt war. Ein solcher Mann konnte nicht merken, daß er in seiner moralischen Richtigkeit letztlich nur die Kälte seines Herzens und in gewissem Sinne die völlige Unfähigkeit zur Liebe manifestierte, und die Tragik seines Schicksals lag offensichtlich darin, daß er, der *nur moralisch* war und sein wollte, gar nicht begreifen konnte, daß sein Pharisäertum *religiös* und *menschlich* ihn insgesamt weit schuldiger sprechen mußte als seine schuldig gewordene Gattin. In seiner Haltung und Person führte sich die Reduktion des Religiösen auf das Ethische selbst ad absurdum: Sein starrer Moralismus zerstörte, was die Moral bewahren sollte; aber hätte man ihm auch subjektiv als Schuld vorwerfen können, was man als geistige (Fehl-)Haltung von den Verkündern des Religiösen selbst in der Kirche fast ausnahmslos verbreitet findet: sich stets für das richtige Tun und die Normen des sittlich korrekten Handelns, selten aber für die Motive und die unbewußten Triebfedern des Handelns zu interessieren?

Leo Tolstois Beispiel einer unglücklichen Ehe oder: Wer hat die eigentliche Schuld?

Man muß vor allem bedenken, daß die Zerstörung der Liebe durch die Gefühllosigkeit eines moralischen Vollkommenheitsstrebens und der Unmöglichkeit einer wahren Vergebung nicht erst mit dem Problem bestimmter Fehltritte beginnt.

Leo Tolstoi hat in dem Roman »*Anna Karenina*«[20] für alle Zeiten gültig beschrieben, wie eine Ehe an dem Kontrast zwischen der steifen Korrektheit des Mannes (Alexej Alexandrowitsch Karenin) und dem Erlebnishunger seiner Frau (Anna Arkadjewna) zerbricht. Alexej, der als Waisenkind aufgewachsen ist, hat in seinem Leben einzig gelernt, das Gymnasium und die Universität mit Auszeichnung zu bestehen, eine glänzende Karriere zu machen und sich mustergültig nach außen hin zu disziplinieren. Aufstieg, Ehrgeiz und Erfolg waren die alleinigen Ziele seines Lebens. Um Freunde hatte er sich nie bemüht, und auch seine Heirat mit Anna war lediglich ein Akt der Vernunft und der gesellschaftlichen Anpassung gewesen, den er sich schwer genug hatte abringen müssen.[21] Alle menschlichen Beziehungen waren für ihn »in gewisse, durch Gewohnheit und Sitte fest bestimmte Grenzen eingeschlossen, die nicht überschritten werden durften.«[22] Seiner Einstellung zur Religion fehlte, wie *Tolstoi* sagt, »jegliche Tiefe der Vorstellungskraft«. »Er sah nichts Unmögliches und Absurdes in dem Gedanken, ... daß, da er den vollkommenen Glauben besaß, dessen Maß er im übrigen selbst bestimmte, auch für die Sünde kein Raum sei«.[23] Eben diese äußerliche und oberflächliche Art des Religiösen ist es, die ihn schließlich hindert, Anna zu vergeben, als sie, hungrig nach Liebe, den Verführungskünsten des eitlen Wronskj erliegt, und statt mit einer gewissen Hochherzigkeit in die einzig alle erlösende Möglichkeit einer Scheidung einzuwilligen, versteckt er sich hinter den Paragraphen der kirchlichen Vorschriften, bis er seine Gattin endgültig in die Verzweiflung und in den Tod treibt. »Das ist kein Mann«, erklärt Anna von ihm gegenüber Wronskj, »sondern eine Marionette ... Das ist kein Mensch, sondern ein ministerieller Automat. Er begreift nicht, daß ich (in Wahrheit, d. V.) deine Frau bin, daß er ein Fremder, daß er überflüssig ist.«[24] Im Sinne der Moral ist Anna zweifellos schuldig, aber ungleich schuldiger ist die Schuldlosigkeit ihres Gemahls; um seine bedrohte Ehe noch rechtzeitig zu retten, müßte Herr Karenin sich eine Wahrheit zugeben können, die sein ganzes Leben zerstören würde: daß die Versuchbarkeit der Liebe menschlicher sein kann als die korrekte Seelenstarre, die zu keiner freien Handlung fähig ist.

Alle Gesetze, alle Institutionen stehen zweifellos auch heute noch immer auf seiten der Karenins; aber eine menschliche Ordnung, eine göttliche gar, sollte einer Anna Arkadjewna die Chance zum Leben lassen. Wenn es ein Heilmittel gäbe, das alle Untreue unter den Liebenden ausschlösse, meinte schon um 1900 der große Dichter unglücklicher Liebe *A. Schnitzler* in der kleinen Parabel »Die drei Elixiere«[25] einmal, dann würde es das Leben selber töten; aber wenn dies zutrifft, dann gilt doch wohl auch umgekehrt: Die Liebe lebt von der Notwendigkeit und der Bereitschaft, das Glück des anderen *bedingungslos* zu wollen, und sei es selbst in einer neuen Form der Partnerschaft nach dem schuldlos-schuldhaften Zusammenbruch der eigenen Glücksvorstellungen und -erwartungen.

Was also heißt hier »Besserung« und »Wiedergutmachung«?

Vor dieser Wahl steht heute, 100 Jahre nach *Tolstoi*, zugleich mit Herrn Karenin, freilich vor allem die römische Kirche. Sie, die von den Eheleuten im privaten Leben eine totale Vergebungsbereitschaft fordert, zeigt sich selbst nach wie vor außerstande, das Scheitern einer Ehe zu vergeben. Sie vergibt einer Nonne, die die »ewigen« Gelübde bricht und einen jungen Mann heiratet; sie vergibt einer Dirne, die »Buße« tut und in ein Kloster eintritt; sie vergibt dem Raubmörder und dem Dieb; aber Eheleuten, die – fast immer wider ihr eigenes Wollen in schwer zu unterscheidender Vermengung von Unfreiheit und Freiheit, von Schicksalsfügung und wirklicher Schuld – an einander scheitern, weigert sie die Vergebung. Ihnen, so sagt sie, dürfe man nur vergeben, wenn sie sich zur »Besserung« und »Wiedergutmachung« bereit fänden. Aber wenn die »Besserung« menschlich gerade darin lag, die Kraft gefunden zu haben, eine unhaltbar gewordene Ehe zu verlassen, – was heißt dann »Wiedergutmachung«? Wenn die beste Form der »Gutmachung« gerade darin liegt, den anderen in sein ewiges Leben freizugeben und ihm nicht mehr mit der eigenen Person im Wege zu stehen, was heißt dann »Besserung«? Und wenn selbst der zumeist recht kleine Anteil subjektiver Schuld schließlich dazu geführt hat, in einer neuen Ehe ein neues Glück mit der ihm eigenen Verpflichtung und menschlichen Zusammengehörigkeit zu finden und zu begründen, soll es dann eine »Wiedergutmachung« sein, alles, was gut geworden ist, unter dem Zwang der zeitlichen und ewigen Strafen eines grausamen Gottes mutwillig zu zerschlagen und das menschlich Unmögliche zu versuchen: eine seit Jahren erstorbene Liebe von den Toten zu erwecken bzw. eine Ehe wieder aufzunehmen, die auf nichts sich gründet als auf dem starren Willen zum Gesetz? Kein Zweifel: die Kirche könnte ihre eigene Unversöhnlichkeit in der Frage der Ehescheidung und der Wiederverheiratung Geschiedener nur aufrechterhalten, wenn sie damit einverstanden sein könnte, selber nach wie vor die Botschaft Jesu in einer Weise auszulegen, daß das göttliche Gebot der Versöhnung der Forderung der Menschlichkeit in Unversöhntheit gegenüberstünde. Wider besseres Wissen müßte sie den Gott verleugnen, der auf krummen Wegen gerade schreiben kann; sie müßte König David verfemen und stattdessen der absurden Rechtfertigungstheologie des Ezechiel folgen, daß Gott den Reumütigen belohne und den Abtrünnigen bestrafe (Ez 18,1-29), – als ob im Menschen Gut und Böse voneinander so wohlfeil unterscheidbar wären und nicht vielmehr hinter jedem Dr. Jekyll ein Mr. Hyde[26] und umgekehrt hinter jedem Saulus ein Paulus wartete. Noch erlaubt sich die Kirche als »nicht vorbildlich«, als »inhonestus« (»unehrenhaft«!) jeden aus dem Kirchendienste zu entfernen, der in seiner Ehe trotz allen Bemühens gescheitert ist; noch verweigert sie einem jeden die Gemeinschaft des Altarsakramentes, der in einer neuen Ehe seinen Weg zu Gott gefunden hat. Aber auch die Kirche ist an den Satz gebunden, den Jesus im Matthäusevangelium an die Pharisäer richtete: »Ich sage euch: Hier ist Größeres als ein Tempel. Wenn ihr erkannt hättet, was das heißt: Barmherzigkeit will ich und nicht Opfer, so hättet ihr die Unschuldigen nicht verurteilt« (Mt 12,7), und, man darf hinzufügen: So würdet ihr den Schuldigen vergeben und nicht die Tempelordnung für wichtiger nehmen als die Gottheit, die im Herzen des Menschen wie in einem Tempel ihre Wohnung nehmen möchte.[27]

VI. Ein Plädoyer für die Lüge oder: Vom Unvermögen zur Wahrheit

Wahr sein – das können wenige! ...
Am wenigsten aber können es die Guten ...
Sie geben nach, diese Guten, sie ergeben sich, ihr Herz spricht nach,
ihr Grund gehorcht: wer aber gehorcht,
der hört sich selber nicht!

Nietzsche, Also sprach Zarathustra

Mindestens über die Lüge muß man ehrlich sprechen. Folglich hat es keinen Sinn zu behaupten, daß man stets und unter allen Umständen die Wahrheit tun und sagen müsse. Es geht nicht. Das Leben ist randvoll von Lügen, und die Frage kann nicht lauten, ob überhaupt, sondern nur wann und aus welchen Gründen es ein Recht zur Lüge geben kann und muß.

Die Lüge als Sündenfall?

Immanuel Kant, wie man weiß, sah das Problem anders: jede Lüge, gleich unter welchen Umständen und aus welchen Motiven, sei apriori als unsittlich zu verwerfen. Eine einfache logische Ableitung aus dem kategorischen Imperativ mochte ihm dies zeigen. Wenn es jemals ein allgemeines Gesetz geben könnte, unter gewissen Umständen, etwa um bestimmter Vorteile willen, zu lügen, so würde kein Mensch mehr dem anderen glauben können, die Wahrheit wäre korrumpiert wie eine Währung, bei der zu viele falsche Banknoten im Umlauf sind, und die unter Menschen unerläßliche Sicherheit, das moralische Vertrauen in die Glaubwürdigkeit des anderen, fiele dahin.[1]

Tatsächlich ist es möglich, sich die Lüge als den Sündenfall schlechthin vorzustellen. *F. M. Dostojewski* hat in seiner ergreifenden Kurzgeschichte von dem »Traum eines lächerlichen Menschen«[2] geschildert, wie auf einem fernen Planeten, dessen Bewohner in der Unschuld eines paradiesischen Glücks leben, eine einzige Lüge, gleich einer Pestilenz, das Zusammenleben aller vergiftete; wo vormals selbstverständliche Offenheit, zieht nunmehr Falschheit und Durchtriebenheit ein; der Augenblicksvorteil der Lüge eines einzelnen verwandelt sich in das dauernde Desaster aller, und um das schwindende Vertrauen untereinander von außen her zu stützen, müssen immer kompliziertere Gesetze und moralische Verordnungen ersonnen werden, die indessen die Wurzel des Übels nicht mehr zu heilen, sondern nur noch die Aussaat des Bösen mit Gittern und Gattern zu versehen vermögen. – Ganz so hätte auch *Kant* von der Lüge denken können: als von einem Krebsübel, das, erst einmal im Menschenherzen eingenistet, durch keine Macht auf Erden, die strikte Wahrheitsliebe ausgenommen, in Zukunft aus der Welt zu schaffen ist.

Noch ein anderes Argument läßt sich von *Kant* her gegen die Lüge geltend machen, und fast alle, die die Lüge kategorisch verwerfen, folgen letztlich seinem Gedankengang. Niemals, meinte *I. Kant,* dürfe ein Mensch als Mittel, stets nur als Zweck an sich selber betrachtet werden;[3] in der Lüge hingegen wird die Person des anderen unausweichlich in ein Instrument zur Erreichung eigener Zwecke verwandelt, indem man formal den Anspruch des anderen auf Wahrheit bejaht, aber unter dem Deckmantel dieser Bejahung materiell die Unwahrheit sagt oder tut. Ohne diesen inneren Widerspruch von Form und Inhalt käme die Lüge nicht zustande: der andere muß in den Wahn gewiegt werden, man respektiere seine Person und sage die Wahrheit, anderenfalls er der Lüge keinen Glauben schenken würde; in Wirklichkeit aber benutzt man seine Person mit ihrem Vertrauen und ihrem geistigen Anspruch auf Wahrheit für ein Ziel, das man ohne die List der Unwahrheit nicht glaubt erreichen zu können.

Rein logisch betrachtet, ist die Lüge mithin ein Widerspruch von Form und Inhalt, und ihrem objektiven Tatbestand nach läuft sie stets auf eine Mißachtung der Person des anderen hinaus. In kantischer Klarheit müßte daher eigentlich gelten, jede Lüge sei prinzipiell als ein Verstoß gegen das Sittengesetz von vornherein abzulehnen.

Unglücklicherweise aber ist das Problem der Lüge vielschichtiger.

Die Verwicklung beginnt bereits mit der Frage des Pilatus: Was ist Wahrheit? Rein abstrakt besteht Wahrheit in der Übereinstimmung von Aussage und Sachverhalt; eine *Unwahrheit* ist eine Behauptung, die dem Tatbestand, auf den sie zielt, nicht entspricht; eine *Lüge* liegt vor, wenn jemand wissentlich und willentlich eine derartige Unwahrheit sagt. Nach dieser einfachen Definition der Lüge verhandeln zwei (oder mehr) Personen über etwas Drittes, und das zwischen ihnen

(P_1-P_2) ausgetauschte Wort dient als Informationsträger, das auf eine Sache oder einen Sachverhalt (S) hinweist.

$$\begin{array}{c} S \\ \updownarrow \\ P_1 \leftrightarrow P_2 \end{array}$$

Dieses Definitionsschema der Lüge könnte *abstrakt* als ausreichend empfunden werden; es besäße Gültigkeit, wenn das Problem von Wahrhaftigkeit und Lüge identisch wäre mit der Frage nach der subjektiv vollzogenen Richtigkeit oder Unrichtigkeit einer verbalen Aussage. Die eigentliche Schwierigkeit aber liegt, wie immer, in der Tatsache begründet, daß es nicht möglich ist, auf solch abstrakte Weise die subjektiv intendierte Aussage mit dem *bewußt* vollzogenen Aussageinhalt identisch zu setzen.

Gäbe es im Menschen wirklich nur das Bewußtsein und wäre das menschliche Wort nur der Träger rationaler Verknüpfungen zwischen Bewußtsein und Außenwelt, zwischen Subjekt und Objekt, so genügte, um von Lüge oder Wahrhaftigkeit zu sprechen, in der Tat die bloße Kenntnis des subjektiven Wollens. Um die moralische Bedeutung einer Aussage als Wahrheit oder Lüge zu bestimmen, brauchte man in diesem Falle lediglich zu wissen, ob jemand dem anderen mitteilen will, was er als wahr erkannt hat, oder ob er die subjektiv erkannte Wahrheit, aus welchen Gründen auch immer, vor dem anderen durch absichtliche Täuschung verschleiern, verfälschen oder geradewegs durch die pure Unwahrheit ersetzen will.

Alle Schwierigkeiten aber beginnen mit der Erkenntnis, daß ein Gespräch zwischen Personen niemals nur eine Mitteilung über Sachverhalte darstellt, mit deren Information in exakter, weil mathematisierter Sprache an sich auch ein Computer programmiert werden könnte. Ein Gespräch zwischen Personen ist weit mehr Selbstmitteilung und Offenbarung des eigenen Wesens als Mitteilung und Austausch der Kenntnis von Sachverhalten. Wohl ist die Palette weit zwischen dem rein persönlichen Gespräch etwa zweier Liebender und dem Meinungsaustausch, sagen wir: zwischen zwei Physikern; aber von jedem wirklich menschlichen Gespräch gilt, daß auch die Sachmitteilung eingebettet ist in den Austausch des eigenen Wesen zwischen Ich und Du.[4] Ja, bei näherem Hinsehen zeigt sich, daß kein Mensch die Wirklichkeit einfach so sieht, wie sie ist, sondern daß bereits in die Bedingungen seiner Wahrnehmung ein gewisses Interesse miteingeht, die Tatsachen so zu sehen und auszudeuten, wie es seinen eigenen Interessen, letztlich den Bedingtheiten seines eigenen Wesens entspricht.[5] Selbst ein Mann wie *Molières* »Misanthrope« Alceste[6], der stets vorgab, die Wahrheit und nichts als die ungeschminkte Wahrheit zu sagen, hatte ein *Interesse* daran, jede menschliche Beziehung durch verletzende Attacken zu zerstören und so seine eigenen Vorurteile über die Menschen zu bestätigen; was immer er auch seinem Freund Philinte erzählen mochte, es sagte doch zumeist mehr über ihn selbst aus als über den Charakter eines seiner Zeitgenossen. Und umgekehrt: selbst da noch, wo Menschen offensichtlich lügen, geben sie unbewußt doch die Wahrheit über sich selber preis, und nur wer das Wesen seines Gesprächspartners einigermaßen kennt, vermag in etwa in den Mitteilungen des anderen zwischen »Dichtung und Wahrheit« zu unterscheiden, – ein offenbarer Zirkelschluß; denn das Wesen des anderen wird wesentlich in der Rede offenbar, die Wahrhaftigkeit der Rede hingegen wird allein ermöglicht durch die Wahrhaftigkeit des Wesens; – wechselseitig bedingt das eine das andere.

In seiner Verfilmung der Novelle von *R. Akutagawa:* Rashomon[7], hat der japanische Filmregisseur *A. Kurosawa* 1950 der Relativität aller menschlichen Aussagen ein bleibendes Denkmal gesetzt. In einem buddhistischen Tempel erzählt ein Mann die Geschichte eines Raubüberfalls und einer Vergewaltigung aus der Sicht aller Betroffenen: des Räubers, der vergewaltigten und ermordeten Frau, ihres getöteten Ehemannes, zuletzt seiner selbst. Jede der vier Schilderungen stimmt mit entscheidenden Details eines anderen Berichtes überein, widerspricht ihm aber in anderen Einzelheiten, die wiederum mit den Behauptungen einer anderen Version des Tathergangs übereinstimmen. Ein jeder hat dabei ein Motiv zu lügen oder, wer weiß, die Wahrheit zu sagen. Einzig vertrauenswürdig erscheint am Ende die Erzählung des »Zeugen«, der sich mit Gewalt in den Besitz eines kostbaren Schwertes setzte, um seine Familie zu ernähren, – die »niedrigsten« Motive und der für alle am wenigsten heroische Hergang der Tat scheinen schließlich die größte Wahrscheinlichkeit auf sich zu vereinigen. Die Erschütterung über das menschliche Herz beim Anblick dieses Filmes ist groß und nur schwer zu beruhigen: Was ist, wenn Menschen nicht nur willentlich lügen, sondern ihrem ganzen Wesen nach zur Wahrheit außerstande sind?

Der Sündenfall als Lüge

Man wird von seiten der Ethik eine solche Möglichkeit apriori ausschließen müssen. In ethischem Betracht erscheint die Annahme als absurd, die Menschen seien *wesentlich* Lügner und der Psalm 116,11 behalte womöglich recht, wenn er behauptet: omnis homo mendax – ein *jeder* Mensch ein Lügner. Bereits um ihrer selbst willen muß die Ethik die Freiheit des Menschen hervorheben und betonen, daß es jeweils im Ermessensspielraum des Einzelnen liege, ob er lügt oder die Wahrheit sagt.[8] Aber es ist hier wie stets, wenn die christliche Moraltheologie sich zu ihrer eigentlichen Position bekennen muß: sie kann, im Gegensatz zur philosophischen Ethik, gerade keine unmittelbare Begründung der Normen bieten, die sich aus der menschlichen Freiheit wesenhaft ergeben, sie geht vielmehr von der wesenhaften Unfreiheit des Menschen im Status der Gottesferne aus und muß als erstes zeigen, daß der Mensch zum Guten, also auch zur Wahrheit, nicht fähig ist, solange er von Gott getrennt ist; erst dann, in Reflexion der Strukturen eines erlösten Daseins, kann und sollte sie zeigen, wie sich aus der Haltung eines tieferen Vertrauens die Bedingungen einer möglichen Wahrhaftigkeit zu erschließen vermögen.

Tatsächlich enthält gerade derjenige Text, den die Kirche von altersher zur Begründung ihrer Lehre von der Unmöglichkeit des Guten im Zustand des Abfalls von Gott (der »Erbsündenlehre«) herangezogen hat, u. a. auch eine zentrale Einsicht in das Wesen der Lüge.[9] Als erste Folge des Abfalls von Gott schildert am Anfang der Bibel der *Jahwist*, daß die Menschen sich ihrer »Nacktheit« schämen und sich, verhüllt mit Feigenlaub, im Gebüsch verkriechen, als sie Gott in den Garten Eden kommen hören. Der Sinn dieses überaus eindringlichen Bildes enthält das Portrait eines Menschseins, das nicht nur ab und an zum Mittel der Lüge greift, sondern von Grund auf verlogen ist. Ein Mensch, so meint der *Jahwist* mit dieser Erzählung von den Grundlagen des Menschseins, kann nur solange zu sich selbst, zu seiner »Blöße«, zu seiner Kreatürlichkeit, zu seiner »Kontingenz« stehen, als er sich von Gott her berechtigt, gewollt und akzeptiert fühlt. Zerbricht dieses Vertrauen im Umfeld der Angst, so fällt der Mensch in furchtbarer Weise auf sich selbst zurück; er beginnt sich zu schämen nicht allein für das, was er getan hat, sondern vor allem für das, was er ist; seine eigene »Mangelhaftigkeit« als Geschöpf erscheint ihm jetzt, getrennt von dem Raum des Erbarmens

Gottes, wie ein erbärmlicher Skandal, den es vor den Augen aller, am meisten aber vor sich selbst als etwas durch und durch Peinliches zu verhüllen und zu verstecken gilt. Mit dem »Feigenlaub« beginnt die Lüge; sie ist gewissermaßen die erste Frucht der Sünde, und es trifft in diesem Sinne zu, wenn das Johannesevangelium (Joh 8,44) den »Teufel« als den »Vater der Lüge« bezeichnet.

Ohne Gott vermag der Mensch sich selber nicht mehr anzusehen; es genügt ihm nicht mehr zu sein, was er ist, sondern inmitten einer buchstäblich »gnadenlosen« Welt muß er sich unter den kritischen Augen seiner selbst und eines jeden anderen zu verstecken suchen. Das Gefühl des Mangels, der Ungerechtfertigtheit, der Unvollkommenheit, des Nur-Menschlichen, des Nicht-Gottähnlichen zwingt den Menschen dazu, sich ständig anders darzustellen, als er in Wahrheit ist, – das Leben als Maskerade, als Versteckspiel, als Verkrochenheit in Vorwänden und Alibis, und die Welt als Fluchtraum ohne Sicherheit, die Dinge der Welt als Tarnung der eigenen Schande; – die Erfahrung eines ganzen Lebens reicht nicht hin, die Treffsicherheit dieser Bilder und Einsichten zu bestätigen. Freilich: die betrügerische »Maske« des »Feigenlaubs« ist selber trügerisch. In der Mythologie galt das Feigenlaub als ein Symbol des Todes[10], und im Grunde macht der Mensch, indem er sich damit zu verbergen sucht, seine eigene Nichtigkeit nur um so deutlicher offenbar. Kein Mensch kann ohne Gott bleiben, was er ist; aus Angst, *nur* ein Mensch zu sein, muß er »wie Gott« sein wollen, ein Wesen, das erst dann die Angst, unberechtigt zu existieren, verlieren kann, wenn es den Status einer fiktiven Absolutheit gewonnen hat; leidend an der eigenen Menschlichkeit, muß es sich selbst und anderen eine angebliche Unfehlbarkeit, Notwendigkeit und Seinsvollkommenheit vorspielen, die doch nur in einer nicht endenden Tragödie die eigene Hinfälligkeit und Schwäche zum Ausdruck bringt. Solche Menschen *sind* Lügner, längst ehe sie redend zu lügen begonnen haben.

Die Moraltheologie benötigt, um die Unentrinnbarkeit dieser Zwangsstruktur der Lüge im Felde der Angst zu verstehen und sich mithin selber von innen her zu begreifen, unbedingt die Einsichten der psychoanalytischen Neurosenlehre. Jede Neurose läßt sich mit ihren Teufelskreisen aus Riesenansprüchen und Bequemlichkeitshaltungen, Minderwertigkeitsgefühlen und Überkompensationen, ihren Verdrängungen und Projektionen, mit ihren Verzeichnungen und Verleugnungen der Wirklichkeit sowie ihren unablässigen Übertragungen und Wiederholungszwängen wesentlich auch als eine angstbedingte Lüge bzw. als eine aus Angst chronisch gewordene Verlogenheit, als eine krankhafte Lebenslüge interpretieren, nur daß der Begriff der »Lüge« psychoanalytisch hier so wenig wie moraltheologisch als eine Vokabel des moralischen Vorwurfs zu verstehen ist. Anders als in der Ethik, darf es der Psychoanalyse ebenso wie der Moraltheologie im ersten Schritt durchaus nicht um einklagbare Wertungen des menschlichen Verhaltens gehen, vielmehr muß ihr ganzes Interesse primär darauf gerichtet sein, *die Angst* im Hintergrund der Verformungen des menschlichen Daseins zu verstehen. Stets ist dabei vorauszusetzen, daß der Mensch *innerhalb der Angst,* inmitten des Feldes der Gottesferne, im Umkreis der Gnadenlosigkeit eines Weltentwurfs ohne Gott, durchaus nicht anders *kann,* als der Wahrheit des eigenen Daseins auszuweichen und ein »Lügner von Anbeginn«, mithin durch und durch verlogen zu sein.[11]

In den einzelnen Neuroseformen läßt sich die Angstdeformation des Daseins, die strukturelle Unwahrhaftigkeit des Lebens, in der Tat überhaupt erst konkret thematisieren und die theologische Lehre von der »Ursünde« der Angst von daher präzisieren. (S. o. S. 40-64)

Bezogen auf die Problematik der Lüge, tut der *Schizoide* etwa sein Leben lang so, als ob er völlig gelassen und angstfrei mit den Menschen spielen könnte; er selber merkt dabei nicht, wie er aus Angst jede Nähe zu anderen meidet, wie er die Menschen, die sich enger auf ihn einlassen und seine Unabhängigkeit und Freiheit bewundern, immer wieder bitter enttäuschen muß, weil von einem bestimmten Zeitpunkt an seine Fluchtdistanz bei zu großer Nähe unterschritten und die so sehr verleugnete Angst auf den Plan gerufen wird; der Schizoide lügt ständig Kontakte, die er nicht will, – er ist eine lebende Falle. Oder der *Depressive:* er gibt sich als ein Muster an Bravheit, Liebenswürdigkeit und Untertänigkeit, aber er kann mit seinen nach innen gekehrten Aggressionen buchstäblich wie ein »Wolf im Schafspelz« wirken (Mt 7,15): seine vernichtenden Angst- und Minderwertigkeitsgefühle treiben ihn immer wieder dahin, die anderen rigoros (zumeist nach dem direkten verinnerlichten Vorbild eines Elternteils) in jähzornartigen Momentreaktionen zu verdammen; da die Wutanfälle aber sogleich aus Angst unterdrückt bzw. verdrängt werden, kommt er niemals dazu, sich selbst durch neue Erfahrungen am anderen zu korrigieren oder anderen auch nur die Chance einer Rechtfertigung zu geben; am Ende sind die so freundlich wirkenden Depressiven verschlossen wie Austern, die, wenn sie sich öffnen würden, gleich Angst hätten, verschluckt zu werden, und zugleich können sie in ihrer scheinbaren Anspruchslosigkeit verschlingend sein wie Kraken. – Nicht weniger »lügt« der *Zwangsneurotiker:* seine Sparsamkeit, seine Ordnungsliebe, sein Verantwortungsgefühl, seine Bescheidenheit beruhen auf Vorspiegelungen falscher Tatsachen; denn »in Wahrheit« ist gerade der Zwangsneurotiker ein Mensch, der äußerst starr seine Wünsche, seine Vorstellungen und Ansprüche ideologisieren kann, – so, wie er will, muß man an seiner Seite schließlich wollen, um ein »vernünftiger« Mensch zu sein; zudem formt sich im Hintergrund seines moralisch scheinbar so einwandfreien Lebens eine Reihe von chaotischen und anarchischen Triebimpulsen, die immer wieder die Decke der Verdrängung auf beschämende Weise durchstoßen – »getünchte Gräber«, die außen schön angestrichen, inwendig aber voll Moder, voll ungelebten Lebens sind, hat Jesus diese erzwungene Aufspaltung von Innen und Außen genannt (Mt 23,27). – Nicht zwischen Innen und Außen, wie beim Depressiven und beim Zwanghaften, wohl aber zwischen Schein und Sein ist die Lüge des *Hysterikers* angesiedelt: er muß chronisch sich anders darstellen, als er ist, denn nur wenn er die Rollen perfekt spielt, die seiner (projektiven) Meinung nach die anderen von ihm erwarten, vermag er daran zu glauben, daß auch er berechtigt und zum Kreis der anderen zugelassen ist; der Erfolgszwang, zu dem er sich damit verurteilt, liefert ihn jedoch einer ständigen Überforderung aus und läßt ihn, gleich einem Hochstapler, immer wieder fürchten, »durchschaut« oder »entdeckt« zu werden.[12]

Von *allen* Neuroseformen gilt dabei, daß die Unaufrichtigkeit, Widersprüchlichkeit und Doppelbödigkeit, je länger, je mehr, eine Tortur bedeutet, die sich gleichwohl nur immer mehr verkompliziert und erweitert. Denn wie soll man ohne Lüge leben, wenn man die Wahrheit als tödlich fürchten muß?

Als Gott in den Garten (der Welt) kommt, erzählt der *Jahwist* in der Sündenfallerzählung, fragt er seine Geschöpfe, die Menschen, wohin sie geraten sind und wer in ihnen das Schamgefühl der »Nacktheit« erzeugt habe.[13] Allgemein wird diese Frage Gottes in der Exegese als Teil eines »Verhörs« verstanden, und das ist sie im Erleben »Adams« ganz gewiß. Aber das eigentlich Furchtbare an dieser Szene bleibt in einer solchen Auslegung verborgen: was es existentiell bedeutet, wenn ein Mensch seinem Schöpfer nur noch im Bannkreis einer absoluten verhörähnlichen

Infragestellung (Was hast du getan?!) begegnen kann. Von Rechts wegen ist die Frage Gottes eher ein Angebot als ein Vorwurf, – endlich könnte man die Wahrheit sagen und durch ein klares Eingeständnis dem Teufelskreis aus Angst und Lüge entrinnen; aber wenn die Wahrheit zu sagen einem Todesurteil gleichkommt, kann man nicht wahrhaftig sein; man kann allenfalls nach Ausreden und »Erklärungen« suchen, die immer weiter von der eigenen Existenz wegführen, die sie doch im Grunde retten sollen.

Die Lüge erweist sich unter diesen Umständen auf der einen Seite förmlich als die Existenzbedingung des Menschen inmitten des angstgetriebenen Daseins der Gottesferne; auf der anderen Seite erscheint die Lüge als der schlimmste unausgesprochene Fluch, der das menschliche Leben immer mehr bis ins körperliche Erleben hinein, bis in Krankheit und Tod, ins Unheil verengt. Auch für diese Einsicht kann die psychoanalytische Neurosenlehre zur empirischen Bestätigung und zur Vertiefung der theologischen Sensibilität herangezogen werden.

Niemals lügt ein Mensch, ohne mit sich selbst in Widerspruch zu geraten. Bereits während der einzelnen Lüge verrät zumeist der körperliche Ausdruck deutlich genug die mit Worten versteckte Wahrheit, und man muß schon viel Übung und Routine in der Lüge besitzen, um nicht wider Willen doch all jene Signale von sich zu geben, die einem Verhaltensforscher unzweideutig sagen, daß man lügt.[14] Der Krampf, die Anspannung, die ständige kontrollierte Gestelztheit, mittels derer man sich auf einem »schönen« »gesellschaftlichen« Abend mit lauter »guten« »Freunden« »phantastisch«, »gut« »unterhalten« hat, hinterlassen, kaum daß der Spuk vorüber ist, Schwindel, Herzjagen, Ohnmachtsgefühle, Ohrensausen, Kopfschmerzen, Brechreiz, – eine mittelschwere Vergiftung könnte nicht besser wirken als das Gift von so viel erlogener Freundlichkeit. Aber der Zwang zur kulturellen Anpassung kann nicht nur eine Party lang währen, man hat ihn für gewöhnlich schon als Kind unter Angst und Zwang zutiefst in sich aufgenommen, und das Leben unter den Bedingungen unserer »Kultur« scheint wie geschaffen, den Preis der Lüge chronisch von uns zu verlangen. Auch davon erzählt die jahwistische Urgeschichte, daß nach dem Sündenfall die von Gott vertriebenen Menschen in ihrer Angst auch das Wort ihres Schöpfers nur noch als moralische Mahnung und Forderung vernehmen, die ihr Herz nicht mehr zu beruhigen vermag, sondern im Gegenteil den inneren Rückstau der abgewehrten Triebimpulse nur noch vermehrt.[15] Die gesamte Anpassungsleistung des Zusammenlebens wird im Getto der Angst eines jeden Menschen vor der mörderischen Energie seines Mitmenschen, seines »Bruders«, nur durch innere Vergewaltigung, mithin durch wohlmeinende Lügen aufrechterhalten. Man mag die seit *Rousseau* immer wieder beschworene Gleichsetzung von »Kultur« mit Heuchelei und Lüge für schlechthin falsch oder übertrieben halten, sie trifft auf jede Form menschlichen Zusammenlebens zwangsläufig zu, deren Grundlage die Angst bildet.[16] Wie viel an Aggression etwa muß in unserer Gesellschaft hinter der Fassade des Keepsmiling, wie viel an Sexualität unter dem Mantel der Prüderie und Bigotterie verborgen werden? Wie viel in ihr ist also auf Angst, mithin auf Lüge gegründet?

Und dennoch ist die permanente Lüge zu anstrengend, wenn sie immer wieder als willentlicher Akt hervorgebracht werden soll. Am Ende schützt nichts die Moralität der Angst so sehr wie die Krankheit[17], nur daß dieser »Schutz« für uns selber ambivalent ist: indem wir die verdrängten Triebimpulse in das Körpergeschehen verschieben, erreichen wir, wie bei den *konversionshysterischen Symptombildungen,* lediglich erneut, daß der Körper schließlich wahrer spricht, als wir es im Bewußtsein wahrhaben wollen; oder es fordert der Betrug an uns selber in Form *funktionaler Störungen und psychosomatischer Erkrankungen* einen Tribut von uns, der grausam scheinen müßte, lebte in ihm nicht doch noch wenigstens ein Rest der verleugneten Wahrheit fort: Die Angina, die Bronchitis, das Ulkus etc. sind am Ende wie verzweifelte Erinnerungen das geschundenen Natur an Wünsche und Bedürfnisse, die wesenhaft zu uns gehören, die man aber aus lauter Angst niemals glaubte sich gestatten zu dürfen, und nur wenn wir den Sinn solcher psychosomatischen Erkrankungen verstehen, statt mit Medikamenten und Maschinen auch noch die letzten Symptome der Wahrheit wegzudrängen, kann der Leidensdruck der Krankheit zu einer Erneuerung des Lebens in Richtung von weniger Angst führen. Zur Wahrhaftigkeit gehört als unerläßliche Bedingung, daß wir die Angst verlieren, die uns zum Lügen zwingt.

Aber wie verlieren wir die Angst, bzw. wie finden wir den Weg zurück zum Garten Eden? – Das ist die alles entscheidende Frage, und sie steht im Mittelpunkt der meisten großen Religionen.

Vertrauen ist die Hauptbedingung der Wahrhaftigkeit

Offenbar genügt es nicht, die Angst vor der Angst, also den »Leidensdruck« zu steigern, – eine solche Therapie der Verzweiflung kann einen falschen Prozeß zwar an sein Ende, aber nicht zu einem neuen Anfang führen. Um Angst zu überwinden, bedarf es eines Vertrauens, das es erlaubt zu tun, was in der Angst unmöglich scheint: uns, ohne Ausflüchte, zu uns und unserer Armseligkeit, heiße sie nun Kleinheit, Unvermögen oder Schuld, in Wahrheit zu bekennen.

Wieder kann dabei die psychoanalytische Therapie als Verstehensmodell für die Theologie dienen. Denn indem die psychoanalytische Theorie die psychogenen Erkrankungen wesentlich von der Verdrängung bestimmter Triebimpulse, d. h. von dem Entzug der Wortvorstellung der jeweiligen Triebregungen, her zu verstehen sucht, muß sie es der analytischen Therapie zur Aufgabe stellen, das bisher aus Angst Unsagbare sagbar zu machen und in Worten auszusprechen, was sonst nur in den Symbolen der Träume oder in den Symptomen des Körpers bzw. des Charakters zum Ausdruck kommen konnte. Dazu gehört, daß es in Gestalt des Therapeuten wenigstens einmal einen Menschen gibt, dem man nach und nach das Vertrauen entgegenzubringen lernt, er werde die Wahrheit zu schützen und zu schätzen wissen und jedenfalls nicht über sie das Todesurteil des Liebesverlustes, des sozialen Exils, der moralischen Aburteilung sprechen. Der Kampf gegen die Selbstzensur des Patienten und gegen seine aus Übertragung und Wiederholungszwang stammenden Ängste und Schuldgefühle erweist sich dabei regelmäßig als der schwierigste Teil der Behandlung, und er kann nur gelingen, wenn der Therapeut selber die eigenen Wertungen und moralischen Beurteilungen des Patienten gänzlich hintanzustellen lernt. Auf lange Zeit hin kann und darf es nicht die Frage sein, wie bestimmte Erinnerungen, Affekte, Wünsche oder Überlegungen des Patienten sich zu gewissen moralischen Normen verhalten; die einzige Frage muß sein, wie und aus welchen Gründen, aus welchen Erlebnissen und aus welchen Motiven die einzelnen Assoziationen und Mitteilungen zu verstehen sind. Erst durch diese »Amoralität« der psychoanalytischen Haltung[18] wird jenes Maß an Wahrheit und Wahrhaftigkeit, an innerer Übereinstimmung und Vertrauen möglich, das im weiteren die Basis aller Moralität erstellen kann. Nur eine Liebe, die absichtslos genug, und ein Verstehen, das tief genug ist, um die fundamentale Daseinsangst zu beruhigen, vermag die ursprüngliche Wahrheit im Leben des anderen, die ursprüngliche Schönheit in seinem Wesen und die geheime Berechtigung auch seiner vermeintlich »bösen« Taten und Gedanken wiederzuentdecken. Wie in den Wundern Jesu geht es darum, dem anderen den Blick für die unbedingte Schönheit und die Liebenswürdigkeit all dessen, was er seinem ganzen Wesen nach ist, zurückzugeben. Erst eine solche Rückkehr zur Wahrheit bietet das Vorbild und die Erfahrung dessen, was in der Religion als »Erlösung« oder als »Wiederherstellung des Urstandes« beschrieben wird, und um diese Zusammenhänge zu verstehen, mag noch ein letztes Mal der *Jahwist* (in Gen 3,1-24) als Lehrer auftreten.

Die eigentliche Entscheidung über Heil und Unheil fällt in der jahwistischen Urgeschichte im Grunde noch nicht unmittelbar mit dem Abfall des Menschen von Gott, sie tritt erst wirklich ein mit der Lüge, die aus Angst vor Gott nach dem Sündenfall entsteht. Die Menschen, die aus Angst sündigten, können aus Angst erst recht nicht nach der Tat ihre Schuld eingestehen. Gerade das aber wäre das einzige, was sie trotz allem noch retten könnte: sie müßten bedingungslos dem Erbarmen eines Gottes vertrauen, dessen Todesdrohung sie indessen mittelbar überhaupt erst in die Sünde hineingetrieben hat. Ihre Lage gestaltet sich hier ähnlich wie in dem Grimmschen Märchen vom »Marienkind« (KHM 3)[19], das den Himmel verliert, nicht weil es das Gebot der »Muttergottes« übertreten und das 13. Zimmer geöffnet, sondern weil es aus Angst, den Himmel zu verlieren, die Wahrheit, das Eingeständnis seiner Schuld, nicht über die Lippen bekommen hat; in der Folge verwickelt es sich, wie die Menschen der *jahwistischen* Urgeschichte, in dem Bemühen, seine Schuld zu verleugnen, notwendigerweise nur noch immer mehr in Unglück und Schuld. Doch während in dem Grimmschen Märchen die Unausweichlichkeit seiner Lage dem »Marienkind« schließlich trotz allen Widerstrebens die Wahrheit abpreßt, kann der Realismus der *jahwistischen* Geschichtstheologie es nicht vermeiden, die Menschen in gewissem Sinn als unverbesserlich zu schildern: ihr Weg der Angst und Lüge, der Gewalt und der Verlogenheit wird bis »Babylon« hin weitergehen, und es gäbe aus dieser Spirale von Angst und Lüge, von Lüge und Angst kein Entrinnen, würde nicht von Gott her ein neuer Anfang gesetzt, den der *Jahwist* mit der Erwählung Abrahams (Gen 12,1-3) in »Israel« bzw. in »Jerusalem« verwirklicht sieht.[20] Das

Christentum, das sich selbst bereits im Neuen Testament als das »wahre Israel« versteht,[21] hat diese Weltsicht der *jahwistischen* Urgeschichte in Gestalt seiner »Erbsündenlehre« aufgegriffen, sie zugleich aber durch die Weisungen Jesu zu absoluter Wahrhaftigkeit ergänzt.

Man kann die erlösenden Worte der Bergpredigt Jesu zum Thema der Wahrhaftigkeit nicht verstehen, wenn man in ihnen, etwa nach dem Vorbild *Leo Tolstois* oder *Albert Schweitzers,* das Kaleidoskop einer besonders rigorosen Moral oder »Interimsethik« erblickt.[22] Vielmehr lebt die Bergpredigt – wie alles, was Jesus sonst in Gleichnis und Weisung vorträgt – von der Grundhaltung eines bedingungslosen Vertrauens, das seinen Grund freilich gerade nicht in der Vertrauenswürdigkeit der Menschen, wohl aber in der absoluten Zuverlässigkeit Gottes besitzt, den Jesus seinen und unseren Vater nennt; allein von dieser rein religiösen Zuversicht her riskiert Jesus schlechterdings das Vertrauen auch zu den Menschen, und dies auch in menschlichem Sinne zu Recht. Denn gewiß ist es schlimm, wie es ihm selbst am Ende seines so kurzen Lebens widerfährt, von den eigenen Jüngern verraten und im Stich gelassen, von den religiösen Gegnern verleumdet, von den politischen Feinden benutzt und verschachert, von den Henkershelfern bespuckt und verhöhnt und moralisch wie physisch abgelehnt und vernichtet zu werden; aber das alles ist doch nicht so schlimm, wie sein ganzes Leben selber aus Menschenfurcht zu verlügen und schließlich sich selbst voller Verachtung ins Gesicht spucken zu müssen. In einzigartiger Weise relativiert Jesus im Vertrauen zu Gott das ebenso furchtsame wie furchtbare Mißtrauen zu den Menschen, und erst so spürt er, daß die Lüge im wahrsten Sinne des Wortes sich nicht lohnt, ja, daß sie von Grund auf überflüssig ist. Mit einem Scharfsinn, der die Grenze des Zynischen streift, deckt Jesus dabei die Verlogenheit und Korruption des gesellschaftlich vermittelten Wahrheitsbegriffs auf, der im Grunde die Lüge als Tatsache akzeptiert und sie allenfalls durch das Mittel der Zwangsvereidigung einzuschränken sucht, indem er in Ausnahmefällen der Wahrheit Gott auf den Plan ruft, ganz so, als wäre »Gott« ein Überpolizist und letzter Garant staatlicher Ordnung, wenn diese von sich her gegen die Lüge nichts anderes mehr zu setzen weiß als Strafe und Gewalt. Gerade einen solchen Mißbrauch Gottes zum Zwecke der Angstverbreitung und Einschüchterung lehnt Jesus hingegen auch im Fall des Eides auf das schärfste ab, denn es ist ihm offensichtlich, daß man der Lüge, die aus Angst geboren wird, nicht durch eine Art »Gegenangst« Herr zu werden vermag. Statt sogar noch aus Gott ein strafendes Schreckbild der Angst zu machen, sieht Jesus ganz im Gegenteil gerade in Gott den einzigen Träger eines Vertrauens, das auch der Lüge dauerhaft entraten kann. »Deine Rede sei: das Ja ein Ja, das Nein ein Nein, alles was darüber ist, stammt vom Bösen« – diesen mutigen, stolzen Satz wagte Jesus im Vertrauen auf Gott gegen eine ganze Welt der Verlogenheit zu richten (Mt 5, 37; vgl. Jak 5, 12). Würde er vom Glauben her befolgt, so stürzte in der Tat die gesamte »babylonische Weltordnung« zusammen und die Menschen könnten wieder sein, was sie sind: nackt zwar, aber ohne Scham voreinander, fehlbar und doch geborgen in der Zuneigung des andern, begrenzt und doch ergänzungsfähig in wechselseitiger Verbundenheit.

Nur im Umfeld eines solchen buchstäblich von Gott geschenkten Vertrauens könnten Menschen wieder in der Weise miteinander umgehen, wie Jesus es wollte: als Schwestern und Brüder, die nichts mehr voreinander zu verbergen brauchen und deren Worte ohne dialektische Tricks besagen können, was sie sagen. Erst dann brauchte man endgültig nicht mehr Ja zu sagen, nur um ein Nein zu verschleiern: Man müßte nicht länger sagen: »Es geht mir gut«, nur um peinlichen Nachfragen nach eigenen Schwierigkeiten vorzubeugen; oder: »Ich freue mich riesig, wenn Sie bald wiederkommen«, nur um sich nicht gesellschaftlich unbeliebt zu machen; oder: »Ich habe leider gerade keine Zeit«, nur um nicht sagen zu müssen: »Ich will nicht.« Oder umgekehrt: Man müßte nicht länger Nein sagen anstelle von Ja; jenseits der Angst brauchte man nicht mehr zu sagen: »Ich kann morgen nicht kommen«, nur um nicht zu sagen: »Ich habe dich so lieb und käme so gerne, daß ich fast fürchte, es würde dir zu viel«; oder: »Ich will nicht«, statt zu sagen: »Ich möchte wohl, aber ich schäme mich.« Man brauchte desgleichen auch bei der Rede des anderen nicht länger mehr, wie im gesamten neurotischen, angstgetriebenen Erleben, stets das Gegenteil des jeweils Gesagten zu unterstellen, so als wolle z. B. jemand, der sagt: »Das neue Kleid steht Ihnen aber gut«, uns nur kritisch darauf hinweisen, daß das neue Kleid zu teuer, zu auffällig, zu unmodern oder sonst wie »unmöglich« sei. Allein das Vertrauen kann die angstbesetzten Verzerrungen und Unterstellungen überwinden, mit denen etwa besonders der *Depressive* stets das Ja als Nein übersetzen wird, indem er selbst die freundlichsten Komplimente und Anerkennungen noch in Überforderungen, Verurteilungen oder hinterhältige Fallen zu verwandeln vermag. Freilich bedarf es zu einem solchen angstfreien Vertrauen zu Menschen unbedingt des zentral religiösen Gefühls einer absoluten Geborgenheit der gesamten Existenz in Gott, und das Problem liegt darin, daß dieses Vertrauen wiederum ganz von der Begegnung mit Menschen abhängt, denen man vorbehaltlos vertrauen kann und deren Zuverlässigkeit über jeden Zweifel erhaben ist. Das Vertrauen zu Gott begründet das Vertrauen zum Menschen, und Menschen sind es wiederum, die es ermöglichen, gegen alle Angst der Kreatur die Macht des Vertrauens zu setzen. Was die Psychoanalyse als Form eines Gesprächs unter Menschen versucht, mündet letztlich ein in die Religion, in ein Gespräch zwischen Gott und Mensch, und was die Religion ermöglicht, ist eine Fähigkeit zur Liebe, die am Ende selbst die schwerste Krankheit der Angst: die Lüge des Daseins, durch ein vorbehaltloses Vertrauen zu sich selbst und zum anderen besiegt. Nirgendwo sind Psychoanalyse und Theologie einander näher als im Sieg über die Angst, als in der Bewährung des Menschen durch die Bewahrung in Gott.

Lügen als Notwehr und Verantwortung und die unverantwortlichen Lügen

Indessen verhält es sich mit der Lüge prinzipiell nicht anders als mit der menschlichen Feindseligkeit: sie erscheint immer wieder als unerläßlich, solange man fürchten muß, mit der Wahrhaftigkeit im »Kampf ums Dasein« zu unterliegen.[23] Wie können »die Schafe« inmitten der »Wölfe« leben (Mt 10,16), wenn die praktische Vernunft weit öfter die Lüge als die Wahrhaftigkeit nahezulegen scheint? Wohl: ein Mensch des Vertrauens bedarf der Lüge nicht; aber er trifft tagaus, tagein auf Menschen, die sich mit ihren Winkelzügen jederzeit einen Augenblicksvorteil zu verschaffen vermögen, der unter Umständen entscheidend sein kann. Das Problem der Lüge wird damit zu einer Frage nach der Wahl der Mittel, die man ergreifen muß, um gegebenenfalls die eigenen Interessen oder das Wohl anderer, die der eigenen Verantwortung anvertraut sind, wirkungsvoll genug zu verteidigen.

Von seiten der Ethik, dann aber auch von seiten der Moraltheologie ist im Erbe des Deutschen Idealismus bzgl. des Problems der Lüge fast durchgängig bis hinein in die Gegenwart ein außerordentlich rigoroser Standpunkt eingenommen worden. Die Lüge galt durchweg als etwas schlechthin Böses (als ein objectum malum ex toto genere sui), das unter keinerlei Umständen, gleichgültig zu welchem Zweck oder aus welchem Motiv, gerechtfertigt werden könne. Allenfalls hielt man in gewissen Notlagen das Verschweigen von Teilen der Wahrheit (die restrictio mentalis) für erlaubt, auch wenn dadurch der andere absichtlich in die Irre geführt werde.[24] Man erkannte mit dieser Klausel immerhin an, daß es verantwortlicherweise nicht immer möglich sein könne, »die ganze Wahrheit und nichts als die Wahrheit« zu sagen; aber man wollte moraltheologisch nicht zugeben, daß es so etwas wie *eine Pflicht zur Lüge,* mithin eine Notwendigkeit zum Bösen aus Verantwortung geben könne; im Gegenteil glaubte man, dem äußerst vielschichtigen Problem mit der Theorie von der restrictio mentalis gerecht werden zu können.

Bei Licht besehen, führt die Lehre von der restrictio mentalis eher ins Absurde denn ins Freie. Denn zum einen bedarf es geradezu jesuitischer Fähigkeiten im Haarespalten und Wortedrehen, um sich in einer ernsten Notlage mit Halbantworten und Tarnauskünften im Sinne gewisser »stillschweigender Einschränkungen« aus der Affäre zu ziehen, und zum anderen wird der Begriff der Wahrheit bzw. der Wahrhaftigkeit von Mitteilungen in dieser Betrachtungsweise rein auf den verbalen Zeichenaustausch innerhalb der Kommunikation begrenzt; und selbst dieser äußerst reduzierte Ausschnitt des breiten Spektrums der menschlichen Mitteilungsebenen (wie Gestik, Mimik, Intonation, Artikulation etc.) wird noch wieder rein nach den Gesetzen der formalen Aussagenlogik bewertet.

Nun läßt sich die Neigung, Probleme des Lebens durch künstliche Abstraktionen für »gelöst« zu erklären, besonders in der katholischen Moraltheologie auf Schritt und Tritt beobachten. Ein in den 50er Jahren viel gelesener Moraltheologe, der seinerzeit sein dreibändiges Werk mit endlosen Zitaten von Pius XII. abzusichern vermochte, zeigte indes mit bestechender Konsequenz, welche Blüten diese Einstellung zu treiben imstande war. Ein Beispiel: Es wird irgendwo eingebrochen – ein Verstoß also gegen das Eigentumsrecht; ergo hat der Eigentümer das Recht, sein Eigentum zu schützen, notfalls mit Gewalt. Verfügt er etwa über eine Waffe, z. B. eine Pistole, so kann er zufolge dieser Logik im Notfall erlaubterweise den Dieb mit seiner Waffe bedrohen und, wenn unvermeidlich, auf ihn schießen. Eine solche Tötung im Notfall muß als eine erlaubte, weil »ehrliche« und eindeutige »Sprache« aufgefaßt werden. Wie aber, wenn der Eigentümer nicht über eine echte Waffe, sondern nur über eine Schreckschußpistole verfügt? Zwar ist er auch mittels einer Schreckschußpistole in der Lage, den Dieb wirkungsvoll zu bedrohen, aber die Drohung selbst beruht im Fall einer Schreckschußpistole nur auf der Vorspiegelung einer Gefahr, die nicht gegeben ist. Daraus folgt notwendig, daß die Bedrohung eines Diebes durch die Demonstration einer Schreckschußpistole den Tatbestand der Lüge erfüllt, und das wiederum bedeutet, daß die Verwendung von Schreckschußpistolen als in sich unsittlich gelten muß. Weiterhin folgt, daß nicht allein die Verwendung, sondern bereits der Charakter der Schreckschußpistole an sich selbst, weil nur dem Zwecke der Täuschung dienlich, apriori als ein bloßes Mittel zur Lüge, mithin als in sich unsittlich zu erachten ist. In summa: Es müßte an und für sich ein moraltheologisches Anliegen darstellen, die Waffenhersteller zum Verzicht auf die Produktion von Schreckschußpistolen (und anderen Täuschungsmitteln) zu veranlassen und ihnen die Herstellung der nötigen Menge »richtiger« Waffen anzuempfehlen.

Blaise Pascal hat einmal gemeint, man könne aus einem absurden Ergebnis, wenn es sich aus einem logisch richtigen Denkprozeß herleite, unzweifelhaft auf die Absurdität der Denkvoraussetzungen schließen. Das vorliegende Ergebnis, so richtig und gutgläubig es auch nach den Prinzipien der katholischen Moraltheologie gefolgert wurde, ist für jeden nicht Verblendeten offensichtlich absurd. Das Prinzip dieser Morallehre also kann nicht richtig sein: nämlich, daß man *in jedem Falle jedem Menschen* die Wahrheit sagen müsse.

In den letzten Jahrzehnten hat inzwischen allerdings auch die katholische Moraltheologie die weitgehend von Thomismus und Neuscholastik begründete Betrachtungsweise eingeschränkt oder preisgegeben, wonach bestimmte Handlungen als »objectum« isoliert beurteilt und, je nachdem, für schlechterdings »unsittlich« oder erlaubt gehalten werden könnten. Die Lehre des *Duns Scotus,* jede Handlung sei nur von dem Geflecht der Umstände her (als ein actus cirumstantionatus) zu bewerten, hat, in Verbindung mit dem Einfluß der Existenzphilosophie, der »Situationsethik«[25] größeren Spielraum verschafft, ohne daß freilich dem Problem der Lüge damit schon eine gerechtere Beurteilung zuteil geworden wäre. Denn der Kern der Problematik bezieht sich bei all den Lügen, die nicht den soeben erörterten angstbedingten Widersprüchen und Zweideutigkeiten der menschlichen Existenz entstammen, sondern die sich im Notwehrfalle aus dem unrechtmäßigen Verhalten des anderen ergeben, offenbar auf die alte *Kant*ische Grundthese, die nach wie vor nicht genügend reflektiert worden ist, man schulde dem anderen als einer Person, die als Vernunftwesen auf die Wahrheit Anspruch habe, *unter allen Umständen* Glaubwürdigkeit und Wahrhaftigkeit.

Arthur Schopenhauer, dieser große Schüler *Kants,* hat, abweichend von der überragenden Mehrheit der Autoren, an dieser Stelle einmal seinem geschätzten Lehrer und Vorbild widersprechen zu müssen gemeint. So weit zu sehen, war *Schopenhauer* der erste – und einzige –, der das Problem der Lüge in den größeren Kontext der Notwehrproblematik stellte[26] und damit die Lüge als eine *Waffe* gegen ungerechtfertigte Gewaltanwendung betrachtete, nicht anders als den Gebrauch von Messer und Pistole, nur, als eine Art Gegenlist, harmloser, also praktikabler, weil folgenschwerere tödliche Auseinandersetzungen vermeidend.

Man hat gegen diese Ansicht *Schopenhauers* eingewandt (und wird vielleicht auch heute noch einwenden), daß die Wahrheit die Basis des menschlichen Zusammenlebens überhaupt darstelle und folglich als ein höchstes Gut noch vor dem Recht auf den Schutz der individuellen Unversehrtheit anzusiedeln sei; die Lüge dürfe nicht zum »Mittel« in der Hand des Einzelnen degenerieren, sonst werde unausweichlich der auf Recht und Wahrheit gegründete Zusammenhalt aller in Frage gestellt. Aber ein solcher Einwand gegen die Auffassung *Schopenhauers* widerlegt sich eigentlich selbst; denn im Augenblick berechtigter Notwehr ist ipso facto der Fall eingetreten, daß die menschliche Rechtsgemeinschaft zerbrochen ist, und es geht in gewissem Sinne bei der Notwehr gerade darum, das bedrohte Recht nicht nur des Einzelnen, sondern prinzipiell aller zu schützen oder wiederherzustellen. Freilich könnte man auch gegen dieses Argument noch geltend machen, daß die Wahrung des Rechts selbst im Notwehrfall ausschließlich an den Einsatz von Mitteln gebunden sei, die nicht in sich selbst als unsittlich gelten müßten; die Lüge aber sei nun einmal etwas in sich Unsittliches, und sie dürfe daher auch im Notwehrfall nicht angewandt werden. Indes: warum soll jede Lüge von vornherein als in sich unsittlich gelten? Doch nur, weil die menschliche Person als Vernunftwesen apriori ein Anrecht hat, die Wahrheit zu erfahren. Dies ist die einzig stichhaltige Begründung für ein generelles Verbot jeder Lüge, und eben diese Begründung kann im Fall der Notwehr nicht länger mehr uneingeschränkte Gültigkeit beanspruchen. Denn wohl hat ein jeder Mensch als Vernunftwesen ein Recht auf die Wahrheit; aber eines ist es, von *dem* Menschen zu sprechen, wie er an und für sich ist, und ein anderes, zu demjenigen Menschen Stellung zu nehmen, mit dem ich es in einer bestimmten Situation zu tun habe. Wenn sich zeigt, daß der andere zum Unrecht fest entschlossen ist und die Wahrheit ihm selbst nur zum Mittel dienen soll, ein unrechtes Ziel zu erreichen, so handelt er selbst im Widerspruch zu dem Wesen seiner eigenen wie jeder menschlichen Person, und er zwingt infolgedessen durch sein eigenes Verhalten zu Maßnahmen, die auf eben diesen Widerspruch zum Wesen der Person in angemessener Weise antworten müssen. Durch sein Wollen und Tun erweist der andere sich selbst als der Wahrheit unwürdig, und indem er die Voraussetzungen menschlicher Kommunikation selber durch sein Tun zerstört, trägt er selber auch die Schuld an der Lüge, mit der man sich und andere vor ihm zu schützen sucht. Insofern er durch sein Verhalten sich selber außerhalb der menschlichen Rechtsgemeinschaft stellt, kann es daher u. U. erlaubt sein, ihn im Notfalle zu belügen; und wer konzediert, daß es gegebenenfalls rechtens sein kann, einem anderen das Recht sogar zum Leben zu bestreiten, weil er durch sein Tun eine Lage herbeiführt, in der man auf dieses Recht keinerlei Rücksicht mehr nehmen kann, wird notgedrungen auch das »kleinere« Recht auf Lüge im Notwehrfalle einräumen müssen.[27]

Nur in dieser Perspektive beantwortet sich die immer wieder gestellte Frage nach der offenbaren Notwendigkeit der Lüge unter bestimmten Umständen ohne erhebliche Widersprüche zur unmittelbaren Evidenz von Recht und Unrecht in der alltäglichen Erfahrung.

Um das Recht, ja, die Pflicht zur Lüge durch ein Beispiel zu erläutern, läßt sich etwa an Szenen aus dem »Dritten Reich« erinnern, wo Recht und Unrecht oft genug in besonders krasser Weise einander gegenüberstanden. Die Geheime Staatspolizei z. B. durchsucht eine Wohnung, in der ein Jude versteckt ist; – selbstverständlich wird man die Gestapo belügen, so gut es geht; oder man besorgt sich als Jude oder Slawe einen gefälschten Ariernachweis, um seine Existenz angesichts der NS-Schergen nicht unnötig zu gefährden; oder man heuchelt eine nationalsozialistische Gesinnung, um als Arzt noch die Möglichkeit zu behalten, einzelne Häftlinge aus einem Konzentrationslager retten zu können, usw. All diese Fälle zeigen überdeutlich, worauf es hier ankommt: daß *Schopenhauers* These von dem Recht zur Lüge im Falle der Notwehr vernünftigerweise unabweisbar ist.

Die Ansicht *Schopenhauers* von der Lüge als einem Kampfmittel, das ebenso erlaubt oder verboten sein muß, wie der Kampf selbst, den man führt, bietet über diese allgemeinen Überlegungen hinaus zudem den wichtigen Vorteil, daß sie das Phänomen der Lüge anthropologisch zu vertiefen und verhaltenspsychologisch zu begründen hilft. Statt nämlich in der Lüge ein rein menschliches Problem zu sehen, zeigt sich verhaltenspsychologisch und biologisch, daß die Lüge, d. h. die Irreführung eines anderen, sei es eines Beutetieres oder eines Freßfeindes, für die Evolution eine außerordentliche Rolle spielt. Das Phänomen der Mimikry[28] z. B. führt dahin, daß der gesamte Körperbau oder die Färbung mancher Pflanzen, Insekten oder Wirbeltiere zum Zwecke der Tarnung oder Abschreckung für die Augen eines Freßfeindes oder Beutetieres einen Anblick darbietet, der täuschend ähnlich etwas ganz anderes (Ungenießbares, Gefährliches oder Ungefährliches) imitiert; oder es sind zum Zwecke des Angriffs die eigentlich gefährlichen Beiß- oder Stechorgane nicht dort angebracht, wo man sie für gewöhnlich erwarten müßte: Kopf und Hinterleib scheinen vertauscht, unter einer unscheinbaren Gestalt oder einem harmlosen Gebaren kann tödliche Gefahr sich verbergen, etc. Unzählig sind in der Natur zudem die verhaltensbedingten, weitgehend instinktiv vorgegebenen Täuschungsmanöver und Tricks, um einem Beutegreifer zu entkommen oder ein Beutetier zu überlisten, und sie alle sind und waren offenbar notwendig, um im Kampf des Lebens zu bestehen.

Nun unterscheiden sich derartige Betrügereien im Tierreich, deren Spielraum an Möglichkeiten und Phantasie freilich schier unerschöpflich ist, von den Lügen der Menschen gewiß dadurch, daß der Kampf ums Dasein, der im Tierreich zwischen den Arten ausgetragen wird, beim Menschen auch innerartlich auf die Lüge nicht verzichtet. Aber gerade diese Differenz bestätigt den von *Schopenhauer* bemerkten Zusammenhang von Lüge und Gewalt eher, als daß sie ihn zu widerlegen vermöchte. Denn allein dem Menschen ist es eigentümlich, die Techniken von Angriff und Verteidigung, die im Tierreich nur gegen Artfeinde und Beutetiere verwendet werden, auch gegen die eigenen Artgenossen einzusetzen: indem allein beim Menschen aus der Jagd der Krieg entstand[29], mußte auch die Lüge sich zu einem Mittel innerartlicher Auseinandersetzungen entwickeln. Dieselben Regeln, die unter bestimmten Umständen die *Gewaltanwendung* (als Mittel zur Abwendung oder Einschränkung unrechtmäßiger Gewalt) moralisch erlauben, werden daher auch für das Problem der Lüge Gültigkeit besitzen.

Allerdings muß man in Erinnerung behalten, daß mit solchen »Notverordnungsregeln« das Problem der Lüge selbst keinesfalls gelöst, sondern gewissermaßen nur bürokratisiert oder monopolisiert wird. Wer die Notwendigkeit der Lüge im Fall der Notwehr anerkennt, mag zunächst vielleicht noch den ethischen Optimismus nähren, er habe es hier lediglich mit wohldefinierten Ausnahmefällen zu tun, die von Fall zu Fall im Grunde nur das Gesetz der Wahrhaftigkeit bestätigten. Aber so verhält es sich nicht. Wenn die Diagnose der Religion zutrifft, daß die gesamte Menschheit und ein jeder Einzelne in ihr in Lüge lebt und ohne Erlösung von seiner Angst sich zur Wahrheit wesensmäßig außerstande zeigt, so ist die Lüge keineswegs die Ausnahme, sondern der Normalfall, ja die Grundbefindlichkeit des Menschseins. Und nicht nur theologische, auch rein historische Argumente lassen sich für diese Ansicht geltend machen. Im Längsschnitt der menschlichen Geschichte wird man durchaus annehmen müssen, daß die Lüge mit dem Anwachsen der Intelligenz einen mächtigen Aufschwung erfahren hat, nicht nur weil zu jeder Lüge stets auch ein Stück Intelligenz gehört[30], sondern weil die Lüge als ein Akt *verbaler* Gewalt oft genug die Austragung aggressiver Tätlichkeiten vermeiden hilft und insofern für die Menschheit als ganze einen Überlebensvorteil, mindestens aber das kleinere Übel darstellt; zudem hat der Zuwachs an Öffentlichkeit seit dem Beginn der Stadtkultur die Lüge zum Schutz der Privatsphäre in den Spielregeln von Anstand und Höflichkeit fast zur ersten Bürgerpflicht erhoben. So besehen ist es kein Wunder, daß das menschliche Zusammenleben in der Tat, wie es die Religion behauptet, bis in die Wurzel hinein dem Zustand von »Babylon« gleichkommt, indem es wesentlich durchsetzt und geprägt ist von Lüge.

Insbesondere die *staatliche »Ordnung«* vermag kaum etwas anderes, als die Lüge, die Gewalt und den Egoismus aller unter gewisse Regeln nationaler Abgrenzung zu stellen und sich selbst gleichzeitig eine Art höheren Rechtes zur Lüge in Wahrung und Vertretung des vermeintlichen Interesses des »Volksganzen« zuzusprechen. Während die Moralität der Einzelnen, insbesondere ihre Zuverlässigkeit und Treue, relativ sichergestellt werden muß, um das Zusammenspiel komplizierter sozialer und politischer Gebilde zu ermöglichen und zu gewährleisten, scheint es nach wie vor zum Freibrief der »Führer« solcher Gruppen zu gehören, daß für sie dieselben Regeln nicht in gleichem Maße und in derselben Weise wie für alle anderen gelten.[31] Quod licet Jovi, non licet bovi – frei übersetzt: während die individuelle Moralität seit dem Beginn der Stadtkultur allem Anschein nach durch ständigen Erziehungsdruck kontinuierlich verbessert und verfeinert wurde, steckt die kollektive Moralität (d. h. die Moralität ihrer Repräsentanten, wenn sie das »Gemeinwohl« »im Auge haben«) durchaus noch in den Kinderschuhen steinzeitlicher Roheit. Speziell im Umgang mit der Lüge scheint der Staat die vielfältigen Gründe öffentlicher Verlogenheit politisch geradewegs in sich zu verdichten.

Es war wiederum *I. Kant*, der als oberste Regel politischer Moral das Prinzip der »Publizität« formulierte: man müsse, meinte *Kant*, in der Politik so handeln, daß die Absichten des Handelns jederzeit öffentlich müßten bekannt gemacht werden können.[32] Das Verbot aller Lüge betrachtete *Kant* mithin als einzige und wesentliche Grundlage der Moralität allen öffentlichen und politischen Handelns. Abstrakt gesehen, wird es in der Tat denn auch wohl niemanden geben, der nicht sogleich verstünde, daß alle Mißstände des politischen Handelns auf der Stelle weggefegt wären, ließe sich das Publizitätsprinzip *Kants* als ehernes Gesetz befestigen, – die demokratische Idee hätte endlich zu ihrer Wirklichkeit gefunden.

Um so betrüblicher ist es zu sehen, daß kein Staatsmann der Welt es sich wirklich leisten kann, nach kantischen Grundsätzen Politik zu machen, und zwar nicht, weil er persönlich ein moralisch fragwürdiges Subjekt wäre (was zufälligerweise natürlich auch sein mag), sondern weil er sich objektiv in einer Welt befindet, in der absolute Wahrhaftigkeit *verantwortlicherweise* so wenig opportun ist wie absolute Friedfertigkeit (= Wehrlosigkeit). Man muß durchaus nicht erst zu den dialektischen Rechtfertigungskunststücken *Hegels* mitsamt ihren verheerenden ideologischen Gefahren greifen[33], um zu begreifen, daß der Bereich der historisch-politischen Wirklichkeit im Felde der Angst einer *tragischen* Undurchführbarkeit des Ethischen unterliegt bzw. eine Struktur aufweist, an der die Sätze der Moral sich immer wieder höchst fragwürdig zwischen dem Anspruch der Gesinnung und der Forderung der Verantwortung im Sinne der scheinbaren Rechtfertigung *M. Webers*[34] polarisieren.

Beispiele mögen zum Beleg dieser These genügen.

Die Wahrung der Autorität im Inneren: sie beruht, wie alle Institutionen, auf bestimmten Denk- und Kritiktabus; es muß eine künstliche Atmosphäre geschaffen werden, die den Verdacht etwaiger Mängel und

Fehler möglichst abweist. Ergo: der Vorgesetzte muß seine Mitarbeiter, so lange es geht, vor Kritik zu schützen suchen; der Mythos, ja, der öffentliche Anspruch auf Unfehlbarkeit der Amtsträger bedarf unter fehlbaren Menschen der ständigen Lüge. Geheimniskrämerei, Verdunklungen, Schiebereien, »Mauscheleien«, Fehlinformationen, die Sprache der Propaganda statt der Mitteilung, die gezielte Verdummung der Öffentlichkeit durch Verschweigen der wirklichen Zusammenhänge – *das* ist der innenpolitische Alltag.

Die internationalen Beziehungen, solange sie geprägt sind von Angst, Mißtrauen und Feindseligkeit, werden der Geheimdiplomatie, Spionage und Subversion nicht entraten können; die Lüge ist unentbehrlich, solange der Status der »Notwehr« außenpolitisch andauert.

Die Geschichtsschreibung steht im Dienste der nationalen oder kulturgeschichtlichen Rechtfertigung; nicht die objektive Wahrheit, sondern die Herausbildung eines möglichst günstigen Autostereotyps, das eine relativ breite Identifikationsgrundlage für die Stabilität der jeweiligen Gruppenbildungen abgibt, ist Ziel und Zweck der historischen Selbstdarstellung; erst relativ beruhigte und weniger verängstigte Zeiten erlauben eine gewisse Wertschätzung auch der »Gegner«. Die Indianerkulturen Nordamerikas z. B. kann man heute, 130 Jahre nach ihrer Zerstörung, positiv würdigen; die »heidnischen« Religionen der Ägypter, Kanaanäer, Kelten oder Germanen mag man schätzen lernen, wenn sie dem jüdisch-christlichen Glauben nicht länger mehr gefährlich sind. Solange die Geschichte als Geschichte der Sieger geschrieben wird, bedarf sie der Lüge, um »siegreich« zu bleiben.

Die öffentliche Rechtsprechung bietet das wohl deprimierendste Bild für die faktische Unmöglichkeit der Wahrheit im öffentlichen Leben. Eigentlich dazu bestimmt, Recht zu schaffen, setzt das Verfahren der »Rechtsfindung« den praktischen Egoismus und die Lüge geradezu voraus, und das einzige, was sie anzubieten hat, ist die Aufteilung der Wahrheit in zwei Parteien: die »Verteidigung« und die »Anklage«, die es beide weniger mit der Wahrheit, als mit der bestmöglichen Vertretung und Ausdehnung der eigenen Parteilichkeit zu tun haben. Die erste Lüge der Jurisprudenz besteht daher bereits in dem selbstgeschaffenen Aberglauben, daß der Mittelwert von Profilierungssucht und Gruppeninteresse auf seiten von Rechts- und Staatsanwaltschaft wenigstens die äußerliche »Tatsachenerhebung« wahrheitsgemäß repräsentiere. Schlimmer noch wirkt die offensichtliche Unwahrhaftigkeit, mit der man sich bei der eigentlichen »Urteilsfindung« sodann auf die Fiktion der »Willensfreiheit« verläßt und zudem sich selber glauben macht, es sei möglich, das Tun eines anderen Menschen nach den Maßstäben von Recht und Unrecht von außen her zu beurteilen. Es gibt keine menschliche Gemeinschaft, die bis heute auf diese Form der Rechtsprechung verzichten und der Bergpredigt zu folgen vermöchte, die es förmlich zum Gebot erhebt: »Richtet nicht, damit Gott nicht euch selber richtet.« (Mt 7,1) Die Wahrheit bestünde in der Erkenntnis, daß es nicht möglich ist, die Tat eines Einzelnen von seinem Leben und wiederum sein Leben vom Kontext seiner Umwelt zu isolieren, nur um es einer bestimmten institutionalisierten Berufsgruppe als Pflicht aufzuerlegen, im Namen der vermeintlich Unschuldigen über die »Schuldigen« zu Gericht zu sitzen, – *George Rouault* hat in seinen Bildern diese grausige Karikatur der Menschlichkeit mit unnachsichtiger Schärfe gegeißelt[35]. Im Grund gäbe es nur einen Weg der »Rechtsfindung«, und er ist auf klassische Weise in *F. M. Dostojewskis* Roman »Schuld und Sühne« beschrieben worden:[36] der Untersuchungsrichter Porfirij Petrowitsch hat an und für sich genügend Indizien gesammelt, um gegen den Studenten Raskolnikow gerichtlich vorzugehen und ihn des Mordes an den beiden alten Frauen zu überführen; aber er weiß, daß ein wahrhaftiger Schuldspruch nicht von außen, nur von innen kommen kann, und so wartet er, bis Raskolnikow, angeleitet von der reinen Liebe der zum Dirnentum gezwungenen Sonja und getrieben von der Last des eigenen Schuldgefühls, von sich aus ein vollständiges Geständnis ablegt.

Die Frage der »Rechtsprechung« ist im Grunde keine andere als die Frage Gottes an Adam in Gen 3,9, und die Wahrheit wird erst zustande kommen, wenn es Richter gäbe oder doch wenigstens geben dürfte, die, wie *Dostojewskis* Untersuchungsrichter, über die Gabe verfügten, dem »Delinquenten« so viel Vertrauen zu schenken und zu ermöglichen, daß er die Hintergründe seiner Tat zu begreifen und ehrlich zu ihnen zu stehen vermöchte.

Die gesellschaftlichen Lügen schließlich umfassen, neben dem Richterstand, alle homo-sacer-Berufe, vornean die Ärzte und die Priester.

Die Gesellschaft, je demokratischer und »offener« sie ist, verlangt die Lüge der Unfehlbarkeit des jeweils behandelnden *Arztes* mit solcher Penetranz und Hartnäckigkeit, daß menschliches Versagen förmlich als Skandal empfunden und geahndet wird, – also gibt es für die Öffentlichkeit selbstredend kein »menschliches Versagen«. Zwar könnte ein jeder sich selbst sagen, daß in den Operationssälen der Krankenhäuser vermutlich weit schwererwiegende an sich vermeidbare Fehler begangen werden als beispielsweise in Kraftfahrzeugreparaturwerkstätten: eine momentane Nervosität des Chirurgen, ein Ehekonflikt zu Hause, eine einfache Erschöpfung infolge einfallender Föhnwinde – es kann einem Menschen das Leben kosten. Aber man wird es für gewöhnlich nicht wagen, sich diesen Spielraum von Risiko und Wagnis einzugestehen, und je mehr unsere Gesellschaft den Tod fürchtet, desto mehr haben die Ärzte ihr als Götter zu erscheinen, die fehlerlos ihren Beruf versehen. Weh dem, der die Wahrheit sagt, möchte man *Grillparzers* Drama persiflieren.

Desgleichen im Raum der Kirche die *Priester:* Sie vertreten nicht nur Gott, sie müssen ein moralisches Niveau vortäuschen, das sie zu einem »zeichenhaften«, »eschatologischen« Lebenswandel befähigt; die neurotischen Ängste und Verdrängungen, die zum Aufbau einer solchen Lebensführung unerläßlich sind, darf man kirchlicherseits naturgemäß nicht zugeben, – derartiges auch nur zu vermuten, kommt daher zwangsläufig einem Sakrileg an der Erhabenheit des Priesteramtes gleich, und die öffentliche Lüge und Heuchelei gilt immer noch für weit akzeptabler als z. B. ein ehrliches Nachdenken über gewisse Aspekte des Zölibats oder über den Unfug, die gutbürgerliche Existenz der meisten Priester mit den Vokabeln »Armut« und »Demut« »um des Himmelreiches willen« zu versehen.

Nicht unerwähnt bleiben sollte im Umkreis der gesellschaftlichen Lüge schließlich *der Zwang der Mode und der Etikette.* Insbesondere von *Frauen* wird unter Androhung der schlimmsten aller Strafen: des Verlustes an Liebe, infolge unserer Unfähigkeit, die Zeit des Alterns als eine Phase der Verinnerlichung und des Reifens auf die Ewigkeit hin zu akzeptieren, mit Nachdruck verlangt, daß sie sich wenigstens nach außen hin ein jugendliches Image mit allen nur erdenklichen Mitteln so lang als möglich erhalten, und diese Nötigung zur Lüge überschreitet bei weitem das spielerische Maß an modischem Gehabe, das im Wettbewerb der Schönheit seine psychologischen Parallelen gewiß schon im Balzverhalten der Tiere findet; sie zwingt insgesamt zu nichts Geringerem als zu einem ständigen Kampf gegen sich selbst und gegen die Wahrheit sowie zu unablässigen und aussichtslosen Neid- und Minderwertigkeitsgefühlen, die nur durch immer neue und ausgedehntere Lügen kompensiert werden können. – Ähnliches gilt von den Forderungen des *männlichen* Potenz- und Fitneßideals des Machismo, mit seiner absurden Breitschultrigkeit und großmäuligen Ellenbogen-Rechthaberei.

All diese Variationen der Lüge und Verlogenheit ergeben sich aus einer gewissen Notwendigkeit, bestimmte öffentliche Institutionen oder Formen des Zusammenlebens inmitten einer Welt der Lüge, der Gewalt und des Egoismus zu schützen. Um indessen *die Tragik der Lüge*, ihre Unausweichlichkeit und widerwillige Zwangsläufigkeit noch ein Stück weit auch vom persönlichen Leben her einfühlbar zu machen, ist zusätzlich auf all die Fälle hinzuweisen, in denen die Lüge offenbar das einzige Mittel darstellt, um sich nicht, wie im Notwehrfalle, nur gegen einen ungerechtfertigten Angreifer zu schützen oder gewissen sozialen Zwängen Tribut zu zollen, sondern in denen es unvermeidbar wird, sich gegen bestimmte unerträgliche Zumutungen zu schützen, die eher durch die Macht des Schicksals denn durch fremde Schuld verursacht scheinen.

Eine verheiratete Frau z. B. leidet tagaus, tagein unter den unablässigen Kontrollzwängen, Ängsten, fürsorglichen Nachstellungen und terroristischen Liebesansprüchen ihrer 70jährigen Mutter, die durch keinerlei Belehrung, Bitte noch Klage in ihrer egozentrischen Haltung zu verändern ist; ob man will oder nicht, wird man akzeptieren müssen, daß diese Frau irgendwelche Ausreden erlügen muß, wenn sie an der Seite ihrer Muter sich auch nur geringfügige Freiheitsspielräume (einen Gang zum Frisör, einen Besuch bei einem Bekannten, die Lektüre eines Buches, den Genuß eines Stückes Kuchen) erhalten will. – Oder eine Ehefrau, deren Mann in krankhafter Eifersucht jeden Brief, jedes Telefonat, jeden Spaziergang, jeden Blick zu den Passanten auf dem gegenüberliegenden Gehsteig bespitzelt, – was soll sie anderes tun, als sich mit Lügen zu schützen, wenn sie nicht Konflikte heraufbeschwören will, die nur alles gefährden können, was mit viel Mühe gemeinsam aufgebaut wurde? Immer schafft die neurotische Zerspaltenheit, die existentielle Unaufrichtigkeit, ein Gefälle der Lüge auch in ihrem Umkreis, so daß selbst schuldlos Betroffene in immer neue Unaufrichtigkeiten verwickelt werden. Am folgenschwersten sind vielleicht jedoch die Lügen, die sich unmittelbar gar nicht auf Menschen, sondern auf bestimmte Umstände und Zustände beziehen, mit denen man nicht zu leben vermöchte ohne die »normalen« *Verleugnungen der Realität im Bewußtsein.*

Zwei Beispiele: der Umgang mit den Tieren und unsere Einstellung zur »Dritten Welt«, mögen das verdeutlichen.

Konrad Lorenz schreibt einmal sehr ehrlich, er würde vermutlich Vegetarier werden, wenn er sich vor Augen hielte, wie all die Tiere getötet und verarbeitet werden, ehe sie in den appetitlichen Zubereitungen der Metzgerei auf den Tisch und in den Kochtopf wanderten[37]. Der »Genuß« der Leberwurst oder des Kalbsragouts setzt in unserer Kultur gewiß voraus, daß man absichtlich nicht wissen will, welchen Methoden und Praktiken der quälerischen Massentierhaltung, der »Züchtung« von »Nutztieren« und der maschinellen Abschlachtung in der »Fleischproduktion« man seinen begehrten Sonntagsbraten verdankt.[38] Jägerkulturen wie die Indianer Nordamerikas kannten demgegenüber Schuldgefühle beim Töten von Tieren, aber sie waren ehrlich in den Verfahren der Nahrungsbeschaffung wie in der Roheit ihrer Eßgewohnheiten[39]. Allein die Verfeinerung und Heuchelei unserer Kultur macht es möglich, das millionenfache Quälen und Töten von Tieren einer gefühllosen Mechanik von Apparaten zu überantworten und im übrigen die Augen vor der selbstgeschaffenen grausamen Wirklichkeit zu verschließen. Nur: darf man millionenfach lediglich um des Gaumenkitzels willen lügen? Oder ist der kollektive Zwang zur Lüge, diese Mischung aus verfeinerter Sensibilität und Heuchelei, nicht eher ein Beweis, daß wir ehrlicherweise moralisch nur noch als Vegetarier leben könnten und müßten? Jedenfalls könnten wir es uns physiologisch und ökonomisch ohne jeden Schaden leisten, vegetarisch zu leben; ja, wir würden aus einer Veränderung unserer Eßgewohnheiten sogar zahlreiche wirtschaftliche Vorteile ziehen: wir brauchten Rinder, Schweine, Hühner u. a. nicht länger mehr als Nahrungskonkurrenten des Menschen zu halten, die riesigen Überschußprodukte der Landwirtschaft könnten endlich sinnvoll gegen den Hunger in der »Dritten Welt« genutzt werden, etc. – Nicht viel anders steht es mit dem Konsum von Medikamenten und Kosmetika, für die unzählige Versuchstiere zu Tode gequält werden müssen, ohne daß der gewöhnliche Konsument sich gemüßigt fühlt, über die Opfer seiner Praktiken nachzudenken.[40] Die Lüge ist die Bedingung solchen Genießens, das Nicht-sehen-Wollen der Preis des Gern-gesehen-Werdens.

Die z. Z. ärgste Verlogenheit des öffentlichen Lebens hingegen betrifft zweifellos den Umgang mit der »Dritten Welt«. Es war z. B. möglich, ein Land wie Brasilien innerhalb von 20 Jahren, zwischen 1963-1983, mit ehrgeizigen Industrialisierungsprojekten auf 100 Mrd. Dollar in die höchste Auslandsverschuldung der Welt zu treiben und die Regierung zu zwingen, zunächst den großen Sprung nach vorn, dann aber den Abbau der unerträglichen Schuldenlast aus dem »variablen Kapital«, aus der Arbeit der Landbevölkerung, herauszupressen; 80 Prozent (!)

der brasilianischen Bevölkerung wurde auf diese Weise an den Rand der Verelendung gestellt. Für die europäische, japanische und nordamerikanische Wirtschaft indes bot und bietet ein solches Vorgehen den Vorteil reicher Industrieaufträge, großer Exportüberschüsse, hoher Devisenrücklagen etc., und hat man auf diese Weise genügend Gewinne eingeheimst, so kann man sich sogar noch gewisse moralische »Vorteile« dadurch verschaffen, daß man 20 Jahre lang und länger darüber diskutiert, ob man wohl tatsächlich 0,35 Prozent oder sogar 0,4 Prozent des Bruttosozialproduktes für die »Entwicklungshilfe« »opfern« darf. Die Kluft zwischen Elend und Reichtum auf der Süd- und Nordhalbkugel ist inzwischen so dramatisch, daß wohl niemand in Deutschland moralisch noch die zur Ankurbelung der Wirtschaft notwendige »Konsumfreudigkeit« aufbringen würde, wenn er sich klarmachte, welch eine Unsumme an Leid und Tod sein »Wohlstand« die »Dritte Welt« kostet. Man kann nicht die Bilder aus den Favelas von São Paulo[41] oder den Slums von Madras, von Bombay oder Calcutta vor Augen haben und zugleich mit ruhigen Nerven Weihnachtseinkäufe für tausendfachen Krimskrams tätigen.

Aber die Doppelbödigkeit gehört gewissermaßen schon zur bürgerlichen Ethik: Man erhält sich sein »Glück«, man ist »comme il faut« durch die ungeheuerlichsten Verdrängungen der Realität im Bewußtsein, durch permanente Lügen. Sollte man bei solchem Verhalten wirklich am Ende noch die Hoffnung nähren dürfen, die Christus immerhin seinen Henkern offen ließ: Gott werde ihnen verzeihen, weil sie »nicht wußten«, was sie taten (Lk 23,34)? Das Schlimme ist, daß wir nicht nur nicht wissen wollen, was wir tun, sondern es in der Tat schon gar nicht mehr wissen dürfen; – unser ganzes soziales und ökonomisches Gefüge bräche heute noch zusammen. Gleichwohl können Lügen solchen Ausmaßes geschichtlich stets nur einen Aufschub, keinen Ausweg bieten, und wir werden an dem Augenblick der Wahrheit wohl oder übel schon bald nicht mehr vorbeikommen. Die Schwierigkeit liegt immer wieder in der (Selbst)Täuschung, daß es eine Lösung bedeuten könnte, die Unwahrheit zu sagen, wo es bestenfalls ein Trick im Augenblick sein kann. Und gibt es Situationen, in denen es nötig scheint, aus Verantwortung zu lügen.

Die Lügen der Barmherzigkeit

Man braucht das Interesse des Selbstschutzes im Hintergrund der Lüge an sich nur aus der Perspektive des anderen zu betrachten, und man stößt auf die Lüge der Barmherzigkeit bzw. auf die Unwahrheiten, die man sagt, um einen *anderen* zu schützen oder um ihm nicht Wahrheiten zuzumuten, die ihn vernichten müßten. Was eigentlich darf man den anderen sagen. was darf man ihm nicht sagen?

Das Problem der Lüge aus Barmherzigkeit durchzieht die gesamte menschliche Geschichte. Der Grund dafür ist leicht zu erkennen. Irrtümer und Lügen, wenn sie nur lange genug währen, gewinnen durch ihre Lebensfähigkeit allmählich so etwas wie eine Wahrheit, und schließlich erscheint es als weiser, in den Lügen von einst eine neue Realität zu entdecken, als den alten Fehler einzuklagen. Gewiß, man kann mit prophetischer Schärfe erklären, daß eine »falsche« Tradition nichts anderes sei als ein langer Irrtum und die Unwahrheit mit der Länge ihrer Dauer nur um so unerträglicher werde; aber die Macht der Gewohnheit und die Kraft des Faktischen, das Gesetz der Trägheit m. a. W., ist im menschlichen Leben offenbar stärker als die Macht der Wahrheitsliebe und Prinzipientreue, und wer mit Menschen leben will, muß dem Rechnung tragen. Staatsgrenzen z. B., selbst wenn sie durch einen Akt flagranten Rechtsbruchs zustande kamen, wie etwa die Grenzen des heutigen Polens, brauchen nur ein paar Jahrzehnte zu bestehen, und es käme bereits einem neuerlichen Unrecht gleich, sie noch einmal mit Gewalt ändern zu wollen.

Und etwas Ähnliches wie die »polnischen Grenzziehungen« gibt es im Leben eines jeden: neurotische Icheinschränkungen unter dem Druck äußeren Zwangs, mit denen man gleichwohl durch Jahre hin hat leben und aus denen man schließlich das Beste für sich und andere hat machen müssen, Fehlidentifikationen, mit denen man Jahrzehntelang verschmolzen war, – es stellt sich irgendwann in jeder Psychotherapie, wenn irgend man sie u. a. auch als einen Ort der Wahrheit betrachten darf, die bittere Frage, ob der Weg zur Heilung und zur persönlichen Identität dem Patienten und seiner Umgebung nicht ungleich mehr an Leiden schafft als der Umweg der mühsam verhüllten Lügen. »Quäle mich nicht«, schreit der Besessene von Gadara Jesus an, als dieser den Dämon auffordert, den Geist des Kranken zu verlassen (Mk 5,7); es ist eine Bitte, die im Sprechzimmer jedes Therapeuten immer wieder erschallt und wohl gehört sein will. Am Ende kann es menschlicher und barmherziger sein, mit gewissen Lügen zu leben, als sie noch einmal mit dem Risiko eines ungewissen Ausgangs in Frage zu stellen.

Das gleiche gilt von zahlreichen Formen menschlichen Zusammenlebens.

Sprächen sie die Wahrheit, so müßten unzählige Frauen ihren Männern nach oft 15 Jahren Ehe frank und frei erklären, daß ihre Ehe schlimmer (gewesen) ist als eine Vergewaltigung, – danach kann man wenigstens fliehen oder auf den Tod warten; aber dieser Alltag, der alles alltäglich, diese Gewöhnung, die alles gewöhnlich, diese Bekanntheit, die alles langweilig macht, diese Behäbigkeit, die jede seelische Größe erstickt, diese geistige Anspruchslosigkeit, die alles verdumpft, diese schleichende Reduktion auf Büro, Bier und Bett können schlimmer sein als die langsame Folter in *Edgar Allan Poes* Erzählung »Grube und Pendel«[42] – ein Leben unter einem ständig tiefer sich herabsenkenden Schwert inmitten von Wänden, die immer enger zusammenrücken, und angesichts eines einzigen offen bleibenden Fluchtraumes: der Kloake und des Abgrunds, dem jetzt schon scharenweise Ungeziefer und Ratten entsteigen. Wie oft begegnet man nicht diesem heroisch zu nennenden Mut der barmherzigen Lüge, die das Unzumutbare aushält, indem sie es »Glück« nennt, die den wachsenden Widerwillen diszipliniert, indem sie ihn als »Liebe« bezeichnet, und die den resignierten Rückzug in vorzeitiges Greisentum lebendig hält, indem sie ihm den Titel »Treue« verleiht? Oft lebt in der Lüge mehr Menschlichkeit und Rücksichtnahme als in der Wahrheit. »Falsche« Rücksichtnahme? Gewiß nicht, wenn man bedenkt, mit wie wenig an Wahrheit Menschen umgehen können und wie sehr sie des Schutzes der Illusionen bedürfen. Nicht wie man dem anderen ungeschminkt die Wahrheit sagt, sondern wie man ihn zur Wahrheit fähig macht, ist oft genug das wahre Problem.

Jurek Becker hat in seinem Roman »Jakob der Lügner« auf bemerkenswerte Weise die lebenserhaltende Kraft der barmherzigen Lüge dargestellt.[43] Kein Mensch kann leben ohne ein Mindestmaß an Hoffnung, und so erfindet der Jude Jakob Heym im Konzentrationslager täglich neue Hoffnungsnachrichten, die er in seinem geheimen Radio gehört haben will. Im Mittelpunkt des Romans steht ein Märchen, das Jakob der kleinen Lina erzählt: die Geschichte von einer Prinzessin, die eines Tages ganz krank wurde und nur geheilt werden konnte, wenn jemand ihr eine Wolke vom Himmel holte. Alle Weisen im Lande bemühten sich, eine Wolke vom Himmel zu beschaffen, aber vergebens. Nur der Gärtnerjunge, der manchmal mit der Prinzessin draußen gespielt hatte und sie nun ganz bleich in ihrem Bettchen liegen sah, behauptete, die Sache sei ganz einfach, wenn die Prinzessin ihm nur erkläre, woraus denn eine Wolke bestehe. Lachend über eine so dumme Frage, sagte ihm die Prinzessin, daß die Wolken aus Watte seien. »›... und sagst du mir noch, wie groß eine Wolke ist?‹ ›Nicht einmal das weißt du?‹ hat sie sich gewundert. ›Eine Wolke ist so groß wie mein Kissen. Das kannst du selber sehen, wenn du bloß den Vorhang zur Seite schiebst und zum Fenster blickst.‹ Da ist der Gärtnerjunge ans Fenster getreten, hat zum Himmel geblickt und gerufen: ›Tatsächlich! Genausogroß wie dein Kissen!‹ Dann ist er losgegangen, hat bald der Prinzessin ein Stück Watte gebracht, und das war so groß wie ihr Kissen.«[44] Natürlich wurde die Prinzessin bald gesund und heiratete später den klugen Gärtnerjungen. – Diese kleine Geschichte stellt in äußerst sensibler Weise die Frage nach der Notwendigkeit der Illusionen bzw. nach der menschlichen Wahrheit der Lüge der Barmherzigkeit. Am Ende des Romans, als schon die Züge zum Abtransport in die Gaskammern bereitgestellt werden, greift Jakob ein letztes Mal zu dem verzweifelten Mittel der tröstlichen Unwahrheit und erzählt der kleinen Lina, sie träten jetzt eine weite Reise an – nach Afrika, und als Lina aus dem Fensterchen im Zug die Wolken vorbeiziehen sieht, fragt sie Jakob noch einmal, ob es auch wahr sei, daß die Prinzessin gesund geworden sei, weil sie ein Stück Watte, so groß wie ein Kissen, bekommen habe. Aber Jakob antwortet: »Nicht ganz. Sie wünschte sich eine Wolke. Der Witz ist, daß sie dachte, Wolken sind aus Watte, und nur deswegen war sie mit der Watte zufrieden.«[45] – Gewiß, Wolken bestehen nicht aus Watte, sondern aus Wasserdampf, aber das war nicht, was Lina wissen wollte.

Die Menschen leben zufolge dieses Romans davon, mit den irdischen Dingen ein »Stück Himmel«[46] zu verbinden, und gäbe es keine Verbindung, keine »Analogie« zwischen dem Himmlischen und dem Irdischen, so müßten sie vor Kummer vergehen. Sind denn nicht alle Menschen wie Vieh auf dem Abtransport zum Schlachthof *ohne* diesen Glauben, ohne diese »Illusion«, ohne diese »Lüge«? Die ganze Metaphysik besteht in nichts anderem als in dem Bemühen, den Nachweis zu erbringen, daß das, woran die Menschen unbedingt glauben, um zu leben, auch wirklich existiert. Ist das nun Lüge oder Weisheit, Illusion oder Wahrheit? Kann Lüge sein, was unentbehrlich ist zum Leben? Es ist letztlich die Frage nach dem Sinn von Religion überhaupt, und wenn wir bisher betont haben, daß allein die Religion ein Vertrauen schenken könne, das die Lüge überflüssig und den Menschen zur Wahrheit fähig mache, so mutet es paradox an, wenn seit 200 Jahren die Religion selbst heute zunehmend in dem Verdacht steht, nur eine Illusion, nur eine barmherzige Lüge zu sein.

Dem spanischen Dichter *Miguel de Unamuno,* der unter dieser Problematik sein Leben lang gelitten hat, verdanken wir die in gewissem Sinne autobiographische Erzählung von »San Manuel Bueno, Mártir« (Madrid 1933)[47], in der sich der Konflikt von Zweifel und Glaube in der Tragik der barmherzigen Lüge auf einzigartige Weise ausspricht. Der Roman enthält die angeblichen Aufzeichnungen der Angelina Carballino über das Leben des Pfarrers von Valverde de Lucerna, des Priesters Manuel Bueno, den der Bischof wegen seiner Menschlichkeit selig sprechen will. Angelina hat bei den Aufzeichnungen für den Seligsprechungsprozeß jedoch das wichtigste verschwiegen, das sie nun in ihren Memoiren nachträgt: daß Manuel nämlich sein Leben lang sich um den Glauben wohl bemüht, ihn aber nie gefunden hat. Nur aus Mitleid predigte er den Leuten seiner Gemeinde von der Güte und Gerechtigkeit Gottes und der Unsterblichkeit der Seele, – er selbst vermochte niemals wirklich daran zu glauben. Einzig dem aus Amerika heimgekehrten Bruder Angelinas, dem Freidenker und Atheisten Lázaro, offenbarte er sein Geheimnis, daß er die unerträgliche und tödliche Wahrheit der Gottlosigkeit den einfachen Leuten nicht erklären könne. Auch der Atheist Lázaro läßt sich indessen von der Warmherzigkeit und Hilfsbereitschaft Manuels überzeugen: im Dienste des Mitleids bekennt auch er sich zu einer Religion, die dem Verstand als unwahr, dem Herzen aber als notwendig erscheint.

Kann es eine Wahrheit geben, die nicht menschlich, und eine Barmherzigkeit, die nicht wahr ist? Diese Frage stellte sich *de Unamuno* immer wieder. Wenn es für den Menschen unmöglich ist, den Glauben an Gott und an die Unsterblichkeit der Seele zu verleugnen, ohne an seinem Verstand wahnsinnig zu werden, ist es dann nicht für den Menschen das Allernatürlichste und Naturnotwendige, sich mit ganzem Herzen diesem Glauben hinzugeben?[48] Und wiederum: wenn es zur Natur des Menschen gehört, an einen Gott zu glauben und in der Liebe die Unsterblichkeit des Menschen zu entdecken, wenn es ferner feststeht, daß nur vermöge eines solchen Glaubens der Mensch zu seinem natürlichen Maß und seiner Bestimmung zu finden vermag, ist dann die Notwendigkeit dessen, was dem Verstand zunächst als »Illusion« und »Lüge« erscheint, nicht gerade ein *Beweis* für die Wahrheit dieser Überzeugung? Vielleicht träumt, dichtet und »lügt« unser Herz nur noch nicht genug, um unseren Verstand zu überzeugen? Und womöglich sind die Wolken trotz allem doch Kopfkissen? Denn offenbar braucht unser Haupt den Himmel, um daran auszuruhen. Oder, wie *Pascal* sagte: »Atheismus ist Kennzeichen eines starken Geistes, aber nur bis zu einem gewissen Grade«[49], bzw.: »Es ist das Herz, das Gott spürt, und nicht die Vernunft. Das ist der Glaube: Gott spürbar im Herzen und nicht in der Vernunft.«[50] Wenn einzig der Glaube den Menschen zur Wahrheit befähigt, so ist er selbst die Wahrheit des Menschen, gelebt im Vertrauen und entdeckt in der Liebe; die Lüge aber, und besonders die barmherzige, ist nur die unterste Stufe zum Tempel der Menschlichkeit.

VII. Vom Problem des Selbstmords oder: Von einer letzten Gnade der Natur

Es ist doch gewiß, daß in der Welt den Menschen nichts notwendig macht als die Liebe.

Goethe, Die Leiden des jungen Werther

Es ist nicht wahr, daß Gott die Welt so eingerichtet hätte, daß es für alle Notlagen des Lebens einen Ausweg gäbe.

Am Tage, da ich diesen Artikel zu schreiben beginne, schied *Arthur Koestler* zusammen mit seiner Frau Cynthia (54) im Alter von 77 Jahren, wie man zu sagen pflegt, »freiwillig« mit Hilfe von schmerzlos wirkendem Gift aus dem Leben. Er hatte sich gegen den Terror des Bolschewismus in Ungarn aufgelehnt, gegen Francos Falangisten gekämpft, er saß in Haft als politisch verdächtig sogar noch in London, er hatte auf jedem nur erdenklichen Wege als Mensch und als Schriftsteller sich und den andern zu zeigen versucht, daß weder die Natur noch die menschliche Gesellschaft eine nach mechanischen Gesetzen ablaufende Apparatur darstellt: – auf jeder Stufe der Evolution erscheint etwas, das sich dem Zugriff eines reduktiv-kausalen Denkens entzieht, das »Gespenst in der Maschine«, wie er es nannte[1], Grade der Freiheit, die zeigen, daß wir mehr sind als ein »Stiftchen an der Drehorgelwalze«, um mit *Dostojewski* zu sprechen[2]. Dieser Überzeugung ist *A. Koestler* treu geblieben bis zuletzt. Er litt an Leukämie und Schüttellähmung, und er war Vizepräsident der Vereinigung Exit. Der Tod mag biologisch im Leben des Einzelnen ein unausweichliches Schicksal sein, – die Art und den Zeitpunkt des Sterbens, meinte *Koestler, muß* und kann ein Mensch selber freiwillig bestimmen dürfen. Aber: nach welchen Gesichtspunkten soll er den Zeitpunkt und die Art des Todes wählen? Und, prinzipiell gefragt: soll er das Recht zu einer solchen Wahl überhaupt haben und in Anspruch nehmen dürfen? Diese Frage stellt *Arthur Koestlers* Leben und sein Tod.

Zwei Ansichten zur Frage des Suizids, die sich im Grunde gegenseitig bedingen, sind beide ebenso verbreitet wie verkehrt.

Die eine ist meisterlich von *A. Camus* in »Der Mythos von Sisyphos« formuliert worden und lautet, der Selbstmord bilde eine falsche Antwort auf die Absurdität des menschlichen Daseins, er sei gewissermaßen eine Verwechslung der Ursache mit dem Zweck des »metaphysischen Protestes«[3] gegen die »blutige Mathematik«[4], mit der die Gesetze der Natur über das Leben des Einzelnen verfügen: die offenbare Sinnlosigkeit, mit der menschliches Leben, bezogen auf jeden Einzelfall, launisch und willkürlich in den Schmelztiegel der Natur zurückgenommen werde, spricht nach *A. Camus* so sehr jeder menschlichen Sinnerwartung Hohn, daß man die menschliche Existenz nur im moralischen Widerspruch zur Natur begreifen kann – als eine elementare Revolte gegen den Todfeind aller, gegen den Tod; dieser Protest aber wird nach *Camus* vertan, wenn man, statt das Leben gegen den Tod zu schützen und in seinem absoluten Wert zu entdecken, des Todes selber als eines Mittels zu Mord oder Selbstmord sich bedient. Gerade weil das Leben absurd ist, darf man diese Absurdität nicht verleugnen, indem man in Form des Selbstmordes der Seite des Todes Recht gibt gegenüber dem Leben; es gilt vielmehr, die objektive Sinnlosigkeit des Daseins in heroischem Protest zu ertragen und gegen den Tod die unzerstörbare Suche nach dem Sinn des menschlichen Daseins niemals aufzugeben. Der Selbstmord ist kein legitimer Ausweg, *weil* das Dasein absurd ist.

Gerade umgekehrt argumentiert die vorherrschende Mehrheit der Theologen des christlichen Lagers: der Selbstmord sei eine illegitime Handlung, weil sich darin eine endgültige Verzweiflung über die Absurdität des Daseins manifestiere, mithin das Gegenteil einer vertrauensvollen und gläubigen Gesinnung vorliege, wie sie von einem rechten Christenmenschen zu erwarten sei. Fernerhin spielt das positivistische Argument eine große Rolle, der Selbstmörder maße sich ein Recht an, das allein Gott zustehe: über Tod und Leben zu entscheiden; einzig Gott sei Herr des menschlichen Schicksals; einzig er dürfe Art und Zeitpunkt des Todes bestimmen.[5]

Beiden Positionen ist gemeinsam, daß sie im Selbstmord einen Akt erblicken, in dem eine Grundentscheidung über Wert und Unwert, Sinn und Unsinn, Lohn und Entfremdung des Daseins im ganzen getroffen werde, und eben darin irren sie beide groß, indem sie die faktische Entscheidung über Leben und Tod im Suizid mit der Absicht bzw. mit dem Motiv verwechseln, das der Selbstmordhandlung zu Grunde liegt.

Es mag sein, daß mitunter beides identisch ist – im Bilanzselbstmord z. B., wenn jemand aus dem Leben geht, weil er nach reiflicher Überlegung zu dem Ergebnis kommt, daß weder sein noch irgendeines Menschen Leben es lohnen und verdienen, da zu sein. »Denn alles, was entsteht, ist wert, daß es zu Grunde geht«[6], – würde nach diesem

Satz Mephistos ein Selbstmord vollzogen, so läge hier in der Tat eine Wertung des Daseins im ganzen vor. Aber so verhält es sich fast nie. Ein Mädchen, das sich mit 17 Jahren vor einen Zug werfen will, hat durchaus nicht die Absicht, ein Urteil über das Dasein im ganzen abzugeben; es will weder die Nichtigkeit des Daseins manifest machen noch die Seinsdichte des umlagernden Seienden negieren; es will lediglich die Konsequenz aus der Tatsache ziehen, daß es so wie bisher nicht weiterleben kann, daß ihm bestimmte Personen, Ängste, Schuldgefühle oder Zwänge den Weg zum Leben scheinbar endgültig versperren und es das Unleben, in das es verbannt ist, nicht länger mehr aushält. Ein 18jähriger, der sich als Magersüchtiger monatelang dem Tod entgegenhungert, bestreitet keinesfalls, daß jedes Lebewesen, gleich ob Hase oder Elefant, ein Recht zum Leben hat; wohl aber hat er die schlimmsten Schuldgefühle zu glauben, daß so etwas wie er selbst berechtigt sei zu leben. Kennzeichnend für die Psychologie des Selbstmords ist zumeist gerade nicht die Weite des Entscheidungshorizontes und die Fundamentalität der Stellungnahme, sondern gerade das Gegenteil: die außerordentliche Verengung des Blickfeldes und die vorüberhastende Oberflächlichkeit der Situationsanalyse. Fast immer ist die einzelne Selbstmordhandlung, selbst nach langen vorangegangenen Depressionen, ein Augenblicksentschluß, eine rein situative Reaktion, und eben so, als Reaktion auf ein bestimmtes Augenblickserleben, ist der Selbstmord zunächst zu betrachten[7], will man seine unmittelbare Psychodynamik verstehen und von dorther zu den komplizierteren Verflechtungen von Einzelhandlung und Persönlichkeitsstruktur, von Persönlichkeitsstruktur und Welterleben und schließlich zur moraltheologischen Bewertung des Selbstmords selber aufsteigen.

Der Suizid als Vagustod bzw. als Konflikt zwischen Es und Ich

Ein Kindheitserlebnis ist mir bis heute unvergeßlich. Es war während eines Bombenangriffs 1944; ein Stollen, den man in die Böschung eines Waldabhangs hineingetrieben hatte, bot etwa 200 Menschen notdürftigen Unterschlupf, – die Detonationen der Bomben auf der zu dünnen Decklage verbreiteten oft genug während der Bombardements Schrekken und Panik. Im Bunker, zur Verwunderung aller, geschah es nun, daß während eines solchen Luftangriffs mitten unter all den Schreienden und Weinenden einmal eine Frau in tiefsten Schlaf verfiel, – anscheinend infolge ihrer beneidenswert guten Nerven. Die Wahrheit, die niemand in diesem Augenblick erkennen mochte, sah freilich anders aus: mehr als alle anderen hielt diese Frau die Situation in dem Bunker endgültig für *aussichtslos*, und sie reagierte, wie es in einem Gnadenakt der Natur aus dem Erbe der Evolution in Situationen der Aussichtslosigkeit vorgesehen ist, mit letalen Mechanismen[8]; indem sie auf Grund persönlicher Erlebnisbereitschaften, abweichend vom Urteil der anderen, der Situation im Bunker die Bedeutung der Aussichtslosigkeit verlieh, trat psychisch und physisch eine Vaguspräponderanz bei ihr ein, die in letzter Konsequenz den sog. Vagustod eingeleitet hätte. In analoger Weise stirbt mitunter z. B. eine Gazelle, die dem verfolgenden Geparden nicht mehr entkommen kann, einen Vagus-Herztod, noch bevor sie von den Prankenhieben des Raubtiers niedergestreckt wird; so sterben Mäuse, die man in einem Glasbehälter gefangen setzt, bereits durch den bloßen Anblick einer Katzenattrappe; so können Ratten in wenigen Minuten tot sein, wenn man sie in ein Wasserbecken wirft, aus dem sie aus eigenen Kräften nicht entkommen können[9].

Die subjektive Ausweglosigkeit oder: Die Verunendlichung des Endlichen – ein Beispiel

Um das Problem mancher Suizidhandlungen zu verstehen, ist es wichtig, die Selbstmordneigung im angegebenen Sinne als Vagusreaktion auf das Erleben der Ausweglosigkeit zu deuten: in dem Moment, wo eine bestimmte Situation als endgültig hoffnungslos erlebt wird, setzt wie von selbst eine letale Reaktion ein, deren Vorstadien sich in einer Vielzahl depressiver Gefühle und psychosomatischer Symptome niederschlagen können, wie Apathie, Müdigkeit, Antriebsverlangsamung, essentielle Hypotonie, Herzrhythmusstörungen, negativistisches Denken, Sehnsucht nach Ruhe in jeder Form bis hin zum Tod: – *Freuds* Theorie von dem Verlangen nach der Rückkehr ins Anorganische ist die wohl beste Formulierung eines solchen Eindrucks vollkommener Ausweglosigkeit[10]. Aber wenngleich die Vagusreaktion sich selbst auch als Stellungnahme auf ein *totales* Welterleben darbietet, so ist sie dies *objektiv* doch durchaus nicht. Paradoxerweise beruht die Totalität des vagotonalen Erlebens zumeist gerade darauf, daß der subjektive Gesichtskreis im Erleben der Ausweglosigkeit durch Ängste aller Art vollkommen eingeengt ist. Nie ist ein Mensch weniger imstande, zum Dasein im ganzen Stellung zu nehmen, als in dem Augenblick, da er sich gedrängt sieht, sein Dasein objektiv endgültig zu zerstören, und das eigentliche Problem des Suizids besteht psychologisch vor allem in der Frage, wodurch es möglich ist, die Wahrnehmungsfähigkeit eines Menschen tatsächlich so weit einzuengen, daß ihm die ganze Welt auf Grund relativ begrenzter Schwierigkeiten als ausweglos erscheinen mag. Eine moraltheologische Beurteilung der Suizidhandlung, die sich dieser Frage verschließen wollte, indem sie das, was im Selbstmord objektiv als Faktum geschieht – die Verneinung des Daseins im ganzen –, auch schon mit dem gleichsetzt, was subjektiv als Ziel im Suizid gemeint und gewollt wird, würde sich den Vorwurf gefallen lassen müssen, äußerst kurzschlüssig, voreilig und »abstrakt« in schlechtem Sinne: als Verhärtung des Begriffs gegenüber der Wirklichkeit, zu urteilen.

Tatsächlich hat die psychoanalytische Untersuchung des Suizid-Problems gezeigt, daß die Einengung des Gesichtsfeldes beim Selbstmord, die Absolutsetzung relativer Schwierigkeiten bzw. die Totalisierung von begrenzten Teilproblemen, nicht durch die objektiven Lebensumstände zu erklären ist, sondern eine Ichstruktur und eine Weise der Konfliktbearbeitung voraussetzt, die immer wieder gewisse destruktive Gesetzmäßigkeiten in Psychodynamik und Genese aufweisen.

Schon *S. Freud* hatte in »Trauer und Melancholie« (1916) darauf hingewiesen, daß der Selbstmord eigentlich einem Mordversuch an einer nahestehenden Bezugsperson gleichkommt, die im Ich verinnerlicht wurde und mit starken Ambivalenzgefühlen sowohl geliebt wie gehaßt wird[11]; im Selbstmord richtet sich die Aggression eigentlich gegen diesen anderen im eigenen Ich, aber man ist mit ihm so eng verschmolzen, daß man ohne ihn allein nicht leben zu können glaubt, und so vernichtet man sich gewissermaßen anstelle dieses anderen. *Freud* sprach deshalb von einer Regression zu dem primären Narzißmus, bei dem das Ich den anderen gewissermaßen noch als Teil seiner selbst betrachtet. Die Absicht, den anderen aus dem Weg zu räumen, ihn zu bestrafen oder sich an ihm zu rächen, ist noch so stark, daß man darüber förmlich die Realitätskontrolle verliert und es subjektiv bedeutungslos wird, daß man sich im Kampf gegen den anderen selbst zugrunde richtet. Entscheidend ist dabei, daß man sich aus Angst, Schuld- oder Minderwertigkeitsgefühlen nicht imstande fühlt, den anderen in der Wirklichkeit zu entfernen oder sich selbst von ihm zu lösen; die Objektbeziehung stellt vielmehr nach wie vor die Grundlage des eigenen Selbstwertgefühls und der eigenen Selbstachtung dar, und man bekämpft leidenschaftlich den anderen als eine Instanz, deren Urteil man inhaltlich nicht anerkennen will, obgleich man sich dennoch absolut daran gebunden fühlt. Insofern steht psychodynamisch im Hintergrund des vagotonalen Suizids fast immer ein Kampf auf Leben und Tod, wie man den anderen zu einer Anerkennung der eigenen Person zwingen kann, die es einem erlauben würde zu leben.

Eine Frau im süddeutschen Raum z. B.[12], die sich selbst stets in der Rolle des Hamlet gegenüber ihren Eltern sah, haßte im Grunde ihre Mutter seit Kindertagen dafür, daß sie an ihrer Seite niemals das Gefühl hatte gewinnen können, in den Verrichtungen des Haushalts so ordentlich, sauber, souverän und gesellschaftlich gewandt zu sein, wie ihre Mutter es unerbittlich forderte und verkörperte. Für die Mutter selbst war die Wahrung der äußeren Fassade in der Tat zum Lebensinhalt geworden, nachdem sie mit ihrem Mann im Ausland zu leben gezwungen war und ihre Ehe einzig auf dem Motiv der gesellschaftlichen Reputation basierte. Gerade aus Enttäuschung an der Lieblosigkeit, Kälte und Äußerlichkeit dieser Lebensweise hatte die Tochter sich um die Zeit des Schulbeginns verzweifelt um die Gunst ihres Vaters zu bemühen versucht, indem sie durch Intelligenz und schulischen Erfolg zu imponieren trachtete. Der Haß auf ihre Mutter indessen lief sehr früh auf einen Haß auch auf die eigene Geschlechtsrolle hinaus, eine Form der Selbstablehnung, die noch durch die Haltung des Vaters – und seiner Umgebung – verstärkt wurde, daß Frauen durchaus minderrangige Wesen seien. Die enge Bindung an den Vater und die auffallende Schönheit des heranwachsenden Mädchens führten freilich dazu, daß der Vater, ein patriarchalischer Machtmensch, sich seiner eigenen Inzestneigungen nur durch ans Sadistische grenzende Mißhandlungen gegenüber seiner Tochter zu erwehren vermochte. Das Mädchen scheiterte mithin sehr früh gerade an dem Erfolg, den es als Frau eigentlich hätte erringen können und den es mit seinen hochkompensierten männlichen Idealbildungen eigentlich zu erreichen wünschte. Gewissermaßen zum Ersatz für dieses in jeder Hinsicht nach innen widersprüchliche und nach außen verbarrikadierte Leben verlangte der Vater jedoch, daß seine Tochter in den Augen der anderen die Rolle einer »Frau zum Vorzeigen« spielte – einer grellgeschminkten Schönheit, die in jedem Theaterfoyer unfehlbar den gewünschten Eindruck hinterlassen mußte. Das Sebstwertgefühl der damals 17–20jährigen aber mußte durch dieses Ansinnen noch weiter erschüttert werden: mit Recht empfand sie sich im Grunde als den Lockvogel für Vaters Ehrgeiz, und in den engen Fesseln der väterlichen Bindung gelangte sie niemals dazu, für sich selbst aus der Rolle der narzißtischen Selbstbefriedigung ihres Vaters Vorteile zu schlagen. Was Wunder also, daß sie, als Einzelkind aufgewachsen und dann in Internaten quer durch Europa verschoben, in der Phantasie um so heftiger von einem Mann träumte, der sie wie eine verwunschene Prinzessin erlösen und heimführen werde? In einem jungen ausländischen Studenten glaubte sie denn auch bald mit 20 Jahren ihre Sehnsucht auf das vorteilhafteste verwirklicht, mußte dann aber erleben, daß sie in einer äußerst prekären Situation von dem jungen Caballero höchst unritterlich im Stich gelassen wurde. Es geschah um diese Zeit, daß sie zugleich die Möglichkeit verlor, jemals eigene Kinder zu bekommen. Umso mehr suchte sie, nach einer baldigen Heirat mit einem Mann gleichen Berufs wie ihr Vater, die Rolle einer aufopfernden Mutter besonders sorgfältig zu spielen: während ihre Ehe an ständigen Übertragungsproblemen kriselte und in vielen Punkten zu einem Spiegelbild des eigenen Elternhauses gedieh, widmete sie sich mit großer Bemühtheit zwei Kindern[13], denen sie all das an Zuwendung zu schenken suchte, was sie selbst als Kind so sehr entbehrt hatte; vor allem mußten die Kinder ihrerseits das stark gestörte Selbstwertgefühl ihrer Pflegemutter stabilisieren helfen, die in ihnen einen Ersatz für ihre Jugend, ihre Gattenliebe und ihre gesellschaftliche Achtung sah sowie eine letzte und äußerste Gelegenheit, sich ihrer Mutter gegenüber als Frau zu beweisen. Natürlich waren die Kinder mit all diesen narzißtischen Anforderungen ihrer Pflegemutter überfordert und wiesen bald gewisse Störungen (Bettnässen, Stottern u. a.) auf, die wiederum die Mutter mit Panik erfüllten. Dramatisch entwickelte sich der Konflikt jedoch, als die Frau wider ihren Willen gezwungen wurde, sich auf ein wesentlich erweitertes Hauswesen vorbereiten zu müssen: Sinnes, das Beste für seine Familie zu tun, hatte der wohlverdienende Gatte den Plan gefaßt, den Haushalt in gewisser Weise erheblich zu vergrößern, – für die Frau erneut ein schrecklicher Gedanke, den womöglich noch erweiterten gesellschaftlichen Erwartungen nicht gerecht zu werden, und der Beginn einer tödlichen Krise.

In der Genese dieser Frau lassen sich die Hauptkomponenten einer suizidalen Entwicklung bis hierher sehr klar ablesen: am Anfang die zentrale Störung der Mutter-Kind-Beziehung, mit der Folge einer mangelnden Ich-Abgrenzung und einer unzureichenden Ich-Identität; es entsteht »ein narzißtisches Defizit im Sinne einer direkten Schädigung der Ich-Struktur«.[14] Dieses »Loch im Ich«[15] führt kompensatorisch zu einer Als-ob-Fassade,[16] hinter der sich archaische Ängste, starke destruktive Aggressionen sowie eine unauflösbare Symbiose mit den frühen verinnerlichten Bezugspersonen verstecken. Der erste Eindruck: »Ich muß wie Mutter sein, um leben zu können«, ist sehr früh der Angst gewichen: »Ich werde nie wie Mutter sein können«, und der Haß auf sich selbst wie auf die Mutter führte alsdann zu dem Wunsch, so zu werden, wie der Vater in der antithetischen Wunschphantasie erschien. Aber auch die Vateridentifikation mußte auf eine Fehlidentifikation mit sich selbst hinauslaufen, und als nach dem jahrzehntelangen Scheitern an der väterlichen Ablehnung die Patientin zu dem Ideal einer guten Mutter zurückkehrte, geschah dies nur unter der äußerst brüchigen und rein negativen narzißtischen Vergewisserung, ganz anders zu sein als ihre Mutter. In die Psychotherapie kam die Frau von Anfang an mit dem Verlangen, vom Therapeuten so anerkannt und geliebt zu werden, wie sie es von seiten ihres Vaters gewünscht hätte.[17] In dem Bemühen, als intelligent und gebildet zu gelten, las sie gerade die Bücher, die sie auf seinem Zimmertisch antraf, suchte sich in die Gedankenwelt des Therapeuten einzuleben, kurz, sie tat alles, um der Gespräche mit dem Therapeuten geistig »würdig« zu werden. Auf Grund ihrer hohen Introspektionsfähigkeit und beachtlichen Intelligenz gelang es in der Tat im Verlauf von zwei Jahren, der Frau ein stärkeres Selbstwertgefühl und ein gewisses Vertrauen in die Berechtigung ihrer eigenen Gedanken und Gefühle zu geben. Insbesondere die Erfahrung, sich gegenüber ihrem Ehemann besser verständlich machen zu können, ermöglichte nach und nach ein harmonischeres Grundgefühl. Die überdisziplinierte, stolze, »vernünftige« »Als-ob-Fassade« selbst aber war noch lange nicht genügend durchlöchert, als jäh und plötzlich die Katastrophe ihren Lauf nahm.

Es begann scheinbar harmlos – mit einer relativ geringfügigen Operation, durch die man bestimmte chronische Schmerzen der Patientin zu lindern hoffte. Körperlich geschwächt, mußte die Patientin eine Woche lang erleben, wie ihre Mutter zur Betreuung der beiden Kinder bei ihr einzog, und sie, die stets gedacht hatte, eine bessere Mutter zu sein als die eigene, sah sich mit der Tatsache konfrontiert, daß ihre Kinder auch die »Oma« recht lieb haben konnten; der Haushalt gedieh mustergültig, ihr Mann verstand sich mit seiner Schwiegermutter augenscheinlich recht gut, – die furchtbare Gewißheit reifte, im Grunde überflüssig, hinderlich, unfähig, lästig und gänzlich verkehrt und unberechtigt zu sein. Den Therapeuten wagte die Patientin gerade in diesem entscheidenden Moment nicht zu konsultieren, um ihn durch ihren Rückfall nicht zu enttäuschen und von ihm nicht für »dumm« gehalten zu werden; ihrem Mann fürchtete sie keine rechte Partnerin, ihren Kindern keine gute Mutter zu sein, und als sie schließlich zu einem Routinetermin den Therapeuten aufsuchte, verbarg sie sich so gut, schilderte ihre Not nur so zaghaft, bewahrte ihre Contenance so trefflich, daß erst am späten Abend des Tages eine Freundin das ganze Ausmaß ihrer Verzweiflung zu ahnen begann – zu spät. Am nächsten Morgen fand man sie erhängt in ihrem Zimmer, subjektiv in dem verzweifelten Bestreben, nur ja niemandem im Wege zu sein bzw. ihre in allem scheinbar so viel bessere Mutter nicht endgültig aus dem Weg räumen zu müssen. Die Frau war alle Wege gegangen: zunächst, um zu ihrer Mutter hinzufinden; dann, als dies nicht gelang, an ihr vorbei die Liebe ihres Vaters zu erringen, dann, im Kontrast zu beiden Elternteilen, ein erträumtes Idealbild von sich selber zu erreichen, – alles war ihr subjektiv mißlungen; als jetzt wider Erwarten plötzlich erneut ihre Mutter, ohne es zu wissen und zu wollen, als die vorbildlich-überlegene ihr in den Weg trat, war der letzte Ausweg zum Leben versperrt. Die Frau erlebte eine Situation als ausweglos, in der ihre Mutter ihr eigentlich nur für ein paar Tage hatte helfen wollen. Es endete mörderisch.[18]

Psychotherapeutisch zeigt der Fall, wie schwer es ist, die narzißtische Identifikation der meisten Suizidgefährdeten mit dem Therapeuten sowohl als Arbeitsbedingung zu akzeptieren als auch schonend genug zu relativieren. Es ist unerläßlich, ein Klima der Akzeptation aufzubauen, das zu stärkeren Ichbegrenzungen, einem Abbau der Überkompensationen und einer positiveren Identifikation mit sich selbst führt, aber es ist nicht selten fast unmöglich, bestimmten Enttäuschungsreaktionen und narzißtischen Kränkungen, die von überall her drohen können, rechtzeitig zuvorzukommen. Im entscheidenden Augenblick verwandeln sich für das suizidale Erleben gerade die an sich hilfreichen und hilfsbereiten Menschen der Umgebung in Wesen, die man vor dem eigenen Unwesen schützen und retten zu müssen glaubt,[19] und ihre sonst so erwünschte Nähe wird gerade dann zur größten Gefahr, wenn sie am meisten nötig wäre. Ein für den Außenstehenden recht begrenztes *endliches* Hindernis totalisiert sich im Erleben der Ausweglosigkeit zum Verhängnis der Welt im ganzen, und je mehr die »Sperre« als unendlich erscheint, desto mehr reduziert sich der Wert der eigenen Person auf Null. Hinzu kommt das Gefühl der Müdigkeit, der Leere, des Alles-Versuchthabens, der bodenlosen Enttäuschung an sich selber, des moralischen Zusammenbruchs, – der Selbstmord erscheint schließlich wie eine längst überfällige Exekution. Es kann im unmittelbaren Affekt von Protest und Zorn noch sein, daß der Suizidgefährdete seine Tötungsneigung auch subjektiv als Appell, als Vorwurf oder als Rache[20] gegenüber der Person erlebt, die sein Leben von innen her versperrt oder vergiftet; aber je länger der Anlaß des depressiven Rückstaus währt bzw. je mehr der Anlaß sich chronifiziert, um so unbegreifbarer erscheint dem Betroffenen in der Suizidneigung sein eigener Zustand; es ist, als wenn man einem Nachtfalter alle Lichter verdunkelt und nur noch das Feuer im Zimmer brennen läßt, – in dieses taumelt er wie in magischer Verführung auf der Suche nach seiner Freiheit.[21]

Insofern läuft die suizidale Vagusreaktion auf die Verunendlichung eines endlichen Lebenshindernisses hinaus, aber diese Sicht des Sachverhaltes ist nur einem Betrachter von außen möglich; im Innenraum des Erlebens erscheint das Hindernis als absolut, und der Selbstmörder vertraut sich gewissermaßen dem letzten Gnadenweg der Natur an, wenn er inmitten der ihm evidenten Ausweglosigkeit den Ausweg nach rückwärts »wählt«. Nie ist die Welt »enger« als in der Angst, die zum Tode führt, und nie ist ein Mensch weniger zu einer freien Entscheidung über das Dasein im ganzen imstande als in dem Augenblick, wo er allen endlichen Begrenzungen des Daseins durch eine absolute Negation meint entrinnen zu müssen, weil ihm ein Teilbereich des Daseins als die ganze Wirklichkeit erscheint. Eine moraltheologische Beurteilung des Selbstmords der subjektiven Ausweglosigkeit, wenn irgend sie nach »Schuld« und »Verantwortung« suchen will, wird stets auf ein Ursachengeflecht stoßen, in dem der Selbstmörder schließlich ohnmächtig zappelt wie ein Fisch im Netz. Kann ein Mensch noch deutlicher zeigen, wie sehr er das Opfer fremden Tuns ist, als wenn er selbst seinem eigenen Tun zum Opfer fällt? Im Hintergrund fast eines jeden Selbstmörders dieses Typs stehen Menschen, die selber nicht anders zu leben wußten als »in« anderen Menschen, – ein Suizid dieser Art ist eine verschobene Schuldhaftung, eine Bezahlung für das ungelebte Leben anderer. Der Vampir findet sein Opfer.

Die objektive Ausweglosigkeit oder: Die Verendlichung des Unendlichen

Im allgemeinen wird die Moraltheologie heute (!) wohl zugeben, daß sie in den Fällen eines vagotonalen Suizids infolge einer *neurotischen* Verunendlichung von an sich begrenzten Lebenshindernissen durchaus »unzuständig« ist. Immerhin könnte sie bereits an solchen Beispielen ersehen, wie wenig einer wirklichen Beurteilung seelischen Erlebens mit Begriffen gedient sein wird, die völlig abstrakt das menschliche Handeln nach bestimmten Normen des Guten und des Bösen einteilen, ohne sich von der *Tragik*, der Gegenfinalität und der völligen Ohnmacht in den Beziehungen zwischen den handelnden Personen im Umkreis einer Suizidhandlung Rechenschaft zu geben. Zudem wird es nicht angehen, das menschliche Verhalten in extremen Situationen in die Alternative von Krankheit (= Unfreiheit) und Sünde (= Freiheit) aufzuspalten, – die Grenzen sind fließend, und stets verschmelzen Freiheit und Unfreiheit dialektisch miteinander.

Gleichwohl gibt es Fälle, die durchaus nicht neurotisch sind. In diesen geht es nicht darum, daß ein rein subjektives (neurotisches) Erleben eine bestimmte endliche Situation verunendlicht und somit als aussichtslos reflektiert, sondern daß die objektiv bestehende Endlichkeit des Daseins selbst als Aussichtslosigkeit interpretiert wird. In solchen Fällen erhebt die Moraltheologie scheinbar zu Recht den Einwand, daß die Endlichkeit des Daseins in der Tat aussichtslos sei, aber *für den Gläubigen* seien die Einengungen des Daseins auf das Unendliche hin eröffnet; im Glauben könne es eine Aussichtslosigkeit des Endlichen prinzipiell kraft des Unendlichen nicht geben, und es müsse geradewegs als das Wesen des Unglaubens erachtet werden, die Endlichkeit absolut zu setzen bzw. die Energie der menschlichen Hoffnung, die nur im Unendlichen zur Erfüllung gelangen könne, auf das Endliche zu richten, nur um an den daraus notwendig folgenden Enttäuschungen in Verzweiflung zu geraten. Wenn es als Kennzeichen der *Sünde* gelten darf, sich absolut zum Relativen zu verhalten bzw. die Endlichkeit als die einzige bestehende Wirklichkeit zu betrachten[22], so scheint es in der Tat einem Akt des Unglaubens und der Sünde gleichzukommen, wenn jemand an der objektiven Hoffnungslosigkeit des Endlichen zerbricht und sich in seiner Verzweiflung in den Selbstmord flüchtet. Und in der Tat lassen sich einige gute Argumente für diese moraltheologische Position geltend machen.

Es hat in der Philosophiegeschichte immer wieder Denker gegeben, die das menschliche Dasein möglichst illusionslos zu betrachten suchten, – ihr Verdienst lag allemal darin, die oberflächliche Beruhigung der Philistermentalität gegenüber den wesentlichen Fragen der Existenz aufgebrochen zu haben. Wie kann ein Mensch leben, der so denkt wie der Prediger Salomonis: »Das Geschick der Menschenkinder ist gleich dem Geschick des Tiers: *ein* Geschick haben sie beide. Wie dieses stirbt, so sterben auch jene, und einen Odem haben sie alle ... alle sind sie aus Staub geworden, und alle werden sie wieder zu Staub« (Koh 3,19-20)? Gesetzt, diese Worte sind die letzte Wahrheit über die menschliche Existenz, so sind wir im Leben gefangen wie Tiere in der Falle, die nur den Zeitpunkt noch nicht kennen, da ihre Häscher sie schlachten werden. In diesem Falle braucht es nur noch der düsteren Größe des Kyrenaikers *Hegesias*[23], um, wie dieser um 400 v. Chr. in Alexandrien, die Menschen scharenweise zum Selbstmord zu überreden: Das Dasein selbst ist aussichtslos, man wird geboren, um zu sterben, und wenn man ein gewisses Maß an Wohlergehen nicht erreichen kann, – wozu dann leben? Immer ist der Hedonismus ein getarnter Pessimismus; Menschen aber, die nur das Endliche als wesentliche Bestimmung anerkennen, müssen notgedrungen mit dem Hedonismus vorlieb nehmen: »Es gibt nichts Besseres, als daß der Mensch fröhlich sei bei seinem Tun; das ist sein Teil. Denn wer will ihn dahin bringen, sich zu freuen an dem, was nach ihm sein wird?« (Koh 3,22) Wenn er aber der Freude entbehren muß, was bleibt ihm dann noch als der Tod?

Gegen diese Logik muß und wird die Moraltheologie mit Recht einwenden, daß der Glaube sich gerade über die Verzweiflung der Endlichkeit erhebt, daß er entschieden gegen die Reduktion des Daseins auf die irdische Existenz und damit gegen die Veräußerlichung des Daseins in jeder Form sein Veto einlegt und sich nicht damit abfinden wird, den Menschen lediglich als Teil des Endlichen zu bestimmen. Der Selbstmord als Ausdruck einer prinzipiellen Verzweiflung an der Endlichkeit des Daseins ist mit dem religiösen Standpunkt absolut unvereinbar. In dieser Feststellung liegt das Recht und die Pflicht der (christlichen) Moraltheologie, den Selbstmord vom Standpunkt des Glaubens aus als Sünde, ja, buchstäblich als Tod-Sünde zu bezeichnen. Vom Glauben her betrachtet ist das Dasein niemals als ganzes aussichtslos. An dieser Position ist grundsätzlich nicht zu rütteln.

Aber nun unterläuft der Moraltheologie der offenbar immer wiederkehrende Fehler der Abstraktion bzw. der zu schnellen Selbstberuhigung im allgemeinen, wenn sie glaubt, mit dieser Position das Problem des Selbstmords geklärt zu haben. Das hat sie mitnichten.

Man sollte meinen, daß es unendlich viel bedeute, wenn die absolute Hoffnung des Glaubens die Aussichtslosigkeit des endlichen Daseins ins Unendliche hinein aufbreche, und tatsächlich ist einzuräumen, daß sich durch die Kraft des Glaubens das Dasein im ganzen von Grund auf zu wandeln vermag. Aber nun hat man in der moraltheologischen Diskussion fast ausnahmslos so getan, als ob eine Entscheidung über den Sinn und die Hoffnung des Daseins im ganzen auch schon identisch wäre mit der Frage nach dem konkreten Sinn und der Hoffnung in jeder einzelnen Situation des Daseins; man hat stets unterstellt, daß ein gläubiger Christ *keine* endliche Lebenslage als aussichtslos interpretieren könne noch dürfe, eben weil prinzipiell das ganze Dasein ins Unendliche vom Glauben her eröffnet sei. Doch diese Betrachtungsweise ist ebenso unsinnig, wie wenn jemand erklären würde, daß niemand mehr an der Cholera zu sterben brauche, weil die Cholera prinzipiell im Labor besiegt sei: *Prinzipiell* mag der Sieg im Labor bereits erfochten sein, aber man interpretiert damit natürlich nicht die alljährliche Wirklichkeit der Choleraepidemie in manchen Entwicklungsländern. Man kann sehr wohl an die Hoffnung des Daseins im ganzen glauben und zugleich eine einzelne Situation als aussichtslos erleben, und zwar so, daß nicht, wie vorhin, subjektiv-neurotische Verzerrungen aus Angst eine bestimmte Situation als aussichtslos erscheinen lassen, sondern so, daß der Eindruck der Aussichtslosigkeit auf einer objektiv zu Recht bestehenden Erkenntnis der Wirklichkeit beruht.

Vier Formen dieser Möglichkeit lassen sich generalisieren, und sie sind es, die im Zusammenhang mit der Problematik des vagotonalen Selbstmords immer wieder diskutiert werden müssen, weil sie auf das engste mit der Beengtheit des Daseins, mit seiner Endlichkeit, zusammenhängen:

- *das Problem von unheilbarem Schmerz und unheilbarer Krankheit,*
- *das Problem von Alter und Siechtum als den beiden Formen der* natürlichen *Daseinsbegrenzung, sowie*
- *das Problem der Folter und*
- *das Problem des Bilanzselbstmords als den beiden Formen, in denen der Mensch selbst von innen oder von außen her dem Dasein* künstlich *eine Grenze setzt.*

Das Problem von unheilbarem Schmerz und unheilbarer Krankheit – die Frage der Euthanasie oder: Fragen an die Vorsehung Gottes

Es gibt im Buddhismus eine kleine Erzählung, die, parallel zu den Schwierigkeiten des Christentums mit dem Problem des Suizids, sich die Frage vorlegt, ob ein Mensch, der die Endlichkeit des Daseins prinzipiell überwunden hat, dennoch den physischen (oder seelischen) Schmerz über den eigenen Lebenswillen die Oberhand dürfe gewinnen lassen. Für die Buddhisten bestand das Problem nicht unmittelbar in der Frage von Hoffnung und Verzweiflung, sie forderten, ungleich praktischer und konkreter als die Rede des Christentums vom Glauben, daß der Mensch sich niemals mit endlichen Dingen, Wünschen oder Gefühlszuständen identifizieren dürfe: »Das ist nicht mein Selbst«, lautete die ständig zu übende Distanz der negativen Reflexion auf das eigene transzendierende Bewußtsein im Buddhismus. Von einem Menschen, der von der Anhänglichkeit an die Sinne, von der Verhaftung an die Endlichkeit und dem sie beherrschenden Gesetz der Vergeltungskausalität (des Karma) auf diese Weise frei geworden sei, glaubten die Buddhisten wohl erwarten zu können, daß er sich jeder Form des Leidens überlegen zeigen werde. Doch dieser Glaube trügt, wie die folgende Geschichte lehrt. »Als der Erhabene (sc. der Buddha, d. V.) einst am Eichhörnchenfutterplatz im Bambushain bei Rajagaha weilte, befanden sich die ehrwürdigen Sariputta, Mahacunda und Channa auf dem Geierberge. Damals war Channa schwer krank. Gegen Abend ging Sariputta zu Cunda und forderte ihn auf, mit ihm zu Channa zu gehen und nach seinem Befinden zu fragen. Sie gingen zu ihm, begrüßten ihn und setzten sich zu ihm, und Sariputta fragte Channa, wie es ihm gehe. Channa anwortete: ›Ich habe unerträgliche Schmerzen, die immer schlimmer werden. Ich will zum Messer greifen, ich wünsche nicht mehr zu leben.‹ Sariputta erwiderte: ›Der ehrwürdige Channa sollte nicht zum Messer greifen, er sollte am Leben bleiben! Ich wünsche, daß der ehrwürdige Channa am Leben bleibe. Wenn es dem ehrwürdigen Channa an Krankenkost oder an Arznei fehlt, will ich sie ihm besorgen, wenn ihm ein Krankenpfleger fehlt, will ich ihn pflegen. Der ehrwürdige Channa sollte nicht zum Messer greifen, er sollte am Leben bleiben, das wünsche ich‹. ›Lieber Sariputta‹, sagte darauf Channa, ›an Krankenkost und Arznei fehlt es mir nicht, auch einen Krankenpfleger habe ich. Ich folge auch schon lange dem Meister, und zwar gern, nicht widerstrebend. Es geziemt sich ja für einen Jünger, dem Meister gern zu folgen. Wenn ich jetzt zum Messer greife, so ist das nicht zu tadeln‹ ...« Sariputta befragte darauf den kranken Channa nach seiner Einstellung zu den Sinneswahrnehmungen und Gedanken, aber die Einstellung des Channa war ganz so, wie sie der buddhistischen Lehre entspricht: »Dies ist nicht mein, ich bin dies nicht, dies ist nicht mein Ich«, dachte Channa von allem, was Gegenstand und Inhalt von Gedanken, Empfindungen und Gefühlen sein kann, denn dies alles ist vergänglich, es kann daher nicht das wahre Ich sein. Desgleichen konnte man dem schmerzgepeinigten Channa auch nicht, wie Mahacunda es versuchte, mit dem Verdacht zusetzen, er schnüre sich selber durch Anhänglichkeit an die vergänglichen Dinge in die Welt des Leidens ein; – Channa erwies sich durchaus nicht als das Opfer seiner eigenen Begierden. Gleichwohl öffnete er sich, nachdem Sariputta und Mahacunda gegangen waren, die Pulsadern. Daraufhin nun befragte Sariputta den Erhabenen nach dem künftigen Schicksal Channas, und als dieser mit der Gegenfrage antwortete, ob Channa ihm nicht erklärt habe, daß er nicht zu tadeln sei, entgegnete Sariputta, es gebe aber sehr wohl in dem Dorf Pubbajira im Lande der Vajji Familien, die mit Channa befreundet seien und ihn nun tadelten. Da antwortete der Erhabene mit dem denkwürdigen Ausspruch: »Das mag sein, ... ich aber sage nicht, daß er deswegen zu tadeln sei. Wenn jemand, der den gegenwärtigen Leib ablegt, einen anderen Leib ergreift, dann sage ich, daß er zu tadeln ist. Das trifft aber bei dem Bhikkhu (sc. dem Mönch, d. V.) Channa nicht zu. Daß er zum Messer gegriffen hat, ist nicht zu tadeln.«[24]

Das Wort des *Buddha* hat an dieser Stelle des Pali-Kanons denselben Wert, den in Israel zur Zeit Jesu etwa eine halakhische Überlieferung besaß: sie bot in mündlicher Tradition eine rechtswirksame Entscheidung höchster Autorität. Es ist demnach in buddhistischer Sicht erlaubt, dem eigenen Leben ein Ende zu setzen, wenn das Motiv dazu nicht in einer Verhaftung an die Sinne und an die Welt der Endlichkeit besteht.[25] Dasselbe ist es im Grunde, was auch die christliche Moraltheologie verlangt: das menschliche Dasein soll und darf nicht auf die Endlichkeit reduziert werden. Aber der *Buddha* war realistisch genug, anzuerkennen, daß es Schmerzen gibt, die sich nicht durch Selbstdisziplin und Meditation auflösen lassen; er argumentierte auch nicht, was manche Fanatiker unter seinen Schülern hätten geltend machen können, daß man die Schmerzen als Folgen der Sünden vergangener Existenzweisen zur Läuterung auf sich nehmen müsse; ja, er verlangte sogar, daß die Angehörigen oder Freunde Channas, statt sich ob seines Selbstmords selber leidzutun, für das Verhalten des gepeinigten Mönchs Verständnis aufbrächten, – auch sie selber könnten in eine ähnliche Lage kommen.

Man kann die Einstellung des *Buddha* heute mit *Argumenten der Verhaltensforschung*, ja, der Physiologie stützen. Aus der Schmerzforschung ist bekannt, daß der Organismus über ein eigenes System verfügt, mittels von Endorphinen den physischen Schmerz erträglich zu halten[26]; gelingt dies nicht, so kann das gesamte Wahrnehmungsvermögen abgeschaltet werden. Aber eine solche Bewußtlosigkeit aus übergroßem Schmerz ist nie von langer Dauer, – kein Wesen in der freien Natur kann es sich leisten, längere Zeit ohne Wahrnehmung zu existieren; nach dem Aufwachen jedoch stellt sich die Frage von neuem, wie der Konflikt zwischen Lebenswillen und Schmerzempfinden ausgehen soll. Der Schmerz dient an sich dem Leben: er hat biologisch den Sinn, auf Schadstellen des Organismus hinzuweisen und als Warnsignal entsprechende Abwehrmaßnahmen einzuleiten.[27] Wenn jedoch derartige Maßnahmen nicht mehr zu treffen sind, wird der Schmerz in wörtlichem Sinne *sinnlos;* das aber muß ihn nicht hindern, in grimmiger Heftigkeit fortzubestehen und sich damit im Grunde aus einem Mittel in einen Selbstzweck zu verwandeln. Ist dieser Punkt erreicht, pervertiert sich im Grunde die Ausrichtung des Daseins im Schmerz: Das Schmerzempfinden sollte das Dasein vor Gefahren und mithin vor noch größeren Schmerzempfindungen schützen, es sollte also einem relativen Glücksempfinden dienen; beginnt der Schmerz diesen Sinn zu verlieren und sich schließlich als Summe aller anderen Empfindungen zu totalisieren, besteht zudem keinerlei Aussicht, unter den gegebenen Umständen eine Änderung zum Besseren herbeizuführen, so wird man nicht anders sagen können, als daß es nicht der Sinn des Daseins sein kann, diese Umkehrung von Mittel und Zweck im Schmerzempfinden als endgültig hinzunehmen. Wenn ein Mensch aufgehört hat, als Subjekt seiner Lebensvollzüge zu existieren, wenn er sich selber nur noch als Objekt und Opfer seines Schmerzes zu betrachten vermag, und dies unrettbar, so muß er von sich her berechtigt sein, als Mensch in Freiheit die Gnade eines Auswegs zu suchen, den die Natur in vergleichbaren Situationen bereithält: den Tod.

Ein gleiches muß von den Fällen unheilbarer *Krankheit* gelten. Angenommen, ein Mensch hat alles erreicht, was er sich vorgesetzt hat, es gibt kein Ziel, keinen Auftrag, keine Bestimmung seines Lebens mehr, um seinem Dasein Sinn und Richtung zu verleihen, er sieht nur noch den

Tod vor sich, – warum soll er dann nicht den Zeitpunkt des Todes selber wählen können? Diese Frage scheint schockierend, wenn man sie auf eine einzelne Handlung, auf einen einzelnen Tötungsakt bezieht. Aber die Grenzen zwischen der Einsicht in die Begrenztheit des Daseins einerseits und der willentlichen Begrenzung des Daseins andererseits sind bereits psychosomatisch äußerst fließend. Immer mehr beginnt, Gott Lob, die Erkenntnis Platz zu greifen, daß es nicht länger angeht, den Tod, wie bislang in der herkömmlichen Medizin, mit allen Kräften zu jagen wie ein wildes Tier, sondern daß es darauf ankommt, den Tod als einen Teil des organischen Lebens zu akzeptieren und ins Leben zu integrieren. Eigene Sterbekliniken, wie das Christopher-Krankenhaus in London, sind entstanden, um den Tod, statt ihn zu bekämpfen, wie einen Freund zu empfangen und sich auf sein sicheres Kommen vorzubereiten[28]. Aber gerade dieses Einverständnis mit dem Tod, dieses Wissen um die letzte Ausweglosigkeit der irdischen Existenz ist es, was die Ärzte, z. T. mit Recht, um den vielleicht noch möglichen Erfolg ihrer Behandlungsmaßnahmen fürchten läßt: der Tod, den man bei sich einläßt, kommt auf schnellen Füßen!

Von manchen sog. »Primitiv«-Völkern weiß man, daß sie die Fähigkeit besaßen, den Tod mit Bewußtsein herbeizurufen, wenn die Zeit dazu reif war[29]. *H. Melville* z. B. beschreibt in seinem berühmten Walfänger-Roman »Moby Dick«, wie der Harpunier Quiqueg, als er in den Kanus von Nantucket die Totenboote seiner Heimat wiedererkennt, zu sterben *beschließt:* auf das genaueste läßt er sich vom Bordzimmermann einen Sarg nach seinen Maßen herrichten und setzt sich daneben, um zu sterben; nichts vermag ihn aus seiner suizidalen Selbsthypnose zu befreien, außer der plötzlichen Erinnerung an eine noch ungetane Pflicht; *die* zu erledigen gilt ihm in diesem Moment mehr als die Gewißheit des eigenen Todes;[30] die Frage aber, die Quiquegs Verhalten exemplarisch auslöst, stellt sich immer wieder unausweichlich: wo psychosomatisch eigentlich die Grenze zwischen dem Erleben des herannahenden Todes und dem eigenen Herbeirufen des Todes besteht, – es gibt eine solche Grenze nicht, und die Bereitschaft, in die Notwendigkeit des Sterbens aktiv-bejahend einzuwilligen, berührt sich auf das engste mit der Bereitschaft, freiwillig den Tod heraufzuführen. Die nordamerikanischen Indianer z. B. konnten nicht nur ihren Tod bereitwillig erwarten, – sie setzten sich in den Dämmerungen des Todes, wenn sie ihr Ende nahen fühlten, abseits vom Lager zum Sterben nieder, nicht ohne zuvor von den Angehörigen Abschied genommen und den Zeitpunkt ihres Scheidens auf Tag und Stunde genau vorherbestimmt zu haben. Diese Indianer ließen den Tod nicht einfach an sich heran, sondern sie riefen ihn geistig herbei bzw. sie gingen ihm entgegen: sie starben mit ihrer Seele, noch ehe der physische Tod sie erreichte. Man wird sagen, daß es zwei ganz verschiedene Verhaltensweisen seien, »alt und lebenssatt«, wie das alte Testament sagt, aus dem Leben zu treten, oder sich einem gewissermaßen unhaltbar gewordenen Leben durch Selbstmord zu entziehen. Aber ein solcher Unterschied besteht nicht so sehr in der inneren Einstellung als vielmehr in den Mitteln, den Tod herbeizuführen: Der Indianer, der durch *seelische* Einwirkung auf sich selbst in den Tod geht, braucht nicht zu Mitteln physischer Gewalt Zuflucht zu nehmen. Dieser Unterschied ist gewiß ganz erheblich, – er ist etwa so groß, wie die Differenz zwischen der Ekstase eines Mystikers und dem Rausch eines Alkoholikers, und es macht unzweifelhaft einen Sinn, sich selber dahin zu erziehen, die letzte Ekstase des Daseins, den Tod, mit *geistigen,* nicht mit physischen Mitteln zu vollziehen. Aber das ist etwas anderes als die Frage, mit der wir es hier zu tun haben: ob man das Recht hat, das eigene Leben überhaupt *willkürlich* abzukürzen.

Bei Licht besehen, richtet sich das herkömmliche moraltheologische Verdikt des Selbstmords wesentlich gegen eben diese vermeintliche Willkür der Suizidhandlung. Argumentiert wird für gewöhnlich, nur Gott, der Herr des Lebens, habe das Recht, die Art und den Zeitpunkt des Todes zu bestimmen; der Mensch maße sich göttliche Rechte an, wenn er sich weigere, den Tod demütig aus den Händen seines Schöpfers entgegenzunehmen. Dieses Argument wird oft gebraucht, um den Selbstmord als ein sündhaftes Wie-Gott-sein-Wollen zu brandmarken, aber es ist keinesfalls überzeugend. Nicht nur, daß die logische Struktur dieser Argumentation das Verhältnis von Gott und Mensch wesentlich voluntaristisch-autoritär beschreibt, – es wird vor allem so getan, als wenn die unmittelbaren Ursachen des Todes nach Art einer speziellen göttlichen Fügung ausgelegt werden könnten, und auch hier liegt wiederum ein Kurzschluß zwischen Abstraktion und Konkretion vor.

Es ist theologisch sinnvoll, ganz allgemein das menschliche Dasein zwischen Geburt und Tod als gottgewollt zu betrachten; aber es ist bereits absurd, die faktischen Zufälligkeiten der *Entstehung* eines einzelnen Menschenlebens mit einem positiven Entschluß des göttlichen Schöpferwillens im einzelnen in Verbindung zu bringen[31]; wer sich zu Gott als seinem Vater und Schöpfer bekennt, spricht von dem *existentiellen* Grund seines Daseins, nicht von seinen biologischen Ursachen, die ganz und gar kontingent sind. Und gleichermaßen verhält es sich mit der Tatsache und den Umständen des *Sterbens.* Es ist eine schlechterdings unsinnige Aussage, mit dem Blick auf die äußeren Todesursachen davon zu sprechen, daß Gott einen Menschen zu sich gerufen habe, es sei denn, man wollte geradewegs zu einem Weltbild zurückkehren, in dem Blitz, Erdbeben, Hochwasser, Vulkanismus oder Pestilenz als Gottesurteil aufgefaßt wurden. Man darf sich nichts vormachen: im Verlauf von Jahrmillionen kollidieren im Weltall ganze Milchstraßen mit vielen Milliarden Sonnen, – das Leben vieler Sterne und Planenten kann ein »Irrtum« sein! Auf der Ebene der äußeren Tatsachen sterben Menschen ebenso zufällig wie sie geboren werden, – der einzige unmittelbar wirksame Wille zu ihrem Tode muß schon der eigene sein[32]. Wer diese Prämisse theologisch bzw. naturphilosophisch anerkennt, wird nicht an dem Eingeständnis vorbeikommen, daß es unzählige völlig sinnlose, nach menschlichem Maßstab grausame, empörend ungerechte, widerwärtige und ekelhafte Todesarten gibt, die mit keinem besonderen Ratschluß eines gütigen und weisen Gottes vereinbar sind. Wenn wir die menschliche Intelligenz allenthalben damit befaßt sehen, die Welt der Tatsachen, soweit sie den Menschen tangieren, mit den menschlichen Vorstellungen von Sinn, Gerechtigkeit und Würde in Übereinstimmung zu bringen, wieso sollte ihr dabei der Bereich des Todes entzogen bleiben? Der Größe und dem Machtanspruch Gottes jedenfalls wird man nicht dadurch ins Gehege kommen, daß man die demütigenden und erniedrigenden Umstände des Todes vermenschlicht. Nicht der Tod an sich, wie *A. Camus* meinte, ist absurd, – er ist ein unerläßlicher Bestandteil der organischen Chemie –, aber die Umstände und Ursachen des Todes können oft genug absurd anmuten, und mindestens in dem Umfang menschlicher Voraussehbarkeit muß es erlaubt sein, sich gegen das Unzumutbare zu verteidigen. M. a. W.: *Arthur Koestler* hatte Recht.

Eine andere Sorge der traditionellen Moraltheologie richtet sich eigentlich nicht gegen die Erlaubtheit des Suizids, sondern entstammt der Befürchtung, mit dem Selbstmord sogleich auch die *Euthanasie* mitzubilligen. Tatsächlich gibt es logisch zwischen beiden Problemkreisen unauflösbare Zusammenhänge. Besteht der Wunsch unter Umständen zu Recht, sich das Leben zu nehmen, so kann es gegebenenfalls nicht ausgeschlossen werden, jemandem aktiv Sterbehilfe zu leisten.

Gewiß, man kann kirchlicherseits, wie es immer wieder geschieht, die

Tragödien des Lebens bagatellisieren[33] oder als das Ergebnis unlauterer Motive interpretieren; aber man erreicht damit nur, daß die Betroffenen sich grob mißverstanden fühlen und die Kirche selbst sich den nicht unberechtigten Vorwurf zuzieht, das Leid vieler Menschen nicht verstehen zu wollen, nur um an einem absurden Schwarz-Weiß-Bild moraltheologischer Eindeutigkeiten von Gut und Böse festhalten zu können. Wohl gibt es gerade an den Grenzzonen des Lebens immer wieder die Gefahr des Selbstbetrugs, und insbesondere bei Entscheidungen, die absolut irreversibel sind, wie die Euthanasie, ist mehr als irgend sonst darauf zu dringen, die eigenen Motive so gründlich wie möglich zu prüfen und zu läutern. Mitleid kann getarnter Egoismus, Hilfsbereitschaft verdrängter zwangsneurotischer Sadismus, das eigene Engagement die Folge verkappter Herrschsucht sein; trotzdem bleiben Fälle genug übrig, in denen die Euthanasie unabweisbar ist.

In einer Gesprächsrunde über *B. Wickis* Film »Die Brücke« (1959) brach vor Jahren ein Lehrer, der mich in der Volksschule unterrichtet hatte und dessen Menschlichkeit ich schon als Kind schätzen gelernt hatte, in große Erregung aus; die Diskussion berührte die Szene, in der ein Schwerverwundeter, dessen Gedärme aus der zerschossenen Bauchdecke hervorquollen, laut schreiend darum flehte, erschossen zu werden. Ganz ähnlich hatte dieser Lehrer es 1944 (?) in Rußland erlebt, als einer seiner Kameraden von einer Handgranate zerrissen wurde; die deutschen Linien waren von starken feindlichen Verbänden überrannt worden, die eigene Einheit floh in alle Richtungen auseinander, an eine Versorgung oder an einen Abtransport des tödlich Verwundeten war überhaupt nicht zu denken, – die Russen rückten rasch vor und würden sich auf Stunden hin kaum um die eigenen, geschweige denn um die Verwundeten des »Feindes« kümmern können. Was also blieb übrig, als den Kameraden von seinen unerträglichen Qualen eigenhändig zu erlösen? Es wäre einem bloßen Ausweichen vor der Verantwortung, einer selbstmitleidigen Feigheit, ja, dem blanken Hohn gleichgekommen, sich vor dem Wehgeschrei des Kameraden mit der Ausrede herauszulügen, Gott habe ihm dieses Leiden auferlegt und er müsse es deshalb bis zum Ende im Niemandsland ertragen. Ein Mensch, der nichts weiter mehr ist als ein aufgerissener Sack ausgeschütteter Organe, »erträgt« seine Leiden nicht, er wird vielmehr bis zum Wahnsinn von der Woge des Leidens weggespült. Kein Kaninchen, das, an Myxomatose erkrankt, mit aufgequollenen eiternden Augen, mit rasenden Kopfschmerzen und außerstande zu einer geordneten Bewegungsabfolge, sich im Garten an den Boden kauert, wird man sinnlos weiter leiden lassen. Wieso soll es eine Pflicht geben, einem Menschen den letzten Dienst kreatürlicher Barmherzigkeit zu verweigern? Manche Gefahrensituationen im übrigen wird man überhaupt nur jemandem zumuten, wenn man ihn der Möglichkeit des Suizids versichern kann: einen Astronauten z. B. wird man vorsorglich mit Gift versorgen, um es ihm zu ersparen, u. U. wie ein Huhn am Spieß in der langsam rotierenden und sich unaufhaltsam erwärmenden Raumkapsel geröstet zu werden; jedes U-Boot der Marine führt tödliche Medikamente mit, um die Mannschaft u. U. vor einem qualvollen Erstickungstod zu bewahren, usw.

Natürlich wird man in Deutschland das Problem der Euthanasie nicht erörtern können, ohne den Albtraum des »Dritten Reiches« heraufzubeschwören. Aber wenn es schon ein logischer Fehler war, daß die Nazis aus den anzuerkennenden berechtigten Ausnahmefällen der Euthanasie ein Gesetz (zur Ausrottung des »unwerten Lebens«) ableiteten, so wäre es gleichermaßen ein logischer Fehler, ein falsches Gesetz von der Gottgewolltheit der speziellen Todesursachen als Argument gegen die Möglichkeit gewisser Ausnahmefälle von der Regel des Tötungsverbotes in Anschlag zu bringen. Ein Rückfall in naziähnliche Ideologiebildungen droht gewiß nicht durch die Anerkennung menschlicher Tragödien, wohl aber, wenn man, wie theologisch zumeist, eine Naturphilosophie vertritt, in der die Weltordnung immer wieder mit der moralischen Ordnung unter der Vorsehung Gottes identifiziert wird; leicht kann es dann sein, daß man in Anbetracht des Leidens und der Grausamkeiten der Natur an keinen Gott mehr zu glauben vermag, dafür aber von neuem die Natur als Urgrund der Ethik remythisiert, wie es im Rückgriff auf *F. Nietzsche* die Nationalsozialisten taten. Auch und gerade in der Euthanasiefrage müßte die kirchliche Moraltheologie lernen, was ihr offenbar am schwersten fällt: den Bereich des Tragischen (s. Kap. VI in diesem Buch) anzuerkennen und die Offenheit möglicher Ausnahmen von allen Gesetzen zuzugeben.[34]

Alter und Siechtum

Für gewöhnlich bedenkt man zu wenig, daß sich alle Fragen des Lebens in den letzten 300 Jahren von Grund auf durch die simple Tatsache verändert haben, daß wir durchschnittlich fast doppelt so alt werden wie unsere Vorfahren[35]. Wir haben nach wie vor eine Ethik, deren Vorstellungen von einer wesentlich kürzeren Zeitspanne des Lebens geprägt sind: die Ehe z. B. wird auf Lebzeit geschlossen, – eine nicht von vornherein abschreckende Bedingung, wenn man nur für etwa 20-30 Jahre miteinander zu leben hat und in dieser Zeit von einer reichen Kinderschar genügend in Anspruch genommen wird; anders hingegen, wenn man von vornherein viel dichter und viel länger miteinander leben muß, wenn man viel weniger an äußeren Aufgaben gemeinsam zu erledigen hat und wenn man nicht schon in wenigen Jahrzehnten mit dem Tod rechnen kann. Der Tod löst heute so gut wie kein Problem des privaten Lebens mehr. Was also soll man tun, wenn man mit 35-40 Jahren, nach Ableistung der äußeren biologisch und soziologisch vorgegebenen Lebensziele, das Leben noch einmal von vorn unter gänzlich veränderten Bedingungen und weit innerlicher für noch einmal 30-40 Jahre auf sich zu nehmen hat, und wenn der Ehepartner die einem selber notwendigen seelischen Veränderungen nicht in der gleichen Weise mit vollzieht? Und was kann geschehen, wenn Menschen erst jetzt, in der Lebensmitte, einander finden, die ihrem ganzen Wesen nach von vornherein wie geschaffen für einander scheinen?[36] Es ist ungerecht und unfair, die Formel »Bis daß der Tod euch scheidet« unverändert beizubehalten, wenn die Zeitspanne bis zum Tod sich so weit dehnt, daß eine vollkommen veränderte Situation dadurch geschaffen wird.

Was für die Liebe, gilt auch vom Umgang mit dem Tode. In einer Zeit, in der oft genug ganze Städte von Seuchen und Katastrophen, Hungersnöten und Kriegen verwüstet werden konnten, gab es wohl kaum das, was heute Sterben heißt und wovor *R. M. Rilke* bereits zurückschauderte, als er im »Stundenbuch« Gott darum bat, doch »jedem seinen eigenen Tod« zu geben[37] und uns davor zu bewahren, daß man in den großen fabrikähnlichen Sterbesälen der Krankenhäuser, umgeben von Maschinen und Apparaturen, inmitten einer technisch vollkommenen, aber menschlich sterilen und kalten Welt ohne Sinn und Bedeutung verendet.[38] Wir haben in den letzten Jahrzehnten durch Einsatz aller möglichen hygienischen, ernährungsphysiologischen, medizinisch-praktischen Fortschritte die Lebensdauer um mehr als ein Drittel, fast um die Hälfte im Durchschnitt erweitern können, ohne doch in gleichem Maße gesellschaftlich Werte und Ziele bereitzuhalten, die ein solches verlängertes Leben individuell als sinnvoll und erfüllt erscheinen ließen. Schon dieses faktische Mißverhältnis von Zeit und Inhalt ist ein schweres Übel; aber man kann theologisch natürlich sagen, daß es einem Menschen des

Glaubens möglich sein müßte, gerade im Alter der Ewigkeit entgegenzureifen und sein Dasein auf Gott hin zu ordnen. Gleichwohl wird sich nicht leugnen lassen, daß es ungleich schwerer ist, Krankheit, Einsamkeit, Pensionierung, Sinnentleerung bzgl. aller äußeren Inhalte[39], kurz: ein Leben wie in *Max Frischs* «Der Mensch erscheint im Holozän«[40] über 20 Jahre lang auf sich zu nehmen, als, wie in vergangenen Jahrhunderten, von den Rollenzuweisungen der Umgebung her sich unmittelbar bis zur Sterbestunde hin definieren zu lassen; kommen dann peinigende Krankheiten, demütigende Lebensumstände und enttäuschende Erfahrungen mit sich selbst hinzu, kann leicht ein Stau aller Antriebsrichtungen entstehen, in dem das Gefühl der Ausweglosigkeit zu suizidalen Konsequenzen treibt. Auch hier ist es offensichtlich verfehlt zu unterstellen, daß der Glaube an Gott in jedem Fall einen Ausweg bieten müsse. Es kann sehr wohl sein, daß ein Mensch von der Frömmigkeit, Sensibilität und Kreativität wie *Adalbert Stifter* von Schmerz und Krankheit zum Suizid getrieben wird[41], – selbst ein Stoiker wie *Seneca* mußte anerkennen, daß die Tugend der Ataraxie, der Unerschütterlichkeit des Gefühls, an Schmerz und Krankheit ihre Grenze finde[42]; es kann durchaus sein, daß ein Mensch wie *Stefan Zweig* gerade auf Grund seiner Humanität sich zu dem Eindruck genötigt sieht, er habe offenbar die Epoche überlebt, in der die Werte und Überzeugungen, denen er sein Leben gewidmet hatte: Verständnis, Güte, Geistigkeit und die Einfühlbarkeit alles Menschlichen, noch eine gewisse Geltung beanspruchen könnten[43]; und sollte es wirklich nur ein Mangel an Gottvertrauen gewesen sein, wenn *K. Tucholsky* sich das Leben nahm, weil er nicht mehr glauben mochte, daß die Mächte des Guten in der Geschichte gegenüber dem Naziregime siegreich sein würden[44]? Es genügt oft, die Zeit zu überleben, an deren Inhalte zu glauben man gelernt hat, und schon stürzt man in ein furchtbares Vakuum geistiger Entleerung, – selbst Götter können sterben; und wie sollen Menschen, gerade wenn sie fromm und gläubig sind, den Tod ihrer Götter überleben[45]? Die Juden im Jahre 70 n. Chr., die Japaner 1945 mögen für dieses Leid, eine Epoche überlebt zu haben, als Beispiel dienen. Gewiß: In der Natur geschah es immer wieder, wie vor 10 000 Jahren am Ende der großen Vereisung, daß z. B. die mächtigen Mammuts mitsamt den kälteangepaßten Jagdtieren starben, – ein Zeitalter der Erde ging zu Ende; dafür rückte die Baumgrenze weit nach Norden vor, und kleinwüchsigere Tiere in weit größerem Artenreichtum traten an die Stelle ihrer Vorgänger. Die

Umwälzungen der Geschichte sind oft noch plötzlicher, entwurzelnder und tödlicher für den Menschen als die Änderungen der Natur, und warum soll ein intelligenter Mensch, der das Ende vor sich sieht, gegen das Unvermeidbare kämpfen müssen? Mitunter ist der scheinbare »Mut« kein Zeichen der Hoffnung, sondern nur der geistigen Blindheit und Unbekümmertheit, und die Weisheit des Alters mag darin liegen, freiwillig Abschied zu nehmen. Gewiß: man soll von Gott sich niemals Bilder anfertigen, aber alle Religion besteht darin, den unsichtbaren Gott in Bildern und Symbolen sichtbar zu machen, und man kann nicht mit einer bestimmten Überzeugung sich auf Gedeih und Verderb identifizieren und zugleich die nötige Distanz zur Wandlung bewahren: selbst der Prophet Jona wünschte sich den Tod, weil die Stadt Ninive das Bild seines Gottes augenscheinlich überlebte (Jona 4,8). Die Verlängerung unseres Lebens ist das Ergebnis zahlreicher menschlicher Manipulationen des Lebens; wenn es im Einzelfall schlechterdings nicht mehr sinnvoll ist, eine solche *künstliche,* zivilisatorisch vermittelte Lebensverlängerung hinzunehmen, so muß es im Ermessensspielraum des Einzelnen stehen können, über das Zeitmaß seines Lebens selber zu bestimmen bzw. für sich selber zu der ursprünglichen Ordnung der Natur zurückzukehren, nach der ein Leben zu Ende ist, wenn seine Beauftragung ihre Erfüllung gefunden hat.

Das Problem des Alterselbstmords hat übrigens noch eine andere makabre Variante. Die Verlängerung des Lebens hat – im Verein mit der Herabsenkung der Säuglingssterblichkeit – zu einer explosiven Vermehrung der Menschheit geführt[46]; die Folge besteht darin, daß jahraus, jahrein mehr als 50 Millionen Menschen Hungers sterben. Sollte es wirklich recht und billig sein, mit enormen Kosten in einem Teil der Welt bedingungslos, ohne Rücksicht auf Sinn und Erfüllung, das Zeitmaß des Todes hinauszuschieben, nur um es in einem anderen Teil immer verheerender abzusenken? Und sollte es wirklich als Ausdruck von Weisheit gelten müssen, daß eine relativ kleine Zahl von Menschen oft genug gegen ihren Willen am Leben erhalten wird, wohingegen Millionen anderer – darunter 15 Millionen verhungernder Kinder jährlich! – gar nicht erst die Chance erhalten, menschenwürdig zu leben? Das Problem löst sich gewiß nicht durch kollektive Formen von Suizid und Euthanasie, aber es ist heute sehr der Frage wert, wie wir kulturell einen gerechteren und sinnvolleren Umgang mit dem Tod erlernen, der im Einzelfall auch die Möglichkeiten von Suizid und Euthanasie nicht a limine und unter allen Umständen ausschließen darf. Schon im Rahmen der vom Menschen weitgehend veränderten Natur kann der Tod mitunter menschlicher und sinnvoller sein als das Leben.

Folter und Widerstand

Bereits die natürlichen bzw. die technisch manipulierten Lebensumstände der Natur können das menschliche Leben entwürdigen. Noch krasser indessen vermögen Menschen selbst das Leben anderer Menschen nicht nur um seinen Sinn zu bringen, sondern geradewegs zu einem Mittel der Sinnzerstörung umzufunktionieren.

Am dramatischsten ist diese Situation in *Folter und Gefangenschaft* gegeben. Es ist hier nicht allein das Motiv der Aussichtslosigkeit, das in den Selbstmord treiben kann, sondern, mehr noch, der Wille, unter menschenunwürdigen Umständen ein Stück Menschlichkeit und Würde zu bewahren.

In der Nähe von Paderborn liegt die Wewelsburg, heute eine wohlgenutzte Jugendherberge und ein beliebtes Ziel für Sonntagsausflügler, in der Zeit von 1933-1945 jedoch dazu bestimmt, den Naziideologen als Kultstätte der SS, als geheimer Mittelpunkt der Welt, zu dienen; von 1939-1945 bestand in Wewelsburg ein Konzentrationslager, von dem eine Reihe von Dokumenten heute in einer Sonderausstellung Zeugnis gibt. Darinnen ist zu lesen, wie »Häftlinge, bis zur Bewußtlosigkeit geschlagen«, »in ihrer Not auf dem Bauche zum SS-Posten« krochen und »um einen gutgezielten Schuß« baten, oder wie sie selber sich zum elektrischen Draht schleppten, um ihrem Leben eigenhändig ein Ende zu machen[47]. Berichtet wird auch von dem denkwürdigen Tod der Jelena Kekachina, einer 22 Jahre alten Russin, deren Sterbeurkunde, ausgestellt am 8. 3. 1943, auf Tod durch »Ersticken« (also Erhängen) wegen »Gehorsamsverweigerung« lautet. Der Bericht eines Häftlings erzählt, wie sich ihr Tod wirklich ereignete: »Ein schönes Mädchen wurde eingeliefert. Sie mußte abends in einem Betrieb länger arbeiten, Wäsche bügeln. Der deutsche Chef belästigte dieses Mädchen, die (das, d. V.) einer Partisanengruppe angehört haben soll. Sie wehrte sich gegen die handgreiflichen Annäherungsversuche, traf (aber, d. V.) den Mann so unglücklich mit dem Bügeleisen an der Schläfe, daß er starb. Dieses Mädchen wurde hier im Lager in aller Heimlichkeit gehängt. Als Anwesende nur Kommandant Haas und einige SS-Offiziere, Stolle der Henker, und ich (sc. W. Baer, d. V.). Das Mädchen trug Handschellen. Stolle wollte ihr nun die Schlinge um den Hals legen, doch dann ging alles sehr schnell! Das Mädchen spuckte Stolle voll ins Gesicht und stieß ihn mit den Fäusten kräftig vor die Brust, legte sich selbst die Schlinge um den Hals, streckte dem hohen SS-Stab die Zunge heraus und sprang hinab von der Plattform. Kommandant Haas lachte: ›Donnerwetter! War das eine Katze!‹ Und Stolle: ›Das soll sie mir büßen!‹ Dann im Krematorium nahm Stolle einen Eisenhaken und zerriß der Toten die Genitalien.«[48]

Man kann die grausigen Berichte dieser Zeit niemals ohne Erschütterung, Zorn, Mitleid, Verzweiflung und ohnmächtige Traurigkeit lesen, – ein weniges wenigstens von der Stimmung der Betroffenen damals wird auch den Leser heute erreichen. Aber der Tod dieses russischen Mädchens erfüllt bei allem Entsetzlichen mit einer eigentümlichen Genugtuung: es hat mutig und stolz seine Würde bewahrt, es hat einer Hinrichtung in Schande die Größe eines eigenhändigen Todes vorgezogen, es hat inmitten erniedrigender Willkür den eigenen Willen bewahrt. Angesichts des routinierten Sadismus, der perfektionierten Gewalt, der alltäglichen Menschenverachtung war ihm sein Freitod ein Beweis für die Freiheit des Lebens, und indem es seinen Körper zerstörte, zeigte es seinen Häschern, daß sie zwar seinen Leib, nicht aber seine Seele würden schänden können, – die ohnmächtige Wut des SS-Schergen, der noch an der Toten mit Eisenwerkzeugen sich verging, macht diese gelungene Sabotage an dem Gefälle sadistischer Unterwerfung deutlich: das Opfer hatte den Sieg davongetragen.

Oft genug legt unter unmenschlichen Umständen der Selbstmord Zeugnis für den verbliebenen Stolz der Menschlichkeit, für den Rest an aufgesparter Selbstachtung, für den Mut zu einem Leben in Würde ab. Man mag, um diese Zusammenhänge zu begreifen, etwa an die Rede erinnern, mit der im jüdisch-römischen Krieg Eleazar die Verteidiger der Festung Masada aufforderte, freiwillig in den Tod zu gehen, um dem Triumph der Römer zuvorzukommen; sie ist so denkwürdig, daß man heute die israelischen Rekruten auf den Trümmern der herodianischen Bergfestung mit den Worten vereidigt: »Ein zweites Mal fällt Masada nicht!«[49] Über Jahrtausende hinweg kann der Selbstmord ein Fanal für die Unbesiegbarkeit menschlicher Würde sein. Aber man muß nicht erst zu den großen Beispielen der Geschichte greifen, will man auf suizidale Motive treffen, die dem unmittelbaren Gespür für die eigene Größe entstammen und sich durchaus nicht allein durch die Theorie von der Umlenkung des Aggressionstriebes auf die eigene Person erklären lassen.

Eine Frau, heute 43jährig, erinnert sich z. B., daß sie mit 18 Jahren in einer sehr heftigen Szene ihrem Vater zornbebend entgegengeschleudert habe, sie wolle sich vor einen Zug werfen. Vorausgegangen war ein jahrelanger Terror, mit dem der Vater das sehr schöne, äußerst liebenswerte Mädchen auf Schritt und Tritt verfolgte und bespitzelte, angeblich, um es vor schädlichen, unmoralischen Liebschaften mit anderen Männern zu bewahren, in Wirklichkeit aber, um es mit einem allmächtigen Besitzanspruch eifersüchtig an sich zu binden und sich für das absolut frustrane Verhältnis zu seiner Frau ein Stück weit schadlos zu halten. Es gab keinen Brief, kein Telefonat, keinen Kirchbesuch, keinen Einkaufsgang, den dieser Mann nicht bei seiner Tochter argwöhnisch umlauerte. Als er es wieder einmal vollbracht hatte, die traumhaft-schwärmerische Liebe des Mädchens zu einem angesehenen Künstler des Ortes zu hintertreiben, wußte die 18jährige keinen Ausweg mehr, als ihr Recht auf ein eigenes Leben als heranwachsende Frau im Tod zu suchen: nähme sie sich das Leben, so würde vielleicht dann wenigstens ihr Vater merken, wie unmenschlich, wie sadistisch und mörderisch er gegen seine Tochter wütete, und er würde schließlich begreifen, daß man zwar den Körper eines Menschen einsperren, nicht aber seine Seele knebeln kann. Wie dramatisch der Machtkampf zwischen Vater und Tochter verlief, ließ sich an der extremen Widersprüchlichkeit im Verhalten beider erkennen: das Mädchen mußte seinen Tod herbeiwünschen, um zu zeigen, wie leidenschaftlich es am Leben hing, der Vater aber, rasend in seiner Eifersucht und seiner Machtgier, unternahm den ohnmächtigen Versuch, sich gegenüber seiner Tochter gleichgültig zu stellen: »Dann tu's doch«, soll er das Mädchen in Antwort auf seine Todesdrohung angeschrien haben, – ein nachträglicher Sadismus von ähnlichem Format wie der des Schergen Stolle, der selbst an einer schon Toten noch das Mütchen seiner Rache zu kühlen suchte. – Erst wenn man im späteren Leben einem Menschen begegnet, den man noch mehr liebt, als man den eigenen Vater in der Kindheit fürchten mußte, und in dessen Liebe man die Gründe der Angst vor sich selbst und den verinnerlichten Strafattacken des Vaters verliert, wird man einen Weg ins Leben finden, der nicht mehr im Schatten von Tod und Zerstörung verbleibt, sondern wie der Neubeginn eines eigentlichen Lebens erscheint.

Neben solchen dramatisch konzentrierten Verdichtungen tödlicher Konflikte darf man im Umkreis der Selbstmordproblematik das Dahinsiechen der »langsamen« Selbstmörder: der Magersüchtigen, Drogenabhängigen, Kettenraucher u. a., nicht übersehen[50]. Auch sie suchen ihr Leben im Tod, weil die Art des Lebens, die man ihnen aufzwingt, kein Leben ist. Der Magersüchtige z. B. lebt in einer Welt, wie sie manche Märchen, etwa die Geschichte vom »*Mädchen ohne Hände*« oder von »*Hänsel und Gretel*« wiedergeben: jedes eigene Wünschen und Begehren erstirbt an mörderischen Schuldgefühlen im Umkreis schwerer seelischer und materieller Entbehrungen, im Hintergrund aber formt sich eine phantastische Paradieseswelt, in der nicht nur genug zu essen im Hause sein wird, sondern wo sogar die Fensterläden, die Balken und die Türen des Hauses eßbar sind oder wo in einem Garten ein mütterlicher Birnbaum des hungrigen Kindes wartet. Allerdings bewohnt das »Lebkuchenhaus« eine böse Hexe, das rechte Konterfei der eigenen Mutter, die mit der Überfülle ihres Nahrungsangebotes den Jungen nur mästen will, um ihn zu verschlingen, – ein grausiges Bild egoistischer, erstickender, »fressender« Mutterliebe, aus deren Umkreis es nur durch vollkommene Autarkie und Unabhängigkeit ein Entrinnen zu geben scheint.[51] Sehr wird es im späteren Leben der gewissermaßen schwesterlichen Liebe einer nichtängstigenden, ebenso warmherzigen wie freigebigen Frau bedürfen, um die latente Suizidstruktur in einem solchen Lebensaufbau zu überwinden, – es sind stets »Hänsel« und »Gretel« gemeinsam, die sich wechselseitig aus den mörderischen Klauen ihrer Hexenmutter befreien. Nur in der Erfahrung einer Liebe, die den Tod besiegt, wird man die Selbstmordneigung endgültig besiegen können.

Ein anderes Selbstmordmotiv liegt in der als aussichtslos empfundenen *Gefangenschaft.* Während der terroristischen Aktivitäten der Roten Armee Fraktion oder der Irischen Untergrundorganisation z. B. diskutierte man immer wieder das Problem der *Zwangsernährung* von Häftlingsinsassen, die aus Protest vermeintlich gegen den Psychoterror und die Folter ihrer Haftbedingungen in den Hungerstreik gingen und bewußt ihren Tod dabei in Kauf nahmen. Niemals, soweit zu sehen, ist in den Diskussionen deutlich geworden, daß der Umstand der Haft selber für die Terroristen das Gefühl der Ausweglosigkeit mit sich bringen mußte, – vergleichbar der Maus im Glaskasten vor der Katzenattrappe, die wir eingangs erwähnten.[52] Einen »Ausweg« aus dieser Lage könnte es nur *innerlich* durch eine Änderung der gesamten Lebenseinstellung geben: *A. Speer* in Spandau[53] hat eine solche Wandlung durchgemacht, in der die Gefangenschaft nicht mehr als fremdes Verhängnis, sondern als reinigende Strafe begriffen wurde. »So sehe ich mich heute noch«, sagte einmal ein ehemaliger SS-Offizier, der in französische Gefangenschaft geraten war, »es war, als ob plötzlich die Stacheldrahtverhaue des Lagers sich in die Sperrseile eines Laufstalls für ein Kind verwandeln würden, – als hätte ich damals das Leben noch einmal ganz von vorn gelernt. Ich fühlte mich unendlich frei, mitten in der Gefangenschaft. Ich wurde damals der Mensch, der ich heute bin.« Ähnliches berichtet *Dostojewski* von Dimitrij Karamasoff, der sich zur Sühne für eine Schuld bereit erklärt, die er zwar nicht in Taten, wohl aber in Gedanken begangen hat; doch das sind »Fluchtwege« in eine andere gläubige Dimension, die nicht immer zu Gebote stehen, um der Gefangenschaft der Seele und des Körpers zu entrinnen.

Der Bilanzselbstmord[54]

Bei allen Formen der Selbstmordhandlung, die bisher besprochen wurden, schwang stets ein gewisses Totalgefühl der Aussichtslosigkeit mit. Aber das muß nicht immer so sein. Je nach den Umständen, kann der Selbstmord sich auch als das unmittelbare Ergebnis einer nüchternen Lagebeurteilung empfehlen, und er ist dann immer noch der beste Weg, wo nicht bestimmten Menschen, so doch einem infausten Schicksal zu trotzen.

Es ist ein beträchtlicher Unterschied, ob man in den Suizid flüchtet wie die Nazigrößen 1945, um unvermeidbaren Folgen schwerer Missetaten zu entgehen, oder ob man sich dem Zugriff unwürdiger und entwürdigender Lebensumstände entziehen muß, die nur noch den Tod als die gewissermaßen kräftigste Form der Lebensäußerung zulassen. Der Generalinspekteur der deutschen Luftwaffe, Ernst Udet, als er die Aussichtslosigkeit des Hitlerschen Krieges begriff[55], der Generalstabschef der Luftwaffe, Generaloberst Jeschonnek[56], Feldmarschall Rommel, als er am 14. Okt. 1944 das von General Burgdorf mitgebrachte Gift nahm[57], Generalfeldmarschall v. Kluge, als er am 18. Aug. 1944 Adolf Hitler in Anbetracht der aussichtslos gewordenen Kriegslage trotz seines verbliebenen Respekts vor der Größe des »Führers« zur Kapitulation aufforderte, um dann selbst freiwillig aus dem Leben zu scheiden[58], – sie alle sahen sich als endgültig und hoffnungslos Gescheiterte auf einem

Weg, mit dem sie sich gänzlich identifiziert hatten und von dem es kein Zurück mehr gab.

In ähnlicher Weise nahm in der Bibel König Saul sich das Leben, als er dem zentralen Auftrag seines Lebens gegenüber: Israel vor den Philistern zu retten, in der Schlacht bei Gilboa sich als endgültig Gescheiterten empfinden mußte: Schon hatten die Philister seine drei Söhne im Kampf erschlagen, der Pfeil eines gegnerischen Bogenschützen hatte seinen Unterleib aufgerissen, da sprach der unglückselige erste König Israels zu seinem Waffenträger: »Ziehe dein Schwert und durchbohre mich damit, daß nicht diese Unbeschnittenen kommen und ihr Gespött mit mir treiben.« Als der Waffenträger ihm diesen letzten Dienst jedoch aus Scheu vor dem Königsmord verweigerte, stürzte Saul selbst sich ins Schwert, und sein Waffenträger folgte ihm freiwillig nach (1 Sam 31,4-5). Der Tod ist in solchen Augenblicken bereits gewiß, aber es ist ein letztes Zeichen menschlichen Ehrgefühls, dem Sterben in Schande zuvorzukommen. Ähnlich handelte der weise Ratgeber Absaloms, Achitophel, als man den entscheidenden Augenblick, um Davids Truppen vernichtend aufzureiben, zugunsten des heimtückisch-großsprecherischen Ratschlags des Arkiters Chuschai vertat und sich anschickte, erst einmal den ganzen Heerbann von Dan bis Beerscheba aufzurufen; Achitophel sah klar voraus, daß die kampferfahrenen Truppen Davids Zeit genug haben würden, um sich zu reorganisieren und Absalom zu schlagen; er wußte auch, was dann sein persönliches Schicksal sein würde, kannte er doch Davids Regierungsmethoden gut genug: bald schon würden bezahlte Agenten ihn ermorden, und dann würde der König seine eigenen Schergen mit geheuchelter Empörung hinrichten lassen, um seinem »treuen und verdienten Ratgeber« Achitophel ein Staatsbegräbnis einzurichten, – die Posse, die David bei der Ermordung der Sauliden hatte aufführen lassen (2 Sam 4,1-12), sollte er sich diesmal sparen können: Achitophel kam David mit seinem Selbstmord zuvor (2 Sam 17,1-23). – Nicht anders handelte im Grunde Hannibal, als er sich der drohenden Auslieferung an die Römer durch Selbstmord entzog: sein ganzes Leben war dem Kampf gegen Rom gewidmet; nun er endgültig besiegt und an eine Fortsetzung des Krieges von Syrien oder Bithynien aus kein Gedanke mehr war, – was blieb Hannibal da anderes noch als der Tod?[59]

In diesen Fällen ist der Selbstmord der Ausdruck einer Würde und Größe, die selbst durch die Katastrophe des Scheiterns nicht berührt werden soll und darf. Der Bilanzselbstmord kann aber auch unumgänglich scheinen, weil der Wert der eigenen Person durch gewisse Umstände wie vernichtet ist.

Bereits der Selbstmord, den der Schildknappe Sauls an sich verübte, ist von dieser Art: mit dem Tod seines Herrn hatte sich erfüllt, wofür er einzig gelebt hatte, sein Lebensinhalt, seine Bestimmung, die sein Dasein ausmachten, waren beendet, er war *sozial* und *psychisch* tot, noch ehe der Tod sich physisch ihm nahen konnte. In manchen Kulturen bestand früher sogar die Pflicht, das eigene Leben auszulöschen, wenn es durch den Tod einer vorgesetzten Persönlichkeit entwertet worden war: so folgten den sumerischen Königen von Ur etwa 80 Diener ins Grab[60]; dieselbe Sitte fand sich bei den Chinesen[61], und auch die Witwenverbrennung in Indien gehört in gewissem Sinne hierher[62]. Mit Recht macht die christliche Moraltheologie gegen derartige Praktiken und Einstellungen geltend, daß es nicht angehe, das menschliche Leben, das berufen ist zum Unendlichen, mit etwas Endlichem zu identifizieren, und mit Recht hält sie es für den Inbegriff der Sünde, sich absolut zu etwas Relativem zu verhalten. Wiederum trifft dieses ihr Veto gegen den Selbstmord im allgemeinen zu, und es steht von daher gewiß außer Frage, daß keine Gesellschaftsordnung christlicher Prägung den Selbstmord, womöglich en masse, zur Pflicht erheben kann. Aber das schließt nicht aus, daß es auch innerhalb des christlichen Glaubens Situationen geben mag, in denen das eigene Leben, z. B. durch den Tod eines hoch geachteten und über alles geliebten Menschen, von innen her entwertet scheint.

Nicht als Institution, aber als frei zu wählende Möglichkeit kannte etwa die japanische Gesellschaft den »Liebesselbstmord« (oyakushinyu), bei dem einander Liebende, wenn sie, aus welchen Gründen auch immer, daran gehindert waren, gemeinsam durchs Leben zu gehen, es vorzogen, gemeinsam in den Tod zu gehen[63]. Wohl bleibt zu bedenken, daß in Japan die Einstellung zu Tod und Selbstmord auf charakteristische Weise von der christlich-abendländischen Auffassung abweicht: für den Japaner ist ein auswegloses Schicksal kein Widerspruch zu Frömmigkeit und Tapferkeit, – die Götter des Shintoismus konnten jederzeit ein Los verhängen, das den Suizid geradezu als Pflicht erscheinen ließ[64]. Aber auch im christlichen Raum muß es erlaubt sein zu fragen, ob sich nicht Formen der Ausweglosigkeit denken lassen, in denen der Glaube und vor allem die Liebe, zu der das Christentum auffordert, den Schritt zum Suizid unausweichlich machen.

Jochen Klepper steht für diese Möglichkeit als Beispiel: Seinen Glauben, seine Menschlichkeit und seine Charakterfestigkeit wird niemand ernsthaft in Zweifel ziehen, was immer man auch über den Vaterkomplex und die autoritätshörig-unterwürfige Grundhaltung *J. Kleppers* schreiben mag[65]. Man darf annehmen, daß der äußerst sensible, hochbegabte und vielseitige Erzähler, Dichter und Romancier die Depressionen der Nazizeit ebenso wie die Krisen seines schwindenden Selbstvertrauens eines Tages durch die Kraft seines Glaubens überwunden hätte, ähnlich wie *Reinhold Schneider,* der ihm über den Gegensatz der Konfessionen hinweg sehr nahe stand. Aber tödlich wurde für *Jochen Klepper* das Schicksal, das seiner jüdischen Frau Hanna drohte; als sich zeigte, daß auf eine gemeinsame Emigration der Familie nicht mehr zu hoffen war, beging *Jochen Klepper* zusammen mit seinen Angehörigen den Selbstmord aus Liebe. Er hätte sein Handeln gewiß nicht gerechtfertigt, ja, er sah darin selbst etwas Sündhaftes, aber wer wollte für die *Tragödie,* für die zwanghafte Unvermeidbarkeit dieser Schuld kein Verständnis haben?[66] Daß Gott ihm vergeben werde, war die letzte Hoffnung *Jochen Kleppers.* Kein Theologe wird das Recht haben, sich mit ideologischem Fanatismus zwischen diese Hoffnung eines Einzelnen und das göttliche Gericht zu stellen. Am Ende eines Weges angelangt, kann sich zeigen, daß man vollkommen in der Sackgasse steckt und nicht vor- noch rückwärts weiß; auch in solchen Fällen löst der Tod kein Problem, aber er begleicht in etwa die Kosten eines Lebens, das endgültig zu teuer geworden ist.

Um die Situation der objektiven Ausweglosigkeit noch einmal von der Verhaltensforschung her zu verdeutlichen, sei an eine Tiertragödie erinnert, wie sie sich in der Natur immer wieder ereignet. Am 17. Aug. 83 zeigte WDR III in der Reihe »Fauna Iberica« »Die Geschichte eines Steinbocks« in der Sierra de Cazorla in Andalusien: Jahrelang hatte ein alter Steinbock seine Herde dominiert; eifersüchtig hatte er seine Geißen bewacht, als seine Kräfte im Alter zu erlahmen begannen, und bald schon begann der Kampf um seine Nachfolge. Der Tag rückte unvermeidbar näher, an dem der alte Steinbock sich ein letztes Mal zum Kampfe stellen mußte. Wie ein Ritter im Turnier senkte er noch einmal, ein letztes Mal, das Gehörn, nahm Maß, ob sein Gegner ihm ebenbürtig sei, dann krachten die Kombattanten mit voller Wucht aufeinander. Der alte Steinbock unterlag. Stolz war der Sieger bereits vom Kampfplatz gegangen, da lag noch immer er erschöpft am Boden,

den Kopf dröhnend von den furchtbaren Stößen seines Gegners. Er mochte nicht mehr aufstehen, und das war sein Verderben. Schon umlauerten ihn seine listigen und tödlichsten Feinde, die Wölfe. Ein paar Sprünge, und sie trieben den Verlorenen über einen Steilhang in den Abgrund. Es war ein jäher Sturz – vom Alpha-Tier der Herde in den Untergang, ein Fall ohne Zwischenstufen, ein Sprung vom Alles ins Nichts, in wenigen Minuten. In der Natur genügt ein Augenblick der Schwäche, um eine Lage, die ausweglos geworden ist, zu beenden, – ihre Unbarmherzigkeit duldet kein qualvolles Dahinsiechen in Bedeutungslosigkeit und Ohnmacht. Wir Menschen haben diese Härte der Natur auf vielerlei Weise zu lindern vermocht; aber wir sollten nicht blind dafür sein, daß unsere Form von Barmherzigkeit unter Umständen neue Ausweglosigkeiten und Härten schafft, indem wir die Macht haben, das Leben physiologisch weit über die Grenze hinaus zu verlängern, an der es psychologisch sinnvoll und zumutbar ist zu leben. Nicht nur die Natur, auch die Phobie unserer Kultur vor dem Tod sollten wir korrigieren können, wenn sie statt der beabsichtigten Barmherzigkeit unbarmherzige Zwangslagen, ungleich grausamer als das Sterben unter den Bedingungen der Natur, hervorruft.

Resümieren wir das vorläufige Zwischenergebnis, so erhalten wir folgendes Bild:

Wir sind davon ausgegangen, daß die Selbstmordneigung sich aus dem Eindruck der Ausweglosigkeit einer bestimmten Lebenssituation ergibt. Nicht zum Dasein im ganzen nimmt ein Selbstmörder Stellung, sondern er reagiert auf eine konkrete Situation der Ausweglosigkeit mit einer totalen Regressionsbereitschaft, mit einer letalen bzw. suizidalen Vagotonie. Das Eigentümliche dieser Reaktion liegt für die psychoanalytische Theoriebildung darin, daß das Signal zur Selbstauslöschung vom Ich gegeben wird, dem eigentlich die Aufgabe der Realitätskontrolle zum Zwecke des individuellen Überlebens zukommt; es ist im Grunde der Zusammenbruch des Ichs, der die Suizidhandlung einleitet; der Wille zu unbegrenztem Leben, der im Es liegt, aber nicht auf Erhalt der Individualität gerichtet ist, führt unter Umständen zur Herrschaft dessen, was *Freud* das Nirwana-Prinzip des Es genannt hat: zu dem Wunsch, nichts mehr zu sehen und zu hören und gewissermaßen den Schritt der Geburt in Richtung einer pränatalen Existenz rückgängig zu machen. Das Ich löst sich auf im Es. An dieser Stelle liegen die Parallelen zwischen Selbstmord, Sucht und Psychose: in allen drei Formen hat man es mit einem Untergang des Ichs im Es zu tun. Das Ich zerbricht an der subjektiven oder objektiven Ausweglosigkeit einer Situation durch eine Flucht in die letzte Gnade der Natur, in den Ausweg nach rückwärts.

Es gibt indessen eine andere, ebenfalls in der Tierreihe vorgebildete Selbstmordneigung, die in einem Konflikt zwischen dem Ich und der Gruppennorm, zwischen dem Ich und dem Überich besteht, und dieser Form des Selbstmords, die bei allem Fließen und Ineinandergreifen der Übergänge sich doch klar genug abhebt, müssen wir nun nachgehen.

Suizid als Voodoo-Tod bzw. als Konflikt zwischen Ich und Überich

Zu einer der großen Formen von Angst, die bereits im Tierreich ausgeprägt sind, zählt die Schuldangst bzw. die Unheilgewärtigung im Falle normabweichenden Verhaltens[67]. Soziallebende Tiere sind an die strikte Einhaltung bestimmter Formen des Zusammenlebens gebunden, und sie ahnden Übertretungen ihrer Spielregeln mit dem Ausstoß aus der Gruppe. Eine Möwe z. B., die in einer Öllache sich die Federn verklebt hat, muß nicht nur gegen die reale Gefahr des Ertrinkens ankämpfen, sondern sie muß besonders vor ihren Artgenossen auf der Hut sein, die ihr »normenwidriges« Federkleid mit bissigen Schnabelhieben ahnden werden. Die Angst vor dem Unheil, das infolge der Normübertretung droht, ist durchaus den angstvollen menschlichen »Gewissensbissen« vergleichbar.

Allerdings besteht die menschliche Schuldangst nicht nur aus der sozialen Angst, von der jeweiligen Gruppe entdeckt und bestraft zu werden. Das menschliche Vorstellungsvermögen und die Fähigkeit zu vorausschauendem Denken stattet die Strafe der Gruppe mit einer Art geistiger Vergeltungskausalität aus, die von bestimmten Dämonen oder göttlichen Mächten garantiert und ausgeübt wird. Besonders die Übertretungen aller möglichen Tabubestimmungen, in denen die soziale und religiöse Ordnung des Stammes sich diskussionslos manifestiert, werden unnachsichtig von den Geistern geahndet, und daß dieser Glaube zu Recht besteht, wird durch nichts sonst so eindrucksvoll bewiesen wie durch die Tatsache, daß immer wieder die Schuldigen tatsächlich den Voodoo-Tod sterben, noch ehe gewisse Stammesangehörige auf die

Tabuverletzung aufmerksam werden oder selber den Delinquenten aburteilen könnten[68]. Im Voodoo-Tod ist die bloße Angst, die Unheilgewärtigung selbst so stark, daß sie als absolute Ausweglosigkeit empfunden wird, und die Reaktion darauf enthält wiederum die regressiven Züge der Vagotonie: der Voodoo-Tod ist die Folge oder, bei stärkerer Beteiligung des eigenen Erlebens, der Suizid ist das Resultat einer tödlichen Schuldangst.

Beleg für beides: Voodoo-Tod und Suizid, gibt es im Alten wie im Neuen Testament.

Als in Apg 5,1-11[69] Ananias und Saphira nach der Weisung der Apostel vor den Augen der anderen all ihr Gut veräußern, aber heimlich einen gewissen Teil des Erlöses für sich behalten, stellt Petrus, der selber den Herrn verriet, auf eine extrem unnachsichtige Weise seinen Mitbruder im Glauben Ananias zur Rede: »Warum hat der Satan dein Herz erfüllt, den Heiligen Geist zu belügen ...« Als Ananias diese Worte hörte, fiel er hin und verschied. Noch furchtbarer aber setzte Petrus der armen Saphira zu, der er auf den Kopf zusagte: »Die Füße derer, die deinen Mann begraben haben, sind an der Türe, und sie werden (auch) dich hinaustragen.« Bei diesen Worten brach auch Saphira tot zusammen, Furcht aber befiel die ganze Gemeinde. Natürlich hielt man den Tod des unglückseligen Ehepaares für ein Gottesurteil, aber solange Gott nicht mit der menschlichen Angst identifiziert wird, wurden Ananias und Saphira nicht von Gott gerichtet, sondern sie erlagen einem Schuldangst-Tod, wie ihn Petrus, in scharfem Gegensatz zu seinem Herrn, der ihm vergab, offenbar mit schauerlicher Bravour in Szene zu setzen wußte. Die Angst, die die Gemeinde überfiel, war selbst das Instrument, die beiden Schuldigen zu töten, und dies wieder erzeugte jene Angst, die aus den Aposteln Tabupersonen mit absolutem Inspektionsrecht und gottähnlicher Autorität machen mußte. Die Unheimlichkeit der ganzen Begebenheit liegt indessen in der objektiven Automatik, mit der die Schuld sich in die Angst und die Angst sich in den Tod hinein fortsetzt.

Dabei ist der Voodoo-Tod *verinnerlichte* Gewalt. – Als im Alten Testament Achan, der Sohn des Charmis, etwas von dem Banngut entwendet, verletzt er gleichermaßen ein Tabu: das Banngut ist Gott heilig, und entsprechend zürnt Gott eifersüchtig gegen Israel, was sich an den Mißerfolgen im Kampf gegen die Stadt Ai zeigt; aber der »Schuldige« wird gefunden und vom ganzen Volk gesteinigt; – die Ausstoßvictimisation der Gruppe sühnt die Tabuverletzung und versöhnt den zürnenden Gott: noch heute (zur Zeit der Abfassung dieser Ortssage) sieht man im Tale Achor den Steinhügel, unter dem Achan Steinwurf um Steinwurf begraben wurde (Jos 7,1-26).

Was hier als Exekution geschildert wird, vollzieht sich im Voodoo-Tod im Delinquenten selbst: die Schuldangst nimmt die Hinrichtungsszene bereits vorweg und setzt sie in der Vorstellung so lebendig als gegenwärtig, daß das Leben im Gefühl der Aussichtslosigkeit an sich selbst zugrunde geht. Im Voodoo-Tod fügt sich der Schuldige eigentlich den Tod selber zu, aber es existiert hier kein Ich, das als Subjekt der Handlung in Frage käme; das ganze Geschehen spielt sich gewissermaßen autonom als ein objektiver Prozeß ab, – eben darin liegt sein dämonischer bzw. göttlicher Charakter.

Bereits das Vergehen selbst muß dabei durchaus nicht als subjektives Verschulden in Erscheinung treten, – einzig der objektive Tatbestand zählt; und er betrifft augenblicklich die ganze Sozietät: die Strafe an sich ist objektiv, und sie wird kollektiv verhängt. Es genügt dem Gott des Alten Testamentes z. B. in 1 Sam 6,19, daß die Söhne Jechonjas bei der Ankunft der Bundeslade in Beth Schemesch sich nicht genügend über seinen Anblick freuen, um gleich 40 Mann von der Bevölkerung zu erschlagen; und der arme Ussa, der in 2 Sam 6,4-8 tanzend neben der Lade den Zug begleitet, mit dem David das Heiligtum von Baala in Juda nach Jerusalem bringen will, wird von Gott bei dem wohlmeinenden Versuch erschlagen, die Lade, als die Tiere zu ungestüm vorgehen, mit der Hand auf dem Rinderkarren festzuhalten; selbst David wird unmutig, als er sieht, wie hart sein Gott die Durchbrechung des Tabus der Unberührbarkeit des Heiligtums bestraft; der Ort auf Nachons Tenne, da dieses geschah, heißt zufolge der Ortssage noch heute, wie David ihn nannte: Perez-Ussa, Ussas Zerreißung. Der Voodoo-Tod vollzieht sich so wie ein Zerrbild der Justitia: ohne Ansehen der Person; er ist gewissermaßen ein Selbstmord aus Schuldangst ohne ein Selbst, das die Tötung durchführen könnte. Gleichwohl handelt es sich beim Voodoo-Tod dem Motiv nach um eine echte Vorstufe des Schuldangst- oder Gewissensselbstmords, nur daß die innere Psychodynamik sich von der archaischen Automatik des Voodoo-Todes deutlich abhebt.

Zum Selbstmord aus Gewissensgründen gehört dreierlei: ein Ich, das entwickelt genug ist, um zu einer individuellen Reaktion imstande zu sein, eine Norm, deren Übertretung die eigene Existenz im sozialen

Kontext von Grund auf gefährdet, und schließlich eine Instanz im Subjekt, in der diese Norm relativ unabhängig von der faktischen Reaktion der sozialen Umwelt repräsentiert ist, also ein Überich, das kompromißlos genug ist, um das Ich bis zur Ausweglosigkeit in die Enge zu treiben. Der Widerspruch, um den es hier geht, besteht nicht zwischen den Lebensinteressen des Es und deren Blockierung in der vom Ich reflektierten Wirklichkeit, sondern zwischen der verinnerlichten Moral der Umwelt und dem Ich, das bei allem Bemühen keinen Weg mehr sieht, an dem tödlichen Schuldspruch des Überichs vorbeizukommen.

Der Selbstmord des Judas im Neuen Testament mag hier als Exempel dienen. Aus welchen Gründen auch immer dieser Jünger Jesu seinen Herrn verriet – um Jesus zu einem messianischen Bekenntnis zu veranlassen[70] oder um den Konflikt zwischen der gesetzestreuen Synagoge und der antigesetzlichen Botschaft Jesu zu beenden[71] –, in jedem Falle kann Judas das Ergebnis des Verrates: die Hinrichtung Jesu, nicht gewollt haben. Im Gegenteil muß er Jesus so sehr geliebt, sich mit seinem Schicksal so weit identifiziert und ihn selber so stark als moralische Instanz verinnerlicht haben, daß er über den Tod Jesu mit seiner eigenen Person in tödliche Schuldgefühle hineingeriet (Mt 27,3-5); die Nähe zur Vergeltungsautomatik des Voodoo-Todes zeigt sich noch in der anderen, inhaltlich widersprechenden Überlieferung von Apg 1,18, wonach Judas sich nicht selber das Leben nahm, sondern einem Unfall zum Opfer fiel, der (wiederum) von Petrus als unzweideutiges Gottesurteil, als Ordal, interpretiert ward.[72]

Gerade in dem Suizid des Judas hat nun gleichwohl die kirchliche Lehrtradition weithin das Kennzeichen der besonderen Verworfenheit des »Verräters« erblicken wollen. Während Petrus selbst seine Tat bereue, aber dabei auf Gottes Barmherzigkeit vertraue, verzweifle Judas an dem Erbarmen Gottes, und mit diesem Unglauben lade er im Grunde eine noch schwerere Schuld auf sich, als er sie bereits im Verrat Jesu begangen habe.[73] Diese Betrachtungsweise tut der Person des Judas (und allen ähnlichen Fällen) subjektiv gewiß unrecht; sie ignoriert das Gefühl der Reue, des Schmerzes, der Treue und Anhänglichkeit, ja, der Verschmelzung mit dem Opfer der eigenen Schuld zu sehr, und sie macht den Eindruck einer weniger sensiblen, einer oberflächlichen Moral, – am Ende steht »Petrus« als Person und als Typ immer besser da, sowohl in seinem großmäuligen Tatendrang als auch in seiner halbherzigen Feigheit, sowohl in seinem ängstlichen Verrat als auch in seinen wehleidigen Tränen, – ein ständiges Sowohl-als-auch, das weder die Sünde noch den Glauben bis in die Radikalität der Grundentscheidung zu treiben vermag, ja, das sich den Vorwurf sogar der Heuchelei und Verlogenheit gefallen lassen muß (Gal 2,11-14), dafür aber gegen andere auf rigorose Wahrhaftigkeit drängt, wie in Apg 5,1-11. Gemessen daran wirken die »Judas«-Menschen sympathischer, sensibler, riskierter, mutiger, ausgesetzter; ihre Problematik liegt, wie immer bei wirklichen Problemen der menschlichen Existenz, jenseits des moralisch Vorwerfbaren auf der Ebene des Tragischen, des schicksalhaft Verstrickten.

Gleichwohl ist das Anliegen der christlichen Moraltheologie gerade auf der existentiellen Ebene an sich sehr berechtigt, wenn sie den Suizid des Überichs verwirft; man muß, um die Berechtigung des theologischen Standpunktes in dieser Frage zu verstehen, freilich besonders die psychologischen Voraussetzungen und damit die Implikationen des Menschenbildes herausarbeiten, die in dem christlichen Veto gegen den »Voodoo-Tod« zum Ausdruck kommen und die man im kirchlichen Raum sich wohl selber oft genug zu wenig klarmacht.

Wenn man von einem schuldig Gewordenen kraft des Glaubens förmlich verlangen zu können meint, daß er an seiner Schuld nicht zugrunde gehe, so läuft diese Forderung im Grunde auf das Postulat einer Persönlichkeitsreife hinaus, in der das eigene Ich sich vom Überich hinreichend zu unterscheiden vermag; es liegt darin auch der Unterschied zwischen dem Standpunkt des Sittlich-Allgemeinen und der individuellen Existenz. Während im Deutschen Idealismus bei *Kant*[74] und bei *Hegel*[75] etwa die Vergeltungskausalität der gesellschaftlichen Moral gegenüber dem Delinquenten noch bis hin zur Todesstrafe mit rationalistischen Argumenten gerechtfertigt werden konnte, wehrt sich die christliche Moraltheologie an dieser Stelle gerade gegen die kalte Automatik von Schuld und Strafe: zwischen beide Begriffe stellt sie die Wirklichkeit Gottes, an dessen Person der Schuldige sich aufrichten und zu sich selbst zurückfinden soll. Die Person Gottes befreit hier von der drohenden Auflösung des Einzelnen in das Sittlich-Allgemeine; Gott, der nicht identisch ist mit dem Insgesamt moralischer Satzungen, bekennt sich seinerseits zu dem Schuldiggewordenen und nimmt ihn auf in das Asyl möglicher Vergebung jenseits der starren Begriffe der »Gerechtigkeit«[76]. Darauf mit ganzem Herzen zu vertrauen, wollte Jesus in seinen Worten wie in seinem Verhalten mehr als alles andere zeigen und lehren, – er, der sich gerufen fühlte zu den Kranken und Sündern, nicht zu den Starken und Immer-Richtigen (Mt 9,12. 13). – In *dieser* Perspektive liest sich das moraltheologische Verdikt gegen den Suizid aus Schuldangst wie ein mutiger, weitherziger und verständnisvoller Appell gegen die Angst, wie eine Abrechnung mit der blutrünstigen Magie des Todes, von der auch in dem Gottesbild der Bibel noch allzu viele Relikte erhalten sind, und wie ein Aufruf zu einem Vertrauen, das sich nicht gründet auf die Übereinstimmung mit der gesellschaftlichen Moral und dem Standpunkt des Sittlich-Allgemeinen. Großartiger als in diesem Punkte kann sich die Überzeugung von der absoluten Macht der Gnade im Hintergrund der menschlichen Existenz nicht aussprechen.

Aber man muß vorsichtig sein. Alles Richtige im Wissen um die Möglichkeit und die Notwendigkeit von Gnade wird falsch, wenn es sich, statt im Raum der Freiheit, der Ermöglichung von Leben zu verbleiben, zum moralischen Zwang und zur Androhung neuer, womöglich absoluter Strafen versteigt.[77] Wohl: Es sollte den moralischen Perfektionismus, den zwangsneurotisch-depressiven Sadismus des Überichs im Leben eines Menschen nicht geben, der gelernt hat, auf Gott zu vertrauen. Aber de facto geschieht es gerade im Raum der Kirche über die Maßen, daß alles Sprechen von der Vergebung und der Güte Gottes zu einem endlosen Katalog neuerlicher Vorwürfe und Selbstanklagen umfunktioniert wird: Wenn Gott so gut ist, wie unendlich schlecht ist dann der Mensch bzw. der einzelne Sünder? Wenn Gott seinen Sohn aus Liebe am Kreuz dahingibt, wie sehr müssen dann wir Gott lieben und unser Leben opfern für ihn! Wird aber dieses Opferleben aus Angst und Schuldgefühlen dem Depressiven schließlich zu schwer, so ist es wiederum Gott, der auch schon den ernsthaften Gedanken an Selbstmord mit der ewigen Hölle bestraft. Welch ein Leben, wenn manche Christgläubigen am Ende sich nur noch durch das Leben schleppen, weil »Gott«, nachdem er ihnen alles Lebensglück, alle Icherweiterung, alle Eigenständigkeit verboten hat, nun auch noch das freiwillige Sterben mit allen Qualen der Ewigkeit untersagt!

Eine derartige extreme Perversion des christlichen Glaubens in die ständig moralisierende Erstarrung, diese permanente Umwandlung der zögernden, reifenden, beseligenden Erfahrung von Gnade in ein gußeisernes Prinzip apriorischer Lebensmaximen macht aus dem menschlichen Dasein eine Veranstaltung, wie *Kafka* sie im »Prozeß«[78] bzw. in der »Strafkolonie«[79] beschrieb: eine zwar nicht freiwillige, aber um so mehr von außen her verfügte Hinrichtung, deren Räderwerk sich immer mehr zusammenzieht. Vor allem die *Sexualität* bleibt in diesem ödipal-ambivalenten Gottesbild ein Gegenstand endloser Torturen: die Hinrichtungsmaschine in *Kafkas* »Strafkolonie« mit ihrem Schüttelbett, ihren »Nadelstichen, ihrem Knebel, der sich in den Mund schiebt[80], ist in allen Details das obszöne Gegenbild eines Sexualverkehrs, wobei die Rolle des Mannes sich kastrativ in ein weibliches Verhalten wandelt; aber der Delinquent muß am Ende froh sein, wenn er wenigstens begreift, wofür er hingerichtet wird. Er begreift es in der Wirklichkeit fast nie, und zu hoffen bleibt nur, daß die ganze »Apparatur« des Gewissenssadismus sich wirklich eines Tages selbst auflöst und ihren Exekutor verschlingt. Niemals sind ja die Schuldgefühle so tödlich, als wenn sie sich gegen die am meisten energische Kraft des Lebens, gegen die Liebe, richten und womöglich imstande sind, sie gänzlich unter Verbot und Strafandrohung zu stellen: Selbsthaß, Lebensekel und der Wille, sich buchstäblich zu »entleiben«, müssen dann die Folgen sein. Die Frage der *Freudschen* Psychoanalyse ist nach wie vor unbeantwortet, wie sich in der Kirche verwirklichen läßt, was man der theologischen Theorie nach in ihr leben sollte: die Einheit von Gottesliebe und Menschenliebe, die Einheit von Seele und Leib, die Synthese einer leidenschaftlichen Hingabe der Seele und einer lebendig erfüllten Lauterkeit und Reinheit der Absichten. Immer noch ist de facto in zwei Stockwerken getrennt, was organisch eine Einheit bilden müßte, und gerade die Trennung von »Glauben« und Erfahrung, von Theologie und Tiefenpsychologie, trägt in sich selbst suizidale Elemente.

Darüber hinaus darf man nicht vergessen, daß gerade bei Menschen, die es mit ihrem Verhältnis zu Gott ernst meinen, das Gefühl der Unbedingtheit ihrer Entscheidung wächst, und in gewissem Sinne ist eine reflex gelebte Frömmigkeit nicht nur die vertrauensvollste, sondern auch die riskierteste Form der menschlichen Existenz zwischen »Ungewißheit und Wagnis«. Der Prophet Jeremia etwa fühlt sich von Anfang an dem Auftrag Gottes nicht gewachsen (Jer 1,6), und doch muß er im Widerspruch zu allen: zu Priestern, Propheten, Generälen und Königen, einsam und mißverstanden seine furchtbare Botschaft. verkünden (Jer 20, 7-9); außerstande, das Wort Gottes zurückzuhalten, empfindet er sich doch immer wieder zugleich als unfähig, es mitzuteilen, und die Verzweiflung dieses Konfliktes treibt ihn am Ende dazu, den Tag seiner Geburt zu verwünschen (Jer 15, 10). Ähnlich bittet der alte, erblindete Tobit Gott um die Gnade, sterben zu dürfen, als er nach einem Leben bemühter Rechtschaffenheit sich selbst durch schroffe Lieblosigkeit und hochfahrende Selbstgerechtigkeit ins Unrecht gesetzt sieht (Tob 3,1-6); parallel zu ihm betet im fernen Ekbatana die junge Sarah um ihren Tod, weil sich ihr in der engen Bindung an ihren Vater Raguel aus lauter Treue und Rechtschaffenheit die Liebe in einen männermordenden Sadismus verwandelt (Tob 3,7-15). Der Prophet Jona, als er erkennen muß, daß Gott seine eigene Botschaft widerruft, fühlt sich betrogen und belogen und will am liebsten sterben (Jon 4,3). Der fromme Hiob, bereit, alles zu tragen, was Gott ihm auferlegt, muß sich am Ende von seiner eigenen Frau erklären lassen, es bleibe ihm mit all seiner Frömmigkeit nur noch übrig, Gott zu verfluchen und schmählich zu verenden (Hi 2,9), und wirklich bricht er selbst schließlich in schwere Vorwürfe aus, sein Leben hassend und die Welt nicht verstehend (Hi 3,3). Gott erspart seinen Getreuen offenbar nicht nur die Verzweiflung nicht, er führt sie oft selber herbei, und wer vermeint, angesichts derartiger Infragestellungen des gesamten Daseins mit den wohlfeilen Auskünften einer nie erprobten »Gewißheit« des »Glaubens« antworten zu können, macht sich sehr verdächtig, es den Freunden Hiobs gleichzutun, die ebenfalls dem Wagnis Gottes sich durch die Rezitation von Auswendiggelerntem glaubten entziehen zu können. Mitunter ist gerade vor Gott die ehrliche Verzweiflung wahrer als die Starrheit eines Überichs, das ein für alle Mal »weiß«, Gott könne niemals einen Suizid als letzten Ausweg billigen.

Die eigentliche Schwierigkeit aber in dem Konflikt zwischen Ich und Überich entsteht, wenn das Ich sich gerade aus Moral dazu gedrängt sieht, aus einer Schuld, die, solange man lebt, immer weiter wächst, endgültig die Konsequenzen zu ziehen. *G. Greene* schilderte einen solchen Fall in »Das Herz aller Dinge« (s. o. S. 136-137), wo Major Scobie sich das Leben nimmt, weil er weder seine Ehefrau noch ein junges Mädchen, das er liebgewonnen hat, durch seine Zuneigung glücklich zu machen vermag; Scobie mag sich wenden, wie er will: er ist schuldig und macht sich immer weiter schuldig; schließlich scheint es noch besser, wenn seine Ehefrau glaubt, er sei einem plötzlichen Todesfall erlegen, als daß er ihr, wie er meint, jahrelanges Vertrauen durch ein offenes Geständnis erschüttert und ihr Lebensglück damit von Grund auf gefährdet. Der Selbstmord wird für Scobie zu dem einzig verbleibenden Ausweg aus einer Schuld, mit der länger zu leben ihm unmöglich ist.[81]

Anders, aber im Motiv doch vergleichbar, beschreibt *L. Tolstoi* in »Anna Karenina« die Flucht Wronskijs in den Krieg, als am Ende der

Tragödie, gescheitert an der Enge der kirchlichen Ehemoral, an dem fanatischen Pharisäismus von Herrn Karenin, an der glühenden Maßlosigkeit der Liebe Annas als Lebensgefährtin wie als Mutter, gescheitert aber vor allem an der Halbherzigkeit und Durchschnittlichkeit seiner eigenen Person, Graf Wronskij sich selber gestehen muß: »... als Werkzeug mag ich vielleicht noch zu etwas taugen. Aber als Mensch – bin ich eine Ruine«[82]. Es ist Wronskijs Entschluß, in seiner Verzweiflung einen mindestens »nützlichen« Ausweg, eine wenigstens verdienstvolle Art des Todes zu finden. »Ich kann«, erklärt er, »als Mensch insofern nützen, als ich auf mein Leben keinen Wert lege ... Ich freue mich, daß ich mein Leben für einen edlen Zweck hingeben kann, dieses Leben, an dem mir nichts mehr liegt und dessen ich überdrüssig bin. So bringt es wenigstens noch einen Nutzen.«[83] Wie viele »Heldentaten« werden in diesem Sinne vollbracht als pure Selbstverbrennungen aus Schuldgefühl, als larvierte Selbstmorde, als nachträgliche Selbsterleichterungen von dem unerträglichen Gefühl der Schuld? Wenn schon das Leben nicht nur unnütz *war*, sondern definitiv und unkorrigierbar als nutzlos vergeudet wurde, kann es dann nicht als geradezu erstrebenswert erscheinen, zumindest im Tod etwas Sinnverleihendes, Rechtfertigendes, Wiedergutmachendes zu wirken? So scheint rückblickend Graf Wronskij zu denken. – Und Anna, als *sie* ihrem unglückseligen Dasein ein Ende setzt? Sie hat mit all ihrer Leidenschaft bedingungslos sich Oberst Wronskij zugewandt, – er ist ihr ein und alles, ihm opfert sie ihr ganzes Leben; aber sie lebt in einer Gesellschaft, die es nicht hinnehmen will, daß sie der gefühlskalten, liebeleeren, routiniert-zerregelten Ehe mit dem zwangsneurotisch-steifen Karenin wie unter dem Befehl eines übermächtigen Schicksals entflieht, – die ersehnte Scheidung wird ihr von Kirche und Staat verweigert, und als sie nunmehr mit um so größerer Innigkeit ihr ganzes verbleibendes Leben auf Wronskij wirft, muß sie erleben, daß dieser sich außerstande zeigt, eine solche Verdichtung der Liebe einzig auf seine Person mit einem entsprechenden Übermaß eigener Liebe zu beantworten; er kann die Angst der zu Ehelosigkeit und Einsamkeit Verurteilten, den Lebenshunger der Ausgestoßenen und Geächteten nicht auffangen, und noch weniger versteht er, wie die verzweifelte Liebe Annas immer mehr in einen verzweifelten, selbstzerstörerischen Haß umschlägt. »Die Rache ist mein. Ich will vergelten«, dieses Wort aus Dtn 32,35 stellte *Tolstoi* bewußt seinem großen Roman als Motto voran; es darf und sollte uneingeschränkt auch für die Art gelten, wie Anna und Wronskij ihrer tragischen Schuld zu entkommen trachten.

In den »Leiden des jungen Werthers« läßt *J. W. von Goethe* seinen Werther einmal zu Albert, dem engstirnigen und empfindungsarmen, sauber-korrekten und gleichgültig-ehrgeizigen Gemahl der über alles geliebten, Werther seelenverwandten Lotte, sagen: »Die menschliche Natur ... hat ihre Grenzen; sie kann Freude, Leid, Schmerzen bis auf einen gewissen Grad ertragen, und geht zugrunde, sobald *der* überstiegen ist. Hier ist also nicht die Frage, ob einer schwach oder stark ist? sondern ob er das Maß seines Leidens ausdauern kann? es mag nun moralisch oder körperlich sein; und ich finde es eben so wunderbar zu sagen: Der Mensch ist feige, der sich das Leben nimmt, als es ungehörig wäre, den einen Feigen zu nennen, der an einem bösartigen Fieber stirbt.«[84] *Goethes* »Werther«, der in einer demonstrativen Kritik an dem Unverständnis der Kirche gegenüber allen Fragen des Herzens, u.a. auch gegenüber den Fragen des Selbstmords, endet, löste bei seinem Erscheinen geradezu eine Selbstmordepidemie aus; aber er erreichte nicht, was er hätte erreichen sollen: eine Veränderung der christlichen Moralauffassung zugunsten einer tieferen Einheit von Gefühl und Verstand sowie einer größeren Wahrhaftigkeit und Toleranz gegenüber den Verwirrungen und Tragödien des Lebens. Auch Werther nimmt sich das Leben eigentlich aus dem Gefühl der Pflicht: er vermeidet mit seinem Suizid einen Mord an seinem würdig-unwürdigen Konkurrenten Albert[85]; aber, so muß sich jeder Leser des *Goetheschen* Frühwerks fragen, was ist das für eine Pflicht, die alle Gefühle der Liebe und Treue, »die schönsten menschlichen Empfindungen« »in Gewalt und Mord verwandelt«?[86] Vor allem der Gewissensselbstmord ist oft nur ein äußerstes Symptom für den versteinerten, grabähnlichen Charakter einer Moral, deren Satzung das Leben an der Wurzel durch Angst, Mißtrauen und Mißhandlung der Gefühle »abtöten« soll, wie man in der christlichen Askese sich verdächtig deutlich auszudrücken pflegt.

Um indessen eine solche Entwicklung zu ermöglichen, muß zuvor das Gottesbild in charakteristischer Weise zu einem toten Inventar starrer Moralgesetze degeneriert sein bzw. es muß umgekehrt die Moral mit einer absoluten Autorität an die Stelle Gottes gerückt sein, und zur Entlastung der kirchlichen Moraltheologie muß gesagt werden, daß sie eine solche Entwicklung durch den eigenen Moralismus zwar vorbereitet, aber niemals gänzlich gutgeheißen hat. Die Zeit der Aufklärung, der französischen Revolution, sowie die Mentalität des beginnenden 19. Jh.'s hingegen boten ein besonders abschreckendes Beispiel dafür, was geschehen muß, wenn »Gott« mit der objektiven Vernunft, die vermeintlich in der staatlichen Gesetzgebung ihren Niederschlag findet, in eins gesetzt wird: der Einzelne selbst wurde augenblicklich, je nachdem, zum Opfer oder Exekutor der absoluten Moral; seine *Ehre,* d. h. seine auf moralische Integrität gegründete Reputation in den gesellschaftlich maßgebenden Kreisen, avancierte zum höchsten Wert, und das *Duell* vermochte sich als die spektakulärste und verbreitetste Form des Überichselbstmords zu etablieren.[87] »... der Feindeshaß in der Gesellschaft lebt in panischer Angst vor falscher Scham«, schrieb *A. S. Puschkin* in seinem Versdrama »Eugen Onegin«[88], um das irrwitzige Duell zwischen Onegin und Lenskij zu kommentieren, aber er selber beugte sich dieser »falschen Scham« auf tragische Weise. Die Kirche untersagte zwar immer wieder, wenngleich mit geringem Erfolg, das Duell als einen nicht-gerechtfertigten Verstoß gegen das 5. Gebot; aber das Kernübel erkannte sie offenbar zu wenig: die Etablierung von »Ehre«, »Pflicht« und »Wille« als den Haupttugenden eines »guten« Bürgers – und eines »guten« Christen.

Die gesellschaftlichen Inhalte des Ehrbegriffes wechseln dabei im Verlaufe der Geschichte immer wieder, – sie lauten heute vor allem Erfolg, Karriere, Leistung; der Besitz von Macht und Geld sind heute wichtiger als etwa der patriarchalische Besitz der eigenen Frau im viktorianischen Zeitalter; aber die selbstmörderischen Duells, die ehrgeizigen Vernichtungskämpfe haben in unserer Zeit eher zugenommen, – die Zahl der Herzinfarkte zeigt es.

Es gibt, um den Unterschied von Religion und Ethik klar zu befestigen und derartigen Verwirrungen entgegenzutreten, eine religiöse Ebene der Existenz, auf der in *Kierkegaardschem* Sinne die Forderung besteht, ein »Einzelner« zu werden, – und es gibt die Ebene der Ethik mit ihrem Anspruch, das »allgemeine Individuum« im Sinne *Hegels* auszuprägen; beide Ebenen sind durch einen absoluten Sprung der Existenz voneinander getrennt, und ihr Verhältnis zueinander, sperrig gegenüber jedem Versuch einer dialektischen Vermittlung, besitzt die Struktur eines vollendeten Paradox. Übergeht man diese qualitativ unendliche Differenz der menschlichen Existenz, indem man Religion und Ethik miteinander identisch setzt (womöglich, wie bei *Kant,* rein »reduktiv«[89], also sogar noch ohne die Kabinettstückchen der dialektischen Synthese), so darf man sich nicht wundern, daß das Problem des Überichsuizids, die moralische Ausweglosigkeit der Existenz, von seiten einer so formulierten Religion nicht mehr zu lösen ist, ergibt es sich doch förmlich wie von selbst aus ihrem eigenen Ansatz. Die Möglichkeit der Erlösung, ja, bereits die im ethischen Sinne *tragische* Notwendigkeit der Schuld ist nicht nur, wie *N. Hartmann* meinte, eine »Freiheitsantinomie«[90], sondern selbst die Bedingung der Möglichkeit menschlicher Existenz. Was die Ethik nicht verstehen noch zulassen kann, davon geht die Religion aus: daß die Schuld, religiös bestimmt als Sünde, den Menschen zum Guten *unfähig* macht und ihm »den Weg zur sittlichen Erhebung« versperrt. Die Religion anerkennt letztlich die Ausweglosigkeit der Schuld ebenso wie die Ausweglosigkeit des Endlichen, aber sie kann und darf dies nur tun, wenn sie nicht selbst auf die Kategorien des Endlichen, mithin des Ethischen herabsinkt und die Befreiung, die Erlösung des Einzelnen, der Allgemeinheit von Kirche und Gesellschaft opfert.

Der Suizid als Opfertod bzw. als Konflikt zwischen Ich und Wirklichkeit

Genau genommen besteht der Überichsuizid tatsächlich in einem *Selbstopfer* des Ichs zugunsten des Überichs mitsamt den moralischen Wertungen der Gesellschaft, die vom Überich repräsentiert werden. Was aber den Überichselbstmord von einem echten Selbstopfer unterscheidet, ist der durch und durch narzißtische Charakter des Gewissensselbstmords. Es ist die Angst vor dem *absoluten* Liebesentzug, vor der vollkommenen Ausstoßung aller, die das Selbstopfer des Ichs erzwingt. Der Gewissensselbstmord dient im Grunde dem verzweifelten Versuch, die verlorene Akzeptation der eigenen Existenz in den Augen einer absoluten Instanz, die über Wert und Unwert des gesamten Daseins befindet, zurückzugewinnen. Ein Suizid dieses Typs ist letztlich so etwas wie ein verzweifelter Umweg des Ichs zum Leben, nicht anders als der vagotonale Suizid; das Ich ist hier so sehr mit dem Überich verschmolzen, daß es nur in ihm leben zu können meint, und wenn die Inhalte des Überichs sadistischer Natur sind oder auch nur, wenn sie sich so kompromißlos-starr darbieten, daß sie an der Wirklichkeit des Lebens scheitern müssen, enthüllt sich das Selbstopfer des Ichs als unerläßlicher Teil ihres Programms. Dabei kann der objektive Dienst, der durch den Gewissensselbstmord der menschlichen Gemeinschaft geleistet wird, durchaus nichtig sein, – ja, es kann das Motiv zum Suizid vollkommen bizarr erscheinen; das hindert nicht, daß die Tat selbst bei allem Narzißmus subjektiv als eine selbstlose Pflicht erlebt zu werden vermag.

Schon der soeben erwähnte Major Scobie in *G. Greenes* »Das Herz aller Dinge« ist ein echter Anti-Held, dessen Selbstmord sich nicht nur unnütz, sondern nahezu grotesk darbietet: anders als Scobie meint, vermißt ihn seine Ehefrau keinesfalls, – auch sie ist der langweiligen Ehe formelhafter Liebenswürdigkeiten und steriler Artigkeiten müde, und der Selbstmord, als schicksalhafter Tod getarnt, wird augenblicklich als solcher entdeckt. Selbst noch bei dem Versuch, mit seinem Tod das Scheitern seines Lebens gutzumachen, scheitert Scobie; und dennoch gehört ihm das Mitgefühl und die Anteilnahme eines jeden Lesers; denn: wem könnte es nicht gleichermaßen so ergehen?

Höchst komplex ist die Palette narzißtischer Überichselbstmörder und Selbstopferer, die besonders *F. M. Dostojewski* in seinen Romanen mit einem außerordentlichen Scharfblick und einer in der psychologischen Theorie noch weitgehend unausgeschöpften Hellsichtigkeit bereithält. Immer ist es das Bestreben *Dostojewskis* gewesen, die Wechselwirkung aufzuzeigen, mit der *Gedanken* sich in Gefühle umsetzen (ein von der Psychonanlyse noch niemals wirklich behandeltes Thema!) und wie umgekehrt Gefühle sich in Gedanken verwandeln (was von der Psychoanalyse nur sehr unzureichend im Rahmen der »Rationalisierung« verdrängter Triebimpulse und entsprechender Gehemmtheiten, Haltungen und Erwartungen beschrieben wird).

So zeigte *Dostojewski* besonders in dem Roman der »Idiot« in der Gestalt des lungenkranken, in wenigen Wochen zum Sterben verurteilten Ippolit nicht nur die verzweifelte Aussichtslosigkeit der menschlichen Existenz angesichts von Krankheit und Tod auf, er legte den Finger vor allem auf die *Beleidigung* und *Schändlichkeit,* mit welcher der Tod alle Pläne menschlicher Würde und Größe vereitelt. Niemals vor und nach *Dostojewski* ist der Tod so sehr als das beschrieben worden, was er vor allem ist: als die schlimmste narzißtische Kränkung, die dem Menschen vor allem in den Vorstadien von Krankheit und Siechtum zugefügt werden kann. Ippolit, der so reich an Möglichkeiten und Begabungen war, die er »zum Glück aller Menschen leben« wollte, »um die Wahrheit zu entdecken und zu verkündigen«[91], wird von der Gewißheit des Todes derart gepeinigt, daß er das gesamte ethische Gefüge menschlicher Verantwortung in Frage gestellt sieht: der Tod enthebt ihn von selbst jeder Strafe und entwürdigt seine Existenz derart, daß es Ippolit geradezu ein »Vergnügen« bereiten könnte, das Bewußtsein der eigenen Nichtigkeit des *Seins* angesichts des Todes durch monströse Schändlichkeiten des *Tuns* auszukosten; wohl opfert die Natur tagtäglich Millionen von Wesen ihrem Selbsterhalt, ja, sie selber ist nichts als ein »ununterbrochenes gegenseitiges Verschlingen«[92], aber ein Mensch kann sich selber nicht als ein bloßes Atom betrachten, das »einfach zur Aufrechterhaltung der allgemeinen Harmonie des Ganzen, irgendeines Plus oder Minus und irgendeines Kontrasts wegen benötigt wird«[93]; so bleibt, meint Ippolit, »der Selbstmord vielleicht die einzige Tat ..., die ich noch durch meinen eigenen Willen zu beginnen und zu vollenden Zeit habe«[94]. Ippolit *opfert* sich nicht in seinen Selbstmordplänen, er weigert sich vielmehr, als bloßes Teilglied im Stoffwechselkreislauf der Natur ausgetauscht zu werden; sein Selbstmord ist eine letzte Manifestation der Menschlichkeit angesichts eines grausamen Todes und drückt in Wahrheit das verzweifelte Verlangen nach einer absoluten Bedeutung in der Liebe eines anderen aus[95], deren Fehlen in der Strenge des Überichs bzw. in der Überhöhung starrer Ichideale verinnerlicht wurde: der nie Geliebte vermag sich selber nicht zu lieben, und um geliebt zu werden, verlangt er von sich das Unmögliche: Gottgleichheit. Diesem Phantom aber *opfert* er sich.

In der Tat ist der Selbstmord für *Dostojewskis* Helden die Folge der vollkommenen existentiellen Nichtigkeit, die besonders der Tod endgültig ratifiziert, so wie umgekehrt das Gefühl der Nichtigkeit selbst tödlich bzw. mörderisch ist: Rodion Raskolnikow in *Dostojewskis* Roman »Schuld und Sühne« etwa wird wechselweise von Gefühlen grausamer Selbstverachtung wie übersteigerten Allmachtsphantasien heimgesucht: um sich nicht als »Laus« zu fühlen[96], träumt er davon, ein »Napoleon« zu sein, und um sich nicht selbst als etwas Überflüssiges und Nichtswürdiges zu zertreten, versucht er, sich das Recht, da zu sein, durch das Recht zu beweisen, anderes überflüssiges und nichtiges Leben auszulöschen, wie er es in einer alten Pfandleiherin personifiziert findet. Raskolnikows Mordtat ist durch und durch narzißtisch – ein äußerster Versuch, sich einen Rest an Selbstachtung zu erhalten, und das Opfer, das er bringt, wird im Grunde allein von einem maßlosen Ichideal verlangt. Auch so kann indessen der sadomasochistische Opfertod des Überichs wirken, daß es, selbst aus Haß und Verachtung geboren, das Ich bis zur

Zerstörung des eigenen oder fremden Lebens demütigt. Die negativen Identifikationsfiguren, die sich in der alten Pfandleiherin und ihrer Freundin verdichten, sind in *Dostojewskis* Roman allem Anschein nach Raskolnikows Mutter und seine Schwester, – *ihr* Brief mit all den Gefühlen der Erniedrigung und Schande gibt den unmittelbaren Anstoß zu der furchtbaren Mordtat, in der sich Abscheu und Mitleid, Verachtung und Stolz, Protest und Ohnmacht in extremer Ambivalenz verdichten.[97]

Die Identifikation mit der erniedrigten, beleidigten Mutter durchzieht (neben dem von *Freud* analysierten Vaterhaß) im übrigen wie ein roter Faden die Romane *Dostojewskis* und bietet zugleich die Erklärung für den Opfertod des Ichs gegenüber seinen eigenen überhöhten Selbstanforderungen, die bei *Dostojewski* die eigentümlichsten Inhalte gewinnen können. Krafft z. B., eine Nebenfigur in dem Roman »Der Jüngling«, nimmt sich das Leben, weil er auf Grund phrenologischer Studien herausgefunden hat, daß das russische Volk nur ein Volk zweiten Rangs, nur ein Material für die höhere Entwicklung der Menschheit sein könne; dieser sich ihm logisch nahelegende Schluß hat bei Krafft sich »in das stärkste Gefühl« verwandelt, das sein »ganzes Wesen ergreift und beherrscht«. »Um einen solchen Menschen zu heilen«, meint zu Recht sein Freund Wassin, »müßte man eben dieses Gefühl ändern, was wohl nur möglich wäre, wenn man es durch ein gleichstarkes, anderes Gefühl ersetzen könnte.«[98] Wie aber findet ein Mensch wie Krafft in seiner zerbrechlichen Feinnervigkeit und Zartheit einen anderen Menschen, der ihn genug liebt, um ihm ein Gefühl für seine *persönliche* Würde und Größe zurückzugeben? Mit all seiner Intelligenz merkt Krafft nicht, daß er das Gefühl der eigenen Ungeliebtheit und Minderwertigkeit lediglich von sich her auf das russische Volk projiziert, mit dessen Schicksal er sein eigenes völlig identifiziert. Man darf annehmen, daß auch Kraffts Grundgefühl psychogenetisch einer Identifikation mit der (vom Vater) geschändeten und mißbrauchten Mutter entstammt; aber wiederum ist es ein Überich-Inhalt, der das Opfer des Ichs zur Wiederherstellung des bedrohten Narzißmus verlangt. Den angstbedrohten Narzißmus mitsamt seinen Minderwertigkeitsgefühlen, seinen Aggressionen und seinem Selbsthaß vermöchte nur die stärkere Liebe zu einem anderen Menschen abzubauen. Aber während etwa Raskolnikow durch die Liebe Sonjas gerettet wird, richtet Krafft sich selbst zugrunde, weil es niemanden gibt, der ihn seelisch aufrichten könnte. Wie kann ein Mensch Erlösung finden von dem Strudel der Selbstwertzweifel, der

Nichtigkeitsgefühle und der Ohnmacht? Das ist, aufgereiht an den Varianten des Selbstmords, die ständige Frage *Dostojewskis,* und sie stellt sich letztlich in dem absoluten Entweder-Oder zwischen dem Selbstopfer des Selbstmords oder der absoluten Hingabe in der Liebe eines anderen, der die Angst vor der eigenen Nichtigkeit durch die Gewißheit seiner Anerkennung und Zuneigung abträgt und besiegt.

In den »Dämonen« hat *Dostojewski* diese Alternative vor allem in der Gestalt Kirillows, der unheimlichsten und rätselhaftesten seiner Romanfiguren, dargestellt. Der Grundgedanke, der sich in Kirillow immer mehr verdichtet, besteht in der Überzeugung, daß einzig die Todesangst den Menschen bestimmt. »Der Mensch«, sagt, er, »hat nie etwas anderes getan, als sich immer und immer wieder einen Gott erfunden, um eben leben zu können, ohne sich zu töten; daraus besteht die ganze Weltgeschichte bis auf den heutigen Tag.«[99] Dabei resultiert die Todesangst nach Kirillow eigentlich aus der Furcht vor dem Schmerz, den der Tod zufügt. Wer die Todesangst überwinden könnte, brauchte sich ein für alle Mal keinen Gott mehr zu erfinden; er könnte die absolute Eigenmächtigkeit über sein Leben gewinnen, und damit wäre er selber Gott. Die Gewißheit, daß es keinen Gott gibt, müßte unbedingt dazu führen, sich selbst zu töten, wenn man nicht auf der Stelle noch einen Schritt weitergeht und sich selbst die »neue, furchtbare Freiheit« einer furchtlosen Eigenmächtigkeit zuspricht. Also geht es darum, einen Menschen hervorzubringen, der die Angst nicht mehr kennt. Denn, wie *Dostojewski* seinen Helden Kirillow absolut richtig sagen läßt: »Die Furcht ist der Fluch der Menschheit.«[100] Um den Menschen von der Todesangst zu erlösen und damit selbst zu Gott zu machen, hat Kirillow sich vorgesetzt, das eigene Leben in einer Art pädagogischen Selbstmords für die Menschheit zu opfern: alle sollen an seinem Beispiel erkennen, daß es nicht nötig ist, den Tod zu fürchten, und daß es in jedem Moment möglich ist, sich als Gott, als absoluter Herr über Leben und Tod, zu fühlen. Der Menschgott Kirillow ist das bewußte Gegenbild des christlichen Gottmenschen, und tatsächlich wird das Problem des Selbstmords nur in dieser absoluten Alternative wirklich verständlich.[101]

Die Logik Kirillows lebt von der Überzeugung, daß der Tod als Naturtatsache, als Schmerz furchtbar sei; aber dieser Voraussetzung widerspricht bereits sein eigenes Tun: der Tod ist nicht schrecklich, wenn es einen Sinn hat zu sterben. Die Frage nach der Todesangst ist somit im Grunde eine Frage nach dem Sinn des Lebens; doch diese Frage läßt sich positiv nur im Gegenüber einer absoluten Liebe beantworten – alle Romangestalten *Dostojewskis* bezeugen in ihrer Abgründigkeit diese Gewißheit. Nur im Umkreis der Liebe eines anderen gewinnt ein Mensch das Gefühl für seine eigentliche Würde und Größe, und nur in diesem Gefühl vermag er der sicheren Vernichtung seiner physischen Existenz im Kreislauf der Natur standzuhalten. Einzig die Liebe besiegt die Furcht vor dem Tod, indem sie dem Leben seine unveräußerliche, ewige Bedeutung und Schönheit verleiht. Das Selbstopfer Kirillows hingegen beantwortet diese Hauptfrage nicht: wie denn die Menschen mit ihrer Freiheit leben können, ohne sich zu zerstören? Die Freiheit erhebt sich aus der Angst vor dem physischen Schicksal des Todes, – darin hat Kirillow gewiß recht; aber das eigentliche Problem ist die Angst, die wiederum aus der Freiheit sich erhebt, – niemand hat das außer *S. Kierkegaard* besser gewußt als der Dichter des »Großinquisitors«. Nicht die physische Vernichtung im Tode, sondern die existentielle Nichtigkeit des Daseins stellt das eigentliche Problem dar, und darauf antwortet nicht eine stoische Überwindung der Schmerz- und Todesangst, sondern nur die Erfahrung absoluter Liebe. Kirillows Selbstmord trägt die subjektive Evidenz von Sinn an sich, weil er einem wirklich selbstlosen Motiv entstammt, weil er ein Opfer ist, das nicht rein narzißtisch ist. Aber sein Tod aus Mitleid erlöst in fast buddhistischer Weise nur von der Qual des Lebens unter dem Schatten von Tod und Vergänglichkeit, er befreit nicht von der angstvollen Nichtigkeit der Existenz zum Leben, denn das vermöchte jenseits des Mitleids nur die *Liebe* zu einem Menschen, der in ihr wie in einem Spiegel den Glanz seiner eigenen unzerstörbaren Würde (wieder)zuerkennen vermag. Allein im Horizont dieser Einsicht erschließt sich die Lehre des Christentums, daß wir als Menschen *leben* von dem Selbstopfer des Gottessohnes: alles, was Menschen für einander sein und bedeuten können, konzentriert sich und objektiviert sich in dieser absoluten Urgestalt dessen, wie unser Leben von Gott her gemeint ist, und es zeigt an, daß diese äußere Welt sich nur erhält im *Opfer an die Wirklichkeit.*

Man mag über den verzweifelten Selbstmord Kirillows sich noch wie über etwas Neurotisches, jedenfalls wie über eine bloß dichterische Ausgeburt hinwegsetzen; aber seine Umwandlung des Todes in ein Selbstopfer möglicher Liebe ist an sich von einer überzeugenden Wahrheit. Grundsätzlich gibt es nur die Wahl, vom Tod als einem äußeren Faktum bzw. als einer äußersten Zumutung hinweggerafft zu werden oder aber das Leben so zu führen, daß es vom Motiv der *Hingabe,* der Liebe, getragen ist, und dann ist eine Grenze zwischen »Selbstmord« und »Selbstopfer« unter dem Druck der äußeren Wirklichkeit oft genug nicht mehr zu ziehen.[102]

Auch für den Suizid als Selbstopfer des Ichs an die Notwendigkeit der äußeren Wirklichkeit bietet bereits die *Tierpsychologie* evolutive Vorbilder. Besonders die *Mutterliebe* zahlreicher Tierarten grenzt nicht selten ans Heroische, oft genug ans Selbstmörderische: eine Rattenmutter kann »einem Schäferhund mit gellendem Kriegsgeschrei selbstmörderisch an die Kehle« springen, eine kleine Kiebitzmutter kann »mit frenetischem Gekreisch und Flügelschlagen eine ganze Schafherde daran« hindern, »über ihr Bodennest auf einer Weide zu trampeln«, eine Feldhasenmutter kann anderthalb Meter hoch in die Luft springen »und dabei mit beiden Hinterbeinen nach einem angreifenden Bussard« schlagen, der große Brachvogel greift selbst eine Großtrappe, die 36mal so groß ist, wie er selber, augenblicklich an, wenn diese sich an seinem Bodennest zu schaffen machen will. »Wir stehen hier am Quell allen altruistisch-sozialen Verhaltens in Gemeinschaften erwachsener Tiere überhaupt. Denn alles, was wir hier an nichtegoistischen Handlungen, an Zurückstellen eigener Vorteile hinter das Wohl der Gesamtheit beobachten, hat seinen Ursprung allein in der Hingabe und Aufopferung der Elterntiere für ihre Kinder. Das Mutterverhalten ist der Keimpunkt alles höherstehenden Sozialverhaltens schlechthin.«[103]

Die katholische Moraltheologie, die ansonsten den Selbstmord streng verurteilt, folgt im Grunde dieser instinktiven, offenbar bereits im Zwischenhirn gemeinsam für Vögel wie Säugetiere gespeicherten Verhaltenstechnik, wenn sie bis in die Gegenwart hinein kategorisch darauf bestand, daß eine Mutter *gehalten* sei, bei einer Geburt in der Wahl zwischen dem Leben ihres Kindes oder ihrem eigenen Leben sich selbst zu opfern, – mit der allgemeinen Begründung, daß die Mutter ja bereits gelebt habe, das Kind aber noch leben wolle. In Wahrheit dogmatisiert die katholische Kirche mit ihrer Lehre vom absoluten Primat des Kindes vor dem Wohl der Eltern indessen, ohne sich darüber Rechenschaft zu geben, eine instinktive Verhaltensweise aus dem Tierreich. Aber gerade deshalb tritt nun eine paradoxe Situation ein: während wir bisher um Verständnis dafür werben mußten, daß Menschen zum Opfer bestimmter uralter Verhaltensmechanismen werden können, müssen wir hier zu verhindern suchen, daß sie im Namen einer bestimmten

Ideologiebildung ohne Rücksicht auf die Gesamtsituation einer einzelnen instinktiven Motivation geopfert werden: Die Mutter, die für ihr Baby bei der Geburt das Leben lassen soll, hat unter Umständen noch drei andere Kinder, die ohne sie nicht zu leben und zu sterben wüßten, sie hat einen Mann, der sie liebt, eine alte Mutter, die sie pflegt, kurz: es ist für einen Menschen nötig und unerläßlich, nach Möglichkeit so viel Übersicht zu bewahren, daß nicht ein einzelner Auslöser unreflektiert für das gesamte Verhalten bestimmend wird. Wohl kommen tragische Fälle dieser Art immer wieder vor: Als z. B. die Amerikaner vor den andringenden Soldaten Hanois sich endgültig aus Südvietnam zurückzogen und die Menge verzweifelter Flüchtlinge sich auf die wenigen zur Evakuierung bereitgestellten Schiffe drängte, ging um die ganze Welt die erschütternde Nachricht von einer Frau, deren Kind im Getümmel über die Reeling eines Schiffes in die Tiefe gerissen worden war: ohne Zögern war die Mutter ihrem Kind in den Tod nachgesprungen. Eine traurige Hochachtung muß einen jeden über das, wenngleich unnütze, Selbstopfer dieser Mutter erfüllen. Aber eines ist es, die Stärke eines wahrhaft altruistischen Triebes in einem Menschen zu bewundern, und ein anderes, die Einseitigkeit einer einzelnen instinktiven Reaktion zu einem moralischen Gesetz zu erheben. Die katholische Lehre vom Primat des Kindes vor dem Leben der Mutter, von der Pflicht zum Selbstopfer, nahm im übrigen auf den Umstand keinerlei Rücksicht, daß die instinktiven Verknüpfungen in der Beziehung von Mutter und Kind erst über die visuellen und akustischen Auslöser nach der Geburt wirksam werden. Während keine, auch keine katholische Morallehre so weit gehen wird, das heroische Selbstopfer einer Mutter für ihr *lebendes* Kind zu *verlangen,* mit dem sie auf vielerlei Wegen auf das innigste verbunden ist, mutet es absurd an, wenn dieselbe Morallehre das Selbstopfer der Mutter, abweichend von den Beispielen der Natur, gegenüber einem noch ungeborenen Kind unter dem Begriff schwerer Sünde u. U. glaubt(e) verlangen zu können. In Wahrheit kommt es darauf an, das Selbstopfer eines Einzelnen, wenn es denn sein muß, sowohl von narzißtischen Motivationen wie von realitätsfremden Ideologisierungen fernzuhalten. Einzig die einzelne Situation kann zeigen, was zu tun ist; zu ihrer Analyse aber bedarf es der bewußten Fähigkeiten des Menschen, hirnphysiologisch mithin der Tätigkeit des Neocortex, nicht aber der auf bestimmte Auslöser festgelegten Reiz-Reaktionsschemata der limbischen bzw. der hypothalamischen Schichten. Darüber hinaus muß man wohl begreifen, daß es unendlich leichter ist, etwa wie Pater Maximilian Kolbe in Auschwitz für die Kinder eines Mitgefangenen freiwillig in den Tod zu gehen, als einen Tod zu erleiden, dessen Umstände von einer monströsen Sinnlosigkeit und Beliebigkeit sind. In der Wahl, als ein bloßer lusus naturae zu verenden oder seinem Leben ein sinnvolles Ende zu verleihen – jede Sekunde erfüllt von einem berechtigten Stolz und der inneren Gewißheit des Guten! –, ist allemal der freiwillige Opfertod einem bloßen Geopfertwerden vorzuziehen. Aber diese Erfahrung löst die scheinbar so klare Grenze zwischen Selbstmord und Selbstopfer auf und läßt sie als künstlich erscheinen. Vielen, die sich das Leben nehmen, wird es subjektiv ganz evident vorkommen, daß es auch im Interesse aller Beteiligten am besten ist, von selbst aus dem Leben zu gehen; fast immer hat ein Selbstmord auch dieses Motiv des Opfers an sich, und gewiß, wenn er halbwegs bewußt und überlegt vollzogen wird, ruht auf ihm auch das Versprechen von Freiheit und Sinn.

Als z.B. im März 1912 die unglückliche Südpol-Expedition von Kapitän Scott ihrem Ende entgegenging und sich die kleine Mannschaft zu viert hungernd und frierend durch die grausame Eiswüste schleppte, kam es zu einer Begebenheit von seltener Größe und Tragik, als einer von ihnen, der Rittmeister L. J. E. Oates, mit abfrierenden Zehen kaum mehr weitergehen konnte und seinen Freunden immer mehr »Last als Hilfe« wurde. *St. Zweig* schildert die ergreifende Szene mit den Worten: »Sie müssen bei einer Mittagstemperatur von zweiundvierzig Grad den Marsch verzögern, und der Unglückselige spürt und weiß, daß er seinen Freunden Verhängnis bringt. Schon bereiten sie sich auf das Letzte vor: Sie lassen sich von Wilson, dem Forscher, jeder zehn Morphiumtabletten aushändigen, um gegebenenfalls ihr Ende zu beschleunigen. Noch einen Tagesmarsch versuchen sie es mit dem Kranken. Dann verlangt der Unglückliche selbst, sie mögen ihn in seinem Schlafsack zurücklassen und ihr Schicksal von dem seinen trennen. Sie weisen den Vorschlag energisch zurück, wiewohl sie alle darüber klar sind, daß es für sie eine Erleichterung bedeuten würde. Ein paar Kilometer taumelt der Kranke auf seinen erfrorenen Beinen noch mit bis zum Nachtquartier. Er schläft mit ihnen bis zum nächsten Morgen. Sie blicken hinaus: draußen tobt ein Orkan. – Plötzlich erhebt sich Oates: ›Ich will ein wenig hinausgehen‹, sagt er zu den Freunden. ›Ich bleibe vielleicht eine Weile draußen.‹ Die anderen zittern. Jeder weiß, was dieser Rundgang bedeutet. Aber keiner wagt ein Wort, um ihn zurückzuhalten. Keiner wagt, ihm die

Hand zum Abschied zu bieten, denn sie fühlen alle mit Ehrfurcht, daß der Rittmeister Lawrence J. E. Oates von den Inniskillingsdragonern wie ein Held dem Tode entgegengeht.«[104] Wohl war, objektiv gesehen, das Selbstopfer, das Oates seinen Freunden darbrachte, umsonst: wenige Tage später, am 29. März 1912, wartete auch auf die drei Kameraden der Tod; selten jedoch ist der Konflikt zwischen Solidarität und Selbsterhaltung von beiden Seiten her, aus der Sicht des Opfers wie der Empfänger, so zäh und reflektiert ausgefochten worden wie hier, und gerade dadurch zeigt sich das Fließen der Übergänge, das in solchen Grenzsituationen zwischen Selbstopfer und Selbstmord besteht: irgendwann scheint es inmitten der Ausweglosigkeit nur noch darauf anzukommen, so weit es irgend geht, auch den äußeren Umständen nach *sinnvoll* aus dem Leben zu gehen. Aber was im einzelnen »sinnvoll« ist, steht in solchen Extremfällen durchaus nicht fest. Ein Flugzeug-Pilot, der, um seine Maschine nicht auf ein Stadtgebiet abstürzen zu lassen, darauf verzichtet, sich im Schleudersitz zu retten, hat in den wenigen Sekunden, die ihm zur Entscheidung bleiben, immerhin die Wahl zwischen Leben und Tod; sein Selbstmord ist ein reines Selbstopfer, sofern nicht andere, subjektive Gründe, z. B. masochistischer Art, sein Verhalten bestimmen; objektiv betrachtet erscheint sein Handeln als situationsentsprechend und sinnvoll. Im pathologischen Selbstmord, dem Fall des entgegengesetzten Extrems hingegen, sind vorwiegend innere Gründe an dem Eindruck beteiligt, zugunsten der anderen das Selbstopfer des eigenen Lebens bringen zu müssen, – die äußeren Umstände liefern hier nicht mehr das Motiv, sondern nur noch den Anlaß, bestimmte Handlungsbereitschaften auf den Plan zu rufen. Zwischen beiden Extremen liegen alle möglichen Formen des Übergangs. In der Mitte der Skala liegen etwa die Massenselbstmorde der japanischen Kamikazeflieger im Zweiten Weltkrieg[105] oder die Massenopferungen, die die Azteken ihren blutrünstigen Göttern darbrachten[106]; denn obwohl hier das Tun des Einzelnen von ganz und gar altruistischen Antrieben geleitet sein mochte, mutet die kollektive Zwecksetzung selbst durch und durch wahnhaft an: Für welche Ziele lohnt es sich zu sterben?

Bei näherer Betrachtung gibt es nur einen einzigen Maßstab, nach dem sich zwischen Selbstmord und Selbstopfer eine relativ klare Unterscheidung treffen läßt, und er besteht in dem Anteil der *Liebe,* die *subjektiv* das Tun motiviert[107]. Über den »Sinn« mag man diskutieren, – er wechselt innerhalb einer Kultur von Epoche zu Epoche, und er wird unterschiedlich definiert von Kultur zu Kultur; aber darüber, was der Einzelne will, wenn er sich das Leben nimmt, kann man nicht diskutieren, man wird es erfahren, wenn man dem Einzelnen zuhört. Man wird dann feststellen, daß der *Selbstmord* stets einer verzweifelten Suche nach einer verlorenen Liebe gleichkommt und ein Selbstopfer darstellt, das eine verlorene Liebe erringen soll, wohingegen das *Selbstopfer* ein Suizid ist, der aus Liebe geschieht und Liebe realisieren soll. Von den extremen Polen des Lebens her verweisen beide, Selbstmord wie Selbstopfer, wechselweise aufeinander, ja, sie bedingen einander bzw. sie treffen sich an einer gemeinsame Schranke.

Bei diesen Feststellungen ist freilich vorausgesetzt, daß *der Konflikt zwischen Ich und Realität,* der das Selbstopfer zu erzwingen scheint, *positiv* bestimmt wird. Es gibt aber auch den negativen Konflikt der Realitätsverleugnung bzw. der Realitätsferne, und auch dieser Konflikt kann suizidal sein.

G. Greene z. B. erzählt in seiner Autobiographie »Eine Art Leben«, wie er als Junge mit einem Revolver »russisches Roulett« spielte, eigentlich nicht in der Absicht, sich das Leben zu nehmen, sondern einfach aus *Langeweile*[108]. Wenn jemand, aus welchen Gehemmtheiten auch immer, zu der ihn umgebenden Wirklichkeit ein nur sehr abgeblaßtes, graues und fades Verhältnis besitzt, so kann das Gefühl der Leere und Sinnlosigkeit besonders bei phantasiebegabten, sensiblen und eigentlich sehr vital veranlagten Persönlichkeiten einen solchen Hunger nach Abenteuer und Spannung hervorrufen, daß das Spiel mit dem Leben, das den Suizid in Kauf nimmt, im Grunde dem Zweck dient, wenigstens irgendetwas an Verbindlichkeit und Festigkeit im Dasein zurückzugewinnen und das Gefühl der hohlen Beliebigkeit von allem und jedem von sich abzuschütteln. Das gleiche Phänomen kann sich sogar im Leben ganzer Völker ereignen. Es war *A. Schopenhauer,* der darauf hinwies, daß die Menschheit in ihrer Geschichte womöglich überhaupt nur zwischen Krieg und Langeweile hin und her pendle[109]; tatsächlich dürften manche Kriege wesentlich zu dem Zweck geführt werden, das Gefühl eines kollektiven Selbstekels durch eine große »Tat« zu beseitigen. Der Massenselbstmord, der sich dann ereignet, wird um so furchtbarere Formen annehmen, wenn ein latenter Selbstmörder, wie im Zweiten Weltkrieg A. Hitler, sich zum Obersten Feldherrn aufwirft[110]. Die Verstellung der Wirklichkeit wird in einem solchen Falle noch dadurch verstärkt, daß man die eigene Selbstachtung an die Anerkennung dieses »Führers« bindet, der die Stelle des eigenen Überichs einnimmt und besetzt hält. Der Suizid der Führerautorität kann dann leicht zum Suizid aller werden, die mit ihm auf narzißtische Weise identifiziert sind.

Und noch auf eine andere Weise kann es geschehen, daß der Konflikt zwischen Ich und Realität, womöglich in kollektivem Maßstab, selbstmörderische Konsequenzen zeitigt. Es kann sein, daß gewisse Gehemmtheiten, vor allem moralische Ich-Einschränkungen, nur eine verzerrte Wahrnehmung der Wirklichkeit zulassen und dann zu Handlungen und Verhaltensweisen treiben, die objektiv suizidal sind, ohne subjektiv als selbstmörderisch empfunden zu werden. Von Pferden weiß man, daß sie vor lauter Angst ins Feuer laufen können; umgekehrt kann eine Gazelle das Opfer eines Löwen werden, weil sie zu leichtsinnig an die Tränke gegangen ist; – ein Mensch kann sterben, weil er aus Angst und Leichtsinn auch unter völlig veränderten Umständen ein veraltetes moralisches Verhaltensmuster beizubehalten versucht.

Das folgenschwerste Beispiel für das kollektiv-suizidale Verhalten eines ideologiebedingten, also aus Angst und Leichtsinn stammenden Konflikts zwischen Ich und Wirklichkeit liefert heute offensichtlich die katholische Kirche selbst, indem sie in ihrer Sexualethik nach wie vor bestimmte Vorstellungen über die menschliche Fruchtbarkeit zur Pflicht erhebt und propagiert, die aus Zeiten eines relativen biologischen Gleichgewichts zwischen Tod und Leben überkommen sind. Man will kirchlicherseits offenbar partout nicht sehen, was jeder sehen kann: daß eine weitere Verdoppelung der Menschheit in wenigen Jahrzehnten, wie sie in der Gegenwart unmittelbar sich vollzieht, einer vollendeten Katastrophe gleichkommt. Wohl betont die Kirche, daß auch sie für den Schutz der von Gott geschaffenen Natur eintrete und sich gegen ein einseitiges Ausbeutungsdenken gegenüber der Kreatur wende; aber sie macht sich mit diesen Beteuerungen völlig unglaubwürdig, wenn sie nach wie vor in höchsten Kreisen so tut, als sei lediglich das »Konsumdenken« die Ursache der heute bereits weit fortgeschrittenen Umweltzerstörung und als müsse nicht allein die bloße Tatsache einer drohenden Verdoppelung der Menschheit notwendigerweise jeden Rest einer noch intakten Natur bald schon von diesem Planeten verdrängen. Auch der Zug der Lemminge stellt eine Form des Selbstmords dar, vielleicht die subjektiv am meisten opferbereite, ganz sicher die menschheitlich heute am meisten bedrohliche.

Zusammenfassung: Von seiten der christlichen Moraltheologie sind immer wieder drei Argumente gegen den Selbstmord geltend gemacht worden: *Zum ersten*, der Selbstmord ergebe sich aus einer Verzweiflung an den Endlichkeiten des Daseins, die mit dem Glauben nicht vereinbar sei. Aber dagegen spricht, daß der Selbstmord keine Entscheidung über den Wert oder Unwert des Daseins im ganzen darstellt; er ist vielmehr ein letzter Fluchtweg aus dem Gefühl oder der Erkenntnis der Ausweglosigkeit einer konkreten Lebenssituation. Ein *zweites* Argument sieht im Selbstmord einen Akt widergöttlicher Eigenmächtigkeit. Aber der Eindruck der Ausweglosigkeit, der zum Selbstmord treibt, ergibt sich gerade aus der Ohnmacht des Ichs gegenüber dem Es, dem Überich und der äußeren Realität, wobei dieser Eindruck sich sowohl aus neurotischen Verzerrungen wie aus objektiven Gegebenheiten herleiten kann. Gegenüber dem pathologischen Suizid wird die christliche Moraltheologie (heute!) in der Regel wohl Milde walten lassen. Ein *drittes* wichtiges Argument gegen den Selbstmord aber besteht in der oft geäußerten Überzeugung, eine objektive Ausweglosigkeit könne es für einen gläubigen Menschen nicht geben, und nur Gott allein habe das Recht, den Zeitpunkt des Todes zu bestimmen. Dieses Argument, sooft es auch vorgetragen werden mag, hält jedoch am wenigsten stand. Es käme einem animistischen bzw. magischen Denken gleich, wollte man die Ereignisse der Natur- und Menschengeschichte *im Blick auf den Einzelnen* als Wirken Gottes deuten, das prinzipiell eine Situation irdischer Ausweglosigkeit oder Unerträglichkeit in der individuellen Existenz nicht zulasse. Es ist sehr wohl möglich, an Gott, an ein unsterbliches Leben und an den Wert des Daseins im ganzen zu glauben und dennoch eine endliche Situation für aussichtslos zu halten. Insbesondere die katholische Moraltheologie müßte sich dazu bereit finden, das *Moment des Tragischen* im menschlichen Leben anzuerkennen und für Krisen des Daseins sensibel zu werden, in denen der Einzelne, außerhalb des Schutzes des ethisch Allgemeinen, mit seinem Gewissen allein vor Gott steht. Das Problem des Suizids (und der Euthanasie) ist für diese Forderung nur ein besonders wichtiges Beispiel. Käme man dieser oft gestellten Forderung indessen auch weiterhin nicht oder nur unzureichend nach, so bliebe der Vorwurf A. *Schopenhauers* gegenüber den biblischen Glaubensbekenntnissen wohl zu Recht bestehen, es wäre »abermals der obligate Optimismus dieser Religionen, welcher die Selbsttötung anklagt, um nicht von ihr angeklagt zu werden.«[111]

Anmerkungen

Einleitung

[1] S. Freud, Neue Folge der Vorlesungen zur Einführung in die Psychoanalyse, 1932, in: GW XV, London 1940, 86.
[2] N. Hartmann, Ethik, Berlin [4]1962.
[3] S. Kierkegaard, Die Krankheit zum Tode. Eine christliche psychologische Entwicklung zur Erbauung und Erweckung, von Anti-Climacus; Kopenhagen 1849; übers. ins Deutsche von L. Richter, in: Kierkegaards Werke in 5 Bänden, in neuer Übertragung und mit Kommentar versehen von L. Richter, Hamburg (rk 71; 81; 89; 113; 147) 1960-64; Bd. 4 (rk 113) 1962.
[4] Freiburg, Herder Spektrum Tb. 5427, 2003.
[5] Freiburg, Herder Spektrum Tb. 5380, 2003.
[6] Solothurn-Düsseldorf, Walter 1993, 309-384.
[7] Düsseldorf-Zürich, Walter [6]2001, 110-151.

Sünde und Neurose

[1] Thomas von Aquin, Summa theologica I q 94 a 1 c. Vgl. im folgenden auch Denzinger-Schönmetzer 835, 1525, 1544, 1680.
[2] J. Mausbach, Katholische Moraltheologie, 3 Bde., Münster 1927; Bd. 1., Die allgemeine Moral, 234.
[3] S. Kierkegaard, Die Krankheit zum Tode. Eine christliche psychologische Entwicklung zur Erbauung und Erweckung, von Anti-Climacus; Kopenhagen 1849; Hamburg 1962; übers. und komm. v. L. Richter, Werke in fünf Bänden, Bd. IV (rk 113).
[4] B. Stoker, Dracula, New York 1897; dt.: Dracula; aus dem Engl. von H. W. Bergner, München [7]1970 (Heyne Tb. 526-527); 158-159; 163-164; 170; bes. S. 185-187; D. Sturm u. K. Völker (Hrsg.), Vom Erscheinen der Vampire. Dokumente und Berichte, München 1973 (dtv 945), S. 127-133.
[5] P. Highsmith, The Terrapin, in: Eleven Storys; dt.: Die Schildkröte, in: Gesammelte Geschichten; mit einem Vorw. v. G. Greene; übers. v. A. Uhde; Zürich (Diogenes) 1973; Neudruck: in: Als die Flotte im Hafen lag. Ausgewählte Erzählungen, Frankfurt 1976 (sv 491); S. 49.
[6] S. Kierkegaard, Philosophische Brocken oder Ein bißchen Philosophie, von Johannes Climacus; Kopenhagen 1844; Hamburg 1964; übers. und komm. v. L. Richter, Werke in 5 Bänden, Bd. V (rk 147); S. 9-10.
[7] K. Vorländer, Geschichte der Philosophie, 5 Bände; Bd. I: Philosophie des Altertums; bearb. v. E. Metzke, mit einem Anhang »Quellentexte«, ausgew. v. E. Grassi u. E. Kessler; Hamburg 1963 (rde 183-184); S. 73.
[8] R. M. Rilke, Das Stundenbuch (1905), in: Sämtliche Werke, hrsg. vom Rilke-Archiv; in Verbindung mit R. Sieber-Rilke besorgt durch E. Zinn; 1. Bd., Frankfurt am M. 1955; S. 338.
[9] »Epikureer« im Sinne dessen, was S. Kierkegaard das »ästhetische Individuum« genannt hat; der Philosoph Epikur wurde erst durch die frühchristliche Apologetik als Vertreter eines bloßen Hedonismus interpretiert; ähnliche Mißverständnisse aber auch schon z. B. bei Cicero.

[10] Zum Folgenden vgl. E. Drewermann, Strukturen des Bösen. Die jahwistische Urgeschichte in exegetischer, psychoanalytischer und philosophischer Sicht. 3 Bde.; Bd. III: Die jahwistische Urgeschichte in philosophischer Sicht; Paderborn 1978; S. 460-479.

[11] F. M. Dostojewski, Die Brüder Karamasoff (1880); übers. v. K. Noetzel; München 1958 (GG Tb 478-79; 480-81); S. 307-328.

[12] J. H. Schultz, Grundfragen der Neurosenlehre. Propädeutik einer medizinischen Psychologie, Stuttgart 1955; München o. g. (Kindler, Geist und Psyche, 2074-75); S. 181-198.

[13] M. Boss, Grundriß der Medizin und der Psychologie. Ansätze zu einer phänomenologischen Physiologie, Psychologie, Pathologie, Therapie und zu einer daseinsgemäßen Präventiv-Medizin in der modernen Industrie-Gesellschaft, Bern-Stuttgart-Wien [2]1974.

[14] G. Condrau, Daseinsanalytische Psychotherapie, Bern 1963.

[15] L. Binswanger, Drei Formen mißglückten Daseins, Tübingen 1956.

[16] V. E. V. Gebsattel, a) Die anankastische Fehlhaltung, in: Handbuch der Neurosenlehre und Psychotherapie, Bd. II, S. 125-142; München-Berlin 1959; hrsg. v. V. E. Frankl, V. E. V. Gebsattel u. J. H. Schultz, b) Die depressive Fehlhaltung, in: Handbuch der Neurosenlehre und Psychotherapie, Bd. II, S. 143-156; München-Berlin 1959; hrsg. v. V. E. Frankl, V. E. V. Gebsattel und J. H. Schultz.

[17] F. Riemann, Grundformen der Angst und die Antinomien des Lebens. Eine tiefenpsychologische Studie über die Ängste des Menschen und ihre Überwindung, München 1961.

[18] S. Freud, Totem und Tabu (1912); Gesammelte Werke, 9. Bd., London 1940; S. 91.

[19] S. Kierkegaard, s. o. Anm. 3, S. 36.

[20] 2 Kor 3,6

[21] Ein vom Vf. gebildeter Begriff, um die ständigen Selbstwiderlegungen des zwangsneurotischen Denkens zu kennzeichnen, das nicht dem Zweck des Planens und Handelns, sondern der Handlungsvermeidung durch »magischen« Denkersatz dient.

[22] Begriff von J. H. Schultz, Grundfragen (s. Anm. 12), 293.

[23] J. P. Sartre, Les mots, Paris 1964; dt.: Die Wörter, übers. u. m. Nachw. vers. v. H. Mayer, Reinbek 1965; Neuausgabe: Reinbek 1968 (rororo Tb. 1000); S. 51; 53; vgl. E. Drewermann, Strukturen (s. Anm. 10), Bd. III 239.

[24] E. Drewermann, Strukturen, III. 273.

[25] J. P. Sartre, Les séquestrés d'Altona, Paris 1960; dt.: Die Eingeschlossenen; übers. v. H. Liebmann u. R. Gerhardt; in: Gesammelte Dramen, Reinbek 1969; S. 713.

[26] Scheich Saadi (ca. 1250 n. Chr.): Hundertundeine Geschichte aus dem Rosengarten. Ein Brevier orientalischer Lebenskunst; aus dem Persischen übers. u. ausgew. v. R. Gelpke, Zürich 1967; S. 188.

[27] S. Freud, Bemerkungen über einen Fall von Zwangsneurose (1909); Gesammelte Werke, 7. Bd., London 1941; Frankfurt a. M. [4]1966; S. 378-463.

[28] O. Fenichel, The Psychoanalytic Theory of Neurosis, New York [1]1941; [2]1945; dt.: Psychoanalytische Neurosenlehre, 3. Bde.; übers. v. K. Laermann; Olten-Freiburg 1974-1977; bes.: Bd. 2, S. 109-168.

[29] E. Drewermann, Strukturen (s. Anm. 10), Bd. II 214-216; Bd. III 263-278.

[30] Mt 25,14-30

[31] S. Kierkegaard, Die Krankheit zum Tode (s. Anm. 3), S. 13; 28; 78; vgl. E. Drewermann, Strukturen (s. Anm. 10), Bd. III 464.

32 S. Kierkegaard, Die Krankheit zum Tode (s. Anm. 3), S. 34-35; Vgl. E. Drewermann, Strukturen (s. Anm. 10), Bd. III 475-476.

33 W. T. Winkler, Die hysterische Fehlhaltung, in: Handbuch der Neurosenlehre und Psychotherapie, Bd. II, S. 180; 181 ff.; München-Berlin 1959; hrsg. v. V. E. Frankl, V. E. V. Gebsattel u. J. H. Schultz.

34 Die jeweiligen Gegenspieler in den Dramen von W. Shakespeare, »Der Mohr von Venedig« und »Der Kaufmann von Venedig«.

35 Ovid, Metamorphosen XI 90 ff.; Hyginus, Sagen 191, in: L. Mader, Griechische Sagen. Apollodoros, Parthenios, Antoninus Liberalis, Hyginus, eingel. u. neu übertr. v. L. Mader; aus dem Nachlaß hrsg. u. erg. v. L. Rüegg; Stuttgart-Zürich (Bibliothek der Alten Welt) 1963.

36 J. Hirschmann, Primitivreaktionen, in: Handbuch der Neurosenlehre und Psychotherapie, Bd. II, S. 93; 95; München-Berlin 1959; hrsg. v. V. E. Frankl, V. E. V. Gebsattel u. J. H. Schultz.

37 J. H. Schultz, Grundfragen der Neurosenlehre (s. Anm. 12), S. 203.

38 W. Reich, Character Analysis ([1]1933; [3]1949); dt.: Charakteranalyse (1933; Neudruck 1961); Köln-Berlin 1970; Frankfurt 1973 (Fischer Tb. 6191); das letzte Kapitel aus dem Amerikanischen übers. v. K. H. Bömer; S. 197-199.

39 H. Nunberg, Allgemeine Neurosenlehre auf psychoanalytischer Grundlage, Berlin-Stuttgart [2](verb.) 1959, mit einem Vorwort von S. Freud zur 1. Auf.; S. 88-91.

40 Joh 4,16

41 C. G. Jung, Die psychologischen Aspekte des Mutterarchetypus (1939); Gesammelte Werke Bd. IX, 1. Teil: Die Archetypen und das kollektive Unbewußte, Olten-Freiburg 1976; S. 89-123; ders.: Die Psychologie der Übertragung. Erläutert anhand einer alchemistischen Bilderserie (1946); Gesammelte Werke Bd. XVI: Praxis der Psychotherapie, Olten-Freiburg 1958; S. 178-194.

42 vgl. C. G. Jung, Die Bedeutung des Vaters für das Schicksal des Einzelnen (1909); Gesammelte Werke Bd. IV: Freud und die Psychoanalyse, Olten-Freiburg 1969, 364.

43 E. Drewermann, Strukturen (s. Anm. 10), III 253-263; 310-324.

44 E. Drewermann, Strukturen (s. Anm. 10) III 469; S. Kierkegaard, Die Krankheit zum Tode (s. Anm. 3), S. 29-31.

45 K. Schneider, Klinische Psychopathologie, Stuttgart [8](erg.)1967; S. 22.

46 Vgl. dazu das Bild von Gen 3,17-19; E. Drewermann, Strukturen (s. Anm. 10), I 95-96; III 258-259; 471.

47 Zu dem Abwehrmechanismus der Identifikation vgl. A. Freud, Das Ich und die Abwehrmechanismen (1936), München o. J. (Kindler Tb 2001), S. 85-94; Vgl. E. Drewermann, Strukturen (s. Anm. 10), II 184-185.

48 Zu den kannibalistischen Vorstellungen des Depressiven vgl. K. Abraham, Versuch einer Entwicklungsgeschichte der Libido auf Grund der Psychoanalyse seelischer Störungen (1924), in: Psychoanalytische Studien zur Charakterbildung und andere Schriften; hrsg. v. J. Cremerius; Frankfurt a. M. 1969; S. 138-141.

49 H. Schultz-Hencke sprach von der »retentiven Gehemmtheit«, H. Schultz-Hencke, Lehrbuch der analytischen Psychotherapie (1951), Stuttgart 1965; S. 28-32; beim Depressiven ist aber nicht primär das anale Behaltenkönnen gehemmt, sondern die retentive Gehemmtheit ergibt sich bei ihm aus dem Grundgefühl, schon durch sein Dasein im Unrecht zu sein und *daher* erst recht nicht noch etwa Ansprüche auf Besitz und Eigentum haben zu dürfen; die anale Gehemmtheit ist hier die Folge oraler Angst- und Schuldgefühle.

[50] R. M. Rilke, Das Buch der Bilder (1902), in: Sämtliche Werke (s. Anm. 8), 1. Bd., S. 405-406.

[51] 1 Kor 9,22.

[52] L. Szondi, Triebpathologie, 1. Bd.: Elemente der exakten Triebpsychologie und Triebpsychiatrie, Bern 1952; S. 343.

[53] S. Freud, Trauer und Melancholie (1916), in: Gesammelte Werke, 10. Bd., London 1946; Frankfurt a. M. [1]1946; S. 427-446; K. Abraham, Versuch einer Entwicklungsgeschichte der Libido (s. Anm. 48), S. 113-183; M. Klein, Zur Psychogenese der manisch-depressiven Zustände (1935), in: Das Seelenleben des Kleinkindes und andere Beiträge zur Psychoanalyse; hrsg. v. a. Thorner, Stuttgart 1962; S. 44-71.

[54] vgl. E. Drewermann, Strukturen (s. Anm. 10), II 184-191.

[55] O. Fenichel, Psychoanalytische Neurosenlehre (s. Anm. 28), Bd. 2, S. 275-76.

[56] Besonders deutlich ist Autarkieneigung beim Anorexie-Kranken zu beobachten: vgl. H. Thomä: Anorexia nervosa. Geschichte, Klinik und Theorien der Pubertätsmagersucht, Bern-Stuttgart 1961; S. 265-266; E. Drewermann, Strukturen (s. Anm. 10), II 244.

[57] F. Riemann, Grundformen der Angst (s. Anm. 17), S. 72.

[58] E. Drewermann, Strukturen (s. Anm. 10), III 499-504.

[59] E. Drewermann, Strukturen (s. Anm. 10), I 95-96.

[60] J. H. Schultz, Grundfragen der Neurosenlehre (s. Anm. 12), S. 293-294.

[61] F. Kafka, Das Schloß, Berlin 1935; Neudruck: Frankfurt 1968 (Fischer Tb. 900); s. bes. die Einleitung des 1. Kap.: S. 7-18.

[62] A. Camus, L'Étranger, Paris 1942; dt.: Der Fremde; übers. v. G. Goyert u. H. G. Brenner, Boppard 1948; Neudruck: Reinbek 1961 (rororo 432).

[63] R. A. Spitz, The First Year of Life. A Psychoanalytic Study of Normal and Deviant Development of Object Relations, New York 1965; dt.: Vom Säugling zum Kleinkind. Naturgeschichte der Mutter-Kind-Beziehungen im ersten Lebensjahr; übers. v. G. Theusner-Stampa, mit einem Vorw. v. W. Godfrey Cobliner; Stuttgart 1967; S. 279-195.

[64] M. Klein, Bemerkungen über einige schizoide Mechanismen (1946), in: Das Seelenleben des Kleinkindes (s. Anm. 53), S. 101-126.

[65] J. G. Fichte, Grundlage der gesamten Wissenschaftslehre (1794); hrsg. v. F. Medicus (1922); Hamburg 1961 (Philos. Bibl. 246), S. 17 (1. Teil § 1)

[66] S. Kierkegaard, Die Krankheit zum Tode (s. Anm. 3), S. 33.

[67] E. Drewermann, Strukturen (s. Anm. 10), I 92-93, II 232-235; III 241-245.

[68] E. Drewermann, Strukturen (s. Anm. 10), III, S. XXXIII-XXXVI.

[69] A. Tschechow, Angst (1892), in: Die Steppe. Erzählungen aus den mittleren Jahren 1887-1892; übers. v. a. Knipper u. G. Dick; München (Winkler) o. J.; S. 785-786.

[70] E. Drewermann, Strukturen (s. Anm. 10), III, S. XIX-XXXI; 414; 419.

Das Tragische und das Christliche

[1] So erkennt z. B. Agamemnon in der »Ilias« seinen Fehler, Achill die als Kriegsbeute versprochene Braut Briseis vorenthalten zu haben, nennt sich selbst aber »nicht schuldig.« Vgl. Homer, Ilias, XIX 86-94, nach R. Hampe (Übers.), Homer, Ilias, Stuttgart (Reclam) 1979, 400-401. Allerdings löst Agamemnon das tragische Moment der Schuld wieder auf, indem er aus dem Verhängnis eine Entschuldigung seines Verhaltens macht. Anders, und gerade in der Gegensätzlichkeit und Einheit von Schicksal und Verantwortung, läßt Sophokles seinen »König Ödipus« sprechen: »... ich bin's selbst,/Kein

anderer hat mir diesen Fluch aufs Haupt gelegt,/Des Toten Gattin wird befleckt in meinem Arm,/Der ihn zu Boden streckte. Bin ich nicht verrucht?« Und doch fährt Ödipus fort: »Wer sagen wollte, daß ein grimmer Dämon dies/Mir zugesendet, träf er nicht das Richtige?« Sophokles, König Ödipus, V. 806-809, 815, 816, in: J. J. C. Donner (Übers.), Sophokles, Tragödien, München (GGTb. 390) o. J., 32. Vgl. H. W. Russell, Antike Welt und Christentum, Amsterdam-Antwerpen [2]1944, 63-178.

2 Vom Hause des Atreus etwa sagt Homer, der weit umblickende Zeus habe es »wahrhaftig doch über die Maßen von Anfang an mit Hass verfolgt«: Odyssee, XI, 436-438, nach: W. Schadewaldt (Übers.), Homer, Die Odyssee, Hamburg 1958 (rk 29-30), 149.

3 Besonders F. Hebbel hat den dramatischen Kampf zwischen der Vereinzelung des Individuums und dem Anspruch des Allgemeinen als Hauptgegenstand von Philosophie und Kunst betrachtet; die Vereinzelung, meinte er, gehe notwendig an ihrer eigenen Maßlosigkeit zu Grunde, aber das Vereinzelte müsse, da es keinen Anspruch auf Dauer habe, eben durch seine notwendige Maßlosigkeit auf seine eigene Zerstörung hinarbeiten, um darin die Versöhnung seiner Schuld zu finden. F. Hebbel, Mein Wort über das Drama, 1843, in: T. Poppe (Hrsg.), Hebbels Werke in 10 Teilen; 8. Teil: Ästhetische und kritische Schriften, 55; Berlin-Leipzig-Wien-Stuttgart (Deutsches Verlagshaus Bong u. Co.) o. J., 35-62 (Eine Erwiderung an Professor Heiberg in Kopenhagen).

4 Für G. W. F. Hegel vor allem war die Bewußtwerdung identisch mit dem Sündenfall des Menschen, insofern der Mensch im Akt der Reflexion sich nicht nur von der ihn umgebenden Natur löse (und daher die Freiheit zu Gutem wie Bösem bekomme), sondern zugleich die Partikularität des natürlichen Willens innerlich setze: Hegel, Grundlinien der Philosophie des Rechts, 1821; hrsg. v. J. Hoffmeister, [4]1955, Hamburg 1962 (Philos. Bibl. 124a), 124-125. Ders., Vorlesungen über die Philosophie der Religion; hrsg. v. H. Glockner: Sämtliche Werke, Bd. 15/16, Stuttgart-Bad Cannstatt [4]1965; Bd. 16, 264-265; Vgl. E. Drewermann, Strukturen des Bösen. Die jahwistische Urgeschichte in exegetischer, psychoanalytischer und philosophischer Sicht; 3 Bde., Paderborn (Schöningh) [2]1979-1980; Bd. III 85-89.

5 Nämlich unter der Voraussetzung der Angst, E. Drewermann, Strukturen des Bösen, III 137-144.

6 Auch Platon erkennt hinter den Veränderungen der Seele und den Weisungen der Seele das Wirken der Heimarmene, der »Gesetze des Schicksals«; Platon, Nomoi 904 c; in: H. Müller (Übers.), Platon, Sämtliche Werke, VI 266; Hamburg 1959 (rk 54-54 a).

7 Der Seher Teiresias z. B., der mit seinem Stab sich paarende Schlangen zu einer siebenjährigen Geschlechtsumwandlung brachte, wurde als Kenner sexueller Geheimnisse von Zeus und Hera gefragt, ob der Mann oder die Frau größere Lust beim Verkehr erlebe; er stimmte der Meinung des Zeus bei, die Lust der Frau sei bei weitem größer als die des Mannes, und daraufhin raubte Hera ihm das Augenlicht, Zeus aber belohnte ihn mit einem »Zukunft wissenden Geist« und milderte so, »die Strafe durch Ehre«. Ovid, Metamorphosen, III 316-339; R. Suchier (Übers.), Ovid, Metamorphosen, München (GGTb. 583-584) o. J., 60-61. Psychoanalytisch ist die Erblindung des Teiresias als kastrative Strafe für die sexuelle Neugier bei der Belauschung des elterlichen Verkehrs zu deuten, sein geheimes Wissen aber als eine Dennochdurchsetzung der ödipalen Regungen; vgl. S. Freud, Die psychogene Sehstörung in psychoanalytischer Auffassung (1910), Ges. Werke, VIII, 99; K. Abraham, Über Einschränkungen und Umwandlungen der Schaulust bei den Psychoneurotikern nebst Bemerkungen über analoge Erscheinungen in der Völkerpsychologie (1914), in: Psychoanalytische Studien zur Charakterbildung und andere Schriften, Frankfurt

1969, hg. v. J. Cremerius, 324-382; E. Drewermann, Strukturen des Bösen, 2. Bd., 452-460.

8 Bekannt ist die Orakeleiche Mamre in Gen 18, 1, die Orakeleiche von Dodona oder die Orakel-Akazie der Ischtar, die von Jahwe angeeignet wurde: 1 Chr XIV 15; vgl. R. von Ranke-Graves, Griechische Mythologie, 1159-162, Hamburg (rde 113-114) 1960, übers. v. H. Seinfeld; zur Mutterbedeutung des Baumes vgl. E. Drewermann, Die Symbolik von Baum und Kreuz in religionsgeschichtlicher und tiefenpsychologischer Betrachtung, unter besonderer Berücksichtigung der mittelamerikanischen Bilderhandschriften, Schwerte 1979 (Akademie-Vorträge 2, hg. v. G. Krems), 10-21.

9 Zur Bedeutung des Traums im Leben des Einzelnen wie des Stammes vgl. vom Material der nordamerikanischen Indianer her die ausgezeichnete Studie von W. Müller, Glauben und Denken der Sioux. Zur Gestalt archaischer Weltbilder, Berlin [2]1970, 82-92.

10 L. Szondi, Schicksalsanalyse. Wahl in Liebe, Freundschaft, Beruf, Krankheit und Tod; Basel-Stuttgart, 3. neubearb. u. stark erw. Aufl. 1965.

11 Daß der Wille des »Schicksals« eine Kraft des Unbewußten sein muß, erkannte S. Freud bereits in der »Traumdeutung«, wo er zum »König Ödipus« des Sophokles bemerkt, »daß die Wirkung der griechischen Tragödie nicht auf dem Gegensatz zwischen Schicksal und Menschenwillen ruht, sondern in der Besonderheit des Stoffes zu suchen ist, an welchem dieser Gegensatz erwiesen wird. Es muß eine Stimme in unserem Innern geben, welche die zwingende Gewalt des Schicksals in Ödipus anzuerkennen bereit ist ... Sein Schicksal ergreift uns nur darum, weil es auch das unsrige hätte werden können, weil das Orakel vor unserer Geburt denselben Fluch über uns verhängt hat wie über ihn.« S. Freud, Die Traumdeutung (1900), in: Ges. Werke II/III, Frankfurt [1]1942, 269.

12 Genauer müßte man vielleicht sogar sagen: In dem Augenblick, wo er nach der Überwältigung durch das Es wieder zum Bewußtsein kommt und seine Tat erkennt – als ein, wie Sophokles sagt, nunmehr »durch Bewußtsein und Geschick Unseliger«: Sophokles, König Ödipus, V. 1320, in: H. J. Ch. Donner (Übers.), Sophokles, Tragödien, München (GGTb. 390) o. J., S. 48.

13 S. Freud, Das Ich und das Es (1923), in: Ges. Werke XIII, London [1]1940, 252.

14 So meinte S. Freud, es gelte »jede Entscheidung eines Triebkonflikts ... nur innerhalb einer bestimmten Relation zwischen Stärke des Triebs und Stärke des Ichs. Läßt die Stärke des Ichs nach, durch Krankheit, Erschöpfung u.dgl., so können alle bis dahin glücklich gebändigten Triebe ihre Ansprüche wieder anmelden und auf abnormen Wegen ihre Ersatzbefriedigung anstrengen.« S. Freud: Die endliche und die unendliche Analyse (1937), in: Ges. Werke XVI, London [1]1950, 69-70.

15 Jede Neurose basiert auf einer Ichspaltung in einander entgegengesetzten Einstellungen: S. Freud, Abriß der Psychoanalyse (1938), in: Ges. Werke XVII, London [1]1941, 134-135.

16 Über den Zusammenhang von Angst, Verdrängung und Hemmung vgl. A. Dührssen, Psychogene Erkrankungen bei Kindern und Jugendlichen. Eine Einführung in die allgemeine und spezielle Neurosenlehre, Göttingen 1954, S. 49; S. Freud, Neue Folge der Vorlesungen zur Einführung in die Psychoanalyse (1932), in: Ges. Werke XV, London [1]1944, S. 96; W. Schwidder, Hemmung, Haltung und Symptom, in: Fortschritte der Psychoanalyse. Internationales Jahrbuch zur Weiterentwicklung der Psychoanalyse, Bd. I, Göttingen 1964, S. 115-128; bes. S. Freud, Hemmung, Symptom und Angst (1926), in: Ges. Werke XIV, London 1948, S. 111-205.

17 S. Freud, Vorlesungen zur Einführung in die Psychoanalyse (1917), in: Werke XI, Lon-

don [1]1944, 309: Das »Symptom ist im Grunde eine Wunscherfüllung ganz wie ein Traum«.

18 Auf den hysterischen Ohnmachtsanfall als ein Mittel, um Mitleid zu erregen, wies Freud bereits in der Analyse der Dora hin: S. Freud, Bruchstück einer Hysterie-Analyse (1905), in: Ges. Werke V, London 1942, 202.

19 Besonders deutlich wird dies in der Dichtung H. von Kleists; Alkmene z. B., als sie erfährt, daß sie Jupiter an Stelle ihres Gatten Amphitryon geliebt hat, sinkt ihrem Gemahl mit dem Ruf in die Arme: »Schützt mich, ihr Himmlischen«, Kleist, Amphitryon, 3. Akt, 11. Szene, Vers 2314; die Unbewußtheit mildert hier die subjektive Verantwortung für ein Tun, das ganz dem »Gotte« selbst, dem Es, angehört. Oder man vgl. die Ohnmacht der »Marquise von O.«, in der sie zur Geliebten des als ein Engel erscheinenden russischen Offiziers wird: H. von Kleist, Die Marquise von O., in: H. Sembdner (Hrsg.), Kleist, Gesamtausgabe. Bd. 4: Erzählungen, München (dtv) 1964, 95. Das Motiv des Ödipuskomplexes, der Inzestheirat, bleibt hier außerhalb des folglich schuldlosen Bewußtseins; die Ohnmacht gilt hier als Beweis für die bewahrte Reinheit des Herzens – gegen die anklagende Sprache des objektiven Tatbestandes.

20 H. Schultz-Hencke hat die Haltungen daher als »Antriebsresiduen« und »›Reste‹ der latent gewordenen Antriebs- und Bedürfniserlebnisse« bezeichnet: H. Schultz-Hencke, Lehrbuch der analytischen Psychotherapie (1951), Stuttgart 1965, 80. Der Ausdruck spielt in der Neopsychoanalyse eine zentrale Rolle.

21 Indem die Haltung das Gegenstück der Gehemmtheit darstellt, wird entsprechend der zentralen Gehemmtheit der jeweiligen Neuroseform von der oralen Haltung des Depressiven, der anal-sadistischen Haltung des Zwangsneurotikers und der sexuellen Haltung des Hysterikers gesprochen. Von einer intentionalen Haltung des Schizoiden ist in der Literatur wenig die Rede, wohl weil die Gegensätzlichkeit von Hemmung und Haltung beim Schizoiden keinen einzelnen Trieb- und Gegenstandsbereich mehr umfaßt, sondern die gesamte Einstellung zum Erleben der eigenen Person und der Umwelt prägt: ein starkes unbewußtes Verlangen nach Nähe und Wärme bei gleichzeitiger Überdistanz und Affektlosigkeit im Bewußtsein.

22 Medeia war eine Enkelin der Sonne und hatte, trotz ihrer Nähe zur Heldensage, »engste Beziehung ... zum Monde«, K. Kerényi, Die Mythologie der Griechen. Bd. I: Die Götter und Menschheitsgeschichten, München (dtv 1345) 1966, 154. Das Schicksal der Medeia wird u. a. erzählt von Apollodor, Bibliothek I, 129-147 und Hyginus, Sagen, 21-27, in: L. Mader (Übers.), Griechische Sagen, Zürich 1963, 31-35; 250-255.

23 Zum Schicksal des phrygischen König Midas: Ovid, Metamorphosen, XI 85-145.

24 Zur Gegensätzlichkeit von Ziel und Ergebnis, zur »Gegenfinalität« vgl. E. Drewermann, Strukturen des Bösen, II 571-572.

25 Vgl. S. Freud, Das Unheimliche (1919), in: Ges. Werke XII, London [1]1947, 227-268 zeigte am Beispiel von E. T. A. Hoffmanns »Sandmann«, daß der Eindruck des Unheimlichen auf der Wiedererinnerung verdrängten frühkindlichen Materials beruht.

26 A. a. O., 249-250 weist Freud vor allem auf die Hilflosigkeit des Ichs gegenüber dem Wiederholungszwang hin.

27 Die Theorie der Kompensation wurde von A. Adler zunächst vor allem am Erleben organischer Minderwertigkeit entwickelt; aber bald schon definierte Adler die Kompensation als »Erhöhung des Persönlichkeitsgefühls«, als eine »Sicherungstendenz« gegenüber dem Gefühl der Unterlegenheit und organischen wie psychischen Minderwertigkeit; A. Adler, Über den nervösen Charakter. Grundzüge einer vergleichenden

Individual-Psychologie und Psychotherapie (1912), Frankfurt 1972 (Fischer Tb. 6174), 57. S. Freud sah in der Kompensationslehre Adlers nur eine Variante seiner Lehre vom Ödipuskomplex, indem er Adlers »männlichen Protest« als Reaktion auf den Kastrationskomplex deutete: S. Freud, Selbstdarstellung (1925), in: Ges. Werke XIV, London [1]1948, S. 79; aber auch Freud war im Grunde noch sehr stark an dem Erleben einer organischen Minderwertigkeit orientiert. Das eigentliche Thema der Kompensation liegt indessen in dem Ausgleich der psychischen Mängel, die durch ursprüngliche Verdrängungen im Vitalbereich entstehen. C. G. Jung sah in der Kompensation eine an sich natürliche und nützliche Selbstregulation des psychischen Apparates vor allem gegenüber der Vereinseitigung der Bewußtseinseinstellung und meinte, erst die gestörte, durch zu starken Kontrast bestimmte (Über-)Kompensation sei eine neurotische Erscheinung: C. G. Jung, Definitionen, in: Psychologische Typen (1921/1950), Ges. Werke VI, Olten-Freiburg 1960, 484-486.

28 Vgl. die Schilderung des Musterschülerehrgeizes als einer Lebenseinstellung in der Erzählung von J. Roth, Der Vorzugsschüler, in: Die Erzählungen. Mit einem Nachw. v. H. Kesten, Amsterdam-Köln 1973, 7-24.

29 E. Littmann (Übers.), Die Erzählungen aus den 1001 Nächten, übers. nach dem arabischen Urtext der Calcuttaer Ausgabe aus dem Jahre 1839; Frankfurt 1976 (it 224), 12 Bde., Bd. 1, 48-56; vgl. Grimms »Kinder- und Hausmärchen«, Nr. 99.

30 C. G. Jung, Über die Psychologie des Unbewußten (1943), in: Ges. Werke VII, Olten-Freiburg 1967, S. 58; ders., Der Schatten (1948), in: Ges. Werke IX 2, Aion, Olten-Freiburg 1976, 17-19.

31 L. Szondi, Triebpathologie, 1. Bd., Elemente der exakten Triebpsychologie und Triebpsychiatrie, Bern 1952, 27, 116, 138.

32 L. Szondi, Lehrbuch der experimentellen Triebdiagnostik, Bd. I, Textband, Bern-Stuttgart, 2. völlig umgearb. Aufl. 1960, 103; E. Drewermann, Strukturen des Bösen, II 257-260.

33 Gestalt aus G. Donizettis Opera buffa »Don Pasquale«, die dem hartherzigen Don Pasquale, um ihn von seinen habgierigen Eheabsichten zu bekehren, zunächst in der Rolle der sittsamen Sophronia die Unschuld vom Lande vorspielt, um sich dann, nach einer Scheinheirat, in die launische und tyrannische Norina zu verwandeln.

34 Zur Gestalt des Doppelgängers bzw. des feindlichen Bruders in Mythos, Märchen und Dichtung vgl. E. Drewermann, Strukturen des Bösen, III 278-299.

35 Henri Benjamin Constant de Rebecque, Adolphe, 1816.

36 Zur exegetischen Auslegung der sog. »Sündenfallerzählung« vgl. E. Drewermann, Strukturen des Bösen, I 58-72.

37 Zu Persona und Anima s. C. G. Jung, Die Beziehungen zwischen dem Ich und dem Unbewußten (1928), in: Ges. Werke VII, Freiburg-Olten 1964, 171-178; 207-232; ders., Über den Archetypus mit besonderer Berücksichtigung des Animabegriffes (1936), in: Ges. Werke IX 1: Die Archetypen und das kollektive Unbewußte, Olten-Freiburg 1976, 67-87.

38 Vgl. die sehr gelungene Nacherzählung des Tristan-Stoffes bei J. Bédier, Der Roman von Tristan und Isolde, Frankfurt 1979 (it 387), 27-28.

39 A. a. O., 29-49.

40 Vgl. E. Drewermann, Ehe – tiefenpsychologische Erkenntnisse für Dogmatik und Moraltheologie, in: Renovatio, 36. Jg., Heft 2, Juni 1980, 65-67.

41 Vgl. die sehr gelungene Nacherzählung von R. Schirmer, Lancelot und Ginevra. Ein Liebesroman am Artushof, Zürich (Manesse) 1961: Als Lancelot, der seine wahren

Eltern nicht kennt (84) und von Viviane vom See an Mutters statt aufgezogen wurde, die Königin Ginevra sieht, vergißt er seinen Namen (95), bricht überstürzt nach Douloureuse Garde auf (100), wie um vor Ginevra zu fliehen, befreit die Burg von der Verzauberung durch ein ehernes Ritterstandbild (!) und findet dort auf einem Gedenkstein seinen Namen wieder (107-108). Schon bei der Rückkehr aber ertrinkt er beinahe in einem Fluß (!), weil er unverwandt nach der wartenden Ginevra Ausschau hält (119-125), und beim Empfang am Hofe entfällt Lancelot beim Anblick der Königin die Lanze, die im Fallen den seidenen Überwurf Ginevras zerreißt (129). Beide, Ginevra wie Lancelot, meiden einander, so sehr sie können, und dennoch drängt es sie nur um so heftiger zueinander.

42 Im Chor der Engel am Ende von Faust II: »Gerettet ist das edle Glied / Der Geisterwelt vom Bösen: / Wer immer strebend sich bemüht, / Den können wir erlösen; / Und hat an ihm die Liebe gar / Von oben teilgenommen, / Begegnet ihm die selige Schar / Mit herzlichem Willkommen.« – Lange Zeit ist Fausts Liebe eben eher eine Liebe von unten als von oben, und dazwischen liegt ein Menschsein, von dem Mephistopheles unmittelbar zuvor noch mit Recht bemerkt: »Hiobsartig, Beul an Beule / der ganze Kerl, dem's vor sich selber graut, / und triumphiert zugleich, wenn er sich selbst durchschaut«.

43 Das Beispiel gibt in seiner psychologischen Anlage eine wirkliche Begebenheit wieder, es ist aber der Diskretion halber in wichtigen äußeren Details abgewandelt bzw. bewußt unpräzise gehalten.

44 Der einzige, der, soweit dem Vf. bekannt, klar und eindeutig auf den tragischen Charakter der Kriegsproblematik hingewiesen hat, war R. Schneider; er war auch wohl der einzige, sicherlich jedenfalls der erste und bedeutendste Autor der Nachkriegszeit, der die Oberhirten der katholischen Kirche um ein offenes Eingeständnis der Tragödie des Kriegsdienstes wie der Kriegsdienstverweigerung bat. Vgl. R. Schneider, Der Friede der Welt, Wiesbaden, Insel-V., 1956, S. 85-87. R. Schneider, der am 23. Sept. 1956 bei der Übergabe des Friedenspreises des Deutschen Buchhandels in Frankfurt die Gedanken seines Buches offen vortrug, wurde Jahre zuvor von der Kirche gehindert, auf dem Katholikentag in Bochum zu sprechen; – in der Frage der Wiederbewaffnung der Bundesrepublik wollten die Bischöfe, gestützt vom Urteil ihrer Moraltheologen, einen Standpunkt ohne Wenn und Aber: *für* die Bewaffnung und die Wehrpflicht. Vgl. auch R. Schneider, Verhüllter Tag, Bekenntnis eines Lebens, Freiburg 1961 (Herder Tb. 42), 157-162.

45 Auch dieses Beispiel ist in wichtigen äußeren Details um der Diskretion willen abgewandelt worden, ohne indessen der psychischen Realität des Mitgeteilten Abbruch zu tun.

46 Vgl. die sehr ähnlichen Eindrücke und Widersprüche, die E. M. Remarque nach dem Ersten Weltkrieg in seinem Erfolgsroman »Im Westen nichts Neues« notierte, indem er in einem Granattrichter einen versprengten deutschen Soldaten mit einem sterbenden Franzosen zusammenbringt, beide vereinigt in dem Grauen des Todes und doch unendlich getrennt durch die Angst um das Leben: Im Westen nichts Neues, Frankfurt-Berlin-Wien (Ullstein Tb. 480) 1979, 153-162.

47 J. P. Sartre, Die Eingeschlossenen (Les séquestrés d'Altona, 1960), Reinbek 1962 (rororo Tb. 551), übers, v. H. Liebmann und R. Gerhard, 4. Akt, 5.-7. Szene, 116-121.

48 A. Camus, Der Mensch in der Revolte (L'homme révolté, Paris 1953) Reinbek 1953, übers. v. J. Streller, 8: »Am Tage, an dem das Verbrechen sich mit den Hüllen der Unschuld schmückt, wird – durch eine seltsame, unserer Zeit eigentümliche Verdrehung – von der Unschuld verlangt, sich zu rechtfertigen.« »... die Sklavenpferche unter

dem Banner der Freiheit, die Massenmorde, gerechtfertigt durch Menschenliebe oder den Hang zum Übermenschen, stürzen in gewissem Sinne das Urteil um.«

49 F. Fanon, der die Logik der Guerilla-Bewegungen vor allem am Beispiel Algeriens erläuterte, schrieb über das Hin und Her von Terror, Gegen-Terror, Gewalt, Gegen-Gewalt: »Die Logik des Kolonialherrn ist unerbittlich, und man ist nur dann über die im Verhalten des Kolonisierten erkennbare Gegenlogik entsetzt, wenn man nicht vorher die Denkmechanismen des Kolonialherren durchschaut hat.« Der einzelne Terrorakt des Kolonisierten ruft die Repressalien der Polizei herbei, diese aber ziehen die Repressalien der nationalen Kräfte nach sich; die Vergeltungsschläge der Kolonialmacht aber fordern weit mehr Opfer und werden im Kolonialland selbst kaum zur Kenntnis genommen. Diese Ungleichheit, mit der die Kolonialmacht ihre eigenen Opfer bedauert und die fremden Opfer übergeht, offenbart jedoch der kolonisierten Öffentlichkeit die wahre Einstellung ihrer Unterdrücker; von diesem Augenblick an ist der Sieg der Guerilla nicht mehr aufzuhalten. F. Fanon, Die Verdammten dieser Erde (Les damnés de la terre, Paris 1961), Reinbek 1969 (rororo 1209-1210), übers. v. T. König, eingel. v. J. P. Sartre, S. 68-69. Zugleich schrieb er: »Der Kolonialismus und der Imperialismus sind mit uns nicht quitt, wenn sie ihre Fahnen und ihre Polizeikräfte von unseren Territorien zurückgezogen haben«; zu verlangen sei eine Form der Wiedergutmachung für die jahrhundertelange Ausbeutung der Länder der Dritten Welt. 76-83.

50 Vgl. K. Müller – I. Thörner, Mit der Straße kommt der Tod, in: M. Münzel (Hrsg.), Die Indianische Verweigerung. Lateinamerikas Ureinwohner zwischen Ausrottung und Selbstbestimmung, Reinbek 1978 (rororo aktuell 4274), 53.

51 Zum tragischen Lebensgefühl der frühen Jäger- und Pflanzerkulturen vgl. E. Drewermann, Strukturen des Bösen, II 197-202; 597-613.

52 Eine Qual, unter der vor allem – in der Nachfolge Schopenhauers – Albert Schweitzer zutiefst gelitten hat: vgl. A. Schweitzer, Kultur und Ethik, München 1960, 339.

53 Miguel de Unamuno (1864-1936) schrieb bereits 1913 über »Das tragische Lebensgefühl« (Del sentimiento trájico de la vida en los hombres y en los pueblos) und 1924 über »Die Agonie des Christentums« (La agonia del Cristianismo). R. Schneider verehrte ihn sehr, wie er in seiner Autobiographie bekannte, Verhüllter Tag. Bekenntnis eines Lebens, Freiburg 1961 (Herder Tb. 42), 57-59.

54 Vgl. E. Drewermann, Strukturen des Bösen, II 612-613.

55 A. a. O., 614-615.

56 E. Drewermann, Strukturen des Bösen, I 76-78; Bd. 3, 2. Aufl. 1980, S. LXXII-LXXXVI.

57 Diese Verkehrung der Geschöpflichkeit im Feld der Gottesferne ist der Sinn auch der »Erkenntnis von Gut und Böse« (Gen 3,5), die Gott um des Menschen willen als einziges dem Menschen verbieten mußte: E. Drewermann, Strukturen des Bösen, I 16-19; 46-51; 87-97; Bd. III 234-251.

58 E. Drewermann, Strukturen des Bösen, I 319-320; III 548-554.

59 Jes 2, 2-5.

60 Dan 10, 5-21; 12, 5-13.

61 Vgl. 4 Esra 7, 118; H. Gunkel, Das vierte Buch Esra, in: Kautzsch (Hrsg. u. Übers.), Die Apokryphen und Pseudepigraphen des Alten Testaments, 2. Bd.: Die Pseudepigraphen des Alten Testaments, Tübingen 1900 (Neudruck: Darmstadt 1962), 331-401.

62 E. Drewermann, Strukturen des Bösen, Bd. I, Die jahwistische Urgeschichte in exegetischer Sicht, Paderborn [2]1979, 320-321.

63 Augustins Erklärung von Ps 50,7 wurde zum Axiom gegen frühchristliche Leugner der

Erbsündenlehre: »Wie kommt es, daß er (der Beter) sagt, in Sünde sei er empfangen, wenn nicht, weil die Sünde von Adam her zugezogen wird?« Augustinus, Enarrationes in Psalmos, Patrologia Latina, 36, 591; vgl. J. Brinktrine, Die Lehre von der Schöpfung, Paderborn 1956, 317; 323-324.

64 Vor allem in der Schrift: Der Begriff Angst. Eine simple psychologisch-hinweisende Erörterung in Richtung des dogmatischen Problems der Erbsünde (1844); Hamburg 1960 (rk 71), übers. v. L. Richter.

65 Vgl. E. Drewermann, Strukturen des Bösen. Bd. III: Die jahwistische Urgeschichte in philosophischer Sicht, Paderborn ²1980, S. 436-504; 540-562.

66 E. Drewermann, Strukturen des Bösen. Bd. II: Die jahwistische Urgeschichte in psychoanalytischer Sicht, Paderborn ²1980, 552-594; Bd. III, 234-251.

67 E. Drewermann, Strukturen des Bösen. Bd. III: Die jahwistische Urgeschichte in philosophischer Sicht, Paderborn ²1980, XX-XXXI; LXXI-LXXXIII.

68 E. Drewermann, Strukturen des Bösen, II 577-586; III 552-554.

69 E. Drewermann, Strukturen, III 514-533.

70 Vor allem Justin, 1. Apologie, 54, in: G. Rauschen (Übers.), Frühchristliche Apologeten und Martyrerakten, Bd. 1, S. 55-155; Kempten-München 1913 (BKV 12).

71 Nur eine Variante des vom Christentum vorbereiteten Moralismus und Rationalismus stellt die Interpretation der tragischen Lebenserfahrung durch den Marxismus dar. Für G. Lukácz z. B. ist die gesamte Denktradition, die von Kierkegaard zu Heidegger und Jaspers führt, nur eine »Ideologie des tristesten Philistertums, der Angst und des Zitterns«, ja, der Schrittmacher von Faschismus und Nihilismus: G. Lukácz, Die Zerstörung der Vernunft, Bd. 2, Irrationalismus und Imperialismus, Darmstadt und Neuwied (Luchterhand SL 138) 1962, 167. Freundlicher ausgedrückt, ist das tragische Geschichtsdenken ein Überbleibsel des Feudalismus in der Zeit seiner bürgerlichen Zersetzung, ein Restgebilde aus der Krisenzeit des Monopolkapitalismus und des stärker werdenden sozialistischen Staates; a. a. O., 189.

72 Bes. S. Kierkegaard hat gegen das inflationäre Herdentum der sog. Christenheit schärfsten Protest eingelegt; vgl. S. Kierkegaard, Der Augenblick. Flugschriften zwischen 1854-1855; übers. v. H. Gerdes, in: Werkausgabe, Bd. II, Düsseldorf-Köln 1971, 399-401: »Wir alle sind Christen – ohne auch nur eine Ahnung davon zu haben, was Christentum heißt.«

73 S. Anm. 40.

74 Man denke an die zahlreichen Romangestalten der P. S. Buck, z. B. an die Person des Stephen Worth in »Der Weg ins Licht« (Bright Procession), übers. v. N. O. Scarpi, Frankfurt (Ullstein Tb. 2780) 1977, der zwischen der Seelenbetreuung seines elterlichen Pfarrhauses und der Seelenhygiene des modernen Managements hin- und hergerissen wird (S. 30; 40-41), oder auch an die Problematik der Selbstfindung, die Hermann Hesse aus eigener Erfahrung als Pastorensohn immer wieder zu gestalten suchte, z. B. in »Klein und Wagner« (1931), Frankfurt 1972 (SV 43), 108; 148-149.

75 So definierte das Konzil von Trient in Can. 18 der Sess. VI (Denz. 828), daß Gott allen Gerechten die hinreichende Gnade zur Beobachtung seiner Gebote gebe, und berief sich dabei auf den hl. Augustinus, der in seiner Schrift »Über Natur und Gnade« (c. 43, n. 50) gesagt hatte: »Gott befiehlt nichts Unmögliches, sondern durch den Befehl mahnt er, zu tun, was man kann.« Vgl. J. Brinktrine, Die Lehre von der Gnade, Paderborn 1957, 123-124. Aber die Frage ist nicht, ob auch der bereits Erlöste und Gerechtfertigte noch zum Bösen gezwungen ist, sondern es geht darum, daß der Mensch, entsprechend der Erlösungslehre, nur von Gott her aus der Notwendigkeit des Bösen im

Zustand der Gottesferne erlöst werden kann, und das Problem liegt also in der Schwierigkeit, wie das quasi neurotische System der Angst und der Gnadenlosigkeit mit seinen verzweifelten Selbstrettungsversuchen durch die Erfahrung einer vorgängigen Daseinsberechtigung absoluter Gnade überwunden werden kann. Indem die Kirche den Glauben als eine selbstverständliche Gegebenheit der Bevölkerung des christlichen Abendlandes behandelte und zu einer Frage der rein rechtlichen Kirchenzugehörigkeit entwertete, wurde die entscheidende Frage des Glaubens immer mehr umgangen; die Moraltheologie löste sich in den letzten zwei Jahrhunderten demzufolge zunehmend aus ihrer Verankerung in der Dogmatik; sie beschrieb nicht mehr die Folgen, die der Schritt zum Glauben für das Verhalten des Menschen haben kann und haben sollte, sondern sie wurde mehr und mehr ein Teilzweig philosophischer Ethik bzw. eine Domäne innerkirchlicher Rechtskasuistik, für die nicht mehr die Haltung des Einzelnen, sondern nur noch das einzelne objektive Tun und das vorgegebene Gebot Gottes oder der Kirche von Wichtigkeit war. Das Sprechen von der notwendigen Gnade Gottes verwandelte sich damit in eine reine Ideologie zur Rechtfertigung einer außerordentlich legalistischen Praxis, die glaubte, den sog. »Gläubigen« alles und jedes als jederzeit möglich abverlangen zu können. Das theologische »Prinzip« der Gnade rechtfertigte jetzt eine moralische Willensaskese, die der Notwendigkeit des Glaubens existentiell geradewegs widersprechen mußte, so sehr sie diese auch formal anzuerkennen vorgab.

76 Vgl. die Theorien, die noch von J. Mausbach, Katholische Moraltheologie, 3. Bd.: Die spezielle Moral, 2. Teil: Der irdische Pflichtenkreis, Münster ^{6}1930, S. 71-75 vorgelegt werden konnten: »Das Recht zur Tötung ist im Recht der Kriegführung eingeschlossen; denn der Kampf der Staaten ist im vollen Ernstfalle schließlich immer zum Kampf der Menschen, d. h. der wehrhaften Männer geworden, die die physische Macht des Staates verkörpern. Beim gerechten Kriege liegt im Lebensopfer des Krieges der höchste Treuedienst gegen Staat und Volk. Im ungerechten Krieg erleiden die Kämpfer, wenn sie subjektiv schuldig sind, das verdiente Schicksal; wenn sie in gutem Glauben sind, das von ihrem Staat verdiente Schicksal, in das sie objektiv hineingezogen sind.« (73) – So einfach war das theoretisch. Immerhin gab ein Dutzend Jahre nach Verdun Mausbach zu, daß die Form der Kriegführung mit ihren Schrecken den modernen Krieg nicht mehr als ein erlaubtes Rechtsmittel erscheinen lasse (75). Zur Problematik des Krieges vgl. E. Drewermann: Der Krieg und das Christentum, Regensburg (Reihe: engagement) 1982.

77 Man denke an den Krieg der Sandinisten in Nicaragua 1979 gegen den Clan der Somozas, der auch von den einheimischen Priestern und Bischöfen begrüßt wurde.

78 Welch eine Landesgrenze gibt es, die nicht irgendwann durch Gewalt und Aneignung festgelegt worden wäre!

79 Nach der klassischen Moraltheologie ist ein Krieg bei völliger Aussichtslosigkeit des Sieges unmoralisch; vgl. J. Mausbach (s. Anm. 76), S. 75.

80 Man lese dazu die Rede, die 1675 der Sachem der Wampanoags, Metacomet, hielt, um den Krieg gegen die englischen Kolonisten zu begründen; – es ist ein erschütterndes Dokument dafür, wie ein Volk, das den Krieg bis dahin nur als eine Art Mutprobe kannte, sich durch die Weißen gezwungen sah, das bedingungslose Töten als Mittel zum Überleben, zu erlernen. Vgl. H. J. Stammel, Die Indianer. Die Geschichte eines untergegangenen Volkes, München 1979 (GGTb. 11217), 103-104.

81 Pastoralkonstitution über »Die Kirche in der Welt von heute«, vom 7. 12. 1965, cap. V, n. 79: Es muß »als gerechtfertigt angesehen werden, daß die Gesetze in humaner Weise für den Fall derer Vorsorge treffen, die aus Gewissensgründen den Waffendienst ver-

weigern, jedoch zu einer anderen Form des Dienstes für die menschliche Gemeinschaft bereit sind.« H. Reuter, Das II. Vatikanische Konzil, Köln 1966, 279.

82 Dabei geht es hier immer noch um den Fall des sog. gerechten Krieges! Um den Abstand dieses Denkens von der Ebene zu ermessen, auf der die eigentlichen Entscheidungen in ihrer Tragik getroffen und verantwortet werden müssen, sei an Jochen Klepper erinnert, der, verheiratet mit einer jüdischen Frau und im vollen Bewußtsein der verbrecherischen Zielsetzungen der nationalsozialistischen Schreckensherrschaft, den Wehrdienst nicht ablehnte, trotz allen inneren Widerstandes, da das Menschliche vor Gott »ganz erfahren sein müsse«. J. Klepper, Unter dem Schatten deiner Flügel. Aus den Tagebüchern der Jahre 1932-1942, Stuttgart 1972 (hg. v. H. Klepper), 228-229.

83 St. Zweig, Marie Antoinette. Bildnis eines mittleren Charakters, Leipzig 1932; [2]erw. Wien 1938; Neudruck: Frankfurt (Fischer Tb. 2220), 1980, 8.

84 I. Kant, Mutmaßlicher Anfang der Menschengeschichte, 1786, in der Berlinischen Monatsschrift; Werke in 12 Bänden, hrsg. v. W. Weischedel, Frankfurt (Suhrkamp Verl.) 1968, Bd. XI 95 Anm.: »... der griechische Philosoph klagte nicht ganz ohne Grund: es ist schade, daß man alsdann sterben muß, wenn man eben angefangen hat einzusehen, wie man eigentlich hätte leben sollen.«

85 St. Zweig, Marie Antoinette, 88.

86 A. a. O., 88.

87 A. a. O., 89.

88 Zu der Anthropozentrik und dem Individualismus dieser Vorstellung vgl. E. Drewermann, Der tödliche Fortschritt. Von der Zerstörung der Erde und des Menschen im Erbe des Christentums, Regensburg 1981, 67-78.

89 G. W. Leibniz, Die Theodizee (1710); übers. v. A. Buchenau, eingef. v. M. Stockhammer; Hamburg [2]1968, Philos. Bibl. Bd. 71, 179 (II 120).

90 F. M. Dostojewskij, Die Brüder Karamasoff (1878-1880), übers. v. E. K. Rahsin, München 1925; Neudruck: übers. v. K. Noetzel, München (Goldmann Tb. 478-481) 1958, 305-306.

91 Zum christlichen Vorsehungsgedanken und zur christlichen Anthropozentrik vgl. E. Drewermann, Der tödliche Fortschritt. Von der Zerstörung der Erde und des Menschen im Erbe des Christentums, Regensburg 1981, 74-78.

92 So z. B. in der Nachfolge der Dostojewskischen Romangestalten A. Camus; vgl. dazu E. Drewermann, Der tödliche Fortschritt, 85-90.

93 F. Schiller, Über die tragische Kunst (1792), in: P. Stapf (Hrsg.), F. Schiller, Werke in zwei Bänden; Wiesbaden (Tempel-Klassiker) o. J., Bd. 2, 500.

Von Übertragung und Wiederholungszwang

1 Scheich Saadi (ca. 1250 n. Chr.), Hundertundeine Geschichte aus dem Rosengarten. Ein Brevier orientalischer Lebenskunst; aus dem Persischen übersetzt und ausgew. v. R. Gelpke, Zürich 1967, S. 248.

2 E. Siecke, Die Liebesgeschichte des Himmels. Untersuchungen zur indogermanischen Sagenkunde, Straßburg 1892, S. 3.

3 So verwandelt Eros mit einem Pfeilschuß die Wut Porphyrions beim Gigantenkampf in Lust, so daß er Hera vergewaltigen will: R. von Ranke-Graves, The Greek Myths, 1955; dt.: Griechische Mythologie. Quellen und Deutung; übers. von H. Seinfeld; 2 Bde.; Hamburg 1960 (rde 113–114; 115–116), Bd. 1, S. 116.

4 «Diejenigen Naturen, die sich beim Zusammentreffen einander schnell ergreifen und wechselseitig bestimmen, nennen sich verwandt.« »... eigentlich sind die verwickelten Fälle die interessantesten. Erst bei diesen lernt man die Grade der Verwandtschaften, die näheren, stärkeren, entfernteren, geringeren Beziehungen kennen; die Verwandtschaften werden erst interessant, wenn sie Scheidungen bewirken.« »Hier ist eine neue Trennung, eine neue Zusammensetzung entstanden, und man glaubt sich nunmehr berechtigt, sogar das Wort Wahlverwandtschaft anzuwenden, weil es wirklich aussieht, als wenn ein Verhältnis dem anderen vorgezogen, eins vor dem anderen erwählt würde.« J. W. v. Goethe, Die Wahlverwandtschaften (1809), 1. Teil, 5. Kap.; Goethe wurde zu den »Wahlverwandtschaften« veranlaßt durch seine (vergebliche) Liebe zu der jungen Minna Herzlieb in Jena.

5 Vgl. zur Exegese von Gen 2,4 b–25: E. Drewermann, Strukturen des Bösen. Die jahwistische Urgeschichte in exegetischer, psychoanalytischer und philosophischer Sicht; 3 Bde., Paderborn 1977–1978; 1. Bd., ^{2}1979, S. 20–21.

6 L. Szondi, Triebpathologie, 1. Bd.: Elemente der exakten Triebpsychologie und Triebpsychiatrie, Bern 1952, S. 419–420; E. Drewermann, Strukturen des Bösen, 2. Bd.: Die jahwistische Urgeschichte in psychoanalytischer Sicht, Paderborn 1977, S. 61.

7 S. Freud, Das Unheimliche (1919), Ges. Werke Bd. 12, London ^{1}1947, S. 227–268.

8 Der Begriff der Imago stammt von C. G. Jung in: Wandlungen und Symbole der Libido. Beiträge zur Entwicklungsgeschichte des Denkens, in: Jahrbuch für psychoanalytische und psychopathologische Forschungen, III, 1911, S. 164; überarbeitet als: Symbole der Wandlung. Analyse des Vorspiels zu einer Schizophrenie (1952), Werke Bd. 5, Olten–Freiburg 1973, S. 65, Anm. 5. S. Freud übernahm den Ausdruck in der Arbeit: Zur Dynamik der Übertragung (1912), Ges. Werke Bd. 8, London ^{1}1945, S. 366.

9 S. Freud, Bemerkungen über die Übertragungsliebe (1915), Ges. Werke Bd. 10, London ^{1}1946, S. 305–321.

10 S. Freud, Erinnern, Wiederholen und Durcharbeiten (1914), Ges. Werke Bd. 10, London ^{1}1946, S. 134–135.

11 S. Freud, Zur Einführung des Narzißmus (1914), Ges. Werke, Bd. 10, London ^{1}1946, S. 137–170.

12 S. Freud, Triebe und Triebschicksale (1915), Ges. Werke Bd. 10, London ^{1}1946, S. 227, Anm. 1.

13 CIC (1917) Canon 1074 § 1.3; CIC (1983) 1097–1099.

14 CIC (1917) Canon 1083 § 2 a 1.2; CIC (1983) 1103.

15 S. Freud: Trauer und Melancholie (1916), Ges. Werke Bd. 10, London ^{1}1946, S. 435.

16 Der Ausdruck stammt von S. Ferenczi, Introjektion und Übertragung (1909), in: Schriften zur Psychoanalyse, 2 Bde., hrsg. v. M. Bálint, 1970–72, Frankfurt; Bd. I S. 19.

17 S. Freud, Trauer und Melancholie (1916), Ges. Werke Bd. 10, London ^{1}1946, S. 434.

18 François Truffaut, Die Geschichte der Adele H., Frankreich 1975; in der Hauptrolle: Isabelle Adjani.

19 St. Zweig, Vierundzwanzig Stunden aus dem Leben einer Frau (Die Verwirrung der Gefühle, Leipzig 1927), in: Meisternovellen, Frankfurt (Fischer) 1970, S. 265–325.

20 S. Freud, Dostojewski und die Vatertötung (1928), Ges. Werke Bd. 14, London ^{1}1948, S. 416–418; es sind, meint Freud, hier vor allem die Hände, die onanistische Wunschphantasien wachrufen und eine Gleichstellung von Mutter und Dirne hervorrufen.

21 Naturmythologisch ist das »Mädchen ohne Hände« offenbar eine Mondgestalt und mit dem Knaben Anios (Schmerzensreich) der griechischen Mythologie verwandt; vgl. H. Usener: Die Sintfluthsagen, Bonn 1899, S. 97; E. Drewermann, Strukturen des

Bösen. Die jahwistische Urgeschichte in exegetischer, psychoanalytischer und philosophischer Sicht; 3 Bde., Paderborn 1977–1978; Bd. 2, 2. Aufl. 1980, S. 361; zur Interpretation des Märchens vgl. E. Drewermann und I. Neuhaus: Das Mädchen ohne Hände, Olten–Freiburg 1981.

22 H. Schultz-Hencke, Lehrbuch der analytischen Psychotherapie, Stuttgart 1951; Nachdruck: Stuttgart 1957, S. 58–59.

23 So in der Geschichte des zweiten Kalenders in der 47. Nacht oder in der Geschichte Aladdins, der nach Weisung seiner Mutter mithilfe der Wunderlampe den Sohn des Großwesirs, seinen Konkurrenten in der Liebe zur Prinzessin Badrulbudur, in der Brautnacht von einem Geist entführen läßt – eine Geschichte, die Scheherazade in der 541. Nacht erzählt: I. Dreecken, Tausenundeine Nacht. Eine Sammlung phantasievoller orientalischer Liebes-, Abenteuer-, Gauner- und Schelmengeschichten; übers. v. G. Weil nach der Breslauer Handschrift (1838–1841); Neufassung v. I. Dreecken; 3 Bde.; Wiesbaden o. J.; Bd. I, S. 171; Bd. II, S. 692.

24 H. Schultz-Hencke, Lehrbuch der analytischen Psychotherapie, Stuttgart 1951; Nachdruck: Stuttgart 1957, S. 152.

25 G. Greene, The Heart of the Matter; dt.: Das Herz aller Dinge; übers. v. W. Puchwein; Hamburg (rororo 109) 1954.

26 A. a. O., S. 100.

27 C. G. Jung, Die Beziehungen zwischen dem Ich und dem Unbewußten (1928), Werke Bd. 7, Olten–Freiburg 1964, S. 214; E. Drewermann, Strukturen des Bösen; Bd. 2: Die jahwistische Urgeschichte in psychoanalytischer Sicht, 2. erw. u. verb. Aufl. Paderborn 1980, S. 50.

28 Th. Mann, Joseph und seine Brüder; Roman in vier Teilen: 1. Die Geschichten Jakobs; Berlin 1933 – 2. Der junge Joseph; Berlin 1934 – 3. Joseph in Ägypten; Wien 1936 – 4. Joseph, der Ernährer, Stockholm 1943 – 1. Gesamtausgabe: Joseph und seine Brüder; Stockholm–Amsterdam 1948; Neudruck: Frankfurt–Hamburg 1971 (Fischer Tb., Bd. 1183: Die Geschichten Jakobs. Der junge Joseph, S. 5–495; Bd. 1184: Joseph in Ägypten, S. 497–962; Bd. 1185: Joseph, der Ernährer, S. 955–1363); zur Darstellung und Deutung der Geschichte Mut-em-enets vgl. E. Drewermann, Strukturen des Bösen; Bd. 3: Die jahwistische Urgeschichte in philosophischer Sicht, Paderborn 1979, S. 317–323.

29 L. Szondi hat diese Hintergrundwelt sehr treffend mit einer »Drehbühne« verglichen, auf der die Gestalt des »Hintergängers« auf ihren Auftritt warte, und er hat dies am Beispiel des Gegensatzes von Kain und Abel erläutert: L. Szondi, Lehrbuch der experimentellen Triebdiagnostik, Bd. I: Textband, Bern–Stuttgart, 2. völlig umgearb. Aufl. 1960, S. 119–120; E. Drewermann, Strukturen des Bösen; Bd. 2: Die jahwistische Urgeschichte in psychoanalytischer Sicht, 2. erw. u. verb. Aufl., Paderborn 1980, S. 259.

30 C. G. Jung vergleicht die Identifikation mit der anima mit einer Art von Sterben und nennt sie ein »opus contra naturam«; zwar kann man, meint er, sich mit der anima nur auseinandersetzen, wenn man sich nicht mit ihr identifiziert, aber er fügt hinzu: »Die Nichtidentifikation erfordert eine tatsächliche moralische Anstrengung. Sie ist zudem nur dann legitim, wenn man sie nicht als einen Vorwand benützt, um sich dem notwendigen Maß an persönlicher Auseinandersetzung zu entziehen.« C. G. Jung, Die Psychologie der Übertragung. Erläutert anhand einer alchemistischen Bildserie (1946); Bd. 16, Olten–Freiburg, S. 278–279.

31 S. Freud, Die Frage der Laienanalyse (1926), Ges. Werke Bd. 14, London [1]1948, S. 256–

259; ders.: Bemerkungen über die Übertragungsliebe (1915), Ges. Werke Bd. 10, London [1]1946, S. 318–319.

32 S. Freud, Bemerkungen über die Übertragungsliebe (1915), Ges. Werke Bd. 10, London [1]1946, S. 315.

33 C. G. Jung meint, »daß das Kind ein anererbtes System besitzt, welches das Vorhandensein von Eltern und deren möglicher Einwirkung antizipiert ... hinter dem Vater steht der Archetypus des Vaters, und in diesem präexistenten Typus liegt das Geheimnis der Vatergewalt, wie die Macht, welche den Vogel zum Wandern nötigt, nicht von ihm selber erzeugt wird, sondern aus seiner Ahnenreihe stammt.« C. G. Jung, Die Bedeutung des Vaters für das Schicksal des Einzelnen (1909); Bd. 4, Olten–Freiburg 1969, S. 368.

34 «Wir müssen heutzutage«, erklärte C. G. Jung, »von der Hypothese ausgehen, daß der Mensch insofern keine Ausnahme unter den Geschöpfen darstellt, als er unter allen Umständen, wie jedes Tier, eine präformierte, artgemäße Psyche besitzt, welche überdies ... noch deutliche Züge familiärer Vorbedingungen aufweist ... Es muß sich um Funktionsformen handeln, die ich als ›Bilder‹ bezeichnet habe. ›Bild‹ drückt nicht nur die Form der auszuübenden Tätigkeit, sondern auch zugleich die typische Situation aus, in welcher die Tätigkeit ausgelöst wird.« C. G. Jung, Die psychologischen Aspekte des Mutterarchetypus (1939), Bd. 9, 1. Teil, Olten–Freiburg 1976, S. 94.

35 R. Bilz, Schrittmacherphänomene (1948), in: Die unbewältigte Vergangenheit des Menschengeschlechts. Beiträge zu einer Paläoanthropologie, Frankfurt 1967, S. 22.

36 R. Bilz, a. a. O., S. 17; 19; E. Drewermann, Strukturen des Bösen, 2. Bd.: Die jahwistische Urgeschichte in psychoanalytischer Sicht; 2. erw. und verb. Aufl. Paderborn 1980, S. 114.

37 L. Szondi, Lehrbuch der exp. Triebdiagnostik, Bd. I: Textband, Bern–Stuttgart, 2. völlig umgearb. Aufl. 1960, S. 182.

38 E. Drewermann, Strukturen des Bösen; 3. Bd.: Die jahwistische Urgeschichte in philos. Sicht, Paderborn 1979, S. 323–324.

39 E. Drewermann, Strukturen des Bösen; 1. Bd.: Die jahwistische Urgeschichte in exegetischer Sicht, 2. erw. u. verb. Aufl. Paderborn 1979, S. XVIII–XXV.

40 Vgl. Dtn 29,18; Jer 3,17; 7,24; 9,13; 11,8; 13,10; 16,12; 18,12; 23,17; Ps 81,13.

41 Man kann demgegenüber nicht übersehen, daß die meisten rein moralischen Stellungnahmen der Kirche zum Thema Ehe und Sexualität gerade nicht Vertrauen, sondern Angst und Schuldgefühl verbreitet haben, und es liest sich weitgehend wie eine Persiflage zur kirchlichen Ehemoral, wenn G. Orwell in seinem nur scheinbar utopischen Roman »1984« von der Partei des Großen Bruders schrieb: »Das Ziel der Partei war nicht nur, das Zustandekommen enger Beziehungen zwischen Männern und Frauen zu verhindern, die sie vielleicht nicht mehr übersehen konnte. Ihre wirkliche, unausgesprochene Absicht ging dahin, den sexuellen Akt aller Freude zu entkleiden. Nicht so sehr die Liebe, als vielmehr die Erotik wurde als Feind betrachtet, sowohl in wie außerhalb der Ehe.« (G. Orwell, 1984; übers. v. K. Wagenseil; [1]1950 Zürich; Neudruck: Frankfurt–Berlin–Wien 1976, Ullstein-Tb. 3253, S. 62–63).

42 H. Zimmermann, Neutestamentliche Methodenlehre. Darstellung der historischkritischen Methode, Stuttgart 1966, S. 112–113, mit ausführlichem literarkritischem Vergleich von Mt 19, 3-12 und Mk 10, 2-12, S. 105–115.

43 J. Gnilka, Die Verstockung Israels. Is 6, 9-10 in der Theologie der Synoptiker (St ANT 3), München 1961, S. 23–28.

44 S. Freud, Ein religiöses Erlebnis (1928), Ges. Werke Bd. 14, London [1]1947, S. 393–396.

Gegensätze ziehen sich an

1 H. J. Fischer, Die katholische Lehre über die Ehe, FAZ, 27. Okt. 80, S. 12.
2 Ebd. 26. Feb. 81, FAZ.
3 Dpa v. 22. Feb. 81, FAZ.
4 R. Tagore, Der Gärtner, aus dem Engl. übers. v. G. M. Muncher – A. Haas, Freiburg 1359, Nr. 44, S. 56.
5 Vgl. u. a.: P. Federn, Ichpsychologie und die Psychosen; übers. v. W. u. E. Federn, Frankfurt 1978; O. Fenichel, Psychoanalytische Neurosenlehre; übers. v. K. Laermann; 3 Bde., Olten–Freiburg 1975; 2. Bd., 109–168; 272–309; E. Jacobson, Depression. Eine vergleichende Untersuchung normaler, neurotischer und psychotisch-depressiver Zustände; übers. v. H. Desorno, Frankfurt 1978; G. Benedetti, Psychodynamik der Zwangsneurose, Darmstadt 1978.
6 Vgl. J. G. Lemaire, Leben als Paar. Strukturen, Krisen, therapeutische Hilfen; übers. v. W. Wydler; Olten 1980, 143.
7 Vgl. auch Kap. I, Sünde und Neurose.
8 Vgl. zur Auslegung von Gen 3–4: E. Drewermann, Strukturen des Bösen.– Die jahwistische Urgeschichte in exegetischer, psychoanalytischer und philosophischer Sicht, 3 Bde., Paderborn [3]1981, Bd. 1, 53–110; 117–147; Bd. 2, 203–221; Bd. 3, 228–251.
9 Vgl. zum Folgenden: E. Drewermann, Von dem Geschenk des Lebens oder: das Welt- und Menschenbild der Paradieserzählung des Jahwisten, in: Strukturen des Bösen, Bd. 1, [3]1981, S. 389–410, Nachtrag; s. o. S. 17–37.
10 Vgl. E. Drewermann, Strukturen des Bösen, Bd. 3, 514–540 (Exkurs: Die Mythenfeindlichkeit des Christentums, der Widerstreit der Konfessionen und die innere Zerrissenheit des Menschen).

Schuld, die trennt

1 Zur Kategorie des »Anfangs« im Hebräischen vgl. E. Drewermann, Strukturen des Bösen. Die jahwistische Urgeschichte in exegetischer, psychoanalytischer und philosophischer Sicht, 3 Bde., Paderborn [3]1981–82, Bd. 1, S. XVIII–XXXI.
2 So die geistreichen Erwägungen bei St. Heym, Der König David Bericht, München 1972 (The King-David-Report, übers. aus dem Amerik. v. Autor); Neudruck, Frankfurt (Fischer Tb. 1508) 1974, 129–144.
3 S. Freud, Die ›kulturelle‹ Sexualmoral und die moderne Nervosität (1908), Werke VII, London 1941, 141–167.
4 H. (de) Balzac, La femme de trente ans, Paris 1842, in: La comédie humaine, 17 Bde., 1842–1843, 3: Scènes de la vie privée III.; dt.: Die Frau von dreißig Jahren, in: Szenen aus dem Privatleben (Die Frau von dreißig Jahren. Modeste Mignon. Der Ehevertrag. Oberst Chabert), übers. v. I. Täubert, A. Wagenknecht, H. Blattmann; Nachw. u. Anm. v. H. Hinterhäuser; München (dtv 2012) 1976, 5–207.
5 A. a. O., 48.
6 A. a. O., 61.
7 A. a. O., 68.
8 A. a. O., 92.
9 A. a. O., 93.
10 A. a. O., 96.

[11] St. Zweig, Balzac. Eine Biographie. Aus dem Nachlaß hrsg. und mit Nachw. vers. v. R. Friedenthal; Stockholm 1946; Neudruck: Frankfurt (Fischer Tb. 2183) 1979, 66–67.

[12] R. Schirmer, Lancelot und Ginevra. Ein Liebesroman am Artushof. Den Dichtern des Mittelalters nacherzählt v. R. Schirmer; Zürich 1961, 159–160. Vgl. T. H. White, The Once and Future King, London 1976; dt.: Der König auf Camelot; übers. v. R. Rocholl u. H. C. Artmann; 4 Bücher in 2 Bden., Stuttgart 1980; 4. Buch: Die Kerze im Wind, 249–254; 309–311. – Oder man denke an die Tragödie der Effi Briest, die in ihrer jugendlichen Unbewußtheit an der Seite des pflichtbewußten, aber liebearmen Baron von Instetten dahinsiecht, ehe sie sich, gegen ihren Willen fast, in den Bezirkskommandanten Crampus verliebt: Duell, Scheidung, Krankheit und Tod sind die Wegsteine dieser unterdrückten Liebe. Th. Fontane, Effi Briest, Berlin 1894–95.

[13] R. Schirmer, Der Roman von Tristan und Isolde. Den alten Quellen nacherzählt von R. Schirmer; Zürich 1969, 252–256. J. Bédier, Der Roman von Tristan und Isolde, übers. v. R. G. Binding, Frankfurt (Insel Tb. 387) 1979, 131–134. – Mit tiefem Einfühlungsvermögen schilderte z. B. St. Zweig die Beziehung Marie Antoinettes zu dem schwedischen Gesandten Graf Axel von Fersen, dem einzigen wahren Freund und Geliebten der französischen Königin an der Seite ihres seiner ganzen Wesensart nach fremden Gemahls Ludwig XVI.; St. Zweig, Marie Antoinette. Bildnis eines mittleren Charakters, Leipzig 1932; [2]erw. Aufl. Wien 1938; Neudruck: Frankfurt (Fischer Tb. 2220) 1980, 205–224, wo St. Zweig die Königin in ihrer Liebe mit den großartigen Worten freispricht, »... nie ist eine Frau ehrlicher und edler, als wenn sie ganz frei ihren untrüglichen, jahrelang geprüften Gefühlen folgt, nie eine Königin königlicher, als wenn sie am menschlichsten handelt« (224).

[14] É. Zola, L'Assomoir, Paris 1877; Paris 1961 (in: Les Rougon-Macquart); dt.: Der Totschläger; nach der v. M. Le Blond besorgten Gesamtausgabe übers. v. G. Krüger; Nachw. u. Anm. v. R. Schober (in: Die Rougon-Macquart. Natur- und Sozialgeschichte einer Familie aus dem Zweiten Kaiserreich, hrsg. v. R. Schober); München 1975.

[15] A. a. O., 488–489.

[16] A. a. O., 489.

[17] A. a. O., 620 ff.

[18] A. a. O., 660. Vgl. zu der gewalttätigen Fortsetzung gescheiterter Ehen: F. Tanner, Bis daß der Mord euch scheidet. Ein Therapeut zum verhängnisvollen Weiterführen zerrütteter Ehen, Olten-Freiburg 1981.

[19] Eine interessante Parallele zu dem Gedanken, daß Gott verzeiht, selbst wo das Herz uns anklagt, findet sich auf dem ägyptischen Papyrus Berlin 3127 um etwa 1200 v. Chr., wo der Tote mit dem Namen Amun-em-uja (Amun ist im Schiff) zu seinem eigenen Herzen betet, »damit es den wahren Sachverhalt (sc. der Schuld, d. V.) im Jenseitsgericht nicht gegen ihn bekunde, sondern dem Ritual der Sündenverleugnung seine Wirkung lasse.« Das Gebet lautet: »Osiris Oberer der Kammer vom Tempelgut des Amun-em-uja (sc. der Verstorbene mit seinem Titel, d. V.), er sagt, ›O Herz von meiner Mutter, Herz von meiner Mutter, Herz von meinem Wesen‹«; die Unterscheidung bezeichnet wohl die angeborenen und die erworbenen Eigenschaften. S. Morenz, Altägyptischer Jenseitsführer. Papyrus Berlin 3127, mit Bemerkungen zur Totenliteratur der Ägypter, Leipzig 1964, 11.

[20] L. N. Tolstoi, Anna Karenina, Moskau 1878; dt.: Anna Karenina. Ein Roman in acht Teilen, übers. v. A. Scholz; München (Goldmann Tb. 692–694) 1961.

[21] A. a. O., 499.

22 A. a. O., 500.

23 A. a. O., 503.

24 A. a. O., 357–358.

25 A. Schnitzler, Die drei Elixiere (1890), in: Gesammelte Werke in Einzelausgaben. Das erzählerische Werk Bd. 1–7; Bd. 1, Frankfurt (Fischer Tb. 1960) 1961, 87–91.

26 R. L. Stevenson, The strange case of Dr. Jekyll and Mr. Hyde, 1866; dt.: Der seltsame Fall des Dr. Jekyll und Mr. Hyde; übertr. v. R. Mummendey; in: R. L. Stevenson, Erzählungen; Stuttgart 1974, 671 – 753.

Ein Plädoyer für die Lüge

1 Vgl. I. Kant, Über ein vermeintliches Recht, aus Menschenliebe zu lügen (1797), in: Werke in 12 Bden., hrsg. v. W. Weischedel, Frankfurt 1968, VIII 635-643, S. 638 zu den Einwänden von Benjamin Constant.

2 F. M. Dostojewski, Traum eines lächerlichen Menschen (1877), in: Erzählungen, München 1964; übers. v. E. K. Rahsin, Frankfurt (Fischer Tb. 1263) 1972, 327–345.

3 I. Kant, Die Metaphysik der Sitten (1797 A), in: Werke, VIII 305–634, S. 526 enthält den berühmten Satz, das Prinzip aller Tugendlehre sei »den Menschen überhaupt sich zum Zwecke zu machen«. Zur Lüge erklärt er 562–564, sie sei »Wegwerfung und gleichsam Vernichtung seiner Menschenwürde.«

4 Vgl. M. Buber, Ich und Du (Leipzig 1923, erw. Neudruck: Heidelberg 1958), in: Werke in 3 Bden., 1. Bd.: Schriften zur Philosophie, München 1962, 77–170.

5 M. Horkheimer, Zum Problem der Wahrheit (1935), in: Kritische Theorie. Eine Dokumentation, 2 Bde., hrsg. v. a. Schmidt, Frankfurt 1968, 1. Bd., 228–276, betonte, wie die gesamte Frankfurter Schule, sehr stark die Interessengebundenheit und das Prinzip der praktischen »Bewährung« der Wahrheit, verwahrte sich aber mit Recht zugleich gegen pragmatistische Vereinfachungen, die den »Eigentümlichkeiten des dialektischen Denkens« (S. 261–262) nicht entsprächen, »die analytisch gewonnenen Begriffe zueinander in Beziehung zu setzen und die Wirklichkeit durch sie zu rekonstruieren.« Ohne philosophische Reflexion müßte die Erkenntnis der Tiefenpsychologie von der Interessengelenktheit der Selbst- und Fremdwahrnehmung zweifellos zu einem weltanschaulichen Relativismus im Sinne W. Diltheys, wenngleich mit einer anderen Typologie, führen.

6 Vgl. Poquelin gen. Molière, Le Misanthrope (1666), dt.: Der Menschenfeind. Komödie in fünf Akten, übers. v. A. Luther, Stuttgart (reclam 349) 1966, 8–9 über die gesellschaftliche Lüge.

7 Akutagawa Ryunosuke, Rashomon (1915), in: Rashomon, Frankfurt (Fischer Tb. 314) 1959, übers. v. H. Tsyji u. K. Takahara.

8 N. Hartmann, Ethik (1926), Berlin [4]1962, 818 meint sehr richtig: »Diesen Sündenbegriff (sc. daß das Schuldigsein zum Menschen wesentlich gehört, ihm aber durch die Erlösung abgenommen werden kann, d. V.) kennt die Ethik nicht. Sie hat für ihn keinen Raum. An der sittlichen Schuld ist nichts, was sich von der Person des Schuldigen abtrennen ließe, nichts substantiell für sich Seiendes. Wohl gibt es (sc. für die Ethik, d. V.) ein Lasten der Schuld, sowie eine Sehnsucht des Schuldigen, sie abwerfen zu können. Es gibt auch eine Grenze des Tragenkönnens und ein moralisches Zerbrechen unter der Last. Aber eine prinzipielle Unfähigkeit des Menschen zum Guten durch sie gibt es nicht. Die Möglichkeit sittlicher Erhebung besteht immer grundsätzlich – und zwar eben auf Grund jener Sehnsucht, und mit ihr wachsend. Die Sehnsucht zum

Guten ist nie und unter keinen Umständen leere Ohnmacht.« So muß die Ethik denken, weil sie das Problem des Guten nicht, wie die Religion, zwischen Angst (Unfreiheit) und Glauben (Freiheit), sondern zwischen Einsicht und Wollen ansiedelt.

9 Zur Interpretation des Folgenden vgl. E. Drewermann, Strukturen des Bösen. Die jahwistische Urgeschichte in exegetischer, psychoanalytischer und philosophischer Sicht, 3 Bde., Paderborn [3](erw.) 1981; I 72–86; II 571–577 (zum Teufelskreis von Minderwertigkeitsgefühlen und Überkompensationen); III 458.

10 Vgl E. Drewermann, Strukturen des Bösen, III 261.

11 Zur hebräischen Kategorie des »Anfangs« und ihrem philosophischen Pendant im Begriff des »Wesens« vgl. E. Drewermann, Strukturen des Bösen, I S. XVIII–XXXI.

12 Zu den einzelnen Neuroseformen vgl. oben Kap. 1, S. 33–66.

13 Vg. zu Gen 3, 8–13 E. Drewermann, Strukturen des Bösen, I 79–85; II 203–221; III 207–209; 238–241.

14 D. Morris, Manwatching, London 1977; dt.: Der Mensch, mit dem wir leben. Ein Handbuch unseres Verhaltens, übers. v. K. H. Siber u. W. Wagmuth, München-Zürich (Knaur 3659) 1978, 153–161 verweist auf das Lügen mit dem ganzen Körper und auf die Kunst der Profitäuscher, zu denen er neben den Schauspielern auch »andere Super-Täuscher wie Berufsdiplomaten und Politiker, Rechtsanwälte und Zauberer, Gebrauchtwagenhändler und Immobilienmakler« zählt. Als Merkmale der Lüge zählt er auf: die Verringerung der Handgesten, die Erhöhung der Selbstkontakte im Gesicht (das Kinnstreicheln, Lippenzusammendrücken, Ziehen der Ohrläppchen, Haarstreichen, Nasenberühren etc.), die Zunahme seitlicher Körperbewegungen als verhaltener Fluchtbewegungen, den Zuwachs spezieller Handbewegungen wie ein bestimmtes Zucken z. B., plötzliche Änderungen des Gesichtsausdrucks.

15 Zur Deutung der Geschichte von Kain und Abel in Gen 4, 1–16 vgl. E. Drewermann, Strukturen des Bösen, I 126–133, II 257–264; 267–276; III S. LXXI–LXXII; 263–278.

16 J. J. Rousseau. Discours sur l'origine et les fondements de l'inégalité parmi les hommes, Amsterdam 1755; dt.: Über den Ursprung und die Grundlagen der Ungleichheit unter den Menschen, übers. v. H. Mende – K. Peter, Berlin (Philos. Bücherei 6) 1955, versuchte zu zeigen, daß der »Wilde« vor der Zivilisation friedlich in der Ordnung der Familie lebte und weder die Satzungen der Moral noch die Begriffe des Eigentums kannte. Erst als die Seßhaftwerdung und die Landnahme zu den ersten Formen des Eigentums geführt hatten, hätten die psychischen Unterschiede zwischen den Menschen zu den sozialen Gegensätzen und damit zu Kampf und Raub geführt. Der vorgesellschaftliche Zustand des »edlen Wilden« ist auch für Rousseau ein rein theoretisches Konstrukt, dem in der historischen Wirklichkeit vielleicht niemals etwas entsprochen hat, dessen man aber bedarf, um die Korruption der gegenwärtigen Gesellschaft von ihrem eigentlichen Wesen her beurteilen zu können.

17 Vgl. S. Freud, Die »kulturelle« Sexualmoral und die moderne Nervosität (1908), in: Ges. Werke VII, London 1941, 141–167, S. 158.

18 Vgl. E. Drewermann, Von der Unmoral der Psychotherapie – oder von der Notwendigkeit einer Suspension des Ethischen im Religiösen, in: Psychoanalyse und Moraltheologie, I: Angst und Schuld, Mainz 1982, 79–104.

19 Vgl. E. Drewermann – Ingritt Neuhaus, Marienkind. Grimms Märchen tiefenpsychologisch gedeutet, Bd. 5, Olten-Freiburg 1984.

20 Vgl. E. Drewermann, Strukturen des Bösen, I: Die jahwistische Urgeschichte in exegetischer Sicht, Paderborn [3](erw.) 1981, 310–320.

[21] W. Trilling, Das wahre Israel. Studien zur Theologie des Matthäus-Evangeliums (St ANT 10), München [3](überarb.) 1964, hat vorbildlich gezeigt, wie redaktionsgeschichtlich im Mt-Evgl. die frühe Kirche sich als Nachfolgerin des alten Israel versteht. Bes. Mt 22,1–14, das Gleichnis vom großen Gastmahl, wird bei Matthäus zu einer geschichtstheologischen Abrechnung mit der Geschichte des alten Bundesvolkes ausgestaltet, das alle Einladungen abgelehnt und immer wieder die Königsboten erschlagen hat; der Untergang Jerusalems im Jahre 70 n. Chr. ist für Matthäus eine gerechte Zerstörung der Stadt der Mörder (Mt 22,7); die Berufung des »Königs« aber zur »Hochzeit« ergeht weiter an alle; *W. Trilling,* a. a. O., 84–87.

[22] Zu den moralisierenden (Fehl-)Interpretationen der Bergpredigt vgl. E. Drewermann, Der Krieg und das Christentum. Von der Ohnmacht und Notwendigkeit des Religiösen, Regensburg 1982, 201–206, 215–230.

[23] Zu der Aporie des Pazifismus inmitten einer militaristisch-aggressiven Welt vgl. E. Drewermann, Der Krieg und das Christentum, 123–130.

[24] So definierte und schrieb etwa J. Mausbach, Katholische Moraltheologie, 3 Bde., Münster [6]1930; 3. Bd.: Die spezielle Moral, 2. Teil: Der irdische Pflichtenkreis, S. 241–242, Lügen heiße: »mit Bewußtsein die Unwahrheit sagen«; da die Lüge »innerlich sündhaft« sei, könne sie »niemals erlaubt« sein. Die Verheimlichung von Wahrheiten (restrictio mentalis) wird unterschieden als restrictio pure mentalis, d. h. als eine Rede, »bei welcher der wahre Sinn nur im Geiste des Sprechers gedacht, für den Hörer aber nicht erkennbar ist«, und als restrictio late mentalis seu realis, »d. h. als eine mehrdeutige Redeweise, bei der aus den Worten oder Umständen der wahre Sinn, den der Sprecher im Auge hat, für die Hörer erkennbar ist«. Die restrictio pure mentalis sei der Lüge gleichzuerachten, während die restrictio realis unter Umständen pflichtgemäß und erlaubt sei.

[25] K. Rahner, Über die Frage einer formalen Existentialethik, in: Schriften zur Theologie, 2. Bd., Zürich-Köln 1962, 227–246, S. 242 fragt zu Recht: »... gibt es nicht Fälle in der Kasuistik, in denen man sich von vornherein vergebens um eine eindeutige Entscheidung des Casus mit den Mitteln einer syllogistischen Deduktion ... bemüht, da auf diese Weise eine solche Eindeutigkeit deswegen nicht erreicht werden kann, weil sie vom Allgemeinen her gar nicht erreichbar ist?« – Das eigentliche Problem aber besteht nicht in der Differenz von Essenz und Existenz, von Allgemeinem und Individuellem, sondern in der tragischen Widersprüchlichkeit der moralischen Grundsätze in der konkreten Situation; dieses Problem scheint für die kath. Moraltheologie nach wie vor nicht zu existieren; vgl. E. Drewermann, Das Tragische und das Christliche, S. 67–119 in diesem Band.

[26] A. Schopenhauer, Preisschrift über die Grundlage der Moral, *nicht* gekrönt von der Königlich Dänischen Societät der Wissenschaften, zu Kopenhagen, am 30. J an. 1840, in: A. Schopenhauer: Sämtliche Werke; 7 Bde., nach der ersten v. J. Frauenstädt besorgten Gesamtausgabe bearb. u. hrsg. v. a. Hübscher, Bd. 4: Schriften zur Naturphilosophie und Ethik, Wiesbaden [3]1972, 103–275, S. 222–226 erklärt Kants unbedingten Abscheu gegen die Lüge für bloßes Deklamieren und Moralisieren, das in schreiendem Widerspruch stehe zu der Moral, »die täglich, selbst von den Redlichsten und Besten, ausgeübt wird.« Entscheidend für Schopenhauers Bewertung der Lüge ist die prinzipielle Veränderung der Betrachtungsweise: nicht das Tun selbst, sondern das Motiv der Tat entscheide über die moralische Bewertung eines bestimmten Handelns und Verhaltens. Neben dem Fall der Notwehr gegen Gewalt und List anerkennt Schopenhauer vor allem die Pflicht der Lüge, z. B. für Arzte, oder die edelmütige Lüge, in der jemand die Schuld

eines anderen selber übernehme. Schließlich habe auch Jesus einmal absichtlich die Unwahrheit gesagt, Joh 7,8 (225).

[27] Es gibt im Rabbinischen den »Schluß vom Kleineren aufs Größere« (den qalwachomer-Schluß), der nach den Gesetzen der formalen Logik mehr als zweifelhaft ist, da er eine bloße Generalisierung einzelner am überschaubaren Modell gewonnener Einsichten auf höchst komplexe Sachverhalte darstellt. Aber vom Größeren aufs Kleinere wird man schon schließen dürfen, und so erscheint es als absurd, die Pistole zu billigen und die Lüge zu verwerfen. Eher sollte man wünschen, daß ein gewisser Fortschritt der Intelligenz es mindestens dahin bringen möchte, die äußere Roheit physischer Gewalt durch den Scharfsinn der List zu ersetzen.

[28] Vgl. W. Wickler, Mimikry. Nachahmung und Täuschung in der Natur, München 1968; Neudruck: Frankfurt (Fischer Tb. 6192) 1973, 239–240.

[29] Vgl. E. Drewermann, Der Krieg und das Christentum. Von der Ohnmacht und Notwendigkeit des Religiösen, Regensburg 1982, 46–49, über den Zusammenhang von Jagd und Krieg.

[30] K. Lorenz, So kam der Mensch auf den Hund, München (dtv 329) 1965, 64–69 etwa erläutert am Beispiel von Hunden und Katzen, daß, entgegen dem Vorurteil, die Katze nicht »falsch« sein kann. »Ich möchte es ihr indessen nicht als Verdienst anrechnen, daß sie nicht imstande ist, sich zu verstellen; wohl aber werte ich es für ein Zeichen der höheren Intelligenz des Hundes, daß er gerade dies kann!« (67) K. Lorenz bringt als Beispiel, daß sein Hund, wenn er irrtümlich seinen Herrn angebellt hat, hernach stets als »Ausrede« etwas anderes, und sei es nur die bloße Mauer, anbellte, so als habe sein unfreundliches Verhalten gar nicht seinem Herrn gegolten.

[31] Vgl. S. Freud, Zeitgemäßes über Krieg und Tod (1915), in: Werke X, London 1946, 323–355, S. 329–330, wo Freud die Monopolisierung des Verbrechens in den Händen der Staatsorgane, man kann nicht sagen: anprangert, aber mit sarkastischen Worten feststellt. Vgl. E. Drewermann, Der Krieg und das Christentum, 139–140.

[32] Vgl. I. Kant, Zum ewigen Frieden. Ein philosophischer Entwurf, Königsberg 1795; in: Werke in 12 Bde., hrsg. v. W. Weischedel, Frankfurt 1968, XI 191–251, S. 244–245.

[33] G. W. F. Hegel, Grundlinien der Philosophie des Rechts, Berlin 1821, hrsg. v. J. Hoffmeister, ^{4}1955; (Philos. Bibl. 124a), Hamburg 1962, § 340, S. 288 setzte den allgemeinen Geist, den Geist der Welt, als unbeschränkt, d. h. als mit allen Rechten ausgestattet, wohingegen die Interessen der endlichen Volksgeister zurückzutreten hätten. Eine derartige historische Dialektik aller Rechtsbegriffe schafft natürlich eine ideale Grundlage für jede Art von Staatsideologie. Vgl. E. Drewermann, Der Krieg und das Christentum, 135–136.

[34] M. Weber, Der Beruf zur Politik (1919), in: Soziologie. Weltgeschichtliche Analysen. Politik, hrsg. u. erl. v. J. Winckelmann, Stuttgart (Kröner Tb. 229) ^{4}(durchges. u. verb.) 1968, 167–185, S. 178 meinte zu Recht, »daß für sein (sc. des Politikers) Handeln es *nicht* wahr ist, daß aus Gutem nur Gutes, aus Bösem nur Böses kommen könne, sondern oft das Gegenteil. Wer das nicht sieht, ist in der Tat politisch ein Kind.« Vgl. E. Drewermann, Der Krieg und das Christentum, 158.

[35] Georges Rouault, Katalog der Stadt Köln, Josef-Haubrich-Kunsthalle, zur Ausstellung von 11. 3.–8. 5. 1983, Konzept v. S. Gohr, 17 (Verurteilter, 1907), 25 (Drei Richter, 1913), 27 (Drei Richter, ca. 1920), 151 (Angeklagter, 1907), 168 (Richter, ca. 1930). Zum Thema der Lüge gibt es kein erschütternderes Bild als die Radierung aus dem »Miserere« (1922–1927, veröffentl. 1948), 185: »Qui ne se grime pas? Wer zeigt sein

wahres Gesicht?« – ein Bild von trauriger Schwermut, wie sie im Untergrund aller Clowns-Maskeraden sichtbar wäre, wenn man nur genauer sehen wollte.

[36] F. M. Dostojewski, Prestuplenie i nakazanie (1866); dt.: Schuld und Sühne. Roman in 6 Teilen und einem Epilog; übers. v. W. Bergengruen, München (Droemer) o. J., 6. Teil, 2. Kap., 487–504, bes. 501–502: »... finden Sie Glauben oder Gott, dann werden Sie leben ... Ich glaube ... daran, daß Sie noch viel zu leben haben ... Vielleicht will Gott Sie noch zu etwas ganz Bestimmtem aufbewahren. Seien Sie stark im Herzen und werfen Sie die Furcht von sich ... Wer getan hat, was Sie getan haben, der muß stark sein können, das ist der Sinn der Gerechtigkeit ... Tun Sie, was die Gerechtigkeit verlangt. Ich weiß, Sie glauben mir nicht, aber das Leben wird Sie wieder ans Ufer tragen, bei Gott! Sie werden das Leben wieder lieb gewinnen.«

[37] K. Lorenz, Der Abbau des Menschlichen, München-Zürich 1983, 262. Vom Phänomen der Lüge selbst urteilt K. Lorenz a. a. O., 269–270: »Das biblische Verbot des Lügens wird im Verkehr zwischen Einzelmenschen weit gewissenhafter befolgt als zwischen Kollektiven. Jedes einzelne Mitglied irgendeines Aufsichtsrates besitzt mein volles Vertrauen, und ich würde mich seinem Rat unbedenklich anvertrauen; ein Aufsichtsrat im Kollektiv aber kann skrupellos und amoralisch handeln. Offenbar entlastet das Teilen der Verantwortlichkeit den einzelnen. Trotz der Unvollständigkeit unseres Wissens wage ich die Vermutung, daß die Häufigkeit des öffentlichen Lügens und die allgemeine Toleranz gegen das Belogenwerden mit der Entwicklung von Hochkulturen und höherer Zivilisation zugenommen hat. Im Handelsverkehr gilt das Feilschen und das lügnerische Anpreisen der Ware heute oft als durchaus erlaubt. Manche Werbefachleute schämen sich nicht nur, sondern sind stolz darauf, wenn sie mit einer Lüge Erfolg haben. Ich glaube allen Ernstes, daß die menschliche Gesellschaft als Ganzes eine durchgreifende und segensreiche Neuorganisation erfahren würde, wenn die Lüge, die persönliche wie die kollektive, so eingeschätzt würde, wie sie es tatsächlich verdient.«

[38] Vgl. E. Drewermann, Der tödliche Fortschritt. Von der Zerstörung der Erde und des Menschen im Erbe des Christentums, Regensburg [3](erw.) 1983, 20–21.

[39] Vgl. z. B. John (Fire) Lame Deer – Richard Erdoes, Lame Deer. Seeker of Visions, New York 1972; dt.: Tahca Ushte. Medizinmann der Sioux, übers. v. C. Biegert, München 1979, 136–139, wo Lame Deer die endlose Quälerei und künstliche Züchtung der Tiere durch die Weißen anprangert, der er die Umzüchtung der Männer zu Büroarbeitern und Stechuhrdrückern und die Verwandlung der Frauen in Hausdrachen und Schrekkensgestalten in unserer Kultur gleichstellt. Die Lüge sieht Lame Deer verkörpert in der mythischen Gestalt des Spinnenmenschen *Iktome,* der den Enten erzählte, er habe einen Sack voller Musik, wenn sie nur mit geschlossenen Augen und, damit sie die Schläge seines Stockes übertönten, mit lautem Gesang zu ihm ans Ufer kämen; unbemerkt schlug *Iktome* die Hälfte der dummen Enten tot, ehe eine ganz magere Ente, die zurückgeblieben war, mit den Augen blinzelte und die anderen Tiere warnte. »Iktome«, meinte Lame Deer, »ist genauso wie diese großmäuligen Politiker, die mit Geschwätz Geschäfte machen, uns auffordern, unsere Augen zu schließen und zu singen und zu tanzen, währenddessen sie uns auf den Kopf hauen. Ob demokratische oder republikanische Enten, da gibt es keinen Unterschied.« (A. a. O., 37–38).

[40] Vgl. E. Drewermann, Der tödliche Fortschritt. Von der Zerstörung der Erde und des Menschen im Erbe des Christentums, Regensburg [3](erw.) 1983, 109–110.

[41] Vgl. z. B. die erschütternden Tagebuchnotizen der Carolina Maria de Jesus: Quarto de Despejo; dt.: Tagebuch der Armut. Aufzeichnungen einer brasilianischen Negerin; übers. v. J. Gerold; Hamburg 1962 (!); Neudruck: Frankfurt (Fischer Tb. 922) 1968,

bes. 53–56; 75; 120; 134; 156; 158–159. Am 31. Dez. 1959 notierte sie: »Ich hoffe, daß 1960 besser wird als 1959. Wir haben 1959 so viel gelitten, daß man (zu dem Jahr, d. V.) sagen kann: Geh fort, geh wirklich fort! Ich will dich nicht mehr haben. Nie wieder« (160)!

42 E. A. Poe, The Pit and the Pendulum, 1843; dt.: Grube und Pendel, übers. v. A. Schmidt u. H. Wollschläger, in: Werke in 4 Bden., Olten-Freiburg 1966, Bd. II, 721–745.

43 J. Becker, Jakob der Lügner, Berlin – Weimar 1969; Frankfurt (sv 510) 1979.

44 A. a. O., 173.

45 A. a. O., 281.

46 So der Titel des Buches der Jüdin Yanina David, A Square of Sky. The Recollections of a childhood, London 1965; dt.: Ein Stück Himmel. Erinnerungen an eine Kindheit. übers. v. H. Neves, München – Wien 1981.

47 Die Erzählung de Unamunos wurde erstmals in der Funkbearbeitung von K. Schöning am 1. 11. 66 in WDR II als Hörspielfassung gesendet. Miguel de Unamuno: San Manuel Bueno, mártir – San Manuel Bueno, Märtyrer, spanisch – deutsch, übers. u. hg. v. E. Brandenburger, Stuttgart (reclam 8437) 1987. – Für de Unamuno, war die Religion nicht dazu bestimmt, die ökonomischen oder politisch-sozialen Konflikte zu lösen; eine christliche Demokratie war für ihn so viel wie eine »blaue Chemie«; aber die Religion sollte dem Menschen die Schuld vergeben, auf der Welt zu sein; sie sollte ihm das »Opium« geben, zu schlafen und zu träumen und einander gut zu sein, sie sollte ihn trösten, geboren zu sein. Auch »*Don Manuel*« sieht die Seele des Menschen wie das Wasser eines stillen Sees, der den Himmel widerspiegelt, sich selbst aber betrachtet er wie Moses, der das gelobte Land (der Gewißheit der Religion) nicht betreten durfte wegen seines Unglaubens. Selbst die rastlose Güte »*Don Manuels*« ist für ihn wie ein Opium gegen die selbstmörderische Verzweiflung der Einsamkeit, der Schuld und der Nichtigkeit, aber er findet einen gewissen Trost in der Evidenz seiner Menschlichkeit, für die das Nicht-Verurteilen auch des »Verbrechers« und das Vertrauen in die Vergebung den Hauptinhalt eines Glaubens bilden, der nicht von dieser Erde ist und doch nicht weiß, ob es eine andere gibt. Das eigentliche Problem de Unamunos aber scheint es gewesen zu sein, daß die Liebe und Menschlichkeit *Don Manuels* wesentlich dem Zweck dient, der eigenen Verzweiflung zu entrinnen; sie ist *nur* barmherzig und sieht nur die Armseligkeit der Menschen; eben deshalb hat *Don Manuel* keine Freunde. Nur die Entdeckung des unendlichen Wertes eines Menschen in der Liebe und der Freundschaft könnte den Glauben an die Unsterblichkeit wirklich begründen.

48 Vgl. F. M. Dostojewski, Dnevnik pisatelja (1873; 1876; 1877; 1881); dt.: Tagebuch eines Schriftstellers; übers. v. E. K. Rahsin; München 1963, 270: »Wenn die Überzeugung von der Unsterblichkeit für das Menschenleben so unentbehrlich ist, so ist sie folglich auch der normale Zustand der Menschheit ... Wenn dem aber so ist, dann muß diese Unsterblichkeit der Menschenseele *zweifellos auch vorhanden sein.*«

49 B. Pascal, Pensées de M. Pascal sur la religion, et sur quelques autres sujets, qui ont été trouvées après sa mort parmi ses papiers, Paris 1669; dt.: Über die Religion und über einige andere Gegenstände, übers. u. hrsg. v. E. Wasmuth, Heidelberg [7]1972 (Neudruck der 5. vollständig neu bearb. u. textlich erweiterten Aufl. v. 1954), Nr. 225, S. 118.

50 A. a. O., Nr. 278, S. 141.

1 A. Koestler, Das Gespenst in der Maschine, Wien – München 1968 ist ein Versuch, die Scheinberuhigungen des kausalistisch-mechanistischen Weltbildes in Physik und Biologie aufzubrechen, wobei bes. die Kritik am Neodarwinismus lesenswert ist.

2 F. M. Dostojewski, Zapiski iz podpolja, Petersburg 1864; dt.: Aufzeichnungen aus einem Kellerloch, übers. v. S. Geier, in: F. M. Dostojewski, Winterliche Aufzeichnungen über sommerliche Eindrücke. Aufzeichnungen aus dem Kellerloch. Aus dem Tagebuch eines Schriftstellers, Hamburg (rk 111, 112) 1962, 71–166, S. 88.

3 A. Camus, L' Homme révolté, Paris 1951; dt.: Der Mensch in der Revolte. Essays; übers. von J. Streller; neubearb. v. G. Schlocker über Mitarbeit von F. Bondy, Hamburg 1953: »Die Konsequenz der Revolte spricht dem Mord die Rechtfertigung ab, da sie prinzipiell Protest gegen den Tod ist.«(306) *Camus* wendet hier die Strukturanalyse der Absurdität als eines *Widerspruchs* von menschlicher Sinnerwartung und objektiver Zerstörung auf die Frage des (politischen) Mordes an. »Wenn man dem Selbstmord seine Gründe abspricht, ist es gleicherweise unmöglich, dem Mord solche zuzusprechen.« (12).

4 A. Camus, Le Mythe de Sisyphe, Paris 1942; dt.: Der Mythos von Sisyphos. Ein Versuch über das Absurde, übers. v. H. G. Brenner – W. Rasch, Boppard 1950; Neudruck: Hamburg (rde 90) 1959, mit einem komm. Essay v. L. Richter, meint (18–19), das Grauen vor dem Tod rühre vor allem »von der rechnerischen Seite des Ereignisses her«. »Im tödlichen Licht dieses Verhängnisses tritt die Nutzlosigkeit in Erscheinung.« Man wird *Camus* zustimmen müssen, daß die faktischen Todesursachen und -umstände zumeist von quälender Sinnlosigkeit geprägt sind; aber wie man zum Tod steht, ist eine andere Frage, als wie man die Form des Todes im einzelnen erlebt; man kann sehr wohl die Endlichkeit des Lebens bejahen und gleichwohl gegen die entwürdigenden Umstände des eigenen Todes protestieren.

5 *Protestantischerseits* hat besonders klar K. Barth, Dogmatik III 4, Zollikon – Zürich 1951, 460 den Selbstmord verworfen: »Mit dem gotterfassenden Glauben steht die Vernichtung des eigenen Lebens immer im Streit; denn sie ist Verzicht auf Gottes Hilfe, Griff nach der schrankenlosen Verfügungsmacht über uns selbst, Auflehnung gegen das beschiedene Los.« Der Selbstmord erscheint hier als »Selbsterrettung« und »Selbstverherrlichung«; allerdings betont *K. Barth,* daß die Verurteilung des Selbstmords nur vom Glauben her möglich ist und nicht rein ethisch begründet werden kann.

6 J. W. v. Goethe, Faust I, die erste Studierzimmerszene, V. 1338–1344, wo Mephistopheles sein Wesen mit den berühmten Worten erklärt: »Ich bin der Geist, der stets verneint! / Und das mit Recht; denn alles, was entsteht, / Ist wert, daß es zu Grunde geht; / Drum besser wär's, daß nichts entstünde, / So ist denn alles, was ihr Sünde, / Zerstörung, kurz das Böse nennt, / Mein eigentliches Element.« Doch immerhin, als Faust in seiner Rastlosigkeit bekennt: »Der Gott, der mir im Busen wohnt, / Kann tief mein Innerstes erregen; / Der über allen meinen Kräften thront, / Er kann nach außen nichts bewegen. / Und so ist mir das Dasein eine Last, / Der Tod erwünscht, das Leben mir verhaßt« / entgegnet Mephistopheles: »Und doch ist nie der Tod ein ganz willkomm'ner Gast.« (Vers 1566–1572).

7 A. Alvarez, The Savage God – A study of suicide, London 1971; dt.: Der grausame Gott. Eine Studie über den Selbstmord, übers. v. M. Dessauer, Hamburg 1974, 288–289 resümiert sehr richtig: »Soziologen und Psychologen, die den Selbstmord als Krankheit definieren, setzen mich heute nicht weniger in Erstaunen als Katholiken und Moslems, die ihn als schwere Todsünde bezeichnen. Ich glaube, er steht ebenso sehr jenseits sozia-

ler und psychischer Vorausberechnung wie jenseits der Moralgesetze. Er ist eine schreckliche, aber völlig natürliche Reaktion auf die gespannten, drückenden, unnatürlichen Zwangslagen, in die wir uns manchmal selber hineinmanövrieren.«

[8] R. Bilz, Von den Schmerzen der Tiere. Eine vergleichende Untersuchung über das Schmerz-Erleben und Schmerz-Verhalten bei Tieren und Menschen (1962), in: Paläoanthropologie. Der neue Mensch in der Sicht einer Verhaltensforschung, Frankfurt 1971, 379–394, schildert den »Weg in das physiologische Nichts« (391) als Ausweg in verzweifelter Ausweglosigkeit.

[9] R. Bilz, vgl. Anm. 8, 390–391 referiert den Versuch des amerikanischen Physiologen *C. P. Richter* mit Ratten, die er dem Vagustod auslieferte.

[10] R. Bilz, Psychotische Umwelt. Versuch einer biologisch orientierten Psychopathologie, Stuttgart 1981, schildert die Vagusvorherrschaft der Depression mit ihren »Winterschlaf-Merkmalen« (157).

[11] S. Freud, Trauer und Melancholie (1916) in: Ges. Werke X, London 1946, 427–446. M. Frisch, Der Mensch erscheint im Holozän. Eine Erzählung, Frankfurt 1979.
S. Freud, Trauer und Melancholie (1916) in: Ges. Werke X, London 1946, 427–446, meinte: »Die Melancholie entlehnt ... einen Teil ihrer Charaktere der Trauer, den anderen Teil dem Vorgang der Regression von der narzisstischen Objektwahl zum Narzißmus.« (437) Das Ich könne sich nur töten, »wenn es durch Rückkehr der Objektbesetzung sich selbst wie ein Objekt behandeln kann, wenn es die Feindseligkeit gegen sich richten darf, die einem Objekt gilt« (439).

[12] Es muß an dieser Stelle genügen, ein einziges Fallbeispiel zu geben, das die typischen Merkmale in Genese, Konfliktstellung und Verarbeitungsweise deutlich genug aufzeigt. Aus Gründen der Diskretion sind manche äußeren Details bewußt sehr allgemein gehalten oder entstellt wiedergegeben.

[13] G. Sheehy, Passages – Predictable Crises of Adult Life, New York l974; dt.: In der Mitte des Lebens. Die Bewältigung vorhersehbarer Krisen, übers. v. E. Ortmann, München 1976; Neudruck: Frankfurt (Fischer Tb. 3405) 1978, 68–73 spricht zur Beschreibung eines solchen Verhaltens zu Recht von einer »Flucht in die Ehe« und von dem »Ergänz-Mich-Kind«; im vorliegenden Falle ist jedoch auch dieser Ausweg von vornherein voller Hindernisse.

[14] Vgl. G. Ammon, Artikel Tod und Identität, 747–776 und Psychodynamik des Suizidgeschehens, 777–792 in: *ders.*, Handbuch der Dynamischen Psychiatrie, 1. Bd., München 1979. Tod und Identität, S. 753 f., knüpft an *Freuds* Vorstellung von der Kastrationsangst an und versteht den Todeswunsch als Regression zu pränatalen Erlebnisweisen.

[15] A. a. O., 779.

[16] A. a. O., 779. Vgl. das Referat bei K. P. Jörns, Nicht leben und nicht sterben können. Suizidgefährdung – Suche nach dem Leben, Wien-Freiburg-Basel-Göttingen (Sehen-Verstehen-Helfen, Pastoralanthropologische Reihe, Bd. 2) 1972, 45–49.

[17] Vgl. H. Kohut, The Restoration of the Self, 1977; dt.: Die Heilung des Selbst; übers. v. E. vom Scheidt, vom Autor überarb. u. ergänzt, Frankfurt 1979, 254–259, der für die psychotherapeutische Behandlung sehr zu recht betont, daß *Freuds* Anweisung zum naturwissenschaftlich objektiven Vorgehen in der Analyse nicht pedantisch genommen werden dürfe und vielleicht nur aus den anfänglichen Erfahrungen mit strukturellen Neurosen herrühre, während später eine Verschiebung der Pathologie in Richtung von »narzißtischen Persönlichkeitsstörungen« zu beobachten sei.

[18] K. Menninger, Man against Himself, London 1938; dt.: Selbstzerstörung. Psychoanalyse des Selbstmords; übers. v. H. Weller, Frankfurt 1974; Neudruck: Frankfurt (st 249)

1978, 65, meint zu Recht: »Getötetwerden ist die extreme Form der *Unterwerfung*, so wie Töten die extreme Form der *Aggression* ist«. Es müssen, meint Menninger, drei Quellen zusammenfließen, um den Selbstmord zu begründen: »Dabei handelt es sich a) um Impulse, die der primären Aggressivität entstammen und sich in einem Tötungswunsch kristallisieren, b) um Impulse, die einer Modifizierung der primitiven Aggressivität entstammen, nämlich dem Gewissen, das sich im Wunsch, getötet zu werden, kristallisiert, und c)... daß ein Teil der ursprünglichen, primär gegen das Selbst gerichteten Aggressivität – der Wunsch zu sterben – sich mit den zivilisierten Motiven verbindet«. (A. a. O., 99). – Gerade so *unterwarf* sich die Patientin ihrer Mutter, die sie ihr Leben lang hatte beseitigen wollen, um zum Leben zu kommen, weil ihre ursprünglich extrem aggressiven Gefühle zugleich schwere und lähmende Schuldgefühle und Selbstbezichtigungen hervorriefen.

19 Dies ist im übrigen oft genug auch objektiv der Fall. H. Pohlmeier, Die Angst vor Sucht- und Suizidpatienten, in: E. Ringel (Hrsg.), Sucht und Suizid, Freiburg 1976, 54 ff., weist auf die Angst und Hilflosigkeit hin, mit der die Umgebung auf einen Suizidalen reagiert. U. Schiller, Suizid und Depression, in: M. Hautzinger – N. Hoffmann (Hrsg.), Depression und Umwelt, 212–213 weist darauf hin, daß der Suizidale zwar zumeist Zuwendung erhält, aber auch Feindseligkeit und Verdruss auf sich zieht. »Er provoziert also seine Umgebung zu Verhaltensweisen, die seine verbalen Absichtserklärungen letztendlich verstärken. Langfristig bleiben vor allem die negativen Effekte der suizidalen Äußerung bestehen, da der suizidale Depressive sich als sozial unadäquat zeigt.«

20 J. Baechler, Les Suicides, Paris 1975; dt.: Tod durch eigene Hand. Eine wissenschaftliche Untersuchung über den Selbstmord, übers. v. Ch. Seeger, Frankfurt-Berlin-Wien 1981, 106 ff., bietet Beispiele für einen Typ von Selbstmord, der verübt wird, »um einen anderen in Gewissensnot zu bringen oder dem Spott der Gemeinschaft auszusetzen.« A. a. O., 126 ff., zeigt Beispiele für den Typ eines Selbstmords, der appellative Funktion hat, U. Schiller, Suizid und Depression, vgl. Anm. 19, 217–218, meint: »Die Flucht- und Meideideen (des Suizidalen, d. V.) können sich, in unterschiedlichem Ausmaß, auf vier Ziele richten, die der Depressive erreichen möchte: Er möchte leben, aber nicht so wie jetzt, sondern unter angenehmen Bedingungen, mit Anerkennung und Zuwendung aus seiner sozialen Umgebung. Er möchte nicht mehr leiden. Er möchte sich wegen der mangelnden Unterstützung oder der aversiven Reaktionen an seiner Umgebung rächen, oder er möchte niemandem mehr zu Last fallen.«

21 Bes. E. Ringel, Der Selbstmord. Abschluß einer krankhaften psychischen Entwicklung, Wien-Düsseldorf 1953, hat auf die innere Konsequenz und subjektive Unausweichlichkeit des Suizids unter dem Begriff des »präsuizidalen Syndroms« hingewiesen. Vgl. auch E. Ringel, Warum nehmen sich junge Menschen das Leben?, in: Ch. Schaefers (Hrsg.), Notausgänge. Berichte, Protokolle, Analysen, Hannover 1980, S. 92–100 bzgl. des Suizids bei Jugendlichen.

22 So die alte Definition der Sünde als Abkehr von Gott und Hinwendung zum Geschaffenen; vgl. Thomas von Aquin, Summa theologica I q94 al. Es war das Verdienst von S. Kierkegaard, Die Krankheit zum Tode. Eine christliche psychologische Entwicklung zur Erbauung und Erweckung, von Anti-Climacus; Kopenhagen 1849; übers. ins Deutsche von L. Richter, in: Kierkegaards Werke in 5 Bänden, in neuer Übertragung und mit Kommentar versehen von L. Richter, Hamburg (rk 71;81; 89; 113; 147) 1960–64; Bd. 4 (rk 113) 1962, 14–16, diese Fehleinstellung als ein Mißverhältnis der Existenz, als Verzweiflung des Daseins auf Grund von Angst gedeutet zu haben. Seine Darlegungen, von denen allein her man auch *K. Barths* Verurteilung des Selbstmords verstehen kann, faß-

ten in genialer Intuition die Sünde als Verzweiflung vor Gott auf. Von daher meinte S. Kierkegaard, daß es dem Heiden erlaubt sei, den Suizid als etwas Indifferentes aufzufassen, dem Christen aber nicht (a. a. O., 44–45; 64). Dabei ist natürlich unterstellt, ein Suizid könne nur aus Verzweiflung entstehen; wir werden nachher noch feststellen, daß diese Voraussetzung keinesfalls immer zutrifft. Zudem läßt sich der *Kierkegaardsche* Standpunkt heute nur rezipieren, wenn man seine Deduktion der Verzweiflungsformen von der Neurosenlehre der Tiefenpsychologie her nachzeichnet und vom Begriff der Angst her theologisch thematisiert.

23 H. Diels, Der antike Pessimismus, Berlin 1921, 24. Zur Stellung der antiken Philosophie in Griechenland und Rom bzgl. des Selbstmords vgl. E. Berneker, Selbstmord, in: K. Ziegler-W. Sontheimer (Hrsg.), Der Kleine Pauly. Lexikon der Antike. Auf der Grundlage von Paulys Realencyclopädie der classischen Alterthumswissenschaft unter Mitwirkung zahlreicher Fachgelehrter bearbeitet und herausgegeben, 5 Bde., München (Artemis) 1975; Neudruck: München (dtv 5963) 1975, Bd. 5, 81–82.

24 K. Schmidt (Übers.), Buddhas Reden, 312–314 (Majjhimanikaya XV 144).

25 J. Baechler, Tod durch eigene Hand, vgl. Anm. 20, 312–314, verweist allerdings zusätzlich auf die Praxis des *Passage-Selbstmords* im Buddhismus: »Für jene, die zu einem klaren Bewusstsein der Unwirklichkeit von Körper, Empfindungen und Objektwelt gelangt sind, ist der Selbstmord nichts anderes als das gleichgültige Abstreifen einer toten Haut oder die Beendigung eines Traumes.« Solche Menschen haben eigentlich auch keinen Grund mehr, sich zu töten; sie existieren gewissermaßen jenseits der Alternative von Sein oder Nichtsein.

26 E. R. Koch, Schmerz – Wenn der Körper Alarm schlägt, in: Bild der Wissenschaft, März. 1978, 92–100.

27 Während der »helle« Schmerz mit 30 m/sec den Thalamus durchquert und zum Großhirn weitergeleitet wird, wo er eine entsprechende Schmerzantwort einleitet, läuft der »dumpfe« Schmerz mit 2 m/sec zum Limbischen System, wo die emotionelle Bedeutung, die »Schmerzqualität« festgestellt wird.

28 E. Kübler-Ross, Living with Death and Dying, New York 1981; dt.: Verstehen was Sterbende sagen wollen. Einführung in ihre symbolische Sprache, übers. v. S. Schaup, Stuttgart 1982, 28–32, weist besonders auf die *symbolische* Sprache hin, in der Sterbende ihre Gefühle angesichts des Todes mitteilen möchten; sehr zu Recht betont sie (35–36) die Notwendigkeit der Hoffnung, die sich, wenn Heilung, Behandlung und Verlängerung des Lebens unwahrscheinlich geworden sind, immer noch in die Hoffnung auf die Kinder und auf ein ewiges Leben wandeln könne. Aber diese Hoffnung hat nichts mehr mit dem Sinn des eigenen irdischen Lebens zu tun; sie zeigt vielmehr, daß es durchaus möglich ist, auch als gläubiger Mensch sich den Tod zu wünschen.

29 Zu dem harmonischen Eintauchen in den Ring der Zeit zwischen Geburt und Tod vgl. E. Drewermann, Strukturen des Bösen, Bd. 1, Paderborn, ^{3}1981, 378–389, mit den gegensätzlichen Beispielen einer »paradiesischen« Weltsicht, wie sie zahlreichen »Primitivvölkern« zu eigen ist, und dem linearen Zeitverständnis des abendländischen Denkens, dem der Tod als physisches Schicksal (!) seit eh und je als Strafe Gottes galt; in Wahrheit läßt gerade die Unfähigkeit, mit dem Tod als einem Teil des irdischen Daseins zu leben, das Sterbenmüssen als Fluch erscheinen.

30 Vgl. Eugen Drewermann, Moby Dick oder: Vom Ungeheuren, ein Mensch zu sein. Melvilles Roman tiefenpsychologisch gedeutet. Düsseldorf – Zürich 2004.

31 An dieser wichtigen Stelle wird man den sehr gründlichen und verantwortungsbewußten Überlegungen von U. Eibach, Medizin und Menschenwürde. Ethische Probleme in

der Medizin aus christlicher Sicht, Wuppertal 1976, nicht zustimmen können, wenn er (S. 225) meint, der Glaube befreie den Menschen dazu, »hinter den Umständen des Sterbens die Fügung Gottes zu sehen und das Sterben als solches anzunehmen«, – das Leben sei Gabe, nicht Besitz, und deshalb könne es weder eine willkürliche Lebensverlängerung noch eine willkürliche Lebensverkürzung geben. Man übergeht mit solchen Argumenten stets, daß man das Sprechen von Gott nicht mit der Beschreibung der Natur verwechseln kann, bzw. daß, philosophisch gesprochen, die Lücke der Erkenntnis zwischen der intelligiblen und der phänomenalen Welt nicht zu schließen ist. De facto arbeitet die Medizin tagaus, tagein unermüdlich an einer »willkürlichen« Verlängerung unseres Lebens; darin also kann das Problem nicht liegen. Wohl aber muß man sich fragen, ob es für die Medizin ein Recht, womöglich eine Pflicht geben kann, das körperliche Leben eines Menschen, z. B. eines Suizidalen oder Moribunden, auch dann noch aufrechtzuerhalten bzw. zu verlängern, wenn dieser selbst durchaus nicht mehr leben will. *Gewalt* kann auch ausgeübt werden, wenn man einen Menschen *zwingt,* zu leben, und das Problem der *Gewalt* ist der eigentliche Kern der Frage, inwieweit man ein Leben verkürzen oder verlängern darf: nicht *das* Leben, *den* Lebenden muß man fragen, wenn man darauf eine sinnvolle Antwort bekommen will. Zudem läuft es auf Animismus, Pantheismus oder eine schlechte Form von Schamanismus hinaus, wenn man theologisch das Wirken der Natur mit dem Wirken Gottes identifizieren will.

32 Ein falsches Naturverständnis, wie es das Christentum gelehrt hat, mündet notgedrungen in Atheismus, und die Enttäuschungen an der »Theodizeefrage« drängen wiederum die Medizin dazu, die »göttliche Vorsehung«, die man zugunsten des Menschen in der Natur so sehr vermißt, künstlich zu ersetzen; der buchstäblich gottlose Kampf gegen die Natur erscheint dann wie ein ethisches Postulat; vgl. E. Drewermann, Der tödliche Fortschritt. Von der Zerstörung der Erde und des Menschen im Erbe des Christentums, Regensburg 3(erw.) 1983, 74–78. – Das hindert nicht, daß die Bibel oft genug den Tod unmittelbar als Werk Gottes schildert.

33 Das geschieht, wenn etwa K. Barth, vgl. Anm. 5, 460 f. die Euthanasie mit dem Argument ablehnt, nur Gott allein könne darüber entscheiden, was für den Menschen »tragbar oder untragbar« sei.

34 Dies geschieht in der sehr ausgewogenen Studie von U. Eibach, vgl. Anm. 31, 242–245, der die Tötung als Ultima Ratio anerkennt, allerdings sehr zu Recht einschränkt: »Solches Handeln setzt nicht nur einen wirklich überzeugend unerträglichen Leidenszustand des Kranken, sondern auch eine unmittelbare personale Verbundenheit mit und Liebe zu ihm voraus. Nur so entsteht ja erst der ausweglose Konflikt, dem Kranken helfen zu wollen und nicht zu können, sich aber aus dieser Liebe und Verbundenheit mit ihm auch nicht einfach von ihm zurückziehen zu können und ihn mit seinen Schmerzen allein zu lassen. In dieser Situation steht jeder Mensch ... allein vor seinem *Gewissen* bzw.... vor seinem Gott und kann sich auf keine rechtfertigenden Normen berufen«. (244)

35 Sehr wichtig und viel zu wenig bedacht ist die Arbeit von A. E. Imhof, Die gewonnenen Jahre. Von der Zunahme unserer Lebensspanne seit dreihundert Jahren *oder* von der Notwendigkeit einer neuen Einstellung zu Leben und Sterben. Ein historischer Essay, München 1981, 31–44, der auf die gewandelte Einstellung zum Tod durch die Verschiebung der Altersgrenze hinweist.

36 G. Sheehy, vgl. Anm. 13, 7–259, weist auf den Verlust der Jugend, die Rückkehr der »archaischen Totenwelt der Kindheit«, auf das notwendige Ende der Kindheitsidentifizierung mit den Eltern in der Lebensmitte hin.

[37] Vgl. R. M. Rilke, Das Stundenbuch (1905), in: Sämtliche Werke I, Frankfurt 1955, 347: »O Herr, gieb jedem seinen eigenen Tod. / Das Sterben, das aus jenem Leben geht, / darin er Liebe hatte, Sinn und Not.« Und (348): »Denn dieses macht das Sterben fremd und schwer, / daß es nicht *unser* Tod ist; einer der / uns endlich nimmt, nur weil wir keinen reifen. / Drum geht ein Sturm, uns alle abzustreifen.«

[38] Ph. Ariès, L' homme devant la mort, Paris 1978; dt.: Geschichte des Todes, München (dtv 4407) 1980, übers. v. H.-H. Henschen u. U. Pfau, 717–730, kennzeichnet sehr treffend, wie die Einstellung zum Tod sich seit der Mitte des 19. Jh.'s radikal gewandelt hat.

[39] Bes. E. Durkheim, Le Suicide, Paris 1960; dt.: Der Selbstmord, übers. v. S. u. H. Herkommer; mit einer Einleitung von K. Dörner u. einem Nachw. von R. König, Neuwied Berlin 1973, 442, meinte: »Der egoistische Selbstmord rührt daher, daß die Gesellschaft nicht in allen Punkten soviel inneren Zusammenhalt aufweist, um alle ihre Glieder in Abhängigkeit zu halten.« Er sah im Suizid ein Phänomen sozialer Desintegration und fragte, welche Gruppen am ehesten in der Lage seien, »den Menschen immer wieder zu diesem heilsamen Gefühl der Solidarität zurückzurufen«. (443) Dabei dachte er an Religion, Familie und Vaterland, also an konfessionelle, familiäre und politische Formen von »Gesellschaft«. Es ist fraglich, ob die einseitig soziologischen Thesen *Durkheims* dem komplexen psychischen Tatbestand der Suizidneigung gerecht werden. Außer Zweifel steht, daß der Zerfall menschlich befriedigender Kontakte und Aufgaben die Selbstmordneigung in der heutigen Massengesellschaft sehr fördern muß; denn gerade die Ausbildung einer starken individuellen Persönlichkeit, die sich selber sinnvolle Ziele zum Leben setzen könnte, wird offensichtlich immer mehr erschwert. Zugleich öffnet sich eine riesige Kluft zwischen Individuum und Staat; zwischen beiden Größen zerfallen die vermittelnden Gruppen.

[40] M. Frisch, Der Mensch erscheint im Holozän. Eine Erzählung, Frankfurt 1979, 103 mit dem melancholischen, aber unwiderlegbaren Satz: »Katastrophen kennt allein der Mensch, sofern er sie überlebt; die Natur kennt keine Katastrophen.«

[41] U. Roedl, Adalbert Stifter in Selbstzeugnissen und Bilddokumenten, Hamburg (rowohlts monografien 86) 1965, 143–146 schildert, wie *Stifter*, noch bis zuletzt mit der Arbeit an der »Mappe meines Urgroßvaters« beschäftigt, wo er den »Weg der Entsagung, des Dienens und der selbstlosen Hingabe« preist, gleichwohl von körperlichen und seelischen Schmerzen so sehr gepeinigt wird, daß er am 26. Jan. 1868 verzweifelt zum Messer greift, um sich den Hals durchzuschneiden. Es ist durchaus ein Irrtum, »irgendeine in der Verzweiflung verübte Tat könne der Ehre einer lebenslang geübten Haltung und der menschlichen und künstlerischen Leistung Abbruch tun.« (146).

[42] Vgl. C. Tacitus, Annalen (ca. 120), hrsg. v. C. Hoffmann, Wiesbaden (Vollmer-V.) o. J., 402–404, schildert den Selbstmord, den *Seneca* auf Neros Geheiß zusammen mit seiner Gattin Paulina verübte. Seneca, Epistulae morales, 95, 16, in: ders., Ausgewählte Schriften, hrsg. v. G. Stenzel, übers. v. a. Th. Lang, (S. Mohn-Verlag) o. J..

[43] Zum Selbstmord St. Zweigs und Lotte Altmanns vgl. D. Prater – V. Michels (Hrsg.), Stefan Zweig. Leben und Werk im Bild, Frankfurt (insel Tb. 532) 1981, 346–351. Auch H. v. Kleist ist hier zu nennen, dessen gemeinsamer Selbstmord mit Henriette Vogel am 21. Nov. 1821 am Wannsee in Berlin einer übergroßen Empfindsamkeit entsprang, die mit der Welt nicht zurechtkommen konnte; Henriette Vogel litt an unheilbarem Gebärmutterkrebs; C. Hohoff, Heinrich von Kleist in Selbstzeugnissen und Bilddokumenten, Hamburg (rowohlts monografien 1) 1958, 148–154.

[44] K. P. Schulz, Kurt Tucholsky in Selbstzeugnissen und Bilddokumenten, Hamburg (rowohlts monografien 31) 1959, 160–169, zeigt eindrucksvoll die Verzweiflung

Tucholskys über das unaufhaltsame Unglück des Nationalsozialismus und des Bolschewismus auf. Als er am 19. Dez. 1935 das tödliche Gift nahm, war dies die »logische Konsequenz eines Lebens, das seine Umwelt nur zu richtig erkannt, sich selbst aber und seine bleibenden Wirkungen verkannt hatte.« (169).

45 Bereits ein bloßer Wechsel der äußeren Umstände kann suizidal wirken; E. Durkheim, vgl. Anm. 39, 279 ff., verweist auf die Bedeutung des Bedürfnisses nach Sicherheit, Ordnung und Stabilität. Eben daran scheint es zu liegen, daß die Selbstmordrate im Umfeld der *katholischen* Kirche mit ihrer straffen Bindung und hierarchischen Struktur auf signifikante Weise absinkt. (Vgl. 167 ff.) Aber die Veränderungen *seelischer* Art sind für das Suizid-Problem weit wichtiger. Bereits die Ablösungskrisen von den eigenen Eltern nehmen für Jugendliche oft genug suizidale Formen an, – auch die eigenen Eltern können »Götter« sein, deren Tod zu überleben tödlich ist. G. Heuer, Selbstmord bei Kindern und Jugendlichen. Ein Beitrag zur Suizidprophylaxe aus pädagogischer Sicht, Stuttgart 1979, 32–33, zeigt den Teufelskreis auf, der in dem ursprünglichen »Verlust des Liebesobjekts mit lebenswichtiger Bedeutung« und der Unmöglichkeit, es wiederzugewinnen, besteht. – *Kulturgeschichtlich* gibt es wohl kein erschütternderes Dokument für die tiefe Depression beim Zusammenbruch einer Epoche als die berühmte ägyptische Dichtung vom »Gespräch des Lebensmüden mit seiner Seele« und die »Mahnworte eines Propheten« am Ende des alten Reiches (ca. 2500 v. Chr.); A. Erman, Die Literatur der Ägypter. Gedichte, Erzählungen und Lehrbücher aus dem 3. und 2. Jahrtausend v. Chr., Leipzig 1923, 122–130; 130–148.

46 Die ökologischen und ökonomischen Probleme der Bevölkerungsexplosion kommen einer vollendeten Katastrophe gleich. Im Jahr 2000 ist die Weltbevölkerung auf 6 Mrd. Menschen angestiegen.

47 K. Hüser, Wewelsburg 1933–1945. Kult- und Terrorstätte der SS. Eine Dokumentation, Paderborn 1982, 360.

48 A. a. O., 380–381; vgl. 361.

49 E. Drewermann, Der Krieg und das Christentum. Von der Ohnmacht und Notwendigkeit des Religiösen, Regensburg 1982, 83–84, Anm. 55.

50 Zum Zusammenhang von Sucht und Suizid vgl. P. R. Wellhöfer, Selbstmord und Selbstmordversuch. Ergebnisse, Theorien und Möglichkeiten der Prophylaxe, Stuttgart (UTB 1078) 1981, 93–96; K. Menninger, vgl. Anm. 18. Zu den einzelnen Drogen und ihrer Suchtwirkung vgl. A. Janov, The Primal Scream, New York; dt.: Der Urschrei. Ein neuer Weg der Psychotherapie, übers. u. mit Zustimmung des Autors leicht gek. v. M. Carroux, Frankfurt 1973; Neudruck: Frankfurt (Fischer Tb. 6286) 1975; vgl. J. Baechler, vgl. Anm. 20, 74, 230–236.

51 Zur Magersuchtproblematik vgl. E. Drewermann, Strukturen des Bösen, Bd. II, Paderborn [2]1980, 243–247; zum Märchen vom »Mädchen ohne Hände« vgl. E. Drewermann, Das Mädchen ohne Hände (Grimms Märchen tiefenpsychologisch gedeutet), Neudruck Düsseldorf – Zürich 2004.

52 R. Bilz, Psychotische Umwelt, vgl. Anm. 10, 85, meint: »Es gehört zur Bestrafung der Kriminellen, daß sie gezwungen werden, nur einen ganz kleinen Raum, ›Gefängniszelle‹ genannt, zu bewohnen, in dem sie außerdem – wie auf einem Präsentierteller – dem Alpha-Rangfeind Staat resp. dessen Organen exponiert sind: Die Tür enthält ein Guckloch, durch das der Strafgefangene jederzeit beobachtet werden kann, was vielleicht, ohne daß sich die Gesetzgeber dessen bewußt waren, seiner ›*Zähmung*‹ dient. Das ist demütigend, so wie es in der *Psychose* demütigend ist, wenn alle Welt in mein Schlafzimmer schaut«.

[53] A. Speer, Erinnerungen, Frankfurt-Berlin-Wien 1969; Neudruck: Frankfurt-Berlin-Wien (Ullstein Tb. 3026) 1975, 514, gesteht: »Mein Entschluß, Verantwortung für das ganze Regime zu tragen, ging nicht ohne innere Krisen vorüber. Als Ausweichmöglichkeit blieb mir nur, durch einen frühzeitigen Tod dem Prozeß zu entkommen. Des Nachts überkam mich oft schiere Verzweiflung. Da versuchte ich, mit einem Handtuch mein krankes Bein abzudrosseln, um eine erneute Venenentzündung herbeizuführen. Nachdem ich in dem Vortrag eines Wissenschaftlers ... gehört hatte, daß das Nikotin schon einer Zigarre, zerkrümelt und in Wasser aufgelöst, zum Tode führe, hatte ich lange Zeit eine zerriebene Zigarre in meiner Tasche; doch von der Absicht bis zum Entschluß ist ein sehr weiter Weg. – Eine große Stütze wurden für mich die sonntäglichen Gottesdienste«.

[54] Gegen den Begriff »*Bilanzselbstmord*« führt K.-P. Jörns, vgl. Anm. 16, 5–39 an, er führe »nicht nur dahin, den Suizidalen bei seiner Handlung selbstverantwortlich zu behaften, sondern gibt uns zugleich auch eine Möglichkeit, alle Mitverantwortung der Nahestehenden abzuschütteln bzw. das Fragen danach gar nicht erst aufkommen zu lassen.« (a. a. O., 38). Aber man kann mit allen Begriffen, selbst den richtigsten, Mißbrauch treiben, und der Begriff des Bilanzselbstmords soll, wie wir ihn hier gebrauchen, durchaus nicht eine universelle Theorie zur Erklärung des Suizidproblems mit sich führen, sondern nur eine Form des Selbstmords beschreiben, dessen subjektives Motiv in der für objektiv gehaltenen Ausweglosigkeit einer bestimmten Situation besteht.

[55] K. Zentner, Illustrierte Geschichte des Zweiten Weltkriegs, München [14]1978, 360.

[56] A. a. O., 360.

[57] A. a. O., 510–512. J. Baechler, vgl. Anm. 20, 50, verweist zu Recht darauf, daß die Möglichkeit, sich selbst zu töten, »die Form einer Gunst annehmen« kann. »Eine solche Gunst läßt deutlich eine gewisse Zurückhaltung seitens des Machthabers und einen gewissen Respekt vor der moralischen Integrität der Verurteilten erkennen.« Vgl. a. a. O., 278–279.

[58] K. Zentner, vgl. Anm. 55, 510.

[59] Titus Livius, Ab urbe condita, (ca. 9. v. Chr.) dt.: Römische Geschichte, Ausw. aus den Büchern XXI – XXX: Der Krieg gegen Hannibal; übers. u. ausgew. v. J. Feix, München (Goldmann 7603) 1961, Nachw. v. W. Will, Livius und Hannibal, 251–272, S. 271.

[60] H. Schmökel, Das Land Sumer. Die Wiederentdeckung der ersten Hochkultur der Menschheit, Stuttgart- Berlin-Köln-Mainz (Urban Tb. 13) 1955, 33; 152; J. Baechler, vgl. Anm. 20, 269, zählt andere institutionalisierte Formen von *Trauerselbstmord* auf.

[61] A. Cotterell, The First Emperor of China – The greatest tomb find of our time, London 1981; dt.: Der Erste Kaiser von China. Mit einer Einf. v. Yang Chen Ching; übers. v. F. W. Gutbrod; Frankfurt 1981, 129–133.

[62] J. Baechler, vgl. Anm. 20, 271–275.

[63] Zum Selbstmord von Liebenden und zu den unterschiedlichen Motiven ihres Handelns (Krankheit, Trauer, Flucht, Rache) vgl. J. Baechler, vgl. Anm. 20, 143. Auf den europäischen Bühnen bewundert man den Selbstmord aus Liebe in W. Shakespeares »Ein Sommernachtstraum« (das Motiv von Ovids »Pyramus und Thisbe«) und »Romeo und Julia«.

[64] Vgl. J. Gebser, Asienfibel. Zum Verständnis östlicher Wesensart, Frankfurt-Berlin (Ullstein Tb. 650) 1962, 70.

[65] M. Bieler, Hymnus auf einen Schmerzensreichen, in: FAZ vom 31. Okt. 80, schrieb zu J. Kleppers Roman »Der Vater«: »Woran Klepper scheiterte, lag in der Struktur seiner Persönlichkeit ...«

[66] J. Klepper, Unter dem Schatten deiner Flügel. Aus den Tagebüchern der Jahre 1932–1942; hrsg. v. H. Klepper; Stuttgart 1972, 638, schreibt (am 12. Nov. 1942) als eine Art Kommentar zu Hebr. 6,15: »...von dem Gedanken an den Selbstmord kommt uns keinerlei Ruhe, keinerlei Gefühl der Befreiung. Wir wissen, daß Gott viele Wege hat, solchen Plan zu durchkreuzen. Daß wir aber der Versuchung standzuhalten vermögen, glauben wir nicht...So namenlos schwer ist es, einen geliebten Menschen mit menschlichen Mitteln retten zu wollen!«

[67] Vgl. hierzu E. Drewermann, Strukturen des Bösen, Bd. II, Paderborn ²1980, 223–226, wo vor allem die Ergebnisse von R. Bilz, Der Voodoo-Tod und die Daseinsangst, in: Paläoanthropologie, vgl. Anm. 8, 442–447, verarbeitet sind.

[68] L. Lévy-Bruhl, La mentalité primitive, Paris 1922; dt.: Die geistige Welt der Primitiven, übers. v. M. Hamburger, unter Weglassung von Kap. 9 u. 11 der franz. Ausg., München 1927, 253, betont vor allem die Unmittelbarkeit, mit der eine Tabuverletzung, auch wenn sie unwissentlich oder unabsichtlich geschah, die Strafe nach sich zieht.

[69] H. Conzelmann, Die Apostelgeschichte. Handbuch zum Neuen Testament, Bd. 7, Tübingen 1963, 39, der die Perikope für unhistorisch hält, setzt das Strafwunder des Petrus in Beziehung zu 1 Kön 14, 1–18, der Gerichtsandrohung des Propheten Ahija gegen Jerobeam, die mit dem Tod des Knaben endet.

[70] So z. B. R. K. Goldschmit-Jentner, Die Begegnung mit dem Genius. Darstellungen und Betrachtungen, Hamburg (Fischer Tb. 56) 1954, 256–276.

[71] So E. Stauffer, Jesus. Gestalt und Geschichte, Bern-München (Dalp Tb. 332) 1957, 63–65; ders., Jerusalem und Rom, 113–122, begründet, daß es geradezu eine Pflicht gab, Jesus beim Hohen Rat als Übertreter der Thora anzuzeigen.

[72] Auch hier bestehen Anklänge an Qumran: 1 Q S I 10. 11, wo der Befehl ergeht, alle Söhne des Lichtes zu lieben, »jeden nach seinem Los, in Gottes Gemeinde, und alle Finsternissöhne zu hassen, jeden nach seiner Verschuldung in Gottes Rache.« Vgl. H. Conzelmann, vgl. Anm. 69, 24.

[73] So Augustinus, De civitate Dei (413–426); dt.: Des hl. Kirchenvaters Aurelius Augustinus 22 Bücher über den Gottesstaat; aus dem Lat. übers. v. a. Schröder; in: Augustinus ausgew. Schriften, Bd. I, II u. III; Kempten-München 1911; 1914; 1916; BKV 15/16/28, eingel. v. J. N. Espenberger, Bd. I 17, Schriften, I 52

[74] Vgl. I. Kant, Metaphysik der Sitten, Königsberg 1797 (A), 1798 (B), in: Werke in 12 Bänden, hrsg. v. W. Weischedel, Frankfurt 1968, VIII 305–634, S. 452–459.

[75] Vgl. G. W. F. Hegel, Grundlinien der Philosophie des Rechts, Berlin 1821, hrsg. v. J. Hoffmeister, ⁴1955; Philos. Bibl. Bd. 124a; Hamburg 1962, § 220, S. 189–190.

[76] Vgl. hierzu E. Drewermann, Strukturen des Bösen, Bd. III, Paderborn ³1982, 101–118; 144–148, wo gezeigt wird, daß weder zum Verständnis der Schuld des Menschen noch zur Ermöglichung seiner Versöhnung der Begriff »Gott« als Allgemeinheit der Vernunft in Natur oder Gesellschaft verstanden werden darf.

[77] K. P. Jörns, vgl. Anm. 16, 118, warnt sehr richtig vor einer falschen Kreuzestheologie, die eine gesetzliche theologische Ehtik begründet.

[78] F. Kafka, Der Prozeß (Berlin 1935), Frankfurt (Fischer EC 3) 1960, Nachwort v. W. Killy, 165 schildert die Notwendigkeit zum Überichselbstmord, zu dem nur die Kraft fehlt, mit den Worten: »K. wußte jetzt genau, daß es seine Pflicht gewesen wäre, das Messer, als es von Hand zu Hand über ihm schwebte, selbst zu fassen und sich einzubohren. Aber er tat es nicht, sondern drehte den noch freien Hals und sah umher. Vollständig konnte er sich nicht bewähren, alle Arbeit den Behörden nicht abnehmen, die Verantwortung für diesen letzten Fehler trug der, der ihm den Rest der dazu nötigen Kraft ver-

sagt hatte.« Ein letztes Mal äußert sich hier das ganze Dilemma: das gesamte Dasein steht unter dem tödlichen Vorwurf der Schuld, aber man kann im Grunde nicht dafür, *von Grund auf* schuldig zu sein.

79 F. Kafka, In der Strafkolonie (1919), in: Sämtliche Erzählungen, hrsg. v. P. Raabe, Frankfurt (Fischer Tb. 1078) 1970, 100–123.

80 A. a. O., 119 –120.

81 G. Greene, The Heart of the Matter; dt.: Das Herz aller Dinge, übers. v. W. Puchwein, Hamburg (rororo 109) 1954, 226, läßt Pater Rank am Ende zu Mrs. Scobie sagen: »Er hielt nie etwas von Erbarmen – außer für die anderen.« Und zu der Verurteilung der Selbstmörder durch die Kirche sagt er: »Ich weiß, was die Kirche lehrt. Die Kirche kennt alle Gesetze. Aber sie weiß nicht, was im Herzen auch nur eines einzigen Menschen vorgeht.«

82 L. N. Tolstoi, Anna Karenina, Moskau 1878; dt.: Anna Karenina. Ein Roman in 8 Teilen, übers. v. a. Scholz, München (Goldmann Tb. 692–694) 1961, 762.

83 A. a. O., 761.

84 J. W. v. Goethe, Die Leiden des jungen Werthers (Leipzig 1774), mit einem Nachwort von E. Beutler, Stuttgart (reclam 67 [2]) 1948, 54.

85 A. a. O., 123–124.

86 A. a. O., 112.

87 I. Kant, Metaphysik der Sitten, vgl. Anm. 74, 459, der das Duell, wenn auch nicht für Mord (homicidium dolosum), so doch für eine gesetzwidrige Tötung hält.

88 A. S. Puschkin, Evgenij Onegin, Moskau 1833; dt.: Eugen Onegin. Ein Roman in Versen, übers. u. mit Nachw. vers. v. K. Borowsky, Stuttgart (reclam 427–429a) 1972, 324–327.

89 Zu Kants Reduktion der Religion auf die Ethik vgl. E. Drewermann, Strukturen des Bösen, Bd. III, Paderborn ^{3}1982, 7–8; 18–24.

90 N. Hartmann, Ethik, Marburg ^{1}1925; unveränderter Neudruck: Berlin ^{4}1962, 817.

91 F. M. Dostojewski, Idiot (1868); dt.: Der Idiot; übers. v. K. Brauner, München (GGTb. 361–362) 1958, 289.

92 A. a. O., 400.

93 A. a. O., 400.

94 A. a. O., 401.

95 A. a. O., 288–290. – Ganz ähnlich spricht bei F. M. Dostojewski, Tagebuch eines Schriftstellers, übers. v. E. K. Rahsin, München 1963, 255–259, in erschütternden Worten der berühmte »Selbstmörder aus Langeweile«, der sich stellvertretend für das Weltall vernichtet, da er trotz allen Protestes eine Natur nicht zerstören kann, die einem bewußt lebenden Menschen wie eine sinnlos quälende, roh alles Kostbare vernichtende Maschinerie erscheinen muß, solange es den Glauben an die Unsterblichkeit der Seele nicht gibt; dieser Glaube allein ist nach *Dostojewski* für den Menschen unentbehrlich und eben deshalb auch *wahr* (a. a. O., 264–270).

96 F. M. Dostojewski, Prestuplenie i nakazanie (1866), dt.: Schuld und Sühne. Roman in 6 Teilen und einem Epilog; übers. v. W. Bergengruen; München (Droemer V.) o. J., 72; 300; 458.

97 Th. Reik, Curiosities of the Self: Illusions we have about ourselves, New York 1965; daraus dt.: In Gedanken töten. Bewußte und unbewußte Todeswünsche in psychoanalytischer Sicht, übers. v. D. Dörr, München (Kindler Tb. 2235) 1981, 105, weist nicht zu Unrecht darauf hin, daß – anders als S. Freud meint – die Gestalt *Dostojewski* sicher nicht nur unter dem Aspekt der Vatertötung zu verstehen ist. »Denn der Mann Feodor Michailowitsch Dostojewski hatte in seinem Leben, da bin ich ganz sicher, gegen viele

mörderische Impulse zu kämpfen. So wünschte er wohl seinem Bruder Michael den Tod (er starb 1864) und danach dessen Familie, für deren Unterhalt er sich verantwortlich fühlte. Todeswünsche müssen sich auch gegen seine erste Frau Marie Isaewa gerichtet haben, mit der er nicht glücklich war, vor allem seit Beginn seiner Affäre mit Paulina Suslowa. Dieser Mann verfügte über die Einbildungskraft und das aggressive Potenzial eines Massenmörders.«

98 F. M. Dostojewski, Podrostok (1875); dt.: Der Jüngling, übers. v. E. K. Rahsin, München 1957; Neudruck: Frankfurt a. M. (Fischer EC 6) 1960; mit einem Nachw. v. A. Naumann, 59.

99 F. M. Dostojewski, Besy (1872); dt.: Die Dämonen; übers. v. G. Jarcho, München (GGTb. 575–577) 1959, 645.

100 A. a. O., 647.

101 Vgl. J. Baechler, Vgl. Anm. 20, 51.

102 Es ist eine bloße Ausflucht, das Problem durch die Unterscheidung zwischen einer »direkten« und einer »indirekten« Tötung lösen zu wollen, wie es seit alters her geschieht. – H. Pohlmeier, Christliches Martyrium und Selbstmord, in: H. D. Stöver, Christenverfolgung im römischen Reich, Düsseldorf – Wien 1982, 251–255, weist zu Recht nach, daß die Ablehnung des Selbstmords durch Augustinus sich gegen das todessüchtige Martyrium wende; richtig unterscheidet Pohlmeier zwischen dem Selbstmord aus Wut und Haß und dem Freitod in entschiedener Verantwortung.

103 V. B. Dröscher, Nestwärme. Wie Tiere Familienprobleme lösen, Düsseldorf – Wien [2]1982, 34.

104 St. Zweig, Sternstunden der Menschheit. Fünf historische Miniaturen, Leipzig 1927; erw. Neudruck: 12 historische Miniaturen, Stockholm 1945; Neudruck: Frankfurt (Fischer Tb. 595) 1964, 167–168. Selbstmordfälle vergleichbarer Art als institutionalisierte Selbstopfer berichtet J. Baechler, vgl. Anm. 20, 264–269.

105 J. Baechler, vgl. Anm. 20, 308–311, verweist zu Recht auf den Hintergrund des Bushido-Codex der Samurai bei den japanischen Selbstmordangriffen.

106 Zu der Praxis der aztekischen Opfer vgl. W. Krickeberg, Altmexikanische Kulturen. Anhang: G. Kutscher, Zur Kunst Altmexikos; Berlin 1975, 104–105; 168–169; 198; E. Drewermann, vgl. Anm. 49, 317–318; Anm. 46–48. Vgl. N. Davies, Human Sacrifice, 1981; dt.: Opfertod und Menschenopfer. Glaube, Liebe und Verzweiflung in der Geschichte der Menschheit, übers. v. S. Kull, Düsseldorf – Wien 1981, 238–259.

107 1 Kor 13, 3 ist in negativer Formulierung wie eine Bestätigung dieser Auffassung; freilich, es ist bereits subjektiv oft sehr schwer, zwischen Idealismus und Masochismus zu unterscheiden.

108 G. Greene, A Sort of Life, London 1971; dt.: Eine Art Leben, übers. v. M. Felsenreich u. H. W. Polak, Hamburg-Wien 1971; Neudruck: Hamburg (rororo 1671) 1973. J. C. Hampe, Sterben ist doch ganz anders. Erfahrungen mit dem eigenen Tod, Stuttgart 1975, 84–87.

109 A. Schopenhauer, Nachträge zur Lehre vom Leiden der Welt, in: Parerga und Paralipomena, 2 Bde., Frankfurt 1850; in: A. Schopenhauer, Sämtliche Werke in 7 Bänden, Wiesbaden [2]1946–47; vgl. dazu E. Drewermann, vgl. Anm. 49, 87–88.

110 Zum Phänomen des Massenselbstmords vgl. J. Baechler, vgl. Anm. 20, 244–247, der den Massenselbstmord am Ende eines verlorenen Krieges erörtert.

111 A. Schopenhauer, Über den Selbstmord, in: Parerga und Paralipomena, 2 Bde., Frankfurt 1850; in: A. Schopenhauer, Sämtliche Werke in 7 Bänden, Wiesbaden [2]1946–1947.